MÉMOIRES

DE

LA SOCIÉTÉ D'ÉTUDES

DE LA

PROVINCE DE CAMBRAI

Tome XVI

HISTOIRE

DE LA

SAYETTERIE A LILLE

Tome I

SOCIÉTÉ D'ÉTUDES

DE LA

PROVINCE DE CAMBRAI

MÉMOIRES

Tome XVI

LILLE
IMPRIMERIE LEFEBVRE-DUCROCQ
88, rue de Tournai, 88

1910

HISTOIRE

DE LA

SAYETTERIE

A LILLE

PAR

Maurice VANHAECK

DOCTEUR EN DROIT,
MEMBRE TITULAIRE DE LA SOCIÉTÉ D'ÉTUDES,
MEMBRE TITULAIRE DE LA SOCIÉTÉ D'ÉMULATION DE ROUBAIX.

Tome I

LILLE

IMPRIMERIE LEFEBVRE-DUCROCQ

88, rue de Tournai, 88

1910

EXTRAIT

DES

STATUTS DE LA SOCIÉTÉ D'ÉTUDES

(Autorisation préfectorale du 29 avril 1899)

ARTICLE I. — La *Société d'études de la Province de Cambrai* a pour but de recueillir, de mettre en œuvre et de publier les documents de toute nature relatifs à l'histoire de cette province.

ART. IV. — La Société se compose de membres titulaires et de membres associés.

ART. V. — Sont membres titulaires ou membres associés toutes les personnes qui adhèrent aux présents statuts et s'inscrivent, à leur choix, dans l'une ou l'autre catégorie.

ART. VI. — Les membres titulaires versent une cotisation annuelle de douze francs. Ils reçoivent gratuitement le Bulletin et les Mémoires.

ART. VII. — Les membres associés versent une cotisation annuelle de six francs. Ils reçoivent gratuitement le Bulletin.

ART. IX. — Les cotisations annuelles peuvent être rachetées au moyen d'un versement unique de 240 francs pour les membres titulaires et de 120 francs pour les membres associés.

ART. X. — Tous les membres titulaires ou associés peuvent assister aux séances et y présenter toutes communications, écrites ou verbales, relatives à l'objet spécial des études de la Société.

ART. XIII. — Les publications de la Société comprennent deux séries parallèles :

1°. — Un *Bulletin* périodique destiné aux comptes rendus des séances, aux travaux de peu d'étendue, aux notes et documents séparés et à de courts articles variés émanant des membres titulaires et des membres associés. Ce Bulletin sert de lien et d'intermédiaire entre tous les membres de la Société, qui peuvent y faire insérer leurs demandes de renseignements et y trouvent les réponses que ces demandes provoquent.

2°. — Des *Mémoires* réservés aux travaux plus étendus, aux inventaires d'archives et de collections, aux monographies et aux cartulaires. Cette seconde série est exclusivement réservée à la publication des travaux des membres titulaires.

Toute communication relative à la *Société d'études* doit être adressée à **M. Th. LEURIDAN, président, 14, rue des Arts, à Roubaix**, ou à **M. Edm. LECLAIR, secrétaire général, 35, rue de Puébla, à Lille.**

LA SAYETTERIE A LILLE

Introduction et Bibliographie

Au début de leur précieux *Recueil de documents relatifs à l'industrie drapière*, MM. Pirenne et Espinas, voulant faire connaître les limites qu'ils ont fixées à leurs recherches, s'expriment en des termes que nous croyons utile de reproduire, afin de déterminer plus nettement le caractère de notre étude.

Il eût été fort intéressant, sans aucun doute, de mettre sous les yeux des lecteurs toutes les sources de l'histoire de la draperie flamande depuis les premières origines jusqu'à nos jours. Deux raisons nous en ont pourtant dissuadés. La première concerne la méthode même de l'édition. S'il convenait en effet de recueillir tous les actes antérieurs à la fin du XIVe siècle, en raison de leur rareté et par là même de leur importance documentaire, il n'en allait plus de même pour les périodes plus rapprochées. A partir de l'époque bourguignonne, les archives des métiers présentent une telle abondance qu'il devient impossible de les reproduire *in extenso*. Les répétitions y sont continuelles ; une paperasserie encombrante, des procès interminables et futiles en constituent la plus grande partie. Il faut élaguer, il faut choisir parmi cette exubérance et dès lors, les procédés d'édition se modifient. Nous aurions donc été forcés, en faisant entrer les temps modernes dans notre recueil, non seulement d'en grossir démesurément le volume, mais aussi d'en briser l'unité de méthode. Il nous a semblé préférable de le limiter aux documents pour la publication desquels s'imposent des règles identiques. . . . Nous nous en sommes tenus d'autant plus décidément à cette idée, qu'à la nécessité technique qui nous l'imposait se joignait une considération fondée sur la nature même de notre sujet. C'est qu'à partir de la fin du XIVe siècle, la draperie flamande, de plus en plus menacée par la concurrence anglaise, tombe en décadence. Sa période de vitalité et d'expansion cesse vers le moment où la maison de Bourgogne s'introduit dans les Pays-Bas. Bien qu'il n'y ait aucun rapport entre ce changement de dynastie et les transformations industrielles dont on surprend déjà les premiers symptômes sous le règne de Louis de Mâle, nous avons cru que, devant choisir un terme, nous n'en pouvions cependant choisir de meilleur que l'avènement de Philippe le Hardi. 1384.

Plus loin, les mêmes auteurs ajoutent :

Tous les textes qui seront publiés dans notre recueil intéressent la draperie proprement dite. Nous n'y avons pas joint, sauf quand ils sont indissolublement unis à ceux-ci dans les mêmes règlements, ceux qui concernent la sayetterie. Cette industrie n'a commencé, en effet, à se développer que tout à la fin de notre période, au moment où la draperie *stricto sensu* tombe en décadence, et son histoire appartient proprement à l'époque postérieure.

C'est à cette époque postérieure, pendant laquelle se développa la sayetterie, que nous nous attacherons, et le caractère même de notre étude nous est en quelque sorte tracé par les éminents historiens de l'industrie drapière, *a contrario* de la méthode qu'ils ont suivie.

Ici point ou presque plus de recherches de documents et de titres anciens, dont la découverte intéresse au plus haut point l'histoire générale.

A la différence des antiques « métiers » dont les intérêts avaient suscité les luttes des princes et des villes flamandes au moyen âge, la « nouvelle draperie » qui vient de s'établir un peu partout avec le consentement des ducs de Bourgogne, de leurs successeurs immédiats, puis de Charles-Quint, ne peut guère affronter le pouvoir souverain.

Les vieilles cités et les bourgs naissants du plat pays se disputent cette nouvelle source de richesse; mais le temps n'est plus où les villes pouvaient, par la force de leurs armes, défendre aux villages qui les entouraient l'exercice d'un métier qu'elles considéraient comme leur privilège. Les rivalités et les discussions qui se produisent sont purement industrielles et le prince en est l'arbitre incontesté.

Ces démêlés, tout en ayant une portée moindre que les luttes antérieures, touchent cependant à l'histoire générale et intéressent à un très haut degré l'histoire locale. Aussi ont-ils été étudiés, du moins pour certaines régions. C'est ainsi que les rivalités de Lille avec plusieurs localités du plat pays ont fait l'objet de divers travaux et sont maintenant connues.

Fallait-il se borner à ces recherches? L'histoire intérieure du métier de la draperie cesse-t-elle de présenter de l'intérêt parce que la prise de Gand par Charles-Quint a définitivement enlevé aux cités flamandes leur indépendance et même leur physionomie économique? N'y a-t-il pas, pendant de longs siècles encore, du moins dans certaines villes, une nouvelle industrie, héritière et continuatrice de la précédente, au sujet de laquelle on peut répéter ce que l'on a dit de la draperie flamande au moyen âge, « qu'elle occupe une place privilégiée dans l'histoire économique et sociale de l'époque; que le spectacle qu'elle présente contraste avec les errements de l'économie urbaine, tant par le nombre, la composition, les besoins, en un mot la nature sociale de sa classe ouvrière, que par les rapports qu'elle fait naître entre le capital et le travail, ainsi que par la situation qu'elle occupe vis-à-vis des différents pouvoirs régionaux. »

Cette question n'a guère tenté jusqu'ici la curiosité des historiens. Si les circonstances d'ordre général qui amenèrent le développement et la prospérité de la « nouvelle

draperie » ont été relevées avec le plus grand soin, ainsi
que les causes économiques qui firent s'introduire dans les
villes de la région d'autres industries d'ordre tout différent,
on n'a point tenté jusqu'à présent l'étude particulière des
conditions dans lesquelles persista l'industrie de la laine
dans chacune de ces villes, des efforts qui furent accomplis
pour en empêcher la décadence, de l'organisation nouvelle
qui dut s'établir pour répondre à des temps et à des besoins
nouveaux.

Faut-il en chercher la raison dans l'abondance même
que présentent les archives des métiers, dans ces « répétitions continuelles » qu'elles nous offrent, dans la
« paperasserie encombrante » qu'elles constituent, et
auxquelles il a été fait allusion tout à l'heure ? Nous ne
savons.

Mais, pour notre part, nous avons estimé que si ces
archives présentent un ensemble complet permettant de
suivre l'histoire du métier depuis la fin du moyen âge
jusqu'à la période la plus prochaine de la Révolution,
décrivant non seulement les luttes industrielles avec le plat
pays, mais aussi et surtout l'organisation intérieure du
métier, les objections soulevées à diverses époques par le
maintien des règlements, les rapports entre maîtres et
ouvriers, les relations avec les corps de métiers voisins,
ce ne serait pas un travail inutile de les dépouiller.

Or, si les archives concernant les sayetteurs de Lille
possèdent à un très haut degré les défauts que nous énu-
mérions tout à l'heure, elle ont par contre l'immense
avantage de nous initier par de minutieux détails à la vie
et aux intérêts d'un métier qui pendant longtemps constitua
la principale richesse de la ville et en fut toujours une des
industries les plus importantes.

Si l'on ajoute que les règlements donnés à la corporation
des sayetteurs lillois dès les premières années de son
existence subsistèrent jusque dans les derniers temps et

qu'ils furent l'objet de multiples discussions au XVIIe et au XVIIIe siècles devant les juridictions les plus diverses, magistrat de la ville, intendant de Flandre, voire même conseil du Roi, nous en aurons dit assez pour justifier l'intérêt de notre étude.

Bibliographie.

A vrai dire nous ne faisons figurer ce titre que pour nous conformer à un vieil usage.

Nos sources sont de deux sortes : les ouvrages imprimés et les documents manuscrits des Archives. C'est presque exclusivement à ces derniers que nous avons eu recours ; les ouvrages imprimés ne nous ont apporté qu'un très faible appoint.

Ouvrages imprimés.

La plupart ne pouvaient nous fournir que des indications très générales sur l'histoire de la draperie en Flandre.

Citons notamment les travaux de M. Pirenne et de son collaborateur M. Espinas :

H. PIRENNE. *Histoire de Belgique.* — Bruxelles, *Lamertin*, 1902, 1903, 1907. — Trois volumes in-8°.

H. PIRENNE. *Une crise économique au XVIe siècle. La draperie urbaine et la nouvelle draperie en Flandre ;* dans le *Bulletin de l'Académie royale de Belgique*, 1905.

G. ESPINAS et H. PIRENNE. *Recueil de documents relatifs à l'histoire de l'industrie drapière.* Tome I ; dans la collection des publications de l'Académie royale de Belgique, classe des lettres. Bruxelles, *Kiessling.* (Le tome II n'a pas encore paru).

D'autres travaux sont des monographies d'industries similaires à la sayetterie dans diverses localités.

G. ESPINAS. *Essai sur la technique de l'industrie textile à Douai aux XIIIe et XIVe siècles ;* dans les *Mémoires de la Société nationale des antiquaires de France*, tome LXVIII.

DE LA ROYÈRE. *Notice sur la fabrication des serges à Bergues ;* dans les *Annales du Comité flamand de France*, tome IV, 1859.

DE BERTRAND. *L'industrie à Hondschoote ;* dans les mêmes *Annales,* tome IV, 1859.

E. MAUGIS. *La saieterie à Amiens ;* dans *Vierteljahrschrift für social und Wirtschaftsgeschichte,* 1907.

. Cette dernière étude, faite suivant une excellente méthode, pourrait fournir plus d'un point de comparaisons intéressantes, car, par son origine et les premières phases de son développement, la sayetterie à Amiens présente de grandes analogies avec la sayetterie à Lille ; malheureusement le travail s'arrête à une date relativement ancienne.

Sur l'histoire de l'industrie à Lille, nous avons utilisé deux ouvrages dont l'objet principal et même unique est de reproduire d'anciens documents.

DE BOISLISLE. *Correspondance des contrôleurs généraux avec les intendants des provinces.*

A. DESPLANQUE. *Mémoires des intendants de Flandre sous Louis XIV ;* dans le *Bulletin de la Commission historique du département du Nord,* tome X, p. 367.

La rivalité industrielle entre Lille et le plat pays a fourni matière à une série d'études qui, en réalité, envisagent le développement industriel dans quelques bourgs seulement, Roubaix, Tourcoing, Wattrelos, Lannoy.

TH. LEURIDAN. *Histoire de la fabrique de Roubaix.* — Roubaix, 1863. In-8°. — Cinquième volume de l'*Histoire de Roubaix.*

TH. LEURIDAN. *Essai sur les relations industrielles qui ont existé entre Roubaix et Arras de 1479 à 1786 ;* dans les *Mémoires de l'Académie d'Arras,* 2ᵉ série, tome I, 1867.

TH. LEURIDAN. *Précis de l'histoire de Lannoy.* Lille, *Danel,* 1868. In-8°.

TH. LEURIDAN. *Éphémérides de l'industrie roubaisienne.* Roubaix, *Reboux,* 1891. In-8°.

TH. LEURIDAN. *Les égards de la manufacture de Roubaix. Brève histoire du corps de métier et de ses luttes.* Roubaix, *Reboux,* 1896. In-8°.

Th. Leuridan. *Un épisode des luttes de la manufacture de Roubaix contre les corporations voisines ;* dans le *Bulletin de la Société d'études de la province de Cambrai*, tome IV, 1902.

J. Crombé. *L'organisation du travail à Roubaix avant la Révolution.* Lille, 1905. In-8°.

A. de Saint-Léger. *La rivalité industrielle entre la ville de Lille et le plat pays et l'arrêt du Conseil de 1762 dans les campagnes ;* dans les *Annales de l'Est et du Nord*, tome II, 1906.

En ce qui concerne spécialement les sayetteurs de Lille et les corps de métiers avec lesquels ils étaient en relations nous n'avons point d'ouvrages imprimés à citer [1].

Documents d'archives.

La véritable, nous pourrions presque dire l'unique source à laquelle nous avons puisé, c'est la collection des précieux matériaux que fournissent les fonds si abondants et si riches de nos archives.

Archives municipales de Lille. *Affaires générales,* cartons 1160 à 1208.

Les innombrables documents que contiennent ces cartons, dont aucun, à vrai dire, n'est étranger à notre sujet, se rapportent tous à l'industrie textile de Lille et la plupart concernent d'une façon directe les sayetteurs ou les bourgeteurs ; on verra par la suite que l'histoire de ces derniers est très souvent mêlée à celle des sayetteurs, qu'elle aide à mieux comprendre et qu'elle complète parfois.

Les cartons suivants du même fonds des *Affaires générales,* n°s 1209 à 1238, concernent plusieurs corps de métiers qui ont eu de nombreux rapports avec les sayetteurs : retordeurs de filets de sayette, peigneurs,

---

1. Il ne nous a pas été possible d'utiliser : J. Flammermont, *Histoire de l'industrie à Lille*, conférences rédigées par A. de Saint-Léger (Lille, 1897. In-18) bien qu'une sorte de monographie y soit réservée à la sayetterie. Les renseignements que fournit ce travail, souvent imprécis et incomplets, ne sont jamais accompagnés d'indications de sources.

corroyeurs, teinturiers et autres. Il nous a été nécessaire de les dépouiller tous, afin de ne négliger aucun document capable d'éclairer l'histoire des sayetteurs, soit en eux-mêmes, soit dans leurs rapports avec les industries voisines.

Nous avons également compulsé avec grande attention toutes les autres séries des Archives municipales où nous pouvions espérer trouver quelques documents afférents à notre sujet. Nous citerons surtout :

ARCHIVES MUNICIPALES DE LILLE. — Registres aux titres de la ville (M 15 à M 28).
— Registres aux ordonnances du magistrat (n°s 366 à 400 bis).
— Avis du procureur syndic de la ville (n°s 5809 à 5953).
— Comptes des droits sur la sayetterie (n°s 5766 et 5767).
— Comptes de la ville, 2e et 3e séries (n°s 15564 à 15892).
— Comptes des vingtièmes de la ville pour le dixième de l'industrie (n° 3448).
— Livre concernant les camelots, callemandes et bourats de la fabrique de Lille et de sa châtellenie (n° 4469).
— Registres aux arts et métiers ; plus spécialement les registres 55 et 55 bis concernant la sayetterie (n°s 430 à 532).
— Registres aux causes de la sayetterie (n°s 4466 et 4467).
— Registres aux lettres et ordonnances des stils et métiers de la ville (M 7 à M 12).
— Registres aux ordonnances du Roi, collection de la ville (1, 23, 25, 101).
— Registres aux résolutions du Magistrat (n°s 172 à 225).
— Rôles de la capitation et de l'industrie à Lille (n°s 3442 à 3447).
— Registres aux mandements et ordonnances de la gouvernance (n°s 16666 à 16689).

A ces sources d'information directe, nous devons joindre les suivantes, dans lesquelles nous avons aussi rencontré d'intéressants documents.

ARCHIVES DÉPARTEMENTALES DU NORD. — Série B, Chambre des comptes.
— Série C, intendance de la Flandre wallonne.
— Fonds du Parlement de Flandre, 903 et 904.

ARCHIVES COMMUNALES DE ROUBAIX. — Série HH.
    —   DE LINSELLES. — Sèrie HH.
    —   DE LANNOY. — Série HH.
    —   DE COMINES. — Série HH.
    —   DE TOURCOING. — Série HH.
    —   D'ARMENTIÈRES. — Série HH.
ARCHIVES NATIONALES. — Contrôle général, G^7. — *Correspondance des intendants de la Flandre wallonne.*

On nous rendra, nous l'espérons, cette justice que nous n'avons laissé inexplorée aucune des sources où il était possible de trouver quelque renseignement, si minime qu'il pût paraître.

Nous avons, en effet, estimé qu'il était de notre devoir d' « historien » de ne rien négliger en cette occurrence, parce que nous nous trouvions en présence d'un sujet de monographie sinon totalement neuf, du moins à peine effleuré par quelques écrivains qui n'avaient qu'à y faire une légère allusion ou à traiter un épisode tout spécial de cette histoire.

CHAPITRE I

(PRÉLIMINAIRE)

LA SAYETTERIE

**Ce qu'elle était. — Quand et comment elle s'implanta
à Lille et s'y développa.**

On qualifie du terme générique de « nouvelle draperie »
l'industrie qui, vers la fin du XVe siècle et au début du
XVIe, s'établit un peu partout en Flandre, soit pour
concurrencer l'ancienne draperie, soit pour s'y substituer.
Elle s'en distinguait par différents caractères : l'emploi
d'une matière première d'une certaine façon distincte, la
laine espagnole étant employée de préférence à la laine
anglaise devenue trop coûteuse ou accaparée par les
anciennes villes ; la confection de tissus nouveaux d'un
genre plus léger, d'un prix moindre, mais d'une consommation plus courante ; l'organisation même du travail, la
réglementation des conditions de la production devenant
moins stricte, le rôle du capital augmentant d'importance
et réalisant ainsi un acheminement vers la fabrique [1].

Ces caractères se rencontreront-ils dans la Sayetterie
lilloise? L'étude des circonstances dans lesquelles cette
industrie s'implanta et se développa dans la ville nous
montrera qu'elle y prit bientôt une physionomie toute
particulière.

---

1. Nous résumons ici la description de la nouvelle draperie donnée par
M. Pirenne. Évidemment, il ne s'agit, dans la pensée de l'éminent auteur,
que d'une généralisation que des cas particuliers peuvent contredire.

L'origine de cet « établissement » est connue.

Le 21 décembre 1480, Maximilien et Marie, en qualité de comte et comtesse de Flandre[1], signèrent un octroi en faveur des mayeur et échevins de Lille : « Durant le temps que nostre ville d'Arras sera hors de nostre obéissance, y est-il dit, (nous permettons qu') ils puissent ériger et mectre sus le faict de la dicte sayeterie en nostre dite ville de Lille. »

Le 25 mars 1482, la restriction contenue dans ce premier acte était supprimée. Il était seulement stipulé que « les sayeteurs estrangiers qui ne sont natifs de nostre dicte ville de Lille ou de la châtellenie d'icelle » ne pourront être empêchés par le pouvoir échevinal « de, quand bon leur semblera, aller demeurer et emporter franchement tous leurs biens en nostre dite ville d'Arras, ledit cas advenu de la réduction d'icelle en nostre dite obéissance. [2] »

Cette importance donnée à la conservation d'Arras par Maximilien et Marie concorde avec les événements de l'époque. Voulant retenir dans le domaine royal une partie du vaste héritage de Charles le Téméraire, le roi Louis XI s'était emparé d'Arras et en avait dispersé les habitants pour les remplacer par des familles réquisitionnées à travers la France. Les sayeteurs qui, avec les drapiers, formaient depuis longtemps une corporation puissante à Arras, se réfugièrent en partie dans les terres de la domination bourguignonne. Par la réserve insérée dans les lettres d'octroi, les héritiers naturels de Charles le Téméraire s'étaient donc conservé le moyen de restaurer, dans une ville jadis soumise à leur domination, une industrie que le fait du vainqueur en avait chassée.

---

1. Marie de Bourgogne, fille de Charles le Téméraire, avait épousé, le 20 août 1477, Maximilien d'Autriche, fils de l'empereur Frédéric III. C'était ainsi que la Flandre était passée de la maison de Bourgogne à la maison d'Autriche.

2. Pièces justificatives, nᵒˢ 1 et 2.

Est-ce à dire que ce soit des sayetteurs d'Arras qui aient introduit cette industrie à Lille ?

Le fait ne manque pas de vraisemblance, mais nous n'en avons trouvé aucune preuve directe.

La tradition à Lille était certainement en faveur de cette émigration en quelque sorte solennelle ; les sayetteurs lillois se considéraient fréquemment comme les successeurs et les continuateurs de l'industrie d'Arras. De plus, le tribunal de la sayetterie lilloise s'appelait *la Vingtaine*; ce nom était celui du tribunal du corps de métier d'Arras. Mais ces deux arguments prouvent seulement qu'il y eut émigration des sayetteurs d'Arras et imitation de leur industrie à Lille ; on ne pourrait en conclure cependant d'une manière certaine que cette industrie fut implantée à Lille par les Atrébates eux-mêmes plutôt que par des artisans originaires de Lille. Ce qu'il y a de certain, c'est que le Magistrat sut profiter du désastre d'Arras pour « lancer » la sayetterie à Lille [1].

L'acte du 21 décembre 1480 semble même rapporter à la seule initiative des habitants de Lille et de sa châtellenie la mise en pratique de la nouvelle industrie : « Il y a de présent, y est-il dit, en nostre dicte ville et au plat pays

[1]. FLAMMERMONT, dans son *Histoire de l'industrie à Lille,* p. 49, relate cependant ainsi les circonstances de l'installation des sayetteurs :

« Au commencement de l'année 1479, les expulsés d'Arras se réfugièrent dans les pays restés sous la domination bourguignonne. Le Magistrat de Lille fournit, dans cette même année, à des sayetteurs d'Arras, des aides et subsides pour leur permettre d'établir leur industrie dans notre ville, et donna des gratifications aux auteurs d'un projet de statuts pour la corporation, semblables à ceux de la ville qu'ils avaient quittée. Moins d'une année après leur expulsion, les sayetteurs avaient reconstitué à Lille leur industrie avec leurs statuts ! »

Il serait étrange que les archives si complètes relatives au corps de métier n'eussent conservé aucun document pouvant étayer ce récit. D'ailleurs, certains points en paraissent bien invraisemblables. Comment, par exemple, si, moins d'un an après leur expulsion, les sayetteurs d'Arras avaient recouvré leurs statuts à Lille, le mayeur et les échevins de cette ville auraient-ils été réduits, dans leur supplique, citée au privilège du 21 décembre 1480, à avouer qu'il n'y avait encore sur l'industrie de la sayetterie à Lille aucune « règle, ordonnance et privilège ? »

al environ, grand nombre de gens qui se meslent de tirer hors des veaures de layne appellée sayette et icelle font appareiller et mectre en fillés pour en faire chaintures, cordeaux, saies et aultres denrées et marchandises que l'on fait dudit filletz et sy a avecq ce aulcunes hostils besoingnans au faict de ladite sayetterie. »

Le privilège du 25 mars 1482 emploie des termes quelque peu différents : « Soit environ deux ans plusieurs des manans et habitans dudit Lille, et autres qui, à cause des présentes guerres et divisions, se y sont retraits, mirent illecq sus aucuns hostils pour besongnier au fait de la sayetterie. » Mais il ne mentionne pas non plus d'une façon précise les sayetteurs venus de la ville d'Arras.

Il y avait donc déjà des sayetteurs à Lille et ce n'est pas une troupe d'artisans d'Arras qui introduisit cette industrie dans notre ville pour la première fois ; elle vint s'ajouter aux artisans qui déjà pratiquaient à Lille la sayetterie et avec eux donna un essor définitif à ce métier. Il n'y eut pas, à notre avis, d'émigration en masse à Lille, ni d'accord « officiel » du Magistrat avec ceux d'Arras. On ne doit voir, en somme, dans cette affaire, qu'un ensemble et un concours de circonstances, malheureuses sans doute pour Arras, mais extraordinairement favorables pour Lille [1].

A cette époque donc, les habitants de Lille et du plat pays s'exerçaient les uns et les autres à la nouvelle industrie de la sayetterie. Leur travail vient d'être indiqué. Ils tiraient des veaures, c'est-à-dire des toisons de mouton, de la lainette appelée sayette et la faisaient mettre en filets ou en fils. Le fil de sayette ainsi désigné était de laine peignée ou sèche. Cette matière première étant tissée donnait des ceintures, des cordeaux, des saies et autres « denrées » ou marchandises.

---

1. Le contraire eut lieu pour Amiens. M. MAUGIS nous apprend qu'il y y eut de véritables négociations entre l'échevinage de cette ville et le lieutenant du roi à Arras, dans le but d'implanter la sayetterie à Amiens.

De ces différents produits, la saie devint, dès l'acte même de 1480, le terme générique qui désigna désormais toutes les étoffes de sayetterie. C'était, nous dit la tradition, un tissu « croisé » composé, bien entendu, de « fil de sayette »[1].

Cette définition est, en réalité, précise. N'employant que la laine, la sayetterie ne saurait être confondue avec les autres industries textiles qui employaient, mélangées ou non à la laine, d'autres matières premières. N'employant que le fil de sayette ou de laine sèche, elle se distinguait nettement de la draperie qui, elle, était confectionnée de laine grasse[2].

La ville de Lille possédait d'ailleurs depuis longtemps le droit de fabriquer la draperie et n'aurait eu aucun intérêt à solliciter le privilège de la sayetterie, si ces deux industries n'avaient pas été distinctes.

Si le genre de travail est bien déterminé, il y a tout intérêt à assurer à ses produits des qualités précises et « loyales ». La confection des étoffes doit donc être réglementée et leur perfection doit être obtenue par des modes d'apprêt rares et privilégiés.

A vrai dire, c'est ce but que poursuivent les mayeur et échevins de Lille dans leur requête de 1480. Ils y présentent l'industrie de la sayetterie comme déjà existante, mais ils observent « qu'elle se accroisseroit et augmenteroit encore de bien en mieux, s'il y avoit en ce règle et ordonnance privilège, comme il est en plusieurs aultres lieux et villes voisines à icelle nostre dicte ville ».

---

1. SAVARY, dans son *Dictionnaire universel du commerce* (édition posthume de 1748) donne, sur ces différents termes et sur d'autres mots techniques employés dans la sayetterie, d'utiles renseignements.

2. A proprement parler, la sayetterie ne doit donc pas être confondue avec la « nouvelle draperie » ; on en trouvera la preuve dans l'ordonnance de Charles-Quint reproduite aux Pièces justificatives, n° 14.

Ce sont les mayeur et échevins qui ont présenté la requête ; c'est donc à eux et à eux seuls qu'est adressée la réponse, sous forme d'octroi.

Inclinans favorablement à leur dict supplication et requeste, disent Maximilien et Marie, nous avons consenty et octroyé et accordé, consentons, octroyons et accordons...... que ils puissent ériger et mectre sus le faict de ladite sayeterie en nostre avant dite ville de Lille et que, pour ce faire, ils puissent avoir seel prévilégié pour seeller lesdites sayes, lequel seel soit emprint d'une fleur de lyz et sur le boult d'icelle ung petit lion ; aussy que icelles sayes puissent taindre de toutes manières de taintures et par espécial de tainture appellée bourgaige de noir, le tout selon les keures, status et ordonnances quy seront advisées par lesdits gens de noz comptes à Lille, appellé avecq eulx partie des dessusdits supplians pour le bien et utilité de nostre dicte ville et de la chose publicque, en changeant et virant, se mestier est, icelles keures et ordonnances par l'advis que dessus, touttes et quantes fois que bon leur samblera...... Avons aussy octroyé...... que lesdicts supplians puissent mectre et apposer paines et amendes, assçavoir le tierch au profict de nous, ung aultre tierch au prouffict de nostre dite ville, et l'aultre tierch au prouffict des esgardeurs quy seront commis sur le faict de la dicte sayeterie, comme il est accoustumé de faire en aultres marchandises en nostre dite ville ; et avecq ce avons consenty, octroyé et accordé...... que iceulx supplians puissent lever et cueillier sur chacunne des dessus dites sayettes quy seront faictes et ouvrées en nostre dite ville, pour les estallaiges d'icelles, telle somme de deniers qu'il en a accoustumé prendre et lever en noz villes voisines, où l'on use du faict de sayeterie, le tout par l'advis de ceux que dessus [1].

On le voit, tout est prévu dans ce « privilège » : le scel, les amendes et leur répartition, les droits à percevoir par la ville. D'une manière générale, le soin d'organiser le métier est laissé à la collaboration des gens de la Chambre des comptes (représentant l'autorité du prince) et des échevins de la ville ; mais les attributions des uns et des autres ne sont point nettement définies. Il en résultera que le Magistrat se servira habilement de ce texte et ses ordonnances, pourvu qu'il ait pris l'avis de

---

1. Pièces justificatives, n° 1.

la Chambre des comptes, auront l'apparence d'émaner d'une délégation du pouvoir souverain.

C'est à Lille que ces privilèges sont accordés ; c'est dans « icelle dicte ville » que ces institutions sont organisées. Du plat pays, il n'est nullement question dans la partie de l'acte de 1480 qui relate les concessions des princes. La ville, qui, dans sa requête, paraissait agir aussi bien pour le plat pays que pour elle-même, a réussi à se faire tout attribuer.

L'exercice de la sayetterie restait cependant libre dans la Châtellenie tout entière. L'acte du 25 mars 1482 ne changea rien à cet état de choses. Mais déjà, dans la requête, il n'est plus question du plat pays ; il n'y est fait mention que des « manans et habitans du dict Lille et autres qui à cause des présentes guerres et divisions se y sont retraits. »

La ville, il est vrai, n'y affirme point non plus sa volonté de monopoliser à son avantage l'industrie dont elle avait primitivement sollicité le privilège au nom de tous. Le Magistrat, prudemment mais sûrement, poursuivra ce but ; mais auparavant il faudra laisser à son habile tactique le temps d'aboutir, grâce à d'heureuses circonstances qui ne pourraient manquer de se produire.

Déjà, dans l'acte de 1482, Maximilien et Marie rappellent que « les dits des comptes et les supplians ont fait plusieurs institutions et ordonnances soubz lesquelles le fait et négociation de la dicte sayetterie en nostre dicte ville a esté exercé, conduit et continué jusques à présent, en prenant au prouffit de nous et d'icelle nostre ville tel droit que par les dicts de nos comptes et supplians a esté sur ce advisé. »

A une date restée imprécise [1] les sayetteurs furent constitués en corps de métier.

---

1. Nous discuterons, en leur temps, les différentes hypothèses émises au sujet de cette date et nous donnerons les raisons qui nous ont fait préférer l'année 1486.

Avec la collaboration des gens de la Chambre des comptes, les différentes ordonnances déjà rendues furent fondues, le 27 février 1500, en une vaste synthèse qui réglementa l'apprentissage; formula de nombreuses prescriptions techniques; institua, pour les faire observer, et respecter, diverses autorités : vingtaine, office, petit office; s'occupa des conditions de la tenue du marché aux fils de sayette; soumit à diverses prescriptions les corroyeurs, les foulons, les teinturiers qui exerçaient des industries annexes de la sayetterie; précisa les droits d'assis et de hallage que percevait la ville et en donna une large part au prince, lequel bénéficiait aussi d'une partie de certaines amendes [1].

Le 22 décembre 1524, de nouvelles « constitutions et ordonnances » furent publiées, qui donnèrent à la sayetterie son organisation définitive [2].

Le moment est proche où la « prudence » [3] du Magistrat lillois [4] allait enfin atteindre le but désiré.

Dans un récit habilement ordonné, où se rencontrent le vrai et le faux, il eut l'adresse de représenter au successeur de Maximilien et de Marie, l'empereur Charles-Quint [5], que « la ville de Lille est le chef-lieu de la châtellenie, dont elle abrite les habitants en temps de guerre»; que, grâce « au bon régime et police » qui a toujours été « gardé et conservé », le principal métier « dont le peuple se nourrit et entretient » est le stil de la sayetterie y érigé « depuis soixante ans encha ou environ », par congé et licence des

---

1. Pièces justificatives, n° 3.

2. Pièces justificatives, n° 9.

3. La « prudence » ou, si l'on veut, « l'habile prévoyance » était une des qualités maîtresses du Magistrat lillois ; en maintes et maintes occasions, les documents des Archives y font allusion.

4. Ce nom de « Magistrat » fut, de tout temps, employé pour désigner l'ensemble des officiers qui, à Lille, constituaient le pouvoir municipal.

5. Charles-Quint, fils de Philippe le Beau, était le petit-fils de Maximilien et de Marie.

prédécesseurs du prince; que sur ce métier ont été « mis plusieurs assis et maltôtes qui montent à bonne somme de deniers chascun an » et dont une forte partie se prélève au profit du trésor royal et impérial.

Mais, ajoute la requête, « nouvellement et sans avoir du prince congié et licence » d'aucuns « s'avanchent de fabriquer des sayes et par suite cœuillent une partie des fillets de sayette préparés dans la châtellenie, les rendant ainsi plus rares sur le marché de Lille, les y font renchérir et par suite amoindrissent le métier de la sayetterie dans la ville. »

Ainsi, conclut le Magistrat, le travail de la campagne, qui n'est surveillé par aucun égard « ès sayes » et qui ne rapporte rien au prince (ce dernier point est habilement sous-entendu), va ruiner « à succession de temps » la ville de Lille « qui est le chef et barrière du comté de Flandre et sur laquelle le prince prend chaque année bon domaine.[1] »

Cet exposé fort adroitement présenté, mettant bien en relief les intérêts fiscaux du prince, mais renfermant, dans l'historique de la question, plus d'une affirmation quelque peu... hardie, fut présenté à l'empereur Charles-Quint par les mayeur et échevins de Lille.

Charles-Quint, par une lettre adressée au Gouverneur de Lille, le 15 mai 1534, leur donna la satisfaction la plus complète. Il y était ordonné que « nuls, de quelque qualité ou condition qu'ils soient, ne s'avanchent plus faire et exercer aucuns mestiers de filletz de sayette en nostre ditte chastellenie de Lille, ne ailleurs qu'en nostre ditte ville de Lille, sur soixante livres parisis d'amende.[2] »

Le Magistrat était arrivé à son but. Désormais, le

---

1. Préambule de l'ordonnance de Charles-Quint du 15 novembre 1534. — Pièces justificatives, n° 12.
2. Pièces justificatives, n° 12.

« métier de filets de sayette, » c'est-à-dire la fabrication
de tissus composés de ces filets, était interdit aux habitants de la Châtellenie et réservé par monopole aux Lillois.

Mais la préparation de ces filets restait permise aux
habitants du plat pays ; elle leur était même, en quelque
sorte, recommandée. En effet, le préambule de l'ordonnance de 1534 fait bien observer que le travail des artisans de la campagne est, sur ce point, absolument nécessaire à l'industrie des habitants de la ville.

Pour assurer leur victoire, les échevins de Lille, sur
l'avis conforme des gens de la Chambre des comptes,
promulguèrent, le 26 mai 1568, une ordonnance qui prohibait d'une manière absolue l'introduction en ville d'aucune pièce de sayetterie foraine, soit pour être vendue,
soit même pour y être apprêtée [1].

Cette mesure frappait à la fois le plat pays et les autres
villes qui, comme Douai et Tournai, étaient elles-mêmes
privilégiées « au fait de la sayetterie ».

D'une façon générale, c'est vers cette époque, c'est-à-
dire vers le milieu du XVIe siècle, que la sayetterie lilloise,
déjà réglementée d'une manière minutieuse depuis l'an
1500 au moins, revêt la physionomie qui la caractérisera
jusqu'à la fin de son existence.

En 1534, la mise en œuvre des filets de sayette est interdite dans le plat pays ; le 25 février 1540, et le 26 septembre 1543, l'accession à la maîtrise et l'apprentissage
sont réglementés définitivement [2] ; le 14 octobre 1544, un
accord est conclu entre les sayetteurs et la corporation
voisine et rivale des bourgeteurs [3].

Sans doute, cet accord ne fut point suivi d'une paix
perpétuelle, tant s'en faut. Mais, au moins, il établissait

1. Pièces justificatives, n° 31.
2. Pièces justificatives, n°ˢ 17 et 19.
3. Pièces justificatives, n° 20.

nettement les bases des luttes futures. De plus, il consommait l'échec d'une mesure que les sayetteurs avaient proposée quelques années auparavant, et dont les bourgeteurs reprendront plus d'une fois le projet dans la suite : la fusion et l'union de ces deux corps rivaux.

Enfin, le 28 septembre 1565, la grande règle limitant le nombre des métiers que chaque maître sayetteur pouvait posséder simultanément fut appliquée aux étoffes dites changeants, et, par suite, acquit toute son importance au point de vue de la protection du travail des petits artisans[1].

Ces diverses prescriptions forment, en quelque sorte, les « règles fondamentales » de la sayetterie lilloise ; on pourrait y joindre, mais à un moindre degré, le privilège des ouvriers francs sayetteurs de pouvoir être seuls employés par les maîtres.

Mais ce n'est point dans ce chapitre préliminaire que nous devons nous étendre sur cette réglementation si complexe, dont chacune des parties sera étudiée séparément et en détail dans le cours de notre travail.

Il nous reste à exposer le plan que nous avons adopté pour cette étude.

Dans une première partie, nous considérerons la *Corporation des sayetteurs* dans sa composition et dans son fonctionnement.

1° Les Apprentis, leurs droits et leurs devoirs.

2° Les Ouvriers, leur recrutement et leurs privilèges.

3° Les Maîtres ; comment ils parvenaient à la maîtrise et dans quelles conditions ils pouvaient exercer leur stil.

4° Les rapports des maîtres avec les marchands et les courtiers.

5° La règle de la limitation du nombre des métiers.

6° La direction de la Corporation.

7° La Vingtaine.

8° Les industries annexes de la sayetterie.

9° L'institution de la Corporation ; son fonctionnement.

---

1. Pièces justificatives, n° 29.

10° Les institutions religieuses et charitables des sayetteurs.

11° Les comptes de la sayetterie et les comptes des sayetteurs.

Dans une deuxième partie nous envisagerons la *Corporation des sayetteurs dans ses rapports avec les pouvoirs publics et les institutions industrielles de Lille et de sa Châtellenie.*

1° Les rapports de la Corporation avec le Magistrat, avec la Chambre des comptes, avec l'Intendant de Flandre.

2° Les rapports de la Corporation avec les diverses industries lilloises :

    a). — Avec les drapiers.

    b). — Avec les bourgeteurs.

       α). — Les procès divers.

       β). — Les débats au sujet de l'union des deux corps.

3° Les rapports de la Corporation avec l'industrie de la Châtellenie:

    a). — Les événements généraux.

    b). — Les difficultés avec les villes et les bourgs privilégiés.

    c). — Les mesures intérieures de police.

Enfin, dans une troisième partie, nous examinerons les causes qui contribuèrent à la suppression de la Corporation et nous donnerons le récit des *dernières années et de la disparition de la Corporation des Sayetteurs lillois.*

1° Les diverses réformes proposées et adoptées de 1775 à 1777.

2° La disparition de la Corporation des sayetteurs, par suite de l'institution de la communauté des sayetteurs-bourgeteurs-tisserands.

Nous terminerons notre étude par une vue d'ensemble sur *les Sayetteurs, la prospérité de leur industrie et leur condition économique.*

Cet examen nous conduira à une conclusion toute à l'honneur de cette corporation qui ne faillit jamais ni dans son honorabilité ni dans sa dignité professionnelle.

· PREMIÈRE PARTIE

LA CORPORATION DES SAYETTEURS 'LILLOIS

CHAPITRE II

LES APPRENTIS

INSCRIPTION ; SERMENT ; DROIT D'ENTRÉE. — DURÉE DE L'APPRENTISSAGE.
— CHANGEMENT DE MAITRE. — UN SEUL APPRENTI PAR MAITRE. —
LE TRAVAIL DE L'APPRENTI. — LE CONTRAT D'APPRENTISSAGE. — FIN
DE L'APPRENTISSAGE. — NOMBRE DES APPRENTIS DE 1486 A 1783. —
BUT RÉEL DE L'APPRENTISSAGE : L'ACCESSION DE NOUVEAUX MAITRES ;
LES FILS DES MAITRES LILLOIS N'Y SONT PAS ASTREINTS. — LES
« ÉPOULMANS ».

La présence des apprentis dans le « stil » de la
sayetterie remonte à l'origine même de la corporation. Les
archives municipales conservent le registre où s'inscrivaient
les apprentis de 1486 à 1506[1]; mais ce document fournit
seulement les noms et l'origine de ceux qui s'immatricu-
laient, et les noms des maîtres qui devaient leur apprendre
le métier. Les statuts de 1500 renferment, au contraire,
une réglementation très détaillée de l'apprentissage, que
les ordonnances suivantes répètent en la précisant encore[2].

---

1. « Registre aux apprentis du mestier de la sai[etterie] de la ville de Lille,
commenchant à la Touss[aint] mil IIIIe IIII^{xx} et VI et finissant le XXIIIe de
septembre mil V^e et six. » (Carton 1160, dossier 4.)

2. Pièces justificatives, n°s 9, 17, 36, 39, etc.

Ces règlements et d'autres documents des archives nous permettront de donner une idée exacte et complète de l'apprentissage dans la corporation de la sayetterie.

Le « non franc » qui voulait entrer dans la corporation devait trouver un maître qui consentît à lui apprendre le métier. Ce maître étant trouvé, l'apprenti devait prêter serment à la Vingtaine et payer « pour le fait de son appressure » 40 sols parisis, monnaie de Flandre, moitié pour la Vingtaine, moitié au profit de la chapelle [1]. Le serment était consigné au registre, avec le nom du maître, le nom et souvent le lieu de naissance de l'apprenti ; mais la formule en usage ne nous a pas été conservée.

Étaient dispensés de cette redevance en prenant leur inscription les enfants dont les ministres généraux de la bourse commune des pauvres de la ville avaient la charge et qu'ils plaçaient chez un maître sayetteur [2].

Aucune condition d'âge n'était imposée ; si l'apprenti était mineur, ses parents contractaient en son nom avec le maître.

Dans le registre on rencontre çà et là des noms de filles s'inscrivant comme apprenties ; cela s'explique aisément, puisque les femmes pouvaient tenir ouvroir.

Aucun document ne nous indique la durée de l'apprentissage pendant les premières années de la corporation. Les statuts de 1500 (art. 17) la fixèrent à trois années, mais l'ordonnance du 8 mars 1501 la réduisit — et d'une façon définitive — à deux ans. Le but de cette mesure était de ne pas favoriser, au détriment des Lillois, les ouvriers

---

1. Pièces justificatives, n° 3, art. 18 ; n° 9, art. 25.

2. L'origine de cette faveur semble remonter aux premiers temps de la corporation. En 1559, les commis de la Vingtaine voulurent en limiter la jouissance à une seule catégorie des enfants assistés, ceux de la maison de la Grange, dits Bleuets ; mais une sentence de l'échevinage leur donna tort et les obligea à en faire profiter tous les enfants à la charge de la bourse commune. (Pièces justificatives, n° 24.)

étrangers qui, après avoir travaillé deux ans dans une ville privilégiée, avaient droit de s'établir à Lille.

La durée de l'apprentissage ne pouvait être abrégée ; elle pouvait être prolongée par mesure disciplinaire [1], soit à l'expiration des deux années, si l'on constatait que ce temps avait été mal employé, soit au cours même de l'apprentissage, quand les maîtres du corps, visitant les ouvroirs, trouvaient l'apprenti absent de son travail [2]. En cas d'absences trop fréquentes, de « dérangements continuels », l'apprenti était parfois rayé du registre [3], perdant ainsi tout le bénéfice de son travail antérieur et tout droit à la franchise.

L'apprenti était donc strictement obligé « d'ouvrer à l'hostel de son maître continuellement et journellement. » Les statuts de 1500, qui avaient édicté cette obligation, ajoutaient que « si, après estre parti de son maistre, l'apprentif ne retournoit pas vers lui en dedans six semaines, il devoit estre trachié et mis hors du registre de la Vingtaine » et si « après icelluy terme de six semaines, ledit apprentif retournoit et vouloit estre franc dudit mestier, il seroit tenu faire tout ainsi que s'il ne avoit oncques esté apprentif ne reçu à ladite vingtaine. »

Plus précise encore, l'ordonnance du 6 juillet 1575 [4] dispose que les apprentis seront obligés de travailler « continuellement et journellement » à l'hôtel de leur maître « à péril que s'il estoit trouvé aucuns apprentifs jocquans, de payer si comme première fois trente sols

---

1. « Que lesdits maistres ou maistresses seront tenus, en fin des deux ans de l'appresure, venir faire serment ès mains desdits de la Vingtaine si leurs dits apprentifs ont bien fait leur devoir, pour, en cas de défaut, le faire retorer à l'apaisement desdits de la Vingtaine. » (*Ordonnance du 26 septembre 1543*, pièces justificatives, n° 19, art. 3). — Si l'apprenti refusait de compléter son stage, il perdait sa franchise et était rayé du registre. (*Ibidem*, art. 4.)

2. *Registre aux causes*, jugement de la Vingtaine du 27 décembre 1758.

3. *Ibidem*, jugement du 9 mars 1765.

4. Pièces justificatives, n° 36, art. 4.

d'amende et pour la deuxième fois soixante sols, et pour la troisième fois d'estre tels apprentifs trachiés du livre, le tout à la charge du maistre ou apprentif qui sera cause de la fautte, saulf néantmoins toutes excuses légitimes. »

Les deux années d'apprentissage pouvaient être faites sous plusieurs maîtres ; en d'autres termes, l'apprenti pouvait, au cours de son stage, et sans détriment, quitter son premier maître pour achever son instruction chez un autre. Ce « transport d'apprentifs » se faisait du consentement des parties intéressées : l'apprenti ou ses parents d'une part, l'ancien et le nouveau maître d'autre part. Il était aussi parfois imposé par la Vingtaine aux maîtres qui manquaient gravement à leurs devoirs. La mort du maître autorisait évidemment ce « transport » de l'apprenti. En tout cas, ce changement entraînait le paiement d'un droit de vingt sols, partagé entre la Vingtaine et la confrérie Saint-Jean-Baptiste [1].

En était-il de même dans le cas de maladie du maître ou de l'apprenti ? Nous n'avons trouvé sur ce point que deux sentences du tribunal de la Vingtaine. La première condamne un maître à se défaire de son apprenti « tant qu'il sera à l'hospital général » [2] ; la seconde déclare Joachim-Joseph Morelle, maître sayetteur, « non fondé à faire retorer pour cause de maladie » son apprenti, Joseph-Ignace Vas [3].

L'apprenti pouvait abandonner le métier de son plein gré ou de la volonté de ses parents, mais il devait indemniser le maître qu'il abandonnait, en raison du profit que celui-ci pouvait espérer retirer de cet apprentissage [4].

---

1. Pièces justificatives, n° 3, art. 20.
2. Sentence du 14 mai 1757. (Registre aux causes de la Vingtaine, f° 4.)
3. Registre aux causes, f° 37, sentence du 9 juillet 1763.
4. « Pierre-Joseph Lescaillier, maître sayetteur, contre Pierre-Joseph Carré, dont le fils est apprentif chez Lescaillier ; parties ouïes, nous avons ordonné que ledit Carré paieroit 2 fl. 8 p. pour dédommagement et qu'il disposera de son fils. » (Ibidem, f° 105, sentence du 20 janvier 1770.)

Le maître ne pouvait avoir qu'un seul apprenti à la fois.
Cette disposition, insérée dans les statuts de 1500 (art. 17)
et répétée dans ceux de 1524 (art. 26), paraît n'avoir
jamais soulevé de difficultés.

Le maître n'était pas libre de disposer à son gré de
l'activité de son apprenti. Obligé, à l'origine, de le faire
travailler les saies, il eut ensuite la faculté de le faire travailler, la seconde année, sur satins, et, à partir de 1579,
sur ostades [1].

Plus tard, ces étoffes furent abandonnées par le commerce. Le 19 octobre 1718, une requête des quatre
maîtres sermentés du corps de la sayetterie exposait au
Magistrat que les maîtres ne pouvaient donner à leurs
apprentis que les sept pièces de saies prévues par les
réglements « lesquelles peuvent estre faites en moins de
trois mois, de manière qu'ils estoient obligez de laisser
leurs apprentifs sans travailler pendant les vingt et un
mois restans, ce qui rendoit la pluspart des jeunes gens
fainéans, et quoi que le temps marqué pour les appren-
tissages dût.estre celuy où les ouvriers doivent se perfectionner, c'est le contraire à la saïetterie, puisqu'ils ne
peuvent travailler ni apprendre les ouvrages qui peuvent
les rendre parfaits ». Le Magistrat permit en conséquence
aux maîtres de faire travailler leurs apprentis « après
qu'ils auront fait leurs sept pièces de saye sans faillir »,
sur satins, ostades, changeants, camelots et autres
ouvrages « dépendants des six métiers qui sont renfermez
et font le principal de la saïetterie » [2].

L'usage auquel il est fait allusion dans cette requête,
de faire exécuter par l'apprenti sept pièces de saye et de
le laisser ensuite libre de son temps, était directement
contraire au devoir imposé à celui-ci de travailler « conti-

---

1. Pièces justificatives, n° 39.
2. *Ordonnance du 19 octobre 1718.* — Pièces justificatives, n° 117.

nuellement en l'hostel de son maître ». L'obligation
corrélative du maître de lui donner toujours de l'ouvrage
n'est pas douteuse, quoiqu'elle ne soit pas mentionnée
expressément par les statuts de 1500 et de 1524.

De fait, quand l'apprenti était trouvé désœuvré,
« jocquant », la faute pouvait en être rejetée sur le
maître, si celui-ci ne lui avait pas fourni d'ouvrage. En
1701, le tribunal de la Vingtaine fait défense à Philippe
de le Pierre « de prendre désormais aucun apprentif pour
la raison que celuy qu'il avoit chez lui n'étoit pas constamment sur l'outil ». Ayant fait appel devant les échevins, Philippe de le Pierre exposa « qu'il n'est pas
possible qu'un apprentif soit toujours sur l'outil pendant
le temps de son apprentissage ; qu'il lui suffit de faire,
pendant ledit temps, certaine quantité de pièces que l'on
fait enregistrer ; que l'apprentif mentionné en a faict et
faict enregistrer plus grand nombre que portent les
ordonnances ». A quoi les mayeurs et commis de la
Vingtaine répliquèrent qu'ils avaient plusieurs fois trouvé
l'apprenti ne travaillant pas sur l'outil ; qu'ils lui en
avaient fait plusieurs admonestations et que ledit de le
Pierre employait son apprentif à un autre travail, ce qui
était expressément défendu [1].

D'autres documents prouvent bien que la Vingtaine était
intransigeante sur ce point[2].

Ces devoirs réciproques prescrits par les ordonnances
étaient d'ailleurs précisés dans les conventions qui inter-

---

1. Carton 1180, dossier 8.

2. « Antoine-Joseph Périer, demandeur contre Louis Dubois, maître saietteur ;
parties ouïes, nous avons ordonné audit Dubois de donner continuellement
du travail à l'enfant dudit Périer, à péril que s'il étoit en défaut de lui
donner de l'ouvrage, l'apprentif sera transporté sous un autre maître pour
finir son apprentissage, la convention entre les parties annulée, en resti-
tuant ce qu'il aura reçu, et défendu audit Dubois d'avoir par la suite aucun
apprentif sans notre permission. » (Registre aux causes, f° 89, sentence du
18 juin 1768.)

venaient entre les maîtres et les apprentis, ou, si l'on
veut, dans les « contrats d'apprentissage ». Les apprentis,
en effet, devaient à leurs maîtres une indemnité pour les
soins et les conseils qu'ils en attendaient. A quel chiffre
s'élevait cette indemnité ? Il serait difficile de le préciser.
Voici seulement quelques indications à ce sujet :

En 1672, les ouvriers sayetteurs se plaignent de ce que
les maîtres emploient à leur service des « non francs »
alors qu'eux-mêmes sont sans travail « après avoir suby
un apprentissage de deux ans, sans gagner aucune chose
et avoir payé 8 à 10 livres de gros aux maîtres qui les
avaient appris[1] ».

En 1702, les ministres généraux de la Bourse commune
affirment que les personnes qui ont en pension des enfants
abandonnés refusent de les conserver, à moins d'une
augmentation considérable, lorsqu'ils doivent faire leur
apprentissage de sayetteur ou de bourgeteur, « parce
qu'étant obligés de faire une année de saye ou de tripe
pour estre affranchis dans l'un ou l'autre des dits deux
métiers, ils doivent ordinairement payer cinq livres de
gros pour dédommager leurs maîtres de la dite année de
saye ou de tripe, s'ils ne travaillent que deux ans pour leur
apprentissage, ou bien estre apprentifs pendant trois ans,
durant lequel temps les dits enfans ne gagnent rien au
profit de ceux chez qui ils sont à pension ». Le Magistrat
accorda à ces enfants dispense de faire des sayes ou des
tripes pendant leur apprentissage[2].

A cette époque l'apprenti n'était donc pas rémunéré et
devait même payer une certaine somme à son maître.
Plus tard, nous trouvons des conventions toutes différentes. Sans doute, il y est fait plusieurs fois allusion à
des sommes d'argent que les apprentis ont versées ou

1. Carton 1172, dossier 9.
2. Pièces justificatives, nº 107.

promises [1], mais le plus souvent, c'est le maître qui s'engage à rémunérer son apprenti, en lui payant une partie de la façon des pièces qu'il exécutera [2]. Il faut voir, dans ce changement, une suite de l'ordonnance du 31 décembre 1718 qui, en permettant aux apprentis de travailler aux changeants et aux camelots, après avoir exécuté leurs sept pièces de saye, rendait leur main-d'œuvre plus utile et plus profitable pour les maîtres.

En somme, dans la plupart des cas, l'apprenti, durant la première année, ne recevait pas de salaire et payait à son maître une certaine somme ; puis, dès le début de la seconde année, il recevait une rémunération arrêtée suivant ses qualités professionnelles, ou, à défaut de convention, déterminée par le tribunal de la Vingtaine [3]. Exceptionnellement l'apprenti était parfois rétribué dès la première année. [4]

Aucun texte, même des plus anciens, ne s'opposait d'ailleurs à ce que l'apprenti pût toucher une certaine rémunération pour son travail, et cette pratique existait

---

1. *Registre aux causes,* f° 83 v°, convention du 14 novembre 1767 ; f° 89 v°, convention du 18 juin 1768 ; etc.

2. *Ibidem,* f° 110, convention du 16 septembre 1769 ; f° 110 v°, convention du 9 février 1771 ; etc.

3. « Nous avons ordonné que l'enfant de Delaval travaillera chez Pierre-Joseph Duchâtelet, maître saïetteur, les trois premiers mois un quart de façon, autres six mois demie façon, et les derniers trois mois trois quarts de façon, avec obligation de le tenir, à moins de cause légitime. » (*Registre aux causes,* f° 102 ; sentence du 16 septembre 1769.)
Il s'agit bien certainement de la dernière année d'apprentissage ; le salaire fixé eût été exagéré pour un débutant.

4. « Jean-Baptiste Mouchin est convenu avec Ignace-Joseph Leloir, son apprentif, de lui apprendre le stil de la saïeterie et de l'affranchir, et qu'il ne paiera à son dit apprentif qu'un écu de trois livres à chaque pièce, pendant le temps de son apprentissage, à la condition que ledit Leloir fera exactement son devoir. » (*Registre aux causes,* f° 25 ; convention du 24 janvier 1761.)
Cet apprenti était majeur, puisque ses parents n'interviennent pas au contrat ; il pouvait donc fournir un travail appréciable dès le début. Rien d'étonnant, dès lors, qu'il soit rémunéré par son maître, dont le seul profit, pour le service qu'il rend à son apprenti en lui promettant de l'affranchir, est d'obtenir de celui-ci une main-d'œuvre à meilleur marché.

probablement au début de la corporation, puisque les statuts de 1500 (art. 17) et de 1524 (art. 26) défendent toute convention qui dépasserait une simple promesse de salaire.

Il était, en effet, interdit à l'apprenti de s'associer avec son maître, celui-ci devant conserver toute son indépendance et son autorité. Cette prohibition paraît avoir été toujours maintenue strictement.

Le registre aux apprentis cite deux d'entre eux qui, en 1502, furent « trachiés et rayés » parce qu'ils avaient « participé au gain avec leurs maîtres, ce qui est contre les ordonnances. »

En 1669, la Vingtaine refuse d'admettre Jean Tredet au chef-d'œuvre, parce qu'il « avoit confessé ingénument que durant le temps de son apprentissage, il auroit esté trouvé travaillant chez Hugues du Bocquet, non pour le profit de son dit maistre, mais pour le sien particulier directement contre la teneur desdits réglemens, auxquels toutesfois il n'étoit pas moins soumis que les autres aprentifs. » Jean Tredet fut effacé du registre aux apprentis et son maître fut « interdit d'affranchir, pour avoir fourfaict son serment et l'intention desdites ordonnances [1] ».

Une semblable sentence frappe Alexis-Joseph de la Haye, maître sayetteur, et son apprenti Olivier Jonville, en 1769 [2].

En 1760, la Vingtaine interdit formellement à Augustin Laurent « de faire commerce avec son maître [3] ».

Les ordonnances de 1500 et de 1524 n'ont donc pas pour but l'interdiction d'un salaire au profit de l'apprenti, mais uniquement la rémunération basée sur le résultat final, c'est-à-dire sur le gain provenant de la vente du

---

1. Carton 1171, dossier 14.
2. *Registre aux causes*, f° 126, sentence du 3 avril 1769..
3. *Ibidem*, f° 25, sentence du 20 décembre 1760.

tissu fabriqué. Ce qu'elles défendent à l'apprenti, c'est d'être « intéressé dans les affaires », c'est d'être « l'associé » de son maître. De fait nous n'avons point trouvé de poursuites ni.de condamnations pour salaires payés aux apprentis, mais seulement pour associations commerciales de l'apprenti avec le maître.

L'instruction technique et le salaire de l'apprenti sont donc réglementés d'une façon assez précise; il n'en est pas de même des droits et des devoirs de garde, de tutelle, de correction qui pouvaient incomber au maître à l'égard de son apprenti. Il n'en est question nulle part.

La raison en est tout entière dans ce fait que l'apprenti n'habitait pas chez son maître. Cette cohabitation était même formellement prohibée.

Nous en avons une preuve certaine dans la sentence portée par la Vingtaine contre Augustin-Laurent Flament, apprenti chez son frère Clément-Joseph. « Nous avons ordonné et ordonnons audit Flament de se faire transporter sous un autre maître, s'il veut continuer à demeurer chez son frère, ou d'aller coucher dans une autre maison, s'il veut continuer son apprentissage chez lui ».[1]

Les termes des statuts de 1500 (art. 19) et de 1524 (art. 27) pourraient, à première vue, paraître contraires à cette jurisprudence : « Que nuls maistres ne pourront tenir apprentifs en leurs maisons sans prendre grâce à ceux de la vingtaine, sous l'amende de XX sols ». Ce texte pourrait signifier que le maître doit obtenir le consentement de la Vingtaine pour prendre un apprenti et le faire travailler chez lui, ou bien qu'il doit obtenir ce consentement pour loger un apprenti chez lui. Mais la sentence ci-dessus ne laisse aucun doute et montre bien que les statuts doivent être interprétés dans le premier sens.

---

1. *Registre aux causes*, f° 25, sentence du 20 octobre 1760.

C'était en effet une importante mesure de protection pour l'apprenti que d'obliger son futur maître à demander le consentement des chefs de la corporation avant de pouvoir lui apprendre le métier. Que le maître fût de mœurs répréhensibles, qu'il eût de mauvais procédés de manufacture, qu'il manquât des métiers nécessaires pour la fabrication des pièces prescrites, ou même qu'il eût été privé du droit de prendre des apprentis, celui avec lequel il allait contracter courait de réels dangers, soit pour sa moralité, soit pour son instruction technique. Sans doute, le maître devait prêter serment avant d'engager un apprenti ; mais nous ignorons si la Vingtaine était présente à ce serment, et le greffier du corps n'avait pas le pouvoir de s'opposer à ce qu'il fût prêté. D'ailleurs, le scandale eût été grand si, au moment où le maître se présentait pour le serment, la Vingtaine s'y fût opposée, en lui reprochant, par exemple, ses mœurs douteuses ou son incapacité professionnelle.

De plus, si le maître avait pu, moyennant autorisation, loger l'apprenti en sa maison, comment expliquer qu'aucun cas de cette sorte de dispense ne soit consigné dans le registre aux causes ? L'exemple cité ci-dessus est concluant ; la prohibition est formelle, à ce point qu'il est même interdit à un apprenti de loger chez son frère.

Un autre fait nous paraît tout aussi probant. Nous avons vu plus haut que les ministres de la Bourse commune se plaignaient de l'absence de salaire pour les enfants orphelins qu'ils plaçaient en apprentissage, et de la difficulté de leur trouver des « nourrisseurs » dans de telles conditions. Si l'habitation de l'apprenti chez son maître eût été possible, toute difficulté disparaissait ; les ministres de la Bourse commune n'auraient eu qu'à placer leurs pupilles « à table » chez leurs maîtres. Le Magistrat qui, déjà, avait déchargé ces pupilles de tout droit, eût saisi l'occasion d'alléger les charges de la Bourse commune par cette nouvelle faveur.

Resterait à trouver les motifs de cette réglementation. Nous croyons qu'elle avait pour cause une raison d'hygiène ; le maître devait loger chez lui, et donnant sur la rue, tous ses métiers ; de plus, il devait habiter la maison même qui les contenait. S'il avait une famille nombreuse et plusieurs métiers, sa maison était encombrée, et l'apprenti courait le risque d'être très mal logé. Mais, croyons-nous aussi, plus que le souci d'hygiène, la crainte des « associations commerciales » avait inspiré cette prohibition. Ces associations, en effet, eussent été beaucoup plus faciles si l'apprenti avait cohabité avec son maître ; il eût été aisément initié au secret de toutes ses opérations et de ses bénéfices commerciaux.

La période de stage de l'apprenti — trois ans en 1500, deux ans depuis 1501 — étant achevée sans incident, celui-ci devenait, par le fait même, ouvrier franc. Mais avant de s'affirmer comme maître et de prendre enseigne, il devait encore satisfaire à un certain examen professionnel [1].

L'ordonnance du 25 septembre 1543 [2] obligea les maîtres à venir devant la Vingtaine affirmer sous serment que l'apprenti avait suffisamment appris le métier, « qu'il avoit bien ouvré à l'apaisement d'iceux. »

Nous avons dû renoncer à dresser une statistique complète du nombre des apprentis de la corporation de 1487 à 1789 ; il y a trop de lacunes dans les registres et dans les comptes.

De 1487 à 1506, voici exactement leur nombre :

En 1487, 47 apprentis	En 1494, 44 apprentis	En 1500, 46 apprentis
1488, 33 —	1495, 57 —	1501, 68 —
1489, 17 —	1496, 31 —	1502, 122 —
1490, 13 —	1497, 38 —	1503, 122 —
1491, 37 —	1498, 46 —	1504, 127 —
1492, 50 —	1499, 48 —	1505, 150 —
1493, 64 —		

1. Il sera question plus loin de ce chef-d'œuvre.
2. Pièces justificatives, n° 19, art. 3.

On le voit, le nombre des apprentis devint assez considérable et tend à s'accroître encore au début du XVIᵉ siècle. Il diminua dans la suite. En 1630, un compte nous apprend qu'il y avait 22 apprentis de la ville, 9 étrangers et 20 ouvriers du dehors mis en vingtaine [1].

De 1630 à 1741, les quelques indications que nous avons recueillies ne permettent aucune statistique.

De 1741 à la Révolution, nous avons pu dresser le tableau suivant :

Années —	Apprentis de la ville	Étrangers —	Années —	Apprentis de la ville	Étrangers —
1741	10		1763	14	
1742	20	1	1764	13	
1743	7	5	1765	5	3
1744	3		1766	15	2
1745	1		1767	14	1
1746	0		1768	5	
1747	4	1	1769	7	3 [3]
1748	11	3	1770	11	2
1749	18	1	1771	4 [4]	1
1750	19	3	1772	6	
1751	18	1	1773	9	2
1752	13		1774	8	
1753	15	2	1775	12 [5]	
1754	9		1776	3	1
1755	11	2	1777	3	1
1756	4		1778	4	
1757	8		1779	1	
1758	7		1780	3	
1759	2	1	1781	2	1
1760	5	1	1782	1	
1761	12 [2]		1783	1 [6]	
1762	2	1			

1. Cette expression « ouvriers du dehors mis en vingtaine » s'entend des étrangers qui, ayant travaillé deux ans dans une ville privilégiée, pouvaient être francs ouvriers à Lille, mais qui, voulant être maîtres, devaient se soumettre à l'apprentissage.

2. Dont un orphelin.

3. Dont un orphelin.

4. Plus un orphelin.

5. Dont deux orphelins.

6. Archives de Lille, *Comptes de la sayetterie*, nᵒˢ 5766 et 5767.

A quelle cause faut-il attribuer ce nombre réellement peu considérable des apprentis, surtout en regard de celui des maîtres qui se chiffrait par plusieurs centaines ? Serait-ce aux règlements mêmes de l'apprentissage ? Cela ne paraît pas vraisemblable. En effet, la prescription la plus gênante était celle qui imposait de ne faire travailler les apprentis que sur certaines espèces d'étoffes déterminées; or, en 1702, les ministres de la Bourse commune avaient obtenu dispense sur ce point pour tous leurs pupilles, et en 1718, les maîtres du corps pour l'ensemble des apprentis.

La véritable cause n'était pas là, mais bien dans le fait qu'un grand nombre de personnes pouvaient exercer le métier de la sayetterie sans passer par l'apprentissage.

D'une part, ceux qui avaient travaillé un certain laps de temps dans une ville privilégiée « au fait de la saïetterie » pouvaient s'établir à Lille comme ouvriers francs et même, à partir d'une certaine époque, la Vingtaine put permettre à tout individu de travailler comme ouvrier.

D'autre part, ceux qui étaient maîtres en la corporation pouvaient affranchir de plein droit leurs femmes ou leurs enfants, fils ou filles, en les faisant enregistrer, moyennant un droit de douze deniers au clerc de la Vingtaine [1].

Si un « non franc » épousait une femme « franche », il était obligé « de faire tout ainsi que un aultre apprentif et de païer tels droits, sans ce que la franchise de ladicte femme le puist aider [2] ».

Les enfants ne pouvaient être affranchis comme fils de maître, que s'ils étaient nés alors que leur père était déjà devenu maître ou tout au moins alors qu'il avait commencé son apprentissage [3]. Quant aux enfants nés quelques mois

---

1. Statuts de 1500, art. 23 et 24 ; statuts de 1524, art. 31 et 32 (Pièces justificatives, nᵒˢ 3 et 9).
2. Statuts de 1500, art. 26 ; statuts de 1524, art. 33 et 34 (*Ibidem*).
3. Statuts de 1500, art. 23; statuts de 1524, art. 33 (*Ibidem*).

seulement après le début de l'apprentissage de leur père, ils ne jouirent de ce privilège qu'à partir de l'ordonnance du 7 mars 1719 [1].

Enfin quand un maître mourait sans avoir fait affranchir sa femme, celle-ci pouvait se faire recevoir à la franchise dans les trois mois qui suivaient le décès.

Comme il y avait un grand nombre de maîtres et que chacun d'eux pouvait ainsi affranchir sa femme et ses enfants, il s'ensuivait que la corporation se recrutait de beaucoup de membres n'ayant pas passé par l'apprentissage. Cela explique bien la diminution constatée par le tableau précédent.

Est-ce à dire cependant qu'avec le temps l'apprentissage fut considéré par la corporation et par le Magistrat comme une institution désuète et inutile ? Les faits contredisent absolument cette supposition.

Non seulement on ne rencontre jamais de « non francs » obtenant dispense de cet apprentissage pour devenir maîtres, alors qu'on leur permet d'être ouvriers, mais encore le registre aux causes prouve que la Vingtaine fit toujours appliquer sévèrement toutes les dispositions des règlements concernant l'apprentissage, même les plus anciennes. De plus, lorsqu'en 1783 on réglementa le corps, désormais unifié, des sayetteurs, des bourgeteurs et des tisserands, on formula d'une façon précise l'obligation de faire deux années d'apprentissage « exactement et sans fraude » avant d'être admis à présenter le chef-d'œuvre et de parvenir à la maîtrise [2].

---

1. Il faut remarquer que, dans leur requête, les maîtres du corps demandent l'interprétation des *ordonnances et conclusions faites en l'an 1483 et renouvelées le 22 décembre 1524*. Ces premiers statuts de 1483 ne nous ont pas été conservés.

2. Ordonnances des 13 octobre 1779, 13 septembre 1783, 13 avril 1784, (Carton 1205, dossier 7 ; carton 1206, dossier 15 ; carton 1207, dossier 3.)

Par le fait même que la Vingtaine pouvait conférer à qui elle voulait la qualité d'ouvrier franc, le véritable rôle de l'apprentissage se bornait à préparer des maîtres pour le métier, et c'est à ce titre que les apprentis jouissaient de la particulière sollicitude des chefs de la corporation et des membres du Magistrat.

Bien que peu nombreux, les apprentis pouvaient cependant suffire à combler les vides de ce corps de métier où la maîtrise se transmettait de père en fils et qui devait rarement faire appel à des éléments extérieurs de recrutement.

C'est bien aussi la sauvegarde de ce privilège de maîtrise que visent les statuts ou ordonnances concernant les ouvriers étrangers. Qu'ils soient ouvriers francs, on ne s'y oppose point ; mais s'ils veulent parvenir à la maîtrise, il faudra qu'ils se soumettent à l'apprentissage. Cette rigueur était sage après tout : ces ouvriers étaient plus nombreux que les apprentis, et à brève échéance le métier eût passé aux mains des étrangers.

Aussi une ordonnance du 21 juillet 1564 défendit-elle de « doresenavant admettre et recepvoir estrangiers à maistres saïtteurs en ceste dicte ville que préalablement ils ne aient appris en icelle ville ledict mestier soubz maistre le terme de deux ans continuels » [1].

Huit ans plus tard, le Magistrat s'occupant, non plus de l'admission des étrangers à la maîtrise, mais de leur droit de travailler comme ouvriers francs, s'exprimait ainsi : « Que personne, quel qu'il soit, ne polra soubz maistre ou maistresse d'icelle sayeterie, en manière que ce soit ouvrer dudict mestier, en appert ne en couvert, qu'il ne soit, par avant qu'il puisse ouvrer, francq ouvrier d'iceluy mestier et le ayant apprins en ville privilégiée au faict d'icelle sayetrie par le terme de deux ans » [2].

1. Pièces justificatives, n° 28.
2. Pièces justificatives, n° 34.

L'obligation pour l'étranger, alors même qu'il avait appris le métier dans une ville privilégiée, de devoir travailler durant deux années comme les autres apprentis, pour parvenir à la maîtrise, ne prouve-t-elle pas aussi que, dès cette époque, l'apprentissage était ordinairement suivi de l'acquisition de la maîtrise, et que cette acquisition était son véritable but ?

Un argument semblable peut se déduire d'une requête présentée le 18 mai 1679 par les ministres de la Bourse commune. Ils demandaient que leurs pùpilles, placés comme apprentis chez les maîtres sayetteurs d'Hondschoote, pussent jouir des mêmes droits que « ceux qui sont affranchis soubz maistres saïeteurs de ceste ville de Lille ». Cette faveur leur fut refusée [1]. Mais pour que le Magistrat refusât de favoriser une nouvelle industrie qu'il essayait à grands frais d'implanter à Lille, et de soulager les ministres de la Bourse commune, il fallait qu'un intérêt plus haut le préoccupât. C'était le souci d'empêcher l'accession à la franchise complète du corps de maîtres qui n'auraient pas appris à fabriquer les étoffes spéciales formant le monopole de la corporation.

Dans le même ordre d'idées, il faut observer aussi que les comptes de la corporation mentionnent des droits de « frais d'années » de soixante sols pour les apprentis de la ville, et de sept livres pour les forains et étrangers [2].

Ce paiement de « frais d'années » relativement élevés et dépassant de beaucoup l'unique droit perçu pour l'inscription au registre des apprentis, joint à l'interdiction qui leur est faite et souvent rappelée de travailler à « gain ou à perte », n'indique-t-il pas clairement, chez ceux-ci, une condition assez voisine de celle des maîtres, à laquelle ils ne vont pas tarder de s'élever ?

1. Carton 1173, dossier 11.
2. « Droits des apprentifs dudit stil, dont est deu de chascun an au droit dudit mestier, assavoir pour ceux natifs de la ville LX sols, et forains et estrangers 7 livres. » (Comptes de 1630, 1636, 1646, etc.)

Pour être complet, nous devons répondre à une dernière question : les apprentis étant si peu nombreux, par qui étaient-ils suppléés ? On sait que, dans la plupart des métiers, l'ouvrier a besoin d'avoir, à côté de lui, un aide pour les menues besognes ; c'est ordinairement le rôle de l'apprenti. Mais chez nos sayetteurs, ces modestes fonctions étaient remplies par des enfants qu'on appelait des « époulmans ».

Ils sont fréquemment cités comme « vivants du métier de la saïetterie », comme les fileurs, les peigneurs, les teinturiers [1]. Aucun texte des ordonnances ne précise leurs droits ni leurs devoirs, mais certaines sentences du registre aux causes nous permettent de pressentir qu'elle était leur situation. L'enfant « époulman » était engagé par ses parents pour un certain laps de temps. Il était « loué » moyennant une rémunération fixe versée aux parents, au moment de l'engagement ; sorte de denier à Dieu, qui paraît avoir été ordinairement le seul salaire payé par le maître [2].

---

1. « Un seul outil ou mestier entretient (sans compter le maistre, calendreur, foulon, teinturier, presseur, corroieur, tourneur de moulin pour accommoder le fil, faiseur de lame et de ro), neuf personnes telles qui suivent :
1 ouvrier travaillant sur l'outil ;
1 peigneur ;
2 redoubleresses ;
4 fileuses ;
1 époulleman.
(Carton 1179, dossier 2 : Mémoire des maistres du corps, portant en marge ces mots : « Cette délibération at esté copiée et mise ès mains de M. de Flandre, mayeur de la Vingtaine, le 27 juin 1697, qu'il at présenté au Conclave »).

2. « Wallerand Lepers, maistre sayeteur, demandeur contre la veuve Latter, dont l'enfant étoit loué pour un an ; parties ouïes, nous avons ordonné à la veuve Latter de restituer la moitié du denier à Dieu, portant quatorze patars. » (Registre aux causes, f° 119 : sentence du 4 juillet 1772.)
« La veuve Lequien, dame sayetresse, contre la femme Penart, dont l'enfant étoit époulmand ; parties ouïes, nous avons ordonné à la femme Penard de payer 24 patars, si mieux elle n'aime renvoyer son fils pour achever son temps. » (Ibidem, f° 124 : sentence du 17 octobre 1772.)
« Marie-Thérèse Desneullin, sayetresse, contre ..... ; parties ouïes, nous avons ordonné de renvoyer l'enfant pour finir les trois mois, ou de payer trente patars, dix patars par semaine ». (Ibidem, f° 175 : sentence du 2 juin 1776.)

Ces époulmans et époulmanes peuvent, avec assez de vraisemblance, au moins dans les derniers temps de la corporation, être considérés comme formant la masse d'où les maîtres tiraient leurs ouvriers [1].

---

1. On trouvera d'autres détails sur la situation des époulmans au chapitre VII, dans l'historique du procès de 1723.

CHAPITRE III

LES OUVRIERS

DISTINCTION ÉTABLIE ENTRE LES MAITRES ET LES OUVRIERS. — LE RECRU-
TEMENT DES OUVRIERS : FILS DE MAITRES LILLOIS ; ÉTRANGERS VENANT
DE VILLES PRIVILÉGIÉES. — RARES EXCEPTIONS. — LES SAYETTEURS
D'HONDSCHOOTE. — PRIVILÈGES DES OUVRIERS FRANCS ; MENACÉS DÈS
1665 ; VIVEMENT DÉFENDUS DANS DE LONGS PROCÈS ; NE SUBSISTANT
PLUS QUE DE NOM APRÈS 1738.

Dans la corporation, la distinction entre maîtres et
ouvriers fut toujours affirmée très nettement. Des premiers
il est dit qu'ils « font et érigent le métier de la saïetterie
en la ville de Lille » ; des autres qu'ils « ouvrent en icelle
du faict de la dicte saïetterie ». Les uns et les autres
jouissent de privilèges exclusifs vis-à-vis de ceux qui sont
étrangers à la corporation. Ils sont qualifiés « francs » ;
cependant ce terme, que les ouvriers ne cessent d'employer
quand ils parlent d'eux-mêmes, désigne plus spécialement
les maîtres, qu'on appelle même parfois les « francs
ouvriers ».

La première question qui se pose est celle-ci : d'où
venaient ces ouvriers ? L'apprentissage, nous l'avons dit,
servait presque uniquement à recruter des maîtres pour
la corporation ; c'était donc par une autre voie que le
métier trouvait les ouvriers nécessaires.

Souvent ceux-ci venaient, nous disent les documents,
des villes qui étaient, comme Lille, privilégiées au fait de
la sayetterie, ce qui leur donnait droit « d'ouvrer » à Lille.
Mais il serait exagéré d'admettre que, dans notre métier,
tous les ouvriers vinssent du dehors. Il est au contraire

vraisemblable que beaucoup d'entre eux étaient des fils de maîtres, dispensés, par leur naissance, de l'apprentissage et simplement tenus à l'inscription au registre de la Vingtaine [1].

De ce fait nous trouvons une preuve dans le caractère même que présente, durant toute son histoire, la pratique de la sayetterie à Lille. Ce métier ne pouvait comporter qu'un petit nombre d'outils ; il pouvait donc être exercé aisément par le maître aidé de sa famille, sans qu'il fût obligé de recourir à des éléments étrangers. Bien souvent les adversaires du régime sous lequel vivait la sayetterie, lui reprocheront la vie besoigneuse et fermée que mènent ses membres, et lors des démêlés qui éclatèrent à la fin du XVIIIe siècle, un mémoire de la Chambre de commerce dit en termes dédaigneux que, dans la sayetterie, « c'est le père qui travaille avec ses enfants. » Dans un autre mémoire que nous aurons occasion de citer bientôt, les mayeurs et les commis de la Vingtaine affirment que les ouvriers sayetteurs sont pour la plupart fils de maîtres. De même, nous voyons un bourgeteur, Charles Cousin, exposer au Magistrat que « n'ayant aucuns moyens de fortune, il entremet à travailler ses enfans dudit stil avec lui en sa maison, sans avoir autres ouvriers. »

C'est seulement, semble-t-il, lorsqu'il est devenu trop âgé pour pouvoir travailler lui-même et pour dispenser la besogne à ses enfans, que le maître a recours à une main-d'œuvre étrangère. Lorsque des novateurs viennent débaucher les ouvriers pour monter une industrie plus importante, ce sont les vieux maîtres qui sont victimes de leurs menées. Se plaignant des procédés employés par Nicolas Yvain, les sayetteurs font observer que, lorsqu'il se trouvait à Valenciennes, il avait « attiré un grand nombre d'ouvriers, auxquels il avoit fait publier des assurances de plus grand salaire, et les ayant tenus

1. Pièces justificatives, n° 3, art. 23.

quelque temps, il déduisoit l'excédent de leur salaire qu'il
avoit promis, ce qui engageoit les estrangers et les
habitans de ceste ville de se retirer en abandonnant leurs
enfans, parce qu'ils n'auroient esté reçus chez leurs vieux
maîtres. » Ils ajoutent qu'il en sera de même à Lille « et
la ville se trouvera ainsi obérée par l'abandon de deux mil
enfans au-dessous de dix ans, provenans des sayetteurs et
bourgeteurs ruinés ; la dépense portera au moins 100.000
florins par an, sans comprendre les aumosnes qu'il
conviendra faire aux vieux maistres qui ne subsistent
qu'avec le produit des ouvriers qu'ils ont en leur maison. »

Ordinairement un seul des enfants d'une même famille
de maître s'établissait, puisque le nombre des maîtres n'a
guère augmenté durant toute l'existence de la corporation.
Les autres fils de maître, quittant leur père pour fonder à
leur tour un foyer, ne s'établissaient pas ; mais, se préva-
lant de leur qualité de francs ouvriers, ils continuaient,
dans une condition inférieure il est vrai, l'exercice du
métier sous lequel ils avaient vécu jusqu'alors.

C'est cette situation que décrit une requête de Martin
Théry au Magistrat : « Fils de Jean, maistre saïeteur en
cette ville, depuis sa jeunesse il a toujours travaillé du
stil de saïetterie tant en dessous son dit père que sous
d'autres maistres, comme tous autres fils de maîtres et
francs ouvriers ; mais, sur les plaintes des francs ouvriers
dudit stil de sayeterie, les maistres du corps lui ont
deffendu l'ouvrage sous prétexte que le suppliant n'est
pas fils de maistre, pour ce que quand son père a esté
receu pour estre sayteur, ledit suppliant estoit au monde
d'environ deux ans, par ainsy qu'il n'estoit fils de
maistre. » Il obtint, en invoquant au surplus ses charges
de famille, la permission de continuer à travailler comme
franc ouvrier [1].

La demande de Martin Théry paraît être la seule

---

1. Carton 1175, dossier 7.

difficulté qu'ait soulevée la franchise de ces ouvriers, fils de maîtres, dont les droits étaient peu sujets à controverse ou à changement.

La situation des étrangers venant de villes privilégiées sollicita davantage l'attention du Magistrat. Préoccupé avant tout d'attirer dans la ville une main-d'œuvre utile, il en arriva, dans la première moitié du XVIIIᵉ siècle, à favoriser tellement l'entrée dans le corps de nouveaux ouvriers, que le droit exclusif des ouvriers francs ne fut plus dès lors qu'un vain mot.

Suivant les statuts de 1500 (art. 22), l'ouvrier étranger ne pouvait « ouvrer » à Lille « du fait de la saïetterie » qu'après avoir prouvé son travail de deux années dans une ville privilégiée et payé un droit de 40 sols, moitié pour la Vingtaine, moitié pour la confrérie de Saint-Jean-Baptiste. Le maître qui employait un ouvrier « anchois qu'il ait faict le deu dessus dit » était passible d'une amende de 20 sols.

Cette faveur accordée aux ouvriers étrangers avait été une nécessité lorsque Lille avait reçu du souverain le privilège de pouvoir ériger la sayetterie dans ses murs. Il fallait donner du renom à la nouvelle manufacture ; aussi tout travailleur habile était-il accueilli avec empressement, quel que fût le lieu d'où il venait.

Les statuts de 1500 (art. 5 et 22) semblent avoir été une première restriction apportée à un accueil jusque là illimité.

Ce privilège, nécessaire aux débuts de la corporation ne disparut cependant pas dans la suite. En 1672, les ouvriers bourgeteurs se plaignent d'être empêchés de travailler chez les maîtres sayetteurs, alors qu'ils sont « naturalisés de la ville de Lille », tandis que plusieurs étrangers, « même non francs dudit stil de saïetterie, venus tant d'Amiens qu'autres villes, estoient rechus et travailloient journellement chez les dits maistres saïetteurs».

A quoi les maîtres sayetteurs répondent qu'il est vrai que
« les francs ouvriers de plusieurs villes privilégiées et
franches, comme de Douay, d'Arras, de Rheims, d'Abbe-
ville, de Péronne, de Châlons et quantité d'aultres villes
avoient la permission de travailler à Lille, en faisant
apparaître de leur franchise, comme ont aussi les ouvriers
dudit Lille la liberté de travailler ès dites villes ». Mais
ils tiraient de ce privilège un argument contre les prétentions des requérants, qui « tendoient à détruire la société
et franchise établie d'anchienneté entre tant de bonnes
villes qui ont toutes intérêt que les statuts soient conservés
dans leur vigueur ».

C'était donc une véritable « Société » qui unissait entre
elles les villes où s'exerçait la sayetterie. Ce droit pour
le maître et l'ouvrier franc de l'une de ces cités de travailler
dans les autres n'est pas d'ailleurs le seul indice de cette
union : elle se manifeste aussi dans les luttes soutenues
par ces villes privilégiées contre les autres villes ou bourgs
pour les empêcher d'exercer cette industrie qu'elles considéraient comme leur monopole commun.

La persistance de cette union est d'autant plus remarquable que ces villes n'étaient pas toutes sous la même
domination politique.

Une copie de l'ordonnance du 6 juin 1573 [1] sur les
ouvriers étrangers porte, après la signature du greffier de
la Vingtaine, de Beaumaretz, la nomenclature suivante
des villes franches et privilégiées :

Beauvais	Amiens	Abbeville
Montreuil	Saint-Omer	Ypres
Dixmude	Bailleul	Bruges
Gand	Aubenton	Huy
Valenciennes	Tournai	Lille
Douai	Arras	Péronne
Saint-Quentin	Cambrai	Reims
Châlon	Orchies	

1. Pièces justificatives, n° 34.

Malgré cette faveur accordée aux étrangers venant des villes privilégiées, le Magistrat restait libre d'accorder à d'autres qu'à ceux-ci ou aux fils de maîtres, l'autorisation de travailler à Lille au métier de la sayetterie. Voici d'ailleurs les rares occasions où il usa de ce pouvoir.

Le 22 mai 1531, ayant constaté que, depuis plusieurs années, « certains se sont ingérés et avanchés de faire en cette ville ostades et satins, lesquels sont dépendances à mestier de la saytrie, et que cela contourne au grand intérest dudict mestier de sayeterie et de la chose publique » le Magistrat, après avoir pris conseil des gens des comptes, unit lesdits métiers à celui de la sayetterie, en déclarant que dorénavant les francs sayetteurs seuls pourraient fabriquer les ostades et les satins. Mais, voulant régler la situation des « ostadiniers et satiniers » qui, pour le moment, fabriquaient ces tissus sans être sayetteurs, il autorisa leur incorporation parmi ces derniers, tout en distinguant très nettement ceux qui étaient ouvriers [1] et ceux qui étaient maîtres [2], et en conservant à chacun leur situation respective [3].

En 1537, on constate l'arrivée à Lille d'ouvriers étrangers venant de villes non privilégiées. A cette occasion, le Magistrat déclare qu' « à la requête de plusieurs ouvriers des étroits satins, tant du village de Pernes que de la comté de Saint-Pol et à l'environ, lesquels, au moïen des guerres, ont esté constrains de partir du lieu de leur résidence, il a esté accordé auxdits ouvriers et aultres venans du dehors, sachant faire les dicts satins, par forme

---

1. « Pourveu qu'il appert à la Vingtaine qu'ils sont bons ouvriers, pourront soubz un maistre saïeteur ouvrer desdits ostades et satins, en gagnant leur vie et payant à la Vingtaine droit d'ouvrier. » (Pièces justificatives, n° 11.)

2. « Quant aux maistres tenans à part ouvroir desdits ostades et satins renversés, non francqs sayeteurs, ils seront reçus à francqs dudit mestier, s'ils le veulent estre, en payant les droicts accoustumés et eux faisans registrer en dedans les quinze jours. » (*Ibidem*).

3. Ces ostadiers et satiniers venaient-ils du dehors, ou étaient-ils Lillois ? L'ordonnance ne contient pas d'indication sur ce point.

d'essai et tant qu'il leur plaira (au Magistrat) de pooir faire lesdicts satins étroits en ladicte ville » à la condition de se faire enregistrer au siège de la Vingtaine, en payant 20 sols au profit du métier et 2 sols au clerc chargé de les inscrire. Ils devront, ainsi que les sayetteurs qui voudront les imiter, observer dans leur fabrication de multiples prescriptions, mais ils auront le privilège d'avoir autant d'outils qu'il leur plaira « au cas que ce soit de leur catel, sans fraude ne mal engien » [1].

On le voit, c'est bien l'introduction des métiers que le Magistrat veut favoriser d'une manière toute spéciale. Quant aux nouveaux venus, ils n'ont en aucune façon l'entrée de la corporation ; la franchise n'existe que pour les étoffes et pour les métiers qu'ils ont apportés ; elle n'est d'ailleurs concédée que « par forme d'essai » et « tant qu'il plaira » au Magistrat.

Une situation analogue fut faite, vers le milieu du XVIIe siècle, à d'autres étrangers venus d'une ville jusqu'alors très prospère grâce à une industrie qui portait bien le nom de sayetterie, mais qui, en fait, était inconnue à Lille et se rapprochait plutôt de la draperie. L'établissement à Lille des « sayetteurs » venus d'Hondschoote [2] fut, à cette époque, la pensée favorite du Magistrat. Non seulement il accordait la résidence à ceux qui la demandaient, mais il essayait même de les attirer dans la ville.

Nous possédons la traduction d'un contrat passé par-devant Antoine Herman, notaire à Lille, entre Jacques Arop et Pierre van Capelle, « faiseurs de sayes d'Hondschoote », et deux marchands, Henri-Baudouin van Vertinghe et Philippe Verdier, agissant comme délégués des échevins. Les premiers s'engagent à quitter Hondschoote pour venir s'établir à Lille ; les seconds leur promettent

1. Pièces justificatives, n° 16.

2. Il ne semble pas que Hondschoote fut, à proprement parler, une des villes privilégiées au fait de la sayetterie ; les étoffes qui y portaient le nom de sayettes étaient plutôt de la draperie.

qu'il leur sera payé à chacun soixante livres de gros, qu'on leur procurera une maison exempte de loyer et qu'ils seront exempts des impôts de dixièmes et de vingtièmes, ainsi que des droits sur la petite bière à leur usage et même sur six rondelles de forte bière par an. Un contrat semblable fut passé par les mêmes représentants du Magistrat avec Jean-François Guilleman, colleur de saies à la façon d'Hondschoote, Jacques de Clercq, faiseur et presseur de saies, et Pierre Esquinet, foulon de saies, le premier venu d'Ypres et les deux autres d'Hondschoote.

Le but du Magistrat, en faisant de cette industrie une annexe de la sayetterie, était, sans doute, d'en réserver le monopole à Lille, en cas de réussite, au détriment du plat pays où un nombre important de bourgs possédaient le privilège de la draperie. Mais cette industrie ne se développa guère. Les manufacturiers ainsi attirés à Lille s'efforçaient toujours, malgré la défense qui leur avait été faite, de travailler les étoffes qui étaient le monopole des sayetteurs de la ville. Une ordonnance de l'intendant Le Pelletier, du 18 août 1681, les avait autorisés à tenir un outil propre à faire des crépons, à la condition d'avoir trois métiers à faire des sayes[1].

En 1689, le Magistrat calcula qu'il avait dépensé pour cet établissement 39.000 florins de frais d'installation et que le paiement des loyers dont il s'était chargé et le traitement des officiers préposés à la direction de cette manufacture lui coûtaient chaque année 685 florins, sans compter la perte indirecte résultant de l'exemption des impôts qu'il avait accordée.

Devant un pareil résultat, il résolut d'arrêter là son essai. Le 21 avril 1691, il fit signifier aux intéressés que son intention n'était plus de continuer cette manufacture, sauf à eux de le faire à leur compte, si bon leur semblait. Mais ceux-ci protestèrent en invoquant les contrats dûment

1. Pièces justificatives, n° 90.

signés, et force fut au Magistrat de les laisser jouir, leur vie durant, des avantages qu'il leur avait concédés [1].

Désormais on accorda bien encore parfois à quelques particuliers des autorisations de fabriquer des saies à la façon d'Hondschoote, mais il ne leur était concédé aucune faveur [2]. Délivrées par les commis de la Vingtaine jusqu'au 27 mars 1719 [3], ces autorisations furent ensuite réservées au Magistrat [4].

Vers la même époque on trouve quelques permissions accordées par la Vingtaine à certains individus, qui paraissent de bien modestes artisans, de fabriquer des sayes, à condition de payer aux corps une redevance de sept sous à la pièce. Ce fait pourrait sembler être la suppression même des privilèges respectifs des maîtres et des ouvriers ; il ne souleva cependant aucune difficulté, par suite sans doute de son peu d'importance [5]. La permission, en effet, était limitée aux sayes, dont les sayetteurs tendaient de plus en plus à délaisser la fabrication, et dont ils étaient bien aises de continuer indirectement à exploiter le monopole, grâce à la redevance relativement élevée que le corps percevait sur chaque pièce ainsi fabriquée [6].

Ces concessions accordées à des particuliers, et seulement pour des étoffes bien déterminées, respectaient le principe des privilèges dont jouissaient les maîtres et les ouvriers sayetteurs lillois. Mais, déjà à cette époque, les droits des ouvriers francs avaient subi de nombreuses attaques.

1. Carton 1175, dossier 1 ; carton 1177, dossier 2.
2. Signalons cependant une exception. Le 18 octobre 1692, la Vingtaine accorde en prêt à Jean-François Guilleman, un métier propre à faire des sayes d'Hondschoote (Carton 1177, dossier 7).
3. Avis du procureur syndic, n° 5888, année 1720, n° 41.
4. Carton 1184, dossier 3.
5. Carton 1184, dossier 3 : permissions accordées les 29 janvier et 24 mai 1681.
6. Voir : Pièces justificatives, n° 97.

En 1663, Robert des Lobbes avait importé à Lille l'industrie des « baraccans » de Valenciennes avec l'aide d'ouvriers qu'il avait fait venir de cette ville. C'était son droit, puisque Valenciennes était privilégiée au fait de la sayetterie. Mais il ne tarda pas à se servir d'ouvriers non francs de Lille. Inquiété à ce sujet par les quatre maîtres sermentés du corps, il s'adressa au Magistrat pour obtenir l'autorisation d'employer tels ouvriers qu'il lui plairait. Une longue discussion s'engagea alors, dont nous ne connaissons pas la solution, mais dont il sera intéressant de donner un résumé [1].

Dans la requête au Magistrat, Robert et J. Deslobbes, J. de Hennin, B. du Bocquet, Jacques Prus, A. Lecat, P. Le Clercq, J. de le Planque le jeune, P.-J. Six et C. Deslin exposent qu'ils ont appris la fabrication des baraccans de Valenciennes « à grand nombre de non francs sayeteurs qui mendioient leur pain » et qui, depuis lors, « vivent fort honestement » et même « ont remerchié les ministres généraux de la Bourse commune des pauvres de ce qu'il recepvoient par sepmaine de la dicte bourse ». Si on les empêche de continuer à travailler, ces ouvriers quitteront Lille pour aller à Arras et à Amiens, où on les appelle, « en laissant en ceste ville et à la charge d'icelle leurs femmes et enffans ».

La réponse des maîtres sayetteurs fut très vigoureuse [2]. Prenant à partie les requérants, ils leur reprochent de vouloir s'enrichir seuls, au détriment des autres membres de la corporation, et avec « l'appui d'aucuns marchands de cette ville qui les secondent en ce regard par un motif du même intérêt ». Ils insistent sur cette complicité des mar-

---

1. A ce débat s'en ajoutait un autre, soulevé également par les maîtres du corps, au sujet du nombre excessif de métiers que possédaient Deslobbes et quelques autres sayetteurs. Il sera question ailleurs de cet important débat.

2. Notamment dans les « dupliques pour les quatre maîtres sermentés du corps de stil de la sayetterie contre Jean Deslobbes, Guillaume d'Hellin et consorts. » (Carton 1171, dossier 9.)

chands, qui donnent toutes leurs commandes aux impétrants « privativement et à l'exclusion des autres ». C'est
créer une sorte de monopole prohibé par la loi « comme
pernicieux et très dommageable au publicq ». Ils affirment
ensuite qu'ils sont absolument étrangers aux troubles
qu'avaient suscités les ouvriers à la nouvelle que leur
franchise était menacée [1]. Mais comment ne pas excuser,
en quelque sorte, l'indignation de ces pauvres gens, quand
ils voient Jean d'Hennin, Charles Bonnier, Antoine Le
Cat et autres refuser d'emploier les ouvriers francs qui
leur demandent du travail ?

Quelle est la cause de ce parti pris, tant des requérants
que des marchands? C'est que les ouvriers non francs se
contentent d'un salaire moindre [2] et que les impétrants
peuvent, en conséquence, vendre leur marchandise à un
prix moins élevé, ce qui donne aux marchands plus
grand profit. « Voilà le mystère caché sous les belles et
spécieuses apparences de l'accroissement du commerce et
utilité publique tant vantées par lesdits impétrants qui ne
cherchent en vérité que de remplir leurs bourses et celles
de leurs entremettants, au préjudice de tant d'honnestes
familles qui se trouveront réduites à mendicité, s'ils
obtiennent l'enthérinement de leur requeste incivile et
déraisonnable. »

Deslobbes et consorts avaient reproché aux maîtres
sayetteurs d'être trop attachés aux anciens ouvrages, ce
qui empêchait le développement de l'industrie. Les maîtres
sermentés répondent qu'actuellement encore ce sont les

---

1. « Ils protestent de réparation d'honneur comme injure très atroce que
leur est faict en ce regard, et que mesmes ils apportent tous devoirs pour
empêcher qu'ils ne fassent attentat ni chose aucune préjudiciable au repos
publicq, qu'ils ont autant à cœur que les impétrans semblent ne s'en sou-
cier pourveu qu'ils puissent trouver leur compte en la prétendue fabricque. »
(Carton 1171, dossier 9.)

2. « De fait, l'on vérifiera au besoin que les aucuns des dits impétrans
paient trois florins de moins à la plèche aux non francqs qu'aux francqs
ouvriers. »

anciens ouvrages qui sont le plus appréciés, mais que ce sont les marchands qui privent la ville de cette importante ressource, en faisant exécuter ces ouvrages, en dépit des ordonnances, par les ouvriers des villages voisins qui les travaillent à vil prix et « deux à trois florins meilleur marché que si les ouvrages seroient ici fabriqués. »

Les ouvriers sayetteurs n'avaient pu rester indifférents en voyant leurs franchises menacées. Des troubles se produisirent. Une ordonnance du 19 décembre 1665 [1] expose que « non seulement ces ouvriers tiennent des assemblées, mais ont même la témérité de commettre de nuit ou à la brune diverses insolences et dommages chez aucuns maistres sayeteurs. » Le prétexte qu'ils invoquent, dit le Magistrat, c'est qu'on veut « les préjudicier dans leurs droits et franchises ». Mais « leur devoir est de se soubmettre et déférer à la puissance, authorité, justice et police de leurs supérieurs, qui ne désirent rien tant que le mainténement et conservation du bien de ceux qui sont leur submis et justiciables ». En conséquence le Magistrat « fait deffense à tous ouvriers sayeteurs et aultres personnes que ce fut, de faire assemblées et conventicules, ou tenir aulcuns discours séditieux entre eux, ny causer dommage ou préjudice, ou proférer injures ou faire insultes aux maîtres dudit stil ou autres que ce fut ». L'ordonnance menace de peines exemplaires et arbitraires tous ceux qui ne cesseraient pas ces assemblées et ces troubles [2].

L'agitation ne cessa point cependant. Une ordonnance du 14 août 1666 reproche les mêmes faits aux ouvriers sayetteurs, et les accuse en outre d'avoir « suscité quelques soldats à cheval, qui avoient couru par les rues, usant de menaces contre qui bon leur sembloit ». Le Magistrat promet une prime de 50 florins à celui qui dénoncera les

---

1. La requête de Deslobbes et consorts est du 1er décembre 1665.
2. Pièces justificatives, n° 77.

auteurs de ces troubles. Quant aux ouvriers sayetteurs, il les menace de peines très sévères ; plusieurs d'entre eux ayant osé dire que, s'ils étaient poursuivis, ils quitteraient la ville en laissant leurs enfants à la charge de la bourse commune, le Magistrat déclare que « les femmes et enfants de tels fugitifs ne debvront ni pourront doresenavant estre assistés de la bourse commune des pauvres, ni des charitables des paroisses ni autrement de ceste ville, ni avoir permission d'y mendier » [1].

Nous n'avons pas d'autres détails sur ces derniers troubles ; mais cette mesure exceptionnellement rigoureuse en prouve bien l'extrême gravité [2].

Quelques années plus tard, en 1672, alors que les ouvriers sayetteurs semblaient jouir de la plénitude de leur franchise, un nouvel assaut fut livré à leur privilège. Des ouvriers bourgeteurs, empêchés par le valet de la sayetterie de travailler chez les maîtres de ce métier, portèrent plainte au Magistrat. Les raisons qu'ils invoquent méritent d'être citées. Les ouvriers sayetteurs, disent-ils, se plaignent d'être privés de travail à cause de nous, mais la faute en est à eux-mêmes. « Lorsque les maistres sayetteurs estoient en faultes d'ouvriers pour satisfaire aux marchands de cette ville, lesdits ouvriers sayetteurs, du moins la plus saine partie, avoient abandonné leurs maistres afin d'estre payés ou aultrement tenir leurs maistres en bride, se retirans dans les cabarets où ils prenaient leur plaisir le long d'une semaine, de sorte que

---

1. Pièces justificatives, n° 78.

2. La cause du mécontentement n'est plus la même qu'en 1665. D'après le préambule de l'ordonnance, le prétexte était « qu'aucuns sayetteurs ont obtenu, pour le plus grand bien de ceste ville, d'avoir quelques outilles supernuméraires pour y fabriquer des ouvrages de nouvelle invention. » Il n'est plus fait ici aucune allusion à une atteinte portée à la franchise des ouvriers sayetteurs, ce qui semble indiquer que la requête présentée par Deslobbes et consorts, dans le but de pouvoir employer des ouvriers non francs, avait été rejetée par le Magistrat de Lille. C'est du moins, croyons-nous, l'issue de ce procès, dont nous n'avons pu trouver la sentence.

ceste façon auroit donné subject ausdits maistres sayeteurs de se servir des dits remonstrans. »

Les ouvriers bourgeteurs menacent au surplus de quitter la ville, ne pouvant plus être employés par les maîtres de leur métier où toutes les places sont occupées. Ils ajoutent même que les sayetteurs ne les avaient inquiétés « sinon pour exercer ung traict de leur pétulance ordinaire. »

Les maîtres sayetteurs prirent vivement la défense de leurs ouvriers. S'il est vrai, disent-ils, que nos ouvriers se sont ainsi conduits envers nous, les ouvriers bourgeteurs en ont agi de même à l'égard de leurs maîtres, et s'ils avaient la liberté de travailler chez nous, ils en profiteraient pour « se faire prier » par leurs maîtres et en exiger de plus forts salaires. Ils protestent ensuite contre le terme de pétulance employé dans la requête des bourgeteurs et exigent que ce mot soit retiré « comme grandement injurieux. »

Les maîtres bourgeteurs eux-mêmes se tournèrent contre leurs ouvriers, déclarant employer les mêmes raisonnements que leurs confrères de la corporation voisine et ne voulant pas admettre « semblable confusion et monopole illicite entre les ouvriers desdits deux corps de métier ».

La requête des ouvriers bourgeteurs fut rejetée par sentence du 7 mai 1672 [1]. Deux mois plus tard, la Vingtaine, s'appuyant sur cette décision du Magistrat, condamna Jean-Baptiste Bocquet, marchand sayetteur, à 60 sols d'amende pour avoir employé deux ouvriers bourgeteurs, qu'il devrait congédier. Le sieur Bocquet fit appel de ce jugement, en affirmant qu'il avait en eux deux bons ouvriers et qu'il « n'entendoit point s'en faire quitter pour avoir des brouillons » [2].

---

1. Pièces justificatives, n° 84, et carton 1172, dossier 9.
2. Carton 1172, dossier 9.

En 1701, les privilèges des ouvriers sayetteurs furent de nouveau menacés par le fait de Nicolas Yvain. Celui-ci proposait au Magistrat de faire marcher deux cents métiers de sayetterie et de bourgeterie pour employer tous ceux qui n'avaient pas de travail, qu'ils fussent francs ou non. Les maîtres sayetteurs protestèrent et les ouvriers se défendirent eux-mêmes en invoquant leurs privilèges qu'ils tenaient des souverains et en demandant au Magistrat de ne point autoriser la nouvelle entreprise. De fait ce projet échoua [1].

Quelques années plus tard, en 1718, ce furent les maîtres eux-mêmes qui attaquèrent la franchise de leurs ouvriers. Les débats qui eurent lieu à cette occasion s'agitèrent autour de l'interprétation d'actes antérieurs dont nous ne connaissons guère que la date, leurs textes n'ayant pas été conservés. Nous savons cependant, d'après un document du 1er février 1721 [2], qu'un arrêt du Parlement, du 1er décembre 1689, confirmant une ordonnance du Magistrat, du 7 mars 1687, avait statué que « ceux de la Vingtaine feroient descendre du travail les ouvriers reçus depuis ladite ordonnance, qui seroient indiqués par les francs ouvriers sayetteurs, qui n'auroient pas justifié leur franchise par certificats conformément à ladite ordonnance ».

Le même document nous signale un autre arrêt du 23 avril 1692, dont voici l'occasion. Le Magistrat, averti que les maîtres sayetteurs « ne pouvaient plus se soutenir » à cause de la prohibition créée par l'arrêt du Parlement, avait, par décision du 16 mars 1691, autorisé le procureur de la ville « à faire requête au Parlement, à fin d'interprétation dudit arrêt, pour qu'il soit dit que l'on pourra employer des ouvriers non francs lorsque les francs seront entièrement occupés ou qu'il sera question de faire de

---

1. Carton 1180, dossier 7. — Voir au chapitre VI les détails de cette affaire.
2. Registre aux ordonnances du Magistrat coté X, f° 337.

nouvelles manufactures que les francs ne sauraient faire [1] ».
L'arrêt du 23 avril fait droit à cette requête et ajoute que
les sayetteurs pourront aussi se servir du secours des
ouvriers étrangers pour la fabrique des grains à la façon
de Hollande et de Bruxelles « soit que lesdits ouvriers
francs aient de l'emploi ou non, si mieux ils n'aiment
d'entreprendre ladite fabrique en sa perfection à leurs
risque, péril et fortune et aussi longtemps que les
commissions dureront ».

Ces circonstances, bien qu'imparfaitement connues,
devaient être exposées, car elles expliquent la sentence
rendue par la Vingtaine, le 19 octobre 1718, entre Paul
Puissant, Joseph Fleurgeon, Pierre Marlière, Jacques-
Thomas Flinois, francs ouvriers sayetteurs, demandeurs
aux fins d'exécution de l'arrêt du Parlement de Tournai
du 1er décembre 1689, contre Mathieu Dheslin, Nicolas
Ricourt, François Grard, Michel le Duc, Joseph de le
Warde et Pierre Delporte, francs maîtres sayetteurs,
défendeurs aux fins de l'arrêt du 23 avril 1692. La Vingtaine ordonne de faire descendre de l'outil les ouvriers
non francs « qui n'ont pas fait franchise dans une ville
privilégiée et qui ne sont pas travaillans aux grains à la
façon d'Hollande et de Bruxelles ». Quant à la demande
des francs ouvriers sayetteurs de faire descendre de l'outil
les ouvriers bourgeteurs travaillant chez les sayetteurs,
la Vingtaine les déclare « non fondés ni recevables dans
les fins et conclusions par eux prises », ajoutant que
« dans le cas que ci-après il se trouve des ouvriers francqs
sans travail », ils auront à se pourvoir devant la Vingtaine
qui leur fera droit en conformité de l'arrêt du 23 avril
1692.

Les ouvriers sayetteurs en appelèrent au Magistrat.
Dans ce nouveau débat, les maîtres commencent
par affirmer que les ouvriers ont tort de se plaindre

1. Registre aux résolutions coté 15, fº 13.

puisque la sentence de la Vingtaine reconnaît et confirme leur privilège. Puis, sans insister sur la question de droit, cependant douteuse, ils s'efforcent de défendre la sentence au point de vue pratique. « Si on faisoit descendre de l'outil les bourgetteurs qui travaillent chez les saïetteurs, il seroit nécessaire que ces ouvriers, faute de travail, abandonnassent leur famille et sortissent de cette ville. Le commerce en souffriroit considérablement par la perte d'un si grand nombre de travailleurs et les marchands ne pourroient être servis avec toute la diligence que requiert leur commerce, ni avec le même nombre de marchandises qu'ils ont besoing. Il seroit même à craindre que ces ouvriers ne s'établissent dans les lieux de la Châtellenie ».

D'ailleurs la politique du Magistrat a toujours été « d'attirer des étrangers pour s'establir en ceste ville, à qui ils ont accordé des permissions, des exemptions et d'autres grâces particulières ».

En ce qui concerne les grains à la façon de Hollande et de Bruxelles, les ouvriers sayetteurs sont dans leur tort, « n'ayant jamais opté d'entreprendre cette manufacture en sa perfection; on est bien informé que la pluspart d'entre eux ne sont pas capables de le faire et ils veulent empescher, sous le prétexte imaginaire d'un privilège, qu'elle se constitue en ceste ville ».

Enfin les maîtres reprochent à leurs ouvriers leur conduite à peu près dans les mêmes termes que le faisait jadis Robert Deslobbes [1].

Dans leur réplique, les ouvriers sayetteurs ne sont pas

---

[1]. « On pourroit ajouter des plaintes personnelles contre les appellans. Tout le monde sait quelle est leur manière de faire ; dès qu'ils voient qu'on demande des marchandises, ils s'estudient à chagriner leurs maistres et ne travaillent pas la moitié du temps, passans plusieurs jours à venir à leur travail, les abandonnant quand ils ont fait une partie de la pièce. On entend très souvent au siège de ces sortes de plaintes, à quoy il est bien difficile de remédier. Si les appellans estoient en droict de chasser les bourgetteurs et qu'ils sussent que leurs maistres dussent passer par leurs mains, que ne feroient-ils pas alors ? »

moins violents, mais ils s'attachent surtout à la question de droit. On ne peut, disent-ils, leur opposer l'arrêt de 1692 dans la circonstance présente ; cet arrêt a eu en vue une nouvelle manufacture qu'on voulait établir et qui n'a rien de commun avec le sujet du débat actuel. Puis ils font apparaître le but réel de leurs adversaires et montrent sa réalisation comme odieuse et dangereuse. Ce but, c'est bien d'abolir, s'ils le pouvaient, le privilège de la franchise des ouvriers ; et, celle-ci disparue, le commerce ne saurait être maintenu dans sa pureté. Enfin ils reprochent aux maîtres du corps leur refus de prendre leurs enfants comme apprentis « par la raison qu'il ne leur manque point de non francqz pour travailler chez eux ».

Sur cette question des apprentis, les maîtres, par leur duplique, firent une réponse évasive dans le fond, mais assez bienveillante dans la forme. Peut-être eux-mêmes pressentaient-ils déjà les inconvénients qui devaient résulter de la décadence de l'apprentissage ? [1] Mais le reste de leur factum ne fait qu'accentuer leur désaccord avec les ouvriers au sujet de la question du salaire. Le but des ouvriers, disent-ils, n'est pas de défendre leurs privilèges, mais bien d'en arriver à obliger leurs maîtres « à se servir d'eux pour toutes sortes d'ouvrages, qu'ils les fassent bien ou mal » et à leur payer la journée de travail au prix qu'ils exigeront.

Le procureur syndic donna un avis entièrement favorable aux maîtres sayetteurs et, le 6 juin 1719, le Magistrat confirma la sentence de la Vingtaine en rejetant l'appel des ouvriers [2].

---

1. « Ils se plaignent que les intimés ne veullent pas recevoir leurs enffans pour aprendre chez eux leur franchise ; c'est une plainte inutile. Il y a des ordonnances, il y a des règles, il y a une justice ; ils peuvent, si ce qu'ils disent est vrai, se pourvoir pardevant les mayeurs et hauts-bans de leur siège qui disposeront sur leurs plaintes comme de raison ; et on leur déclare qu'on s'est desja pourveu vers messieurs du Magistrat pour ôter les principaux obstacles et empescher les maistres d'avoir aucun prétexte pour refuser les enffans des appellans en franchise. »

2. Carton 1183, dossier 7.

Quelques mois plus tard, le débat reprend encore. Cette fois, les ouvriers sayetteurs s'adressent aux mayeurs et hauts-bancs de leur siège et leur demandent de faire descendre de l'outil les ouvriers bourgeteurs et autres non francs travaillant chez les sayetteurs. Ils requièrent que l'on tienne à leur égard les promesses faites lors du procès de 1718, attendu qu'ils sont plus de cent ouvriers sans aucun travail et tous chargés de famille.

Le tribunal de la Vingtaine demanda l'avis des maîtres sermentés du corps et celui de la Chambre de commerce.

Les premiers répondirent en accentuant encore les arguments dont ils s'étaient déjà servis :

Si les maistres estoient absolument obligés de se servir de ces ouvriers, ils seroient par là tenus d'augmenter la façon des pièces à leur souhait, ou ne point avoir d'étoffes achevées. La pluspart de ces ouvriers sayetteurs sont ignorans, incapables de faire de belle et bonne étoffe, et tout ce à quoy on peut les employer c'est à faire les petites étoffes pour les bouticques. On peut dire que les ouvriers saïeteurs sont pour la pluspart des ivrognes qui ne s'appliquent à rien, le plus souvent venans travailler le vendredi et demandant de l'argent d'avance. Enfin, c'est un monopole que ces ouvriers saïetteurs pratiquent pour se soutenir les uns les autres contre toute justice, contre le droict et le bien publicq.

La Chambre de commerce ne fut pas moins catégorique dans son avis : « Pour le bien du commerce et des manufactures, il convient que les maistres des deux corps [sayetterie et bourgeterie] ayent la liberté d'employer à la fabrication de leurs ouvrages les ouvriers qu'ils connaissent les plus capables indistinctement et sans égard aux prétendues franchises et privilèges des ouvriers francs desdits deux corps ».

A la réception de ce double avis, les mayeur et commis de la Vingtaine constatent que la difficulté leur paraît insoluble et s'adressent, en désespoir de cause, au Magistrat. « Si on déclare les ouvriers francs non fondés, il est à craindre qu'en s'adressant au Parlement avec leurs titres [1], la sentence ne soit réformée. On pécheroit même visiblement contre la justice qu'on doit à des gens munis de semblables privilèges et qui, pour la pluspart sont fils de maistres, qui ont acquis par un long travail et avec despenses une franchise qui leur seroit inutile ». D'un autre côté, si on leur accordait ce qu'ils demandent « ils maîtriseroient leurs maistres, feroient tort à nos manufactures et détruiroient une quantité de familles de bourgeteurs bons travailleurs et bien établis ».

Cependant les mayeur et commis de la Vingtaine ne se laissent point impressionner par la menace « faite par les maîtres d'abandonner le métier, si la sentence leur étoit défavorable ». Nous ne croyons pas, disent-ils, que « si on faisoit descendre les bourgeteurs, ils ne prinssent point lesdits sayetteurs ; ils seroient bientôt lassés d'être sans travailleurs et d'être sans travailler ; il y a même une nécessité de ne pas cesser, pour des raisons qu'il n'est pas nécessaire d'expliquer ici ». Et ils ajoutent que, d'ailleurs, les raisons invoquées par les maîtres sayetteurs ne détruisent point celles des francs ouvriers et « ne sont point assez fortes pour un juge inférieur, qui, n'ayant pas l'authorité de faire de nouvelles loix ou de les interpréter, doit suivre celles qui sont faites ».

Après avoir épuisé tous leurs moyens d'action [2], les mayeur et commis de la Vingtaine proposèrent une sorte de compromis que le Magistrat fit sien par son ordonnance du 1er février 1721.

Il est ordonné aux ouvriers francs saïetteurs de travailler assiduement chez leurs maistres les jours ouvrables et pendant les heures de travail, quand leursdits maistres auront à les occuper, à peine que, sur les plaintes qui seront portées pardevant les mayeurs

---

1. Sentence du 19 octobre 1718, confirmée le 6 juin 1719 ; arrêts du Parlement du 1er décembre 1689 et du 23 avril 1692.

2. « Nous avons fait notre possible de régler ces différens à l'amiable en faisant prendre par les maistres quelques-uns de ces ouvriers sans travail, mais pas un n'a voulu entendre à nos propositions. »

et haubans par les maistres, les ouvriers francs seront suspendus de leur franchise et déchus en cas de récidive, et que les maistres pourront prendre des ouvriers non francs, suivant la permission que nous autorisons lesdits mayeurs et hautbans de leur accorder.

Faisons deffense aux ouvriers de quitter et abandonner leurs maistres sans avoir terminé les pièces par eux commencées en perfection, à peine de tous dommages et intérêts et sera responsable le maistre qui prendra l'ouvrier sorti..... Exhortons cependant les maistres d'en bien user envers leurs ouvriers.

L'application qui fut faite de cette ordonnance dans le procès en cours en détermine la signification. Le 4 avril, la Vingtaine donna ordre aux ouvriers sayetteurs de lui présenter la liste des francs ouvriers sans travail et celle des ouvriers non francs travaillant chez des maîtres sayetteurs à d'autres ouvrages qu'aux grains à la façon de Hollande et de Bruxelles, en spécifiant la qualité des étoffes qu'ils sont capables de faire. Les listes présentées contenaient 26 noms d'ouvriers francs sans travail et 34 noms d'ouvriers non francs employés par 18 maîtres sayetteurs.

Une dernière discussion s'engagea sur les différents noms portés par les listes, les maîtres accusant les ouvriers d'incapacité notoire, ceux-ci, au contraire, se prétendant capables de faire toutes les sortes d'ouvrages désirables.

La sentence définitive fut enfin rendue :

Nous avons ordonné et ordonnons à Jean-Baptiste Lucas, Jean-Baptiste Vergineux, Motte, Picavez, Georges Hatez, Nicolas Leroy, Charles Lanson, François Gérard, Nicolas Ricourt et Louis de Calonne, maîtres sayeteurs dénommés dans la liste à nous produite par les ouvriers francs, et qui ont des ouvriers non francs travaillant à d'autres ouvrages qu'à ceux à la façon de Hollande et de Bruxelles, de prendre chacun un des francs ouvriers dénommés dans ladite liste et de les occuper à travailler aux ouvrages de la saïetterie pour éprouver s'ils en sont capables, et, au cas de capacité, de les continuer aux risque, fortune, dommages et intérêts desdits francs ouvriers ; auquel effet lesdits francs ouvriers se présenteront ausdits maîtres ; et en cas de non capacité, de nous en faire rapport pour y estre par nous pourveu comme en justice appartiendra, si mieux n'aiment lesdits maîtres sayetteurs faire descendre de l'outil les ouvriers non francs travaillant chez eux à d'autres ouvrages qu'aux façons d'Hollande et de Bruxelles [1].

Sur 26 ouvriers francs sans travail, 10 seulement recevaient un emploi, à condition de se montrer bons ouvriers. Il y avait cependant 34 non francs qui travaillaient chez les sayetteurs. Peut-être était-ce à ce chiffre de 10 que la Vingtaine avait réduit le nombre des francs ouvriers dignes d'être considérés comme tels.

Quoi qu'il en soit, la condition des ouvriers sayetteurs sortit singulièrement amoindrie de tous ces débats, ordonnances, sentences et arrêts. En ce qui concerne les grains à la façon de Hollande et de Bruxelles, ils n'ont aucun privilège ; quant aux autres étoffes, on doit leur donner la préférence, mais ils ne peuvent plus s'opposer à l'emploi des non francs ; de plus, s'ils sont incapables ou de mauvais vouloir, le maître peut les congédier, ayant, en ce cas, toute liberté pour employer des non francs.

De cette sorte de préférence dévolue à l'ouvrier franc, il résulte que le maître peut être obligé par la Vingtaine de se séparer d'un ouvrier non franc qui lui donnerait satisfaction et de prendre à sa place un ouvrier franc sans travail, présentant les capacités requises. Cette dernière restriction à la pleine liberté du maître n'allait pas tarder à disparaître, elle aussi.

L'occasion fut une nouvelle requête présentée aux mayeur et commis de la Vingtaine par les francs ouvriers sayetteurs, et « tendante à ce qu'il fut fait deffense aux non francs de travailler dudit stil. »

Consulté comme jadis par le modeste tribunal de la Vingtaine [2], le Magistrat porta ce nouveau règlement, daté du 27 août 1738 :

Lorsqu'un ouvrier étranger se présentera, le maître à qui il sera présenté pourra le prendre à son service pendant huit jours ; après

---

1. Carton 1184, dossier 5.
2. Son mémoire n'a pas été conservé.

lequel terme, au cas qu'il ait reconnu la capacité dudit ouvrier à travailler aux ouvrages de sa manufacture, il devra le présenter au siège pour, sur le rapport dudit maître, être ledit ouvrier enregistré comme tel, duquel enregistrement il lui sera délivré un extrait gratuitement et sans frais.

Tous ouvriers non francs, soit sayetteurs soit bourgetteurs, natifs de cette ville ou étrangers, qui auront une fois obtenu ledit enregistrement, pourront continuer en tout temps de travailler dudit stil dans cette ville, sans pouvoir en être empêchés par qui que ce soit [1].

Ces dispositions étaient bien le coup de grâce porté aux droits des francs ouvriers sayetteurs. De fait, il n'en fut plus jamais question jusqu'à la fin de la corporation, et les statuts octroyés aux sayetteurs-bourgeteurs-tisserands réunis en une nouvelle communauté, en 1779 et en 1783, ne devaient contenir aucune disposition réglementaire qui intéressât les ouvriers dans leur franchise, ni même dans leurs devoirs.

Cette franchise cependant n'était pas déclarée abolie. Il est donc permis de supposer que, jusqu'à la fin de la corporation, les francs ouvriers sayetteurs formèrent un corps jouissant de privilèges assez fragiles et presque illusoires sans doute, mais dont « il ne dépendoit que d'eux-mêmes, de leur travail et de leur bon esprit de n'être pas privés ». A défaut de privilèges ou de droits exclusifs, ils devaient jouir en fait d'une certaine sécurité basée sur leur qualité d'artisans « ouvrant du fait de la sayetterie. »

---

1. Pièces justificatives, n° 139.

CHAPITRE IV

LES MAITRES

CONDITIONS DE L'ACCESSION A LA MAITRISE : AGE REQUIS ; CHEF-D'ŒUVRE ;
DROITS DE RÉCEPTION. — LES VEUVES DE SAYETTEURS. — LES MAITRES
ÉTRANGERS. — LES « MAITRES-OUVRIERS » OU « NON TENANTS ». — LA
QUESTION DU « CUMUL ». — LES BREVETS ROYAUX DE MAITRISE. —
LES MILICIENS. — CONDITIONS DE L'EXERCICE MÊME DU « STIL ». —
INDÉPENDANCE DES SAYETTEURS ; LEURS ENSEIGNES ; LE NOMBRE DE
LEURS « OUTILS ».

La maîtrise était la condition nécessaire pour ériger en
la ville de Lille le métier de la sayetterie ; seule elle
permettait de tenir ouvroir. Les règles qui concernent
l'accession à cette maîtrise sont le corollaire et le complément des dispositions relatives à l'apprentissage et aux
privilèges des francs ouvriers.

Après avoir travaillé d'une façon régulière durant le
temps requis pour son instruction professionnelle, l'apprenti pouvait être reçu maître sayetteur et autorisé « à
bailler enseigne à la Vingtaine ». A ce bailliage d'enseigne,
sorte de cérémonie de réception, le maître personnel de
l'apprenti devait être présent, ainsi que les maîtres du
corps ou, tout au moins, quelques-uns d'entre eux. Ils
agréaient l'enseigne, mais ils pouvaient aussi la refuser, s'il
était « sceu et trouvé que (les apprentis) ne eussent bien
fait leur debvoir et souffisamment apprins leur métier ».
En résumé, c'était une sorte d'examen professionnel.

Quant aux fils de maîtres, les statuts de 1500 (art. 25)
se bornaient à déclarer qu'ils ne pourraient « ne tenir

ouvroir ne aussi avoir aprentifs qu'ils n'aient eaige de
discrétion et compétent, sachant ouvrer dudit mestier bien
et souffisamment pour enseigner à aultruy et aussy quant
ils voldront eslever de avoir leurs ouvroirs apperts hors
des maisons de leur père ou mère et qu'ils soient hors de
la puissance d'iceulx ». En 1524 (art. 36), le texte fut
précisé : on exigea que les candidats fussent « capables
d'ouvrer bien et suffisamment au contentement des
maistres dudict mestier. »

Les fils de maîtres, comme les apprentis, pouvaient
donc être obligés de prouver leur capacité ; mais les
formes de cet examen professionnel restaient imprécises
pour les uns comme pour les autres. De là, la nécessité
d'une réglementation « concernant l'âge et le chef-d'œuvre
pour pouvoir parvenir à la maîtrise du corps et y prendre
enseigne ». Tel fut le titre et l'objet d'une ordonnance du
25 février 1540, dont le préambule constate que les
maîtres sayetteurs « avoient par ci-devant grandement
mesusé et abusé sur le fait de la réception à la maîtrise » [1].

On exigea par cette ordonnance que le futur maître fît
pour chef-d'œuvre une demi-aune de saye ou de satin « en
accomplissant les opérations successives qui sont l'œuvre
du métier : ourdir, mettre sus, entraire lame et ros et
monter l'ouvrage comme il appartient audit mestier. » Ce
travail devait être exécuté dans un local à ce ordonné,
« dont les maistres du corps auront une clef sous eux »
et qu'ils seront tenus de visiter pendant l'exécution du
chef-d'œuvre. Les mêmes maîtres devaient ensuite prêter
serment devant la Vingtaine « que les apprentifs ont esté
trouvés assez bons ouvriers pour pouvoir et savoir suffisamment montrer et enseigner ledict mestier et ce qui en
despend à leur apprentif ou autres quand ils seront dessous
eux ». Il était en outre exigé de ceux qui voulaient être

---

1. Pièces justificatives, n° 17.

reçus à la maîtrise qu'ils fussent âgés au moins de dix-huit
ans et dûment émancipés et mis hors de pain et puissance
de père. La limite d'âge pour les filles était fixée à seize
ans.

Une fois reçu, le nouveau maître devait acquitter les
redevances prescrites « au proufit de la confrairie monseigneur sainct Jehan Baptiste, patron desdits saïetteurs, pour
l'entretènement des messes et des chandelles dudit mestier». Ces droits étaient fixés par les statuts de 1500 (art. 17)
et par ceux de 1524 (art. 26) à 4 livres parisis pour les
apprentis et à 40 sols seulement pour les fils de
maîtres. Ils varièrent dans la suite. Nous les trouvons
portés à 6 florins pour les apprentis et à 60 sols pour
les fils de maîtres dans les comptes de la première
moitié du XVII⁶ siècle. Dans d'autres comptes des dernières années de la corporation, ils s'élèvent à 3 florins
seulement pour les apprentis et à 30 patars pour les fils
de maîtres. Ils furent donc toujours relativement modiques,
même pour les apprentis, et l'on peut affirmer qu'ils ne
furent jamais un obstacle à l'accession de la maîtrise.

Les veuves des maîtres étaient-elles soumises à cet examen et à ces droits ? On ne fait mention à leur égard que
de l'obligation de se faire enregistrer après le décès de
leur mari, si celui-ci ne l'avait pas fait de son vivant.
D'ailleurs, il ne s'agissait pas pour elles d'ouvrir un nouvel atelier, mais simplement de continuer la direction de
celui qu'avaient installé leurs maris, et l'on comprend aisément que, pour éviter la fermeture d'un ouvroir, le Magistrat ait supprimé toutes les formalités ordinairement
requises. Au contraire, si une veuve de sayetteur se rema-
riait avec un non franc, elle cessait par le fait même de
jouir de la franchise [1].

---

1. Ordonnance du 25 janvier 1634. Pièces justificatives, n° 65.

Comme les ouvriers, les maîtres étrangers venant de villes privilégiées avaient, à l'origine, la franchise de leur qualité s'ils s'établissaient à Lille [1]. Étaient-ils soumis à un examen professionnel ? Le silence des statuts de 1500 à cet égard, alors qu'ils obligent les apprentis et les fils de maîtres à prouver leur capacité, semble bien trancher négativement cette question. D'ailleurs, exiger cet examen eût été contraire à l'esprit de confiance réciproque qui, nous l'avons vu, animait la société établie d'ancienneté entre les bonnes villes.

Cependant ce privilège des maîtres étrangers ne tarda pas à disparaître. Une ordonnance du 21 juillet 1564, « pour certaines causes et considérations » qui ne sont pas précisées, défendit de « doresenavant plus admettre et recepvoir estrangiers à maistre saïetteur en ceste ditte ville que préalablement ils ne aient apprins en icelle ledict mestier soubz maistre le terme de deux ans continuelz, sur saye et satin, et selon que sont tenus faire apprentifs de saïetterie en ceste dicte ville [2] ». L'exercice du métier dans ce qu'il avait de plus avantageux et de plus profitable était donc en principe réservé aux seuls habitants de la ville.

Le Magistrat était-il en droit d'exclure ainsi les maîtres étrangers d'un privilège dont ils jouissaient jusqu'alors ? Il ne s'éleva à ce sujet qu'une seule contestation, vers 1603. Les sayetteurs de Douai prétendirent pouvoir exercer leur industrie à Lille en vertu d'un de leurs privilèges. Mais le Magistrat lillois leur répondit que ce texte leur conférait, il est vrai, le pouvoir de travailler à leur guise dans les autres villes privilégiées et conséquemment à Lille, mais non point celui d'y tenir ouvroir. La sentence définitive

---

1. Statuts de 1500, art. 5; statuts de 1524, art. 30.

2. Pièces justificatives, n° 28. — Avant cette ordonnance il paraît vraisemblable que les étrangers venant d'une ville privilégiée avec la qualité d'ouvrier pouvaient acquérir la franchise complète du métier en passant un chef-d'œuvre. Nous avons trouvé une requête d'Augustin Grard, d'Amiens, dans ce sens. (Carton 1186, dossier 14.)

rendue sur ce débat n'a pas été conservée, mais il est certain qu'en fait l'observation de l'ordonnance de 1564 ne subit aucune atteinte [1].

Une fois acquise, la qualité de maître était, par sa nature même, définitive; nous avons cependant trouvé une ordonnance du 22 mars 1718, qui stipule comme peine la déchéance de la maîtrise [2]. Quant à la suspense plus ou moins prolongée, elle se rencontre plus d'une fois, notamment quand il s'agit de sauvegarder les règles formulées pour l'apprentissage [3].

Par contre, le maître pouvait se déporter lui-même volontairement de sa franchise et cesser ainsi, du consentement de la corporation, de payer les droits annuels en usage dans le métier de Lille [4].

Les comptes de la corporation nous révèlent une autre catégorie de « suppôts », celle des maîtres qui, sans perdre leur qualité, n'avaient qu'un seul outil ou bien même travaillaient sous un de leurs confrères ; les comptes les appellent des « non tenants ouvroir », ou des « maîtres ouvriers » [5].

---

1. Les sayetteurs de Lille étaient allés recueillir auprès des Magistrats municipaux de Mons, de Valenciennes et de Tournai, des certificats attestant que les maîtres étrangers venant se fixer dans ces trois villes pouvaient y travailler librement, mais que s'ils voulaient y tenir ouvroir, ils ne le pouvaient faire qu'après un apprentissage. (Carton 1166, dossier 1.) — Voir Pièces justificatives, n° 47.

2. Pièces justificatives, n° 115.

3. Ordonnance du 4 juillet 1579. Pièces justificatives, n° 39.

4. « Est comparue Magdelaine Bonnier, veuve de Louis Hallez, franche sayeteresse en cette ville, laquelle a déclaré se déporter de la franchise qu'elle a dans le corps de la sayeterie, ce qui a été accepté par les maîtres du corps, eu égard à sa vieillesse. » (Registre aux causes, f° 44 : sentence du 5 mai 1764.)

5. Un rôle de 1652 pour la perception des frais d'années mentionne 232 non tenants ouvroir et 395 tenants ouvroir, les uns et les autres payant 12 sols parisis, et, de plus, 132 maîtres ouvriers travaillant devant autrui et payant 4 sols parisis. Un rôle semblable de 1658 donne 251 non tenants, 372 tenants et 135 maîtres ouvriers. Un autre de 1661, 209 non tenants, 393 tenants et 113 maîtres ouvriers.

A la fin de la corporation on trouve encore ces « non tenants » qui correspondent bien aux maîtres ouvriers et ne payent qu'une taxe de 6 patars. Leur nombre est d'ailleurs notablement diminué [1].

Comment expliquer la provenance ou, si l'on veut, les causes de l'existence de cette catégorie de suppôts ? La difficulté de se procurer les matières premières, faute de capitaux suffisants, peut-être aussi l'insubordination des ouvriers détournaient aisément le maître, chef d'atelier, de travailler « à gain ou à perte » et lui faisaient préférer le travail « à façon » chez un de ses confrères, jusqu'au moment où des circonstances plus favorables lui permettraient de reprendre le métier à son propre compte. C'était une déchéance, sans doute, mais une déchéance qui n'avait rien de déshonorant et qui était périodiquement imposée à un certain nombre de maîtres par les nombreuses crises que traversa l'industrie de la sayetterie. C'est ainsi qu'en 1717 il y avait à Lille « plus de 600 maîtres sayeteurs reçus à chef-d'œuvre, se trouvant sans travail ou obligés de travailler sous d'autres maîtres » [2].

Les crises industrielles n'étaient pas les seules causes de l'existence des « maîtres ouvriers. » Nous trouvons un grand nombre de ces suppôts, même aux époques florissantes, en 1652, 1658, 1661, par exemple.. Ici, c'est plutôt ce que l'on pourrait appeler la « pléthore ». Beaucoup de fils de maîtres et beaucoup d'apprentis, après leur instruction achevée, se faisaient recevoir maîtres et, en attendant une occasion favorable pour établir un « ouvroir » personnel, travaillaient sous autrui.

La question du «cumul» ne paraît pas non plus étrangère à cet état de choses. Au lieu d'abandonner la jouissance

1. En 1764, 18 non tenants; en 1766, 23; en 1769, 12; en 1777, 5; en 1778, 7; en 1779, 5; en 1781, 7.
2. Attestation de la Vingtaine. Pièces justificatives, n° 114.

ou tout au moins l'exercice du métier, le maître sayetteur y joignait parfois la pratique d'une autre profession, surtout celle de la bourgeterie.

Qu'un même individu fût à la fois franc des deux corps de sayetterie et de bourgeterie, le fait paraît avoir été fréquent. Le fils d'un maître sayetteur étant franc de droit dans la sayetterie, avait tout intérêt à acquérir par l'apprentissage la franchise de la bourgeterie, dont les usages et les procédés de fabrication étaient peut-être différents, mais dont les produits étaient des étoffes analogues, parfois même identiques.

Il arrivait aussi qu'un maître de l'un des deux métiers épousât la fille d'un maître de la corporation voisine et rivale. Se préoccupant peu des querelles théoriques qui divisaient les deux métiers, le ménage revendiquait, suivant les circonstances, la franchise de l'un ou de l'autre conjoint et se rangeait sous la bannière de celle des deux corporations que les hasards du commerce ou des procès avaient favorisée.

Tout d'abord on n'aperçut pas les dangers de ce cumul. Une sentence du 12 août 1536 déclare même que les maîtres possédant la franchise des deux métiers seront obligés d'exercer la bourgeterie dans le bas de leur maison et la sayetterie à l'étage.

Mais, en 1614, les maîtres sayetteurs ayant refusé d'admettre au chef-d'œuvre Catherine Bonnier, fille de Charles, maître sayetteur, et femme de Pierre Prus, maître bourgeteur, furent entièrement approuvés par le Magistrat qui déclara incompatible l'exercice simultané des deux professions. Puis, sur de nouvelles instances, la Vingtaine consentit à recevoir Catherine Bonnier au chef-d'œuvre, mais refusa d'enregistrer l'enseigne qu'elle présenta, aussi longtemps que son mari n'aurait pas abandonné sa profession de bourgeteur. Celui-ci s'obstina tant et si bien que, de guerre lasse, le Magistrat finit par autoriser Catherine Bonnier, tout en maintenant le principe de non-cumul[1].

Par une ordonnance du 12 janvier 1615 le Magistrat régla (et par conséquent toléra) que les sayetteurs pourraient se faire recevoir bourgeteurs et vice versa, et exercer les deux professions alternativement : « Ceux qui voudront exercer lesdits stils devront tenir à l'un d'iceux, olres que l'homme et la femme soient francs de l'un et de l'autre, et faire choix auquel ils se voudront entremettre, pour icelui choix durer et estre maintenu l'espace de trois ans entiers et continuels ». Après ces trois ans, ils pourront passer au stil qu'ils n'auront pas pratiqué « en venant toutesfois préalablement dénoncer au siège du stil qu'ils entendent délaisser, soi déporter, et signifier à l'autre stil où ils voudront entrer, six semaines auparavant ». Le but de cette double formalité était de permettre aux égards de veiller « à ce qu'il n'y ait emprise ou chose faite au préjudice desdits stils respectivement[2].

Un siècle plus tard, en 1736, la difficulté renaît, mais, cette fois, ce sont les bourgeteurs qui entament la lutte. Parmi les étoffes qu'ils avaient coutume de fabriquer, aucune, pour ainsi dire, ne leur était exclusivement réservée ; les unes leur étaient communes avec les sayetteurs, les autres avec les tisserands. Lorsque le corps de la bourgeterie se trouva obéré par les nombreux procès qu'il avait soutenus et par la taxe levée pour le joyeux avènement de Louis XV, ceux de ses membres qui possédaient une double franchise le quittèrent pour entrer chez les sayetteurs ou chez les tisserands. Tout le poids des charges et de la taxe retomba ainsi sur les seuls bourgeteurs qui n'avaient que leur franchise et ne pouvaient imiter leurs confrères. Ils eurent donc recours au Magistrat qui, par ordonnance du 27 novembre 1736, déclara qu'à l'avenir

---

1. Carton 1160, dossier 8.
2. Pièces justificatives, n° 52.

« ceux qui se sépareront du corps des suppliants pour entrer dans ceux des sayetteurs et des tisserands de toile, contribueront à l'acquit des dettes contractées par le corps des suppliants, ainsi et de la même manière que s'ils avoient resté dans ledit corps » [1].

Évidemment cette ordonnance ne fut pas du goût des sayetteurs qui protestèrent énergiquement : « Les francs suppots des deux corps, dirent-ils, ont eu de tout temps la liberté d'abandonner l'un des deux corps pour s'attacher à l'autre après les avertances requises, sans être tenus de payer les frais d'années qu'à celuy des corps dont ils faisoient l'actuelle exercice et profession » [2].

Une mesure transactionnelle fut adoptée par le Magistrat, le 3 mai 1741 : « Tous francqs suppots directs des deux corps, qui voudra quitter l'un pour faire l'exercice de l'aultre, sera tenu de payer une fois à celuy dont il se retirera la somme de huit florins, moyennant quoy il demeurera déchargé des frais-années qui seront cotisés après sa sortie, sauf qu'il sera encore soumis aux frais des non tenans [3]. »

Cette décision paraît avoir terminé le conflit, qui n'eut plus guère à se renouveler, car, à partir de cette époque, le corps des sayetteurs se trouva lui-même obéré par les nombreux procès qu'il eut à soutenir [4].

Les règles d'accession à la maîtrise furent-elles toujours exactement observées dans la corporation des sayetteurs ? A cette question nous pouvons répondre affirmativement, car nous n'avons rencontré qu'un unique exemple d'excep-

---

1. Pièces justificatives, n° 135.

2. Les tisserands s'élevèrent aussi contre cette mesure, au point de vue juridique : « On ose dire que le système des bourgeteurs tend à establir qu'un suppôt de leur corps venant à mourir, les héritiers seroient tenus de supporter sa part dans les frais dudit corps... »

3. Pièces justificatives, n° 144.

4. Voir, sur cette discussion, les cartons 1189, d. 5, et 1190, d. 15.

tion : l'entrée dans le corps des satiniers et des ostadiniers, maîtres et ouvriers [1].

Quant à la création de lettres de maîtrise par des édits royaux, nous n'en avons trouvé aucune mention spéciale aux sayetteurs ; mais tout porte à croire qu'ils ne furent pas plus à l'abri de cette mesure fiscale que leurs collègues, les bourgeteurs et les tisserands, atteints par l'édit du 3 mars 1767 [2]. Sans doute, à l'exemple des bourgeteurs, ils rachetèrent les brevets imposés par l'édit royal et les réunirent à leur corporation.

Une autre obligation imposée par le pouvoir royal aux corporations fut celle de fournir des miliciens. Les corporations de la Flandre française y furent soumises, au moins au début du XVIIIe siècle, car une ordonnance du Magistrat de Lille, publiée le 27 janvier 1702, déclara que les engagés pour la milice « auxquels les Arts et Métiers sont tenus », seraient reçus à leur retour des trois années

---

1. L'autorisation accordée à certains artisans de fabriquer des saies d'Hondschoote ou de Lille ne peut pas être considérée comme une dérogation à ces règles, car elle ne leur donnait pas l'entrée dans la corporation.

2. Cet édit, analogue à beaucoup de dispositions royales antérieures, créait dans chaque corporation un certain nombre de brevets, dont le prix de vente était fixé à 200 livres et qui conféraient la maîtrise à ceux qui les achetaient.

Un arrêt du Conseil d'État du Roi, en date du 7 juillet 1767, fit défense aux maîtres et aux jurés de tous les corps indistinctement de recevoir et admettre à la maîtrise aucuns compagnons et aspirants, autres que les fils de maîtres, sans qu'au préalable lesdits brevets ou lettres de privilèges ne fussent remplis et les pourvus reçus et mis en possession.

Neuf ans plus tard, la corporation des tisserands de Lille adressait au contrôleur général des finances, Turgot, une requête exposant que depuis cet édit et cet arrêt, aucun ouvrier ne s'était fait recevoir maître, ne pouvant payer 200 livres, alors qu'auparavant le droit était seulement de 12 livres 10 sols. Ceux qui voulaient s'établir pour fabriquer des toiles se faisaient recevoir bourgeteurs pour 15 livres, parce que les bourgeteurs pouvaient faire presque toutes les toiles et qu'étant très riches ils avaient pu réunir à leur communauté le nombre des brevets auquel ils avaient été taxés. Les tisserands, moins riches, n'avaient pu agir de même et leur corporation se dépeuplait et marchait à la ruine. Par l'intermédiaire de M. de Caumartin, intendant de Flandre, Turgot fit savoir aux tisserands qu'il les dispensait des prescriptions de l'arrêt du 7 juillet 1767. (Carton 1203, dossier 2.)

de service, « à la franchise et maîtrise des corps de métiers, sans frais, sans apprentissage et sans chef-d'œuvre » [1].

En exécution de cette promesse, Nicolas Menusier, à son retour de la milice, fut reçu, d'après l'avis du procureur syndic et malgré l'opposition des maîtres du corps, « à la franchise et maîtrise de la saïetterie, sans autre obligation que de payer les frais d'enregistrement » [2].

Nous n'avons trouvé que ce seul exemple, mais il semble démontrer le pouvoir du Magistrat de concéder à des étrangers l'accès de la maîtrise dans les corporations de la ville. En usa-t-il souvent ? Le fait est peu probable, car il eût été en contradiction avec la sollicitude constante que ce Magistrat témoignait pour la prospérité et le bon renom de ses métiers. D'ailleurs si des abus s'étaient produits sur ce point, des protestations se seraient aussitôt élevées et nous en aurions trouvé au moins quelque trace dans les documents de nos Archives.

Par le fait même qu'il était reçu à la maîtrise, le nouveau maître pouvait jouir de l'exercice et des privilèges de sa profession conformément aux ordonnances.

Quelle était exactement cette profession ?

Matériellement, elle consistait à transformer en tissus des fils qui avaient subi une préparation spéciale, et presque toujours des fils de laine qu'on appelait filets de sayette. Ces fils ou filets provenaient de laines tirées des veaures ou toisons de moutons, peignées et filées. Mais, comme on l'a remarqué souvent, le travail du tisserand (ce mot pris dans un sens générique et englobant tous les artisans qui se livrent à l'industrie textile) n'est qu'une opération intermédiaire ne donnant pas nécessairement à

---

1. Voir : Pièces justificatives, n° 108.
2. Pièces justificatives, n° 108.

celui qui s'y livre la propriété du produit fini. Le tissu, une fois fabriqué, peut requérir certains soins pour être amené en sa perfection ; il peut être foulé, corroyé ou teint, en un mot apprêté. Cependant, parmi toutes ces opérations successives, le travail du sayetteur était considéré comme dominant tous les autres et donnant conséquemment à celui qui l'avait accompli la propriété du produit ou du tissu achevé.

Aussi la volonté du Magistrat fut-elle toujours de faire jouir le maître sayetteur de la supériorité de son métier ; en d'autres termes, le maître sayetteur devait être un artisan indépendant, travaillant « à gain et à perte » pour son bénéfice propre. De là, toute une série de règlements qui obligent le sayetteur dans l'exercice de sa profession.

Travailleur indépendant, le maître sayetteur est tenu, pour distinguer les produits de sa fabrication de ceux de ses confrères, d'adopter une marque distinctive, une « enseigne » [1], c'est-à-dire une sorte de motif, de dessin, par exemple une croix, un carré, un losange, qui doit être tissée dans l'étoffe elle-même à l'extrémité de la pièce. Cette enseigne, différente évidemment pour chaque maître, devait être présentée à la Vingtaine, agréée par elle et enregistrée aussitôt après la réception à la maîtrise.

Le maître sayetteur ne pouvait pas travailler dans le même local que ses confrères ; il devait avoir un atelier, un «ouvroir» distinct. Cette obligation, qui est supposée dans toutes les ordonnances, est explicitement rappelée par les statuts de 1500 (art. 25) et par les statuts de 1524 (art. 36) au sujet des fils de maîtres qui sont reçus à la franchise du corps et qui peuvent désirer continuer à travailler chez leurs parents et à leur profit. Avant de consentir à les recevoir et à enregistrer leur enseigne, on exige

---

1. Pièces justificatives, n° 3, art. 31.

d'eux qu'ils aient «leur ouvroir à part, hors de la maison de leurs père et mère, et qu'ils soient hors de la puissance d'iceux ».

Cette règle semble avoir subi quelques tolérances dans les derniers temps de la corporation, lorsqu'un certain nombre de maîtres trop peu fortunés durent cesser de travailler pour leur propre compte. On trouve alors dans le registre aux causes plusieurs permissions accordées à des maîtres de travailler chez d'autres maîtres [1].

Des prescriptions beaucoup plus sévères réglementaient la fabrication des étoffes « des six métiers formant le principal de la sayetterie. » Cette expression quelque peu énigmatique a besoin d'explications. Elle désigne un certain nombre de tissus qui, à cause du profit certain qu'on en pouvait tirer, étaient considérés comme la ressource principale du corps. De là les dispositions spéciales adoptées par le Magistrat pour que chacun des membres de la corporation pût jouir du bénéfice de leur fabrication ; de là surtout la limitation du nombre d'outils que chaque suppôt pouvait employer pour travailler ces étoffes. Excellente mesure qui empêchait les maîtres trop puissants de produire seuls ce qui était nécessaire à la consommation.

L'expression « six métiers » indique donc le chiffre généralement fixé.

De plus, pour assurer à cette réglementation son salutaire effet, il fut défendu à tout suppôt de travailler ces étoffes sur la commande et au profit d'un de ses confrères [2].

Cette règle des « six métiers », à cause de son importance considérable et des graves querelles qu'elle suscita, demande à être examinée d'une manière toute spéciale.

---

1. 27 novembre et 11 décembre 1766 ; 17 mars 1770.

2. Pièces justificatives, n° 29. — Voir aussi l'ordonnance du 16 juin 1571, carton 1160, dossier 5.

Nous étudierons de la même façon les rapports des
sayetteurs avec les artisans qui pratiquaient les industries
préparatoires et complémentaires de la sayetterie, et aussi
leurs relations avec les marchands et courtiers, dont le
trafic s'accommodait mal de l'indépendance du fabricant [1].
Nous espérons ainsi déterminer exactement et complètement la situation et le rôle économiques des maîtres
sayetteurs.

---

1. Voir les chapitres V, VI et IX.

CHAPITRE V

LES MAITRES

Leurs rapports avec les Marchands et les Courtiers.

LES MARCHANDS : LEUR NÉCESSITÉ A COTÉ DES MAITRES SAYETTEURS POUR
L'EXPORTATION DE LA SAYETTERIE LILLOISE. — SITUATION DIFFICILE
DES SAYETTEURS VIS-A-VIS DES MARCHANDS. — RÉGLEMENTATION
SAUVEGARDANT LES INTÉRÊTS DES MAITRES.

LES COURTIERS : LUTTE PERSISTANTE DES SAYETTEURS CONTRE LEUR TRAFIC;
ORDONNANCES ET PROHIBITIONS. — INSTITUTION D'UN ÉGARD POUR LA
SURVEILLANCE DES COURTIERS.

A la différence de bien d'autres métiers, la sayetterie obligeait ceux qui l'exerçaient à travailler non seulement pour leurs concitoyens, mais aussi et surtout pour une clientèle plus éloignée, vers laquelle leurs tissus étaient exportés. En effet leur production considérable dépassait de beaucoup les besoins de la consommation locale.

L'exportation tenait donc le rôle le plus important dans cette industrie. Aussi ne faut-il pas s'étonner de la multiplicité et de la sévérité des règlements ; ils montrent bien le souci constant du Magistrat lillois d'assurer à l'étranger le bon renom de sa manufacture.

Nous aurions voulu connaître de façon précise les divers pays vers lesquels nos sayetteurs exportaient leurs produits. Mais nous avons constaté que sur ce point les sayetteurs, dans tous leurs documents, observent un silence presque complet et sans doute voulu. La découverte d'un nouveau débouché était une source de profits considérables ; parfois même elle ranimait tout à coup l'industrie devenue languissante ; il ne fallait point, par une trop grande publicité, attirer l'attention et la concurrence du plat pays environnant ou des villes voisines. Aussi n'avons-nous trouvé sur ce point que des renseignements fort vagues.

Les plus précis que nous ayons rencontrés datent de 1776 ; ils sont donnés par les commissaires au siège de la sayetterie au sujet d'une discussion très ample qui eut lieu à cette époque sur la décadence de la sayetterie et sur les remèdes à y apporter. Nous aurons à y revenir à une autre occasion. Disons seulement que, d'après ce document, l'exportation vers l'Angleterre fut perdue, entre 1567 et 1575, par suite, dit l'auteur du rapport, des « cruautés du duc d'Albe, qui firent passer en Angleterre, d'où nous tirions les laines les plus fines, plusieurs de nos fabriquants qui y portèrent leur industrie ; les Anglais, possesseurs de nos fabriques, nous privèrent de leurs laines et ne cherchèrent plus nos étoffes ».

Concurrencés par les Anglais, les sayetteurs lillois continuèrent à envoyer les produits de leur fabrication à l'Espagne dont ils étaient sujets au point de vue politique, et à la France, dont ils étaient voisins.

La conquête de Lille par Louis XIV, en 1667, ne paraît pas avoir apporté de profondes modifications dans ce régime. Antérieurement à l'annexion, le tarif de 1664 avait fixé à 3 livres, pour chaque pièce de camelots de 20 aunes, les droits d'entrée en France des produits de la Flandre ; l'élévation de ce tarif porté à 6 livres par l'édit de 1667 n'eut pas d'exécution dans la Flandre française. Un arrêt du Conseil d'État du 17 janvier 1708 maintint à 3 livres par pièces de 20 aunes, les droits d'entrée sur les camelots fins faits de poil de chèvre et de chameau, et les abaissa à 30 sols pour les camelots communs faits de pure laine ou mêlés de laine et de fil et pour les autres petites étoffes appelées picotes ou changeants. Ces dernières étoffes et surtout les changeants étaient d'ailleurs le principal objet de la fabrication des sayetteurs. Les unes comme les autres ne pouvaient entrer en France que par les bureaux d'Amiens, de Péronne et de Saint-Quentin [1].

Le commerce des étoffes de Lille, soit avec l'Espagne, soit avec les Pays-Bas espagnols, devenus plus tard autrichiens, paraît avoir été toujours important ; mais les sayetteurs et les marchands se plaignaient souvent de la forte concurrence que leur faisaient les produits anglais dans le premier de ces pays.

Des débouchés aussi éloignés rendaient impossible aux maîtres sayetteurs la vente directe à tous leurs consommateurs. Les négociants et les marchands étaient donc, pour eux, des intermédiaires obligés. D'une façon générale, les marchands achetaient directement aux maîtres les étoffes que ceux-ci avaient fabriquées et les revendaient quand l'occasion s'en présentait. En relations suivies avec l'Espagne et avec la France, ces marchands, parfois étrangers à la ville, connaissaient les goûts spéciaux de leur clientèle et achetaient chez les sayetteurs les étoffes dont ils avaient ainsi le placement assuré, ou bien commandaient ces étoffes aux sayetteurs, les faisant travailler « sur commission ».

L'exercice de la double profession de fabricant et de marchand n'était pas formellement interdit aux maîtres sayetteurs ; mais en fait, pour ce qui concernait l'exportation, ce cumul était impraticable, car il eût nécessité pour le fabricant l'abandon de ses métiers. Quant à la vente locale, elle était autorisée et les maîtres sayetteurs pouvaient « tenir boutique » à côté de leur ouvroir. Une ordonnance de 1728 les obligea seulement à payer, pour

---

1. Voir sur ce point l'arrêt du Conseil d'État du 17 janvier 1708, corrigeant ce qu'avait décidé par erreur un autre arrêt du 15 décembre 1703, et fixant à trente sols par pièce les droits sur les camelots communs. (Carton 1181, d. 10.)

ce faire, une taxe de 4 florins [1]. La dénomination de
« marchand sayetteur » est souvent appliquée dans les
documents à ceux qui tenaient ainsi ouvroir et boutique [2].

Quant aux autres maîtres, dans quelle situation se
trouvaient-ils vis-à-vis des marchands ? Ici la bonne
volonté du Magistrat était réduite à l'impuissance, fût-il
d'ailleurs plus favorable au fabricant ; il ne pouvait, en
effet, forcer le marchand à acheter toutes les étoffes qu'on
lui offrait.

Aussi semble-t-il — et ce fait domine en quelque sorte
toute l'histoire de la corporation — que le maître sayetteur, bien qu'il travaillât à son profit propre, se trouvait
souvent dans une grande dépendance vis-à-vis du
marchand.

Cette situation avait pour cause principale le manque
de ressources pécuniaires, de capitaux chez les fabricants.
Dès 1603, à propos d'un procès contre leurs confrères de
Douai, les maîtres de Lille traçaient d'eux-mêmes ce
portrait : « Bien souvent lesdits povres et honnestes
saïeteurs sont contrains, à faulte de demande de leurs
marchandises, d'engager leurs accoustremens et ceux de
leurs femmes et enffans à ceulx tenans la table de
prêt audict Lille, mesme aulcuns aller mendier leur
pain ; d'aultant que la plus part desdits sayeteurs sont si
nécessiteux que s'ils ne vendent leur marchandise le lendemain qu'elle est fabriquée, ils n'ont le moyen de acheter
filets pour construire nouveaux changeans et par ce leur
convient estre sans ouvrier et ainsi vivre misérablement » [3].

---

1. Cette taxe est ainsi mentionnée dans les comptes de la corporation
(Nᵒˢ 9706 à 9801.)

2. Les comptes signalent, en 1764, 24 ouvertures de boutiques ; en 1766,
15 ; en 1777, 5 ; en 1778, 4 ; en 1779, 11 ; en 1781, 5. Mais il est probable
que, dans les époques de prospérité, beaucoup de maîtres sayetteurs devaient
être marchands.

3. Pièces justificatives, nᵒ 47.

Cette nécessité de se procurer de l'argent livrait le fabricant peu fortuné à la discrétion de ceux qui seuls pouvaient être acheteurs immédiats, c'est-à-dire des marchands.

En 1718, les sayetteurs se plaignaient en ces termes :

On dira peut-être que les manufacturiers ne doivent point vendre leurs étoffes à de pareilles gens ou à de pareilles conditions ; mais quel remède à un pauvre travailleur dont sa famille attend du pain de sa pièce, quand on ne veut point la lui acheter ? Il la présente de boutique en boutique et il est le plus souvent obligé de passer, dans la saison de morte vente, par les conditions qu'on lui fait, pour subsister avec sa famille. C'est de là que provient que tant de manufacturiers sont de petite faculté et qu'ils se trouvent obligés le plus souvent de vendre leurs pièces au prix coûtant, la façon perdue, à cause de la courtresse qui se rencontre par l'aunage du marchand. [1]

La situation économique du maître sayetteur fut-elle toujours aussi précaire ? Cette question fut souvent débattue. Les sayetteurs le niaient, prétendant généralement que leur profession, telle qu'elle était réglementée, leur procurait une vie, sinon aisée, au moins sûre et honnête. Les novateurs, au contraire, n'avaient pas assez d'expressions de pitié pour ces maîtres sayetteurs « aveugles au point de ne pas s'apercevoir de la vie misérable qu'ils menaient » ; exagération due sans doute au désir de ces novateurs de faire abolir la limitation du nombre des métiers et de réunir en une même corporation la sayetterie et la bourgeterie, dans un but approchant de la liberté du commerce. La suite de notre étude fera ressortir davantage les éléments de cet important problème économique.

Un fait reste certain : sauf dans les derniers temps de la corporation, le principe fut toujours reconnu et observé que le maître sayetteur était un artisan indépendant, travaillant pour son bénéfice personnel. En 1751, le Magistrat en défendait encore l'économie et l'utilité dans des réflexions adressées au Conseil du Roi.

1. Carton 1183 bis, d. 3.

Un sieur Gilles-François Vanœnackere avait présenté une requête
à ce conseil dans le but d'obtenir, malgré les règlements de la manufacture de Lille, l'autorisation de faire fabriquer pour son compte
des camelots superfins par des ouvriers francs et à façon comme cela
se pratiquait à Lyon pour les tissus de soie. « Les maîtres sayetteurs,
affirmait-il, ne sont ni assez riches ni assez éclairés pour entreprendre
et suivre une correspondance lointaine pour en tirer les matières
premières, d'où dépend l'économie et l'esprit d'une fabrique. Ces
opérations sont réservées aux négociants dont les facultés répondent
à leurs lumières et à leur bonne volonté ». Il demandait donc, du
moins en ce qui concernait les camelots superfins, la liberté pour les
négociants « de délivrer aux ouvriers francs la chaîne et la trame
toute ourdie ; la pièce leur étant remise sera par eux perfectionnée
par les apprêts comme il se pratique à Leyden en Hollande, sans que
pour cela ils soient sensés suppôts du corps des sayeteurs, du moins
qu'ils n'en soient que les membres honoraires, sans aucun assujet-
tissement aux charges du corps ».

Le Magistrat répondit que « la proposition du sieur Vanœnackere
pouvait entraîner de fatales conséquences par la suite. Jamais il n'a
été permis à Lille aux négocians d'employer des ouvriers travaillant,
sous eux et pour leur compte, aux manufactures de sayeterie et
bourgeterie ; ce droit a tousjours appartenu aux francs maistres
auxquels il est même défendu de faire travailler hors de chez eux.
Le sieur Vanœnackere propose une nouveauté sans exemple et il n'a
jamais été permis d'exercer la profession de sayetteur ou bourgetteur
sans avoir donné des preuves de capacité par un apprentissage et un
chef d'œuvre rigoureux ».

Cependant, dans le but de favoriser l'établissement à Lille de la
nouvelle industrie des camelots superfins, le Magistrat ne se refusait
pas à certaines mesures transactionnelles, par exemple qu'il fût permis
à chaque maître de travailler ces camelots sur tel nombre de métiers
qu'il lui plairait, lesdits camelots devant être munis de l'enseigne du
maître qui les aurait fabriqués ; les négociants pourraient fournir la
chaîne et la trame toute ourdie et faire apprêter les étoffes ainsi fabriquées. Mais le sieur Vanœnackere renonça à son projet, dont nous ne
trouvons plus de trace dans la suite [1].

La volonté constante du Magistrat de sauvegarder l'indépendance des maîtres sayetteurs lui avait déjà attiré
en 1715 de violentes attaques de la part de la Chambre

---

1. Pièces justificatives, nᵒˢ 151 et 152.

de commerce de Lille[1]. Un passage des reproches que lui adressait cette institution indique clairement en quelle estime les marchands et les négociants de cette époque tenaient les maîtres et les ouvriers des corporations :

On ne s'estendra point à réfuter les vieilles maximes qu'il plaît au Magistrat d'establir sur l'égalité de fortune au fait du commerce ; il paraît par cet endroit plus que partout ailleurs qu'il ne l'a jamais exercée. Il craint que les magasiniers ne s'enrichissent [il s'agit des peigneurs qui procuraient au marché les filets de sayette et qui étaient accusés de les accaparer] ; il pose que les émoluments doivent se répandre par égale portion sur tous les particuliers qui ont quelque rapport au commerce ; il avance que c'est cette balance prétendue qui fait la constitution de la ville de Lille ; en quoi on peut assurer qu'il se trompe, et pour le fait, et pour le droit. A Lille, comme partout ailleurs, le commerce soutient et enrichit, quoique diversement, les particuliers qui s'y appliquent, et cela à proportion de leur génie, de leur capacité, de leurs opérations et de leurs avances. Un négociant qui met de gros fonds dans le commerce et qui a l'industrie de les bien placer, peut légitimement en tirer un ample profit. Un chef de manufacture qui emploie ce qu'il a de bien à former et à occuper nombre de fabricateurs, doit sans doute faire plus gros gain dans le commerce qu'un simple ouvrier qui n'a pour tout talent que la main. Il mourroit infailliblement de faim s'il n'étoit soutenu par le marchand qui lui fournit du travail, qui le paie de jour en jour et quelquefois d'avance ; tandis que le même marchand, grossissant l'amas de ces ouvrages, est souvent obligé pour s'en défaire de les vendre à long terme, au hasard de perdre quelquefois son capital. Quelle proportion peut-il y avoir pour le gain et pour la fortune entre ces différentes espèces de gens qui influent chacun à leur manière dans le commerce ?

Les maîtres sayetteurs ne pouvaient que supporter en silence la situation inférieure à laquelle les réduisaient les négociants et les marchands ; ils ne pouvaient d'ailleurs invoquer contre eux de griefs bien précis, puisque, après tout, ils étaient libres de vendre comme les marchands étaient libres d'acheter.

Ils ne protestèrent, semble-t-il, qu'une fois. Ce fut en 1718, au sujet de la manière frauduleuse dont les

---

1. Pièces justificatives, nos 110, 111, 112.

marchands mesuraient les pièces d'étoffe avant de les acheter. « Non seulement les boutiquiers exigent le pouce à l'aune, l'aune rompue, mais aussi plusieurs mesurent de telle manière que l'étoffe flotte sur l'aune et leur pouce tellement de travers que le plus souvent il y a un pouce et demi à l'aune. Les manufacturiers ont une aune jaugée, mais leur aunage ne cadre jamais avec celui des boutiquiers, qui ne veulent jamais souffrir que les manufacturiers aunent eux-mêmes. » Ils proposent un remède à cet abus : « Pour que les manufacturiers ne soient plus trompés et que les boutiquiers aient leur droit, c'est de fixer la longueur des pièces, de sorte qu'au moyen d'un plomb frappé d'un coing qui marquera la longueur, les boutiquiers les puissent acheter sous la fixation du plomb [1]. »

Satisfaction leur fut donnée par l'ordonnance du 22 mars 1718 qui fixa la longueur des pièces à 40, 60 ou 80 aunes, au choix du fabricant, et qui ordonna l'apposition d'un plomb de manufacture aux pièces qui auraient les dimensions requises [2].

Les sayetteurs eurent plus fréquemment l'occasion de lutter contre d'autres commettants : les courtiers, intermédiaires moins nécessaires, mais aussi moins puissants que les marchands et les négociants.

Les courtiers et courtières, appelés aussi coultiers et coultières, prenaient chez les maîtres sayetteurs livraison des pièces de tissus, présentaient et vendaient cette marchandise aux boutiquiers et en reportaient le prix à leurs commettants, en prélevant une rémunération pour leurs services.

Ils n'avaient d'ailleurs aucun caractère officiel. On trouve même, dès le 29 avril 1645, une ordonnance

1. Carton 1183 bis, dossier 3.
2. Pièces justificatives, n° 115.

prohibant leurs fonctions[1]. Mais ils n'en continuèrent pas moins à s'imposer et à commettre de nombreux abus qu'une pétition adressée au Magistrat par les sayetteurs, en 1725, dénonce en ces termes énergiques :

Afin de s'assurer la faveur des boutiquiers, ils leur font crédit du prix de la vente sans consulter la volonté ni les besoins des fabricants. Ils font un mystère continuel des endroits où ils vendent leurs marchandises et par ce moyen il arrive assez souvent qu'ils se retirent de Lille sans faire renseigne ni donner raison de ce qu'ils ont touché par telles ventes des marchandises des supplians. En dernier lieu, lesdits coultiers se rendent tellement les maîtres des marchandises des supplians et de leurs deniers en procédans, qu'ils les composent pour leurs droits non seulement à concurrence de ce qu'ils ont envie d'être gratifiés sous divers prétextes qu'ils inventent, mais aussi forcent en quelque façon lesdits supplians, après les avoir fait beaucoup courir après eux, à perdre quelque chose sur le prix de leurs marchandises. soit pour aune rompue, soit pour quelque défaut d'ouvrier, soit enfin pour leur donner de l'argent comptant qu'ils disent n'avoir pu toucher et dont ils feignent très souvent de faire l'avance, tandis qu'ils en sont absolument hors d'état quant à eux et qu'ils ne peuvent payer que du produit de ces mêmes marchandises, ce qui fait d'ailleurs augmenter les dites marchandises de sayetterie et bourgetterie vers les marchands boutiquiers qui, de leur côté, sont obligés de les débiter à proportion au publicq.

Commissions exagérées, soustraction d'une portion du prix de vente sous des prétextes qu'il est impossible de contester, enfin gêne extrême apportée au fabricant qui ne sait plus où s'écoulent ses marchandises et qui ne peut recevoir à temps le prix de son travail, tels sont donc les principaux griefs formulés par les sayetteurs contre les courtiers. Dans une supplique distincte, les maîtres sermentés du corps ajoutent encore à ces griefs le reproche de livrer frauduleusement aux marchands, dans le but de se concilier leurs faveurs, des étoffes qui coûtaient moins cher, étant travaillées à la campagne, mais dont l'entrée en ville était prohibée [2].

1. Pièces justificatives, n° 69.
2. Carton 148, dossier 10. — On trouve dans ce même dossier la requête

Contre ces abus le Magistrat prit d'énergiques mesures
de répression. Le 29 avril 1645 il interdit « à tous
sayetteurs et bourgetteurs de bailler à vendre ni faire
vendre leurs dites marchandises ou ouvrages que par
eulx, leurs femmes et enfans, ne soit que pour maladie
ou autre cause très urgente, lesdits sayetteurs et bourgetteurs aient permission de ce faire ». Il interdit également
« à toutes personnes, hommes et femmes, de s'entremettre
pour l'avenir et s'employer ausdits annoncements, ports
et ventes » [1].

Ces prohibitions furent rappelées par de nouvelles
ordonnances du 15 septembre 1693 [2] et du 31 octobre
1725 [3].

Dans cette dernière, il est fait défense « à tous marchands et boutiquiers d'acheter aucune marchandise de
sayetterie et de bourgetterie d'aucun courtier ou courtière,
ni d'autres personnes que des maîtres sayetteurs et bourgetteurs, leurs femmes ou enffans ». Les maîtres sermentés
des deux corps, ainsi que les plombetiers étaient autorisés
à se saisir des pièces d'étoffe dont ils trouveraient les
courtiers en possession. Enfin une amende de 6 florins
frappait ceux qui transgresseraient l'une ou l'autre de ces
dispositions [4].

Ces mesures, quoique énergiques, restèrent cependant
insuffisantes. Le 5 août 1758, les maîtres et suppôts du
corps de stil de la sayetterie et bourgeterie adressèrent

d'un de ces courtiers, Jean Mathieu dit Grand Jean, qui supplie le Magistrat
de l'autoriser à continuer son « facturage et emploi », prétextant de ses
charges de famille et invoquant en outre « les services qu'il rend à grand
nombre d'honnestes gens qui ne sont nullement capables et ne sçauroient
vendre eux-mêmes, à cause de leur timidité, méconnaissance et aultrement »
les marchandises qu'ils ont fabriquées.—Voir Pièces justificatives, n⁰ˢ 124-129.

1. Pièces justificatives, n° 69.
2. Pièces justificatives, n° 99.
3. Pièces justificatives, n° 128.
4. Une amende de 6 livres avait déjà été promulguée contre les délinquants par l'ordonnance de 1693 ; on voit que cette amende fut doublée
en 1725.

une nouvelle et pressante requête au Magistrat. Ils y articulent à peu près les mêmes griefs que dans leur requête de 1725 et ils ajoutent ce détail assez piquant que ces courtiers étaient souvent des membres même de leur corporation [1].

Cette fois le Magistrat décida la création d'un nouvel égard, exclusivement chargé de surveiller avec soin les courtiers et d'empêcher, par tous les moyens possibles, leurs manœuvres et leur commerce.

Cette nouvelle fonction fut rétribuée à raison de 200 livres par an, à la charge de la corporation des sayetteurs et bourgeteurs [2].

En 1780, le corps de la sayetterie demanda la suppression de ces gages alors attribués à Gabriel Deneuville « pour veiller aux marchés des coultiers et coultières ». La seule raison invoquée est l'inutilité même des fonctions de cet égard, car « les suppôts ont senti depuis longtemps qu'en employant le ministère des coultiers, ils abandonnaient un gain dont ils profitent en vendant par eux-mêmes les pièces qu'ils fabriquent aux négociants de la ville » [3].

Cette requête précéda de bien peu de temps la fin de la corporation.

Pour ne rien omettre, nous devons observer que l'opinion des sayetteurs à l'égard des courtiers avait parfois varié. A certaine époque non seulement ils les avaient supportés, mais ce fut même à leur requête que le Magistrat, le 8 mai 1659, rapportant l'ordonnance du 27 octobre 1622, admit lesdits courtiers aux places de maîtres de corps de la sayetterie « à raison de la conjoncture du temps » [4].

---

1. Pièces justificatives, n° 161.
2. Cette dépense figure régulièrement dans les comptes postérieurs. (N° 9796 à 9801.)
3. Registre aux Arts et Métiers, 55 bis, f° 28.
4. Pièces justificatives, n° 74.

CHAPITRE VI

LA LIMITATION DU NOMBRE DES MÉTIERS

ORIGINE DU RÈGLEMENT DES « SIX MÉTIERS » — ATTAQUES MULTIPLIÉES
CONTRE CETTE LIMITATION : LES ARGUMENTS DES NOVATEURS ; LA
RÉPONSE DES MAITRES DE LA CORPORATION. — LA LETTRE DU GREF-
FIER DE LA CORPORATION, A.-F. HASBROUCQ.

La règle consistant à restreindre pour chaque maître
le nombre des métiers qu'il pouvait employer, ne fut pas,
malgré l'importance considérable qu'elle revêtit dans la
suite, l'une des dispositions premières et en quelque sorte
fondamentales qui régissaient la corporation. D'ailleurs
elle n'engloba jamais l'ensemble de la production des
maîtres, puisqu'elle demeura restreinte à la fabrication de
certaines étoffes. Elle n'apparaît donc point dans les statuts
de 1500 ni dans ceux de 1524.

La première application qui en fut faite est due à une
circonstance déjà connue : l'entrée dans la corporation, en
1531, des satiniers et des ostadiniers, qui entraîna pour
les sayetteurs le pouvoir de fabriquer les satins et les
ostades. Craignant sans doute une production excessive
par suite de l'augmentation du nombre des artisans, le
Magistrat, par ordonnance du 22 mai 1531, décréta que
« nul ne pourroit avoir plus d'un outil ouvrant lesdits satins
et ostades, ne en appert, ne en couvert, par eux ou par
autrui [1], à leur gain ou perte, à péril d'être privé dudit

---

1. Cette formule prévoit toute violation, même indirecte, par complicité
d'un confrère travaillant pour le compte d'un autre. (Pièces justificatives,
n° 11).

métier et de payer LX sols d'amende pour chascune pièce
et avecq ce puny à discrétion d'eschevins ».

En 1537, lorsque le Magistrat autorisa les ouvriers du
village de Pernes et du comté de Saint-Pol à s'établir à
Lille, il ne permit pas aux maîtres sayetteurs d'avoir plus
d'un métier pour pratiquer l'industrie des satins étroits
importée par ces étrangers. Encore les maîtres devaient-
ils, pour pouvoir travailler ces satins étroits, avoir au
moins un métier ouvrant continuellement sur saye [1].

Une ordonnance du 15 février 1538 édicta de nouvelles
dispositions qui paraissent s'appliquer aux deux catégories
de tissus visées dans les précédentes ordonnances [2]. »

Ce fut seulement le 28 septembre 1565 que fut rendue
l'ordonnance s'appliquant aux changeants et limitant à six
par maître le nombre de métiers servant à les fabriquer [3].
Comme presque toutes les étoffes inventées depuis cette
époque furent, à tort ou à raison, considérées par le
Magistrat comme rentrant dans la catégorie des changeants, elles furent comprises dans les six métiers et la
disposition de 1565 fut souvent citée comme la principale
et parfois même l'unique mesure qui limitât le nombre
des métiers.

Le 16 juin 1571, les dispositions précédentes furent
rappelées et les peines précisées : pour une première
infraction, le maître était puni d'une amende de 20 livres
et suspendu de l'exercice du stil pendant quinze jours ;
à la seconde infraction, l'amende était de 30 livres et
la suspension de six semaines ; à la troisième, ce pouvait

---

1. Pièces justificatives, n° 16.

2. « Permis à tous sayeteurs de pouvoir avoir en sa maison deux outilles
de satins, pourveu que pour le moins ils ayent une outille de sayeterie
ouvrant à l'apaisement des commis de la Vingtaine. Et se aucuns sayeteurs
ne voloient ouvrer desdites sayes avecq satins, ou qu'ils n'eussent la puissance d'avoir une ostille de saye pour ouvrer avecq deux ostilles de satins,
en ce cas est permis à tel sayeteur de pooir ouvrer d'une hostille de satin
et non plus. » (Carton 1160, dossier 16).

3. Pièces justificatives, n° 29.

être le bannissement de la ville et châtellenie de Lille.
D'ailleurs, à chaque infraction, le délinquant pouvait être
frappé d'une « peine arbitraire, à la discrétion d'eschevins » [1].

La sévérité de ces peines semble indiquer que certains
sayetteurs appréciaient défavorablement la nouvelle réglementation. Ils s'appliquèrent à la tourner en augmentant
indirectement leur production, fabriquant des étoffes de
plus grande largeur, notamment de « une aune cinq quartiers » au lieu de « une aune trois quartiers un pouce
moings ».

Pour empêcher ce genre de fraude, une ordonnance du
9 novembre 1577 décida que sur les six métiers permis
on ne pourrait avoir plus de deux outils chargés desdits
changeants larges d'une aune et cinq quartiers [2].

Ces diverses prescriptions sont maintenues par les ordonnances du 27 mars 1661 [3] et du 13 août 1665 [4] ; mais cette
dernière indique clairement que des tolérances ont pu ou
pourront être accordées par le Magistrat.

Bien entendu touttesfois que si quelqu'un desdits saïeteurs prétend
de travailler à plus grand nombre d'outilles, à raison de quelque
nouveauté ou fabricque utile au publicque, n'estant en usage ou
practique, iceux pourront nous le représenter par requeste, pour,
après en avoir prins les apaisemens requis, y estre pourveu de bonne
police là et ainsy qu'il appertiendra, au plus grand bien de ceste
ville et accroissement dudit stil de la saïeterie et advantage particulier de tous les dicts saïeteurs et de leur postérité ; voire que si
quelqu'un des dicts sayetteurs auroit obtenu de nous quelque grasce
contraire à ce que dessus, ils auront à nous les produire et représenter
en dedans quinze jours datte de ceste, à péril de descheoir de l'effect
d'icelle.

---

1. Carton 1160, dossier 5.
2. Pièces justificatives, n° 38.
3. Pièces justificatives, n° 75.
4. Pièces justificatives, n° 76.

Le 23 mai 1715, il fut permis à tout maître sayetteur de posséder six outils, quelle qu'en fût la largeur [1]. Cependant on ne pouvait travailler à quatre marches que sur quatre de ces métiers ; et cette disposition devait rester en vigueur jusqu'au 20 décembre 1777.

La règle posée le 28 septembre 1565 fut donc maintenue, en dépit de quelques variantes dans son application.

La série des ordonnances que nous venons d'énumérer garde le silence sur un projet que, seules, les circonstances empêchèrent d'aboutir et qui eût eu pour conséquence la réforme sinon l'abrogation totale des plus importants règlements de la sayetterie. Ce projet nous est connu par deux documents ; le premier est un rapport du sieur Gellée « directeur général des bureaux du Roy establis en Flandres », l'autre est le brouillon d'une ordonnance que le Magistrat se proposait de publier, s'il n'avait craint, à causes des guerres, de donner l'entrée de la ville à des « personnes nuisibles » [2].

Le mémoire, daté de Lille, 12 novembre 1671, débute ainsi :

Le sieur Gellée fust au conclave il y a trois à quatre mois, et représenta à MM. du Magistrat que, pour l'augmentation et facilité du commerce de cette ville, il étoit nécessaire de surseoir l'exécution de quelques anciennes observances de police, qui se trouvent contraires à l'usage du temps présent, et leur laissa un mémoire à peu près pareil à celui ci-dessous.....

Les deux premiers articles s'occupent de l'établissement des baracans façon de Valenciennes, des camelots et grains façon de Bruxelles et de Hollande :

Il faudroit accorder à tous maistres ouvriers d'avoir cinq ou six outilles, outre ceux qui leur ont esté ci devant permis, afin que chascun s'efforce à soutenir et à augmenter ce commerce si considérable ;

1. Pièces justificatives, n° 109.
2 Ces documents se trouvent au carton 1172, dossier 4.

et mesme il sembleroit à propos que chaque particulier peust avoir autant d'outilles qui luy en seroit nécessaire, ainsi qu'il se pratique par toute la France, Angleterre et Hollande, comme aux villes cédées et restées en Flandre.

Il serait très à propos et même nécessaire, ajoute le mémoire, de donner faculté et pleine liberté à tous maistres ouvriers de ceste ville de pouvoir travailler pour les autres maistres, comme ils font pour les marchands, soit en camelots ordinaires, baracans, étamines, picottes, drap, etc., affin que lors que les petits maistres n'ont pas de travail chez eux desdits marchands, ils puissent gagner leur vie avec leurs confrères, au lieu qu'ils sont souvent obligés d'emprunter, commettre leurs hardes en gage, pour subsister, n'osant travailler pour leurs dits confrères à peine d'amende, ce qui est directement contre la liberté publicque et du commerce.

D'autant que tels marchands connaissant un maistre ouvrier habile, ne demandent avec raison que de sa manufacture ; et si ce maistre avoit, comme il est raisonnable, la faculté de faire travailler un maistre ouvrier moins habile que lui, sans difficulté, l'œil du premier éclairant le second, celui-ci en feroit mieux et se rendroit plus expert par la suite, puisque l'on s'affine tous les jours en toutes sciences et métiers ; au lieu que ce deuxième maistre ignorant continuant son travail à l'ancienne mode, les marchands pour la plus part sont obligés de lui laisser ses manufactures grossières et mal conditionnées, ou les lui demander à vil prix. Et partant, ce même ouvrier, quoique maistre, est toujours varlet et dans la misère.

Aussi il semble à propos de donner cette liberté de travailler, pour l'utilité et commodité des marchands et des ouvriers ; estant une erreur de dire ou proposer par ces ouvriers de la dernière classe que cela leur feroit quelque préjudice, puisqu'il est libre à un maistre de devenir varlet quand il veut ; point que personne ne le forcera de travailler pour autruy que de sa propre bonne volonté, lorsqu'il n'aura rien à faire chez lui pour son compte particulier.

Les autres dispositions de ce mémoire concernent l'industrie de la draperie et le commerce des filets de sayette.

En réponse à ce mémoire, le Magistrat rédigea le projet d'ordonnance qui suit :

Les rewart, mayeur, eschevins et conseils, voulans en tant qu'en eulx est, procurer l'augmentation du commerce en cette ville et y faire fleurir les manufactures, ont déclaré et déclarent et font savoir à tous qu'il est permis en cette ville à tous maistres sayeteurs et bourgeteurs d'avoir et tenir chez eux autant d'outils que bon leur semblera pour fabriquer toutes sortes d'étoffes de bourgeterie et sayetrie, saulf changeans, ostades et satins, au regard desquels ils ne pourront avoir chez eulx ny ailleurs plus grand nombre desdites outilles que n'est permis par les statuts et ordonnances desdits stils.

Cy ont déclaré et déclarent que tous ouvriers des dits stils qui s'y voudront venir habituer en la nouvelle enceinte d'icelle, y seront admis en faisant chef d'œuvre ou autrement apparoistre de leur capacité et auront la liberté d'y tenir ouvroir et ouvriers comme s'ils étoient francs desdits stils ; et ceux ne s'appliquans qu'à la fabrique d'une étoffe particulière, si comme camelots ou grains à la façon d'Hollande ou Bruxelles et Hondschotte, ligatures, bombasins et aultres non communément usitées audit Lille, y seront reçus et admis pour exercer leur stil, en tel endroict de cette ville qu'ils trouveront bon de se placer, en faisant, comme dit est, apparoistre de leur capacité et suffisance.

On voit que l'intention du Magistrat portait à la franchise des maîtres et des ouvriers la plus grave atteinte, mais respectait l'ancienne réglementation du nombre des outils en ce qui concernait les changeants, les ostades et les satins. L'innovation eût consisté, sans doute, à faire considérer comme n'étant pas des changeants les baracans façon de Valenciennes, les camelots et les grains façon de Hollande et de Bruxelles, et conséquemment à permettre de les fabriquer avec un nombre illimité d'outils. Il en fut résulté cependant un changement considérable dans la pratique du métier, car jusqu'à cette époque on avait englobé sous la dénomination de changeants et de satins, presque toutes les étoffes des sayetteurs.

C'est d'ailleurs cette question de fait qui donna naissance à la longue querelle soulevée au sujet du nombre des métiers, querelle qui se prolongea jusqu'aux dernières années de la corporation.

Avant l'ordonnance du 23 août 1665, un certain Robert Deslobbes, qui avait importé à Lille l'industrie des baracans de Valenciennes, avait obtenu du Magistrat la permission de faire travailler quarante métiers à cette fabrication ; on lui avait même concédé quelques baraques de soldats pour loger ses ouvriers, ainsi que l'exemption du guet et de la garde [1].

Robert Deslobbes n'était pas un isolé. Autour de lui paraît s'être groupé tout un parti de maîtres sayetteurs entreprenants qui, à son exemple, commencèrent la fabrication des baracans. Les règlements du corps les gênaient cependant ; ils ouvrirent contre eux une active campagne.

Ils provoquèrent, le 22 mai 1663, une assemblée extraordinaire, sous la direction des commis de la Vingtaine, et à laquelle ils avaient appelé une partie seulement des suppôts de la sayetterie. On y avait conclu et arrêté, du consentement des assistants, que désormais chacun aurait pleine liberté de fabriquer toutes sortes d'ouvrages de nouvelle invention, avec autant d'outils qu'il le jugerait à propos, « moyennant de ne point donner à travailler hors de leurs maisons ».

Le 22 de may 1663, messieurs de la Vingtaine collégialement assemblés extraordinairement, après avoir faict convoquer plusieurs des suppôts de la saïetrie, estans chacun les suivans nommés, tels que Jean Dhenin, Abraham Béghin, Robert Deslobbes, Jean Leroy, Jean Selosse, Baudouin Tiedrez, François Parent, Louis Loehez, Remy Bocquet, Pierre Descamps, Pierre Penin, Antoine Dauchy, Jacques Lourdeau, Bartholomé du Boquet, Jacques Bury, Venant d'Orchies, Charles Bonnier, Estienne Deffontaines, Liévin de Roubay, Pierre-Jacques Six, pour le bien publicq et pour rappeler la fabrique des bonnes marchandises en ceste ville, le tout meurement considéré, a esté conclu et arrêté, du consentement des susnommés, qu'un chascun sera libre doresenavant de faire ses ouvrages de grains, galonnettes et aultres ouvrages à plusieurs marches, ensemble toute sorte d'ouvrages de nouvelle invention avec autant d'outilles qu'ils trouveront à propos, moyennant de ne point donner à travailler hors de leurs maisons et n'avoir aussy nulles outilles travaillant hors d'icelles; ains se régleront en ce regard selon les ordonnances pour ce édictées et sans innovation [2].

---

1. Voir au carton 1171, dossier 9.
2. Carton 1180, dossier 7.

Après l'ordonnance du 23 août 1665, nous voyons les mêmes novateurs [1] solliciter du Magistrat l'autorisation de pouvoir, en ce qui concernait les inventions récentes, travailler sur autant d'outils qu'il leur plairait et bailler de l'ouvrage aux maîtres sayetteurs.

Les maîtres sermentés du corps n'agréèrent point l'innovation proposée; dès le lendemain du dépôt de la requête, ils adressèrent une protestation au Magistrat. Puis, ayant visité la maison de Jean Deslobbes, ils y trouvèrent huit métiers et en saisirent deux. Le Magistrat, par sentence du 15 juillet 1666, leur ordonna de les restituer. Ils obtinrent, il est vrai, contre cette sentence des lettres de relief d'appel, mais le Conseil de Gand leur donna tort par jugement du 13 septembre [2].

Le principe de la limitation du nombre de métiers subissait donc une première et grave atteinte. De plus, les projets du sieur Gellée, qui apportait au Magistrat la promesse du concours du pouvoir central, encourageaient fortement les novateurs et comportaient aussi les plus terribles menaces pour la franchise des maîtres et des ouvriers.

Quels événements économiques se passèrent à Lille sur ces entrefaites, il eût été intéressant de le savoir. Toujours est-il que la publication de l'ordonnance sanctionnant les réformes proposées par Gellée, suspendue d'abord « pour motifs tirés de la guerre », ne fut jamais faite et que le Magistrat, jusqu'alors favorable aux novateurs, changea totalement d'attitude.

Le 29 novembre 1675, une sentence du tribunal de la Vingtaine avait condamné un sieur Deleporte à 30 livres parisis d'amende et l'avait suspendu de l'exercice

---

1. Jean de Hennin, Jean Plancque, Liévin de Roubaix, Charles Bonnier, Jean Deslobbes, Bétrémieux du Bocquet, Pierre-Jacques Six, Philippe le Clercq, Jean Plancque le jeune, Guillaume de Hellin, Antoine le Cat, Jacques Prus, Mathieu Hodeman, « et aultres marchands sayetteurs ».

2. Sur ces débats, voir le Carton 1171, d. 9.

de sa profession pour une durée de six semaines, pour avoir fait travailler en dehors de sa maison aux grains à la façon de Hollande. Le 28 février 1678, les échevins confirmèrent cette sentence, tout en réduisant l'amende à 20 livres et la suspense à quinze jours[1]. Cette décision fut rendue définitive par un arrêt du Parlement de Tournai du 1er août 1687[2].

Le Magistrat conserva cette attitude favorable à la corporation dans les multiples ennuis que lui suscita un certain Nicolas Yvain, de 1693 à 1710.

Après avoir été manufacturier à Valenciennes et à Douai où, disaient ses adversaires, il avait par ses menées ruiné l'industrie de la sayetterie, Nicolas Yvain s'était établi à Lille, où il exerçait la profession de bourgeteur, ce qui lui donnait la faculté de fabriquer un bon nombre des étoffes de sayetteurs. Ayant fait venir de Douai, « où il étoit chargé d'un grand nombre de métiers et d'ouvriers » vingt-trois pièces de baracans blancs et bleus, il les vit saisir par les maîtres du corps des sayetteurs, ceux-ci invoquant la défense de faire entrer à Lille des marchandises de sayetterie manufacturées au dehors.

Il eut directement recours à l'intendant Dugué de Bagnols et obtint de celui-ci l'ordre de restitution des marchandises confisquées, moyennant toutefois bonne et suffisante caution[3]. Cette décision ne tranchant pas la question au fond, le procès continua.

---

1. Ces divers documents se trouvent au carton 1173, dossier 10.

2. Carton 1175, dossier 8. — Comme Robert et Jean Deslobbes, Deleporte paraît avoir été appuyé par toute une cabale de partisans. Les maîtres sermentés, requérant contre lui, s'expriment en ces termes : « Les anciennes ordonnances avoient pour but de donner lieu aux pauvres sayeteurs de vivre de leur travail aussi bien que les plus aisés, tandis que le susdit Deleporte et tous ceux de la cabale, en tant que courtiers et acheteurs des marchands comme ils étoient pour la plupart, attiroient à eux toutes les commissions pour travailler au préjudice des pauvres sayetteurs languissants faute de travail dans cette conjoncture misérable de la guerre, pendant que ceux-là fleurissoient et regorgeoient. »

3. Carton 1174, dossier 14.

Nicolas Yvain adressa au Magistrat un mémoire dans lequel il attaquait violemment la corporation et proposait, pour remédier à la misère qui régnait dans Lille, de « mettre sus tout d'abord deux cents outils de baracans et de les faire marcher tous sans exception par des francs sayetteurs, parmi un salaire fort honneste et convenable, dont il conviendrait de gré à gré ».

A ce projet déposé le 1er mars 1694, les maîtres sayetteurs répondirent dès le 19 du même mois, avec une telle énergie, qu'on n'en parla plus.

En 1701, sans doute sous l'inspiration du même Yvain, « les Magistrats de la ville, de la part du Roi », proposèrent d'établir un atelier où l'on ferait travailler sur deux cents métiers de sayetterie et de bourgeterie tous les ouvriers sans ouvrage, qu'on empêcherait ainsi d'être à la charge publique. Mais les protestations qui éclatèrent véhémentes et l'opposition unanime des corporations firent également échouer ce projet.

Le même sort fut réservé aux nouvelles propositions d'Yvain qui, sans s'inquiéter des privilèges des corps de métiers et en particulier des sayetteurs et des bourgeteurs, remettait en avant la création d'un immense atelier.

Il ne demande pour cela que le lieu de santé où l'hôpital de Saint-Julien qui est à présent inutile depuis la réunion qu'on en a faite. Il y recevra non seulement tous les gens valides en état de travailler, mais encore les enfants abandonnés et qui auront atteint l'âge de dix ans et auxquels il donnera dès le premier jour un gain comme à un ouvrier qui sait son métier, ce qui déchargera la ville de la moitié de la dépense qu'elle fait à ce sujet, aussi bien que leurs familles chargées de trop d'enfants et auxquelles pour cette raison on donne des aumosnemens, en quoy la pauvreté sera encore soulagée. Il avoit demandé ci-devant trois mille florins par an de pension ; mais il veut bien se réduire à la moitié [1].

---

1. Ce serait sortir de notre sujet que d'exposer avec plus de détails les divers démêlés de Nicolas Yvain avec les sayetteurs, les bourgeteurs et les autres corps de métier de Lille ; les documents qui s'y rapportent sont conservés dans le carton 1174, dossiers 14 et 15, et dans le carton 1180, dossiers 6 et 7.

Entre temps, le procès commencé en 1693 continuait toujours ; il traîna longtemps au Parlement de Tournai et ne cessa, à vrai dire, que par la mort d'Yvain, survenue en 1710. Grâce à la protection du Magistrat, la corporation avait pu résister victorieusement à toutes les attaques de son adversaire.

A partir de cette époque, une accalmie se produisit. En 1724 cependant, un maître sayetteur, Mathieu Dhellin, ayant eu l'honneur d'être mandé à Versailles pour y montrer la manière dont se fabriquaient les camelots de Lille [1], profita de la faveur que lui témoigna la Cour pour solliciter le privilège de pouvoir travailler à Lille avec vingt métiers à toutes étoffes de sayetterie. Sa requête fut communiquée aux maîtres du corps et au Magistrat, qui y firent de nombreuses objections. Mais Dhellin obtint satisfaction par une décision de l'intendant du 5 février 1724 [2], contre laquelle les maîtres du corps et le Magistrat élevèrent en vain de nouvelles protestations [3]. Le privilège,

1. Le départ, pour Versailles, de Dhellin, qui avait quitté Lille en emportant un métier complet avec sa chaîne pour achever l'ouvrage, donna lieu à une requête des maîtres de la corporation qui craignaient de voir son exemple suivi par un grand nombre de maîtres et d'ouvriers, ce qui causerait la décadence de la sayetterie à Lille.
Ils demandèrent au Magistrat de déclarer par une ordonnance « que les maîtres sayeteurs et bourgeteurs et les ouvriers, quels ils puissent estre, despendans et vivans sous le métier, qui sortiroient de cette ville pour aller s'establir et demeurer ailleurs, sans au préalable avoir permission par écrit du siège dont ils dépendent, perdroient à jamais, pour eux, leurs veuves et leurs enfans, la franchise, sans dans la suite y pouvoir rentrer ». Le Magistrat refusa par décision du 10 juillet 1723. (Registre aux résolutions, coté 23 ¹, f° 83).

2. « Vu l'ordre du Roi porté par les lettres à nous écrites par M. le marquis de le Vullière, secrétaire d'État, du 30 du mois de janvier dernier, nous permettons au nommé Mathieu Dhellin, fabriquant de camelots dans cette ville, d'avoir jusques à la quantité de vingt métiers ouvrans pour la fabrique des camelots qu'il voudra faire manufacturer dans ladite ville, avec deffense aux autres manufacturiers de camelots, syndics de leur communauté et tous autres, de l'y troubler. »

3. Carton 1184, dossier 13. — Mathieu Dhellin obtint du Magistrat, en 1730, une pension de 100 florins, qui lui fut servie jusqu'en 1748.

en tout cas, ne fut concédé qu'à Dhellin et non à d'autres, si ce n'est, beaucoup plus tard, à son fils [1].

Enfin, en 1734, parut un « Mémoire sur les principaux abus reconnus dans les manufactures de sayetterie et de bourgetterie ». L'auteur, qui ne révélait pas son nom, s'attaquait surtout à la limitation du nombre des outils. De vifs débats s'élevèrent dans la ville à cette occasion ; les sayetteurs répondirent à deux reprises à l'auteur anonyme, et le greffier de leur siège, A.-F. Hasbroucq, écrivit au conseiller pensionnaire Ringuier une lettre personnelle expliquant la pensée du corps [2].

Ce fut la dernière controverse qui s'éleva au sujet de la grave question de la limitation du nombre des métiers, du moins jusqu'aux démêlés de 1775 qui précédèrent de quelques années seulement la disparition de la corporation [3].

Les arguments qui furent échangés au cours de toutes ces querelles émanaient, de part et d'autre, de plaideurs particulièrement au courant des questions économiques. Aussi nous semble-t-il intéressant d'en donner un exact résumé.

Le parti des « novateurs » ou des « brouillons » — c'est le nom que leur donnent leurs adversaires [4] — témoigne en général une profonde indifférence et, somme toute, un

---

1. En 1750, Mathieu D'hellin, fils de Mathieu, demanda de pouvoir, comme son père, travailler sur vingt métiers de camelots. Il obtint la permission demandée, mais seulement pour dix métiers. (Carton 1191, d. 1.)

2. Carton 1188, dossier 13.

3. Il sera question plus loin du conflit de 1775. — Les projets du sieur Vanhœnacker rapportés plus haut s'attaquaient aussi incidemment à la limitation du nombre des outils. (Voir chapitre V et Pièces justificatives n° 151 et 152).

4. « Il ne doit point se flatter d'avoir fait une nouvelle découverte ni donné une idée inconnue jusques à lui. Vingt brouillons, qui ont préféré leur intérêt particulier à celui du publicq, et qu'ils ont voulu cependant masquer de ce dernier avantage, ont proposé la même chose que lui ». (Carton 1188, d. 13.)

véritable mépris pour la corporation de la sayetterie. Nous
avons vu Deslobbes organiser en 1663 une réunion, mais
dédaigner d'y convoquer les maîtres qui n'étaient pas de
son avis. Yvain, de son côté, représente les saisies opérées
au nom du corps comme de pures vexations, sans autre
but que de le ruiner et de percevoir de fructueuses amendes.

Dans sa requête à l'intendant, en 1693, il se dit « vexé et inquiété
par les commis du corps de stil de la saïetterie de cette ville au point
de se voir obligé de tout abandonner dans la suite, s'il n'y est pourveu, ces commis venant fréquemment visiter sa maison, enlever ses
marchandises et l'engager dans de longs et facheux procès, dont la
fin est toujours une condamnation du remonstrant à de grosses
amendes que le Magistrat de cette ville adjuge à ces commis sous
prétexte de contravention à certaines ordonnances de leur corps de
métier, contre quoi ayant tâché de se pourvoir par la voie de requeste
au Magistrat il n'en a rien pu obtenir jusques ici et lesdits commis
n'en sont devenus que plus acerbes » [1].

A l'avis des novateurs, la corporation est en décadence;
ses règlements sont désuets et nuisibles. Le sieur Gellée,
dans son mémoire, n'hésite pas à déclarer que « les
anciennes ordonnances sont contraires à l'usage du temps
présent ». Pour Nicolas Yvain, les sayetteurs ne se servent
des ordonnances que pour gêner le commerce et percevoir des taxes à leur profit particulier.

C'est d'ailleurs en vain que lesdits opposants réclament tant leurs
dites vieilles ordonnances, puisqu'ils contreviennent eux-mêmes et les
enfreignent impunément : *frustra implorat legis beneficium qui in
eam peccat.* Marque de quoi on leur pose en fait qu'ils ont scellé les
mil et millions de pièces d'estoffes estrangères, et en suite en permis
ou toléré l'apprest en ceste ville. On leur pose pareillement en fait
que nonobstant le placart défendant si étroitement le transport des
fillets de sayette, lesdits opposants permettent ledit transport moïen-
nant passeport ou passavant à ce sujet de leur greffier, pourveu
salaire, sans qu'après ils s'informent que ledit fillet ainsi sorti de
cette ville est devenu, s'il est passé pour France, pour Espagne ou en

1. Carton 1177, dossier 14.

d'autres pays. De sorte que l'inobservance desdites vieilles ordonnances est introduite par lesdits opposants pour leur petit salaire de seel et de passavant, et elle est défendue si rigoureusement pour la ruine et désolation de tant de mil personnes qui sont réduites à la dernière misère, dans la disette du temps et la cessation de la fabrique des autres étoffes [1].

En 1734, l'auteur du mémoire anonyme ne fait pas aux sayetteurs les mêmes reproches, mais il veut les convaincre qu'à leur insu, la limitation du nombre des outils est une mesure qui les empêche de s'élever et il se livre à l'intéressant calcul qui suit :

Les étoffes de sayetterie et bourgetterie étant en général de petite valeur, et ne donnant qu'un profit très limité, le nombre de six métiers n'est pas suffisant pour l'entretien d'une famille, d'où vient que presque tous les fabricants sont pauvres. Supposant donc qu'un maître, pendant le cours d'une année, ne monte ses six métiers qu'en étoffes de prix médiocre, de vingt à vingt-cinq florins la pièce, il est constant qu'un ouvrier ne peut ordinairement fabriquer qu'une seule pièce de semblable étoffe dans l'espace d'une semaine, qui, réitérées cinquante fois dans le cours d'une année, feroient trois cents pièces du prix de vingt-cinq florins, faisant un capital d'environ sept mil florins, sur lequel le maître fabriquant trouvera tout au plus un gain de huit pour cent, en vendant lesdites étoffes pour de l'argent comptant, en sorte que le gain annuel d'un maître montera à environ cinq à six cents florins, sur laquelle somme il faut diminuer la perte qu'il est obligé de supporter sur les pièces qui sont mal fabriquées et qui, bien loin de lui donner huit pour cent de profit, lui causent bien souvent une perte encore plus considérable.

Mais supposant que ce même fabricant ait quatre métiers en étoffes de haut prix et les deux autres métiers en étoffes de bas prix, il n'est pas pour cela plus avancé, parce que la fabrication est aussi plus lente, par rapport à leur finesse, puis qu'un maître n'en pourroit fournir qu'un quart de pièce par semaine.

S'il arrive qu'un fabricant qui a quelque émulation, a, par son économie, trouvé le moyen de gagner une somme au delà de ce qui lui est nécessaire pour l'entretien de six métiers, ne pouvant pousser plus loin sa fortune, il abandonne sa profession pour s'attacher à

---

1. Carton 1177, dossier 14.

quelque autre commerce; on observe qu'en pareil cas la manufacture perd ses plus habiles fabricants et les plus capables de soutenir sa réputation.

Enfin tous ceux qui combattent la limitation du nombre des outils estiment que cette règle, n'ayant point toujours existé, peut conséquemment être abrogée et que d'ailleurs les étoffes qu'ils fabriquent, les baracans et les grains façon de Hollande, ne sont point des changeants et, par suite, ne tombent pas sous son application.

Pour faire triompher leurs idées et pour obtenir les règlements qui leur paraissent plus favorables au commerce, les novateurs s'adressent au Magistrat qui leur paraît d'abord favorable, mais s'en tient finalement aux traditions des sayetteurs.

Évincés de ce côté, ils recherchent l'appui de l'intendant. Dans leurs requêtes, ils affirment que les privilèges des particuliers ne peuvent être maintenus s'ils nuisent à l'intérêt général [1], et ils concluent avec emphase:

Salus populi suprema lex esto !

Dans toute leur argumentation on voit se dessiner très clairement un appel à l'intervention régulatrice et régénératrice du pouvoir souverain [2].

A ces adversaires et à leurs arguments, les maîtres sermentés de la corporation répondaient, point par point, défendant toujours avec la plus grande vigueur la nécessité

---

1. « Il n'est pas juste que la considération des particuliers l'emporte sur l'intérêt publicque, c'est-à-dire qu'il n'est pas raisonnable que sous la vaine apparence de conserver le corps de stil desdits opposans, on empêche tout le reste de cette ville de gagner sa vie. Il n'y a que les opposans qui ne s'aperçoivent point qu'il n'y a qu'eux seuls et leurs vieilles ordonnances qui ôtent le pain à quatre mil personnes.

Salus populi suprema lex esto !» (Carton 1177, d. 14.)

2. Requête de Nicolas Yvain du 1er mars 1694. (Carton 1177, dossier 14).

de la limitation du nombre des métiers, discutant les faits allégués par leurs contradicteurs et rappelant toujours avec fierté la nécessité de maintenir leur corporation florissante dans l'intérêt même et pour la prospérité de la ville. Aussi obtenaient-ils aisément l'appui du Magistrat lillois.

Ce qu'ils veulent tout d'abord, c'est démasquer le but véritable poursuivi par leurs adversaires, c'est-à-dire la ruine totale du métier; c'est aussi montrer que ceux-ci ont engagé partie liée avec les marchands.

Dhellin, qui soutient Robert et Jean Deslobbes, prétend produire à meilleur marché que les autres maîtres ; « ce n'est qu'une apparence trompeuse. Il y a intelligence entre lui et les marchands joints avec lui, le tout pour leur profit et pour détruire ledit corps de style, en tant qu'à l'extérieur le prix en sera verbalement stipulé moindre, et ne laisseront réellement et de fait d'en payer davantage.

Que s'il les peut vendre meilleur marché, il sera toujours libre, voire même de les donner, si bon lui semble. Mais cela ne doit point nuire à tant et si grand peuple entretenu parmi ledit corps de stil, qui fait aussi que leurs étoffes ne peuvent être vendues plus haut qu'elles ne valent, à raison que si l'un les veut tenir plus haut, les autres les vendront à meilleur marché, étant impossible de monopole dans un si grand nombre de suppots ordinaires » [1].

A plusieurs reprises les maîtres sayetteurs insistent sur cette prétention des novateurs de produire à meilleur marché et surtout de vouloir accaparer toutes les commandes au préjudice des pauvres sayetteurs « languissant faute de travail ». S'il a vingt outils et, par conséquent, douze surnuméraires « il n'en faudrait qu'une demi-douzaine comme lui pour envoyer brinber tout le reste des sayetteurs » [2].

Considéré que semblables marchands engloutiroient tout le gain, que ce seroit supplanter tous les maistres dudit corps, les faire deve-

---

1. Carton 1171, dossier 9.
2. Carton 1173, dossier 10.

nir valets des entrepreneurs, anéanter non seulement la saïetrie, mais aussi la bourgeterie et la généralité des peigneurs et autres corps de métiers, en ce que les marchands achèteroient leurs laines en gros, il n'y auroit plus de marché de laine, ils soumettroient tous les maîtres de l'un et l'autre corps de stil à leur obéissance, les faisant travailler à leur fantaisie et enfin il en résulteroit des conséquences et accidens dangereux qui rendroient cette ville déserte [1].

Ils reviennent fréquemment sur les dangers de cet accaparement, surtout au sujet de la tentative d'Yvain en 1701, et montrent que le péril n'existe pas seulement pour eux, mais pour tous ceux qui leur livrent et leur préparent les matières nécessaires à leur fabrication.

Si l'on donnoit dans ce nouvel établissement, on réduiroit une bonne partie des maîtres sayeteurs en la qualité d'ouvriers et d'autres sans travail, car le directeur de l'atelier pourroit fournir toutes les marchandises qui se demandent par commissions, lesquelles lui seront directement adressées. Car l'entrepreneur auroit sans doute des privilèges d'exemption de louage, impôts et autres, agrément estimable au moins quatre mil florins par an, pour lesquels il pourroit vendre les choses à meilleur marché que les maîtres saïeteurs qui sont sujets aux louages et à tous impôts. Il n'est pas malaisé de concevoir qu'un homme entretenant deux cents métiers avec les agréments susdits, peut donner les marchandises à meilleur marché que des maîtres saïeteurs qui doivent subsister avec deux ou trois métiers.

L'entrepreneur de l'atelier disposera au moins de six personnes par chaque métier, en sorte qu'il auroit du profit pour le travail de douze cents personnes chacun jour ; il feroit faire toutes choses de la première main, au lieu que les sayeteurs font vivre tous les fabriquants et toutes les personnes qui fournissent les matières sans les faire faire de la première main et soutiennent les marchés publicqs et font profiter les gens de toutes sortes de profession [2].

C'est tout d'abord au Magistrat qu'ils s'adressent, car c'est à lui qu'il appartient, suivant une tradition constante, de défendre ses concitoyens menacés dans leurs

1. Carton 1177, dossier 14.
2. Carton 1180, dossier 7.

moyens d'existence. Pour le convaincre mieux, ils s'efforcent de discréditer dans son esprit ce Nicolas Yvain, ce « brouillon » qui sème la ruine partout où il passe, à Douai d'abord, puis à Valenciennes, enfin à Lille même, où son action est des plus funestes.

Le Magistrat de Douay a été entraîné, mais la suite lui a bien fait voir qu'il avoit donné avec trop de facilité dans le sens et esprit mutin de cet entrepreneur de mauvaises affaires, parce que cette manufacture n'a pas été plus tôt introduite que ledit Magistrat, par un juste repentir, a cherché les occasions favorables de la détruire, pour mettre leur communauté à couvert de la ruine et désolation entière dont elle n'avait déjà que trop ressenti les effets par les chicanes, procès et vexations dudit Yvain ; à quoi il est heureusement parvenu après bien des peines et des fâcheries, vu que cette manufacture se trouve à présent déprimée et anéantie d'une manière à n'en plus revenir [1].

Suivant le bruit commun, c'est le nommé Yvain qui est le prétendu entrepreneur suspecté en sa religion. Il a ruiné la manufacture de bouracans ; il a trompé sous un gain apparent les meilleurs ouvriers de la sayetterie et de la bourgetterie de cette ville (de Valenciennes) ; les marchands même n'ont point été exempts de souffrir de gros intérêts par les conventions qu'ils ont fait avec lui lorsqu'il s'est retiré de cette ville [2].

A Lille même, il a enlevé aux maîtres leurs ouvriers pour laisser ceux-ci sans emploi et les encourager à partir pour l'étranger..... D'ailleurs il est si inconstant qu'il éloigne un jour les ouvriers de la maison de leurs maîtres, sous prétexte de leur donner plus gros gain, et peu de temps après, il les congédie ; tellement que d'un côté il prive les maîtres de leurs ouvriers et les oblige à de grosses compositions avec eux, et, de l'autre, il rend ces mêmes ouvriers sans emploi en les congédiant [3].

Il y a bien eu vingt qui se sont en allé le dimanche 21 de ce mois (janvier 1696), les uns dudit Lille et les autres de Tourcoing, lesquels ont travaillé chez ledit Yvain en qualité de peigneurs de laine ». On sait pertinemment que « ledit Yvain congédie expressément tels ouvriers pour les faire aller à Gand [4] ».

---

1. Carton 1177, dossier 14.
2. Carton 1180, dossier 7.
3. Réplique du 19 novembre 1697. (Carton 1177, dossier 15).
4. Déposition d'Étienne Segard, ouvrier peigneur de laine, devant le tribunal de la Vingtaine, le 30 janvier 1696. (Carton 1177, dossier 15).

Au moyen de quatre vingt métiers ou outilles qu'il avoit dressé, il a trouvé le secret de réunir bientôt en lui seul la manufacture de bouracans de Valenciennes et s'en est tellement rendu le maître qu'elle est entièrement tombée et anéantie avec lui, tant en la ville de Lille qu'en celle de Douai où il avait tenté de la transporter [1].

De toutes ces accusations le Magistrat fut aisément convaincu, d'autant plus qu'il n'avait, à vrai dire, aucune raison d'écouter les conseils et les propositions des novateurs, les étoffes fabriquées par les sayetteurs, suivant leurs anciens règlements, restant toujours hautement estimées des marchands.

Il n'est pas vrai que de jour en jour les marchands viennent à se dégouster des anciens ouvrages, en tant que les trois fils, chaînettes de couleur, les fils blancs et sept huitièmes aussi blancqs, les cinq quarts gros grains, sont des plus vieilles ouvrages et néantmoins grandement recherchés, voire plus que des nouvelles, comme estans de meilleure fabricque que toutes celles qui se font en autres villes de ce pays où le corps de stil de la sayeterie est érigé, mesme en pays étranger. Et si le nombre des outils de saïeterie est notablement moindre au temps présent, ce n'est pour la raison abusivement advanchée que l'on ait négligé la fabricque desdites ouvrages nouvelles par une attache trop grande aux anciennes, mais bien parce que les nations estrangères, non moins portées pour leur profit et utilité que ceux de par deçà, ont depuis establi pareil commerce et traficque de la saïetrie que l'on n'a pu empêcher en façon quelconque [2].

D'ailleurs, la meilleure preuve de cette vogue constante, c'est qu'après avoir essayé de se fournir à d'autres sources, soit dans le plat pays, soit chez Yvain lui-même, les marchands sont toujours revenus aux sayetteurs de Lille.

Il n'a point soutenu avec plus de succès que ceux d'Hollande négligent de demander aujourdhui des étoffes de la campagne, puisque cela n'a nulle convenance à la matière, et d'ailleurs que celles qui se fabriquent dans le plat pays sont marchandises de rebut et fraudu-

---

1. Extrait d'un mémoire du Magistrat à l'intendant en 1724. (Carton 1183, dossier 13).
2. Carton 1171, dossier 7.

leuses, de deux doigts plus étroites que celles de Lille, sans être plombées ni esgardées, ce qui a tellement dégoûté ces marchands de Hollande et autres pays estrangers, qu'ils se sont attaché uniquement à demander des étoffes fabriquées, plombées et esgardées en cette ville, en rejettant les autres, comme celles de la manufacture dudit Yvain, lors de son établissement à Douay, qui par les injustes pratiques, défauts de longueur et largeur desdites étoffes, a exposé la généralité des dits saïeteurs de cette ville à un entier discrédit et bouleversement dans les dits pays étrangers, estimant que ces sortes d'étoffes estoient de la fabricque de Lille, de quoy ils ont été désabusés par la suite, ce qui a causé l'écroulement de l'entreprise dudit Yvain, lequel n'avoit point d'autre but que de duper le public par l'emploi de doleux artifices, surprises et superceries pratiquées au fait desdites étoffes [1].

Ces points établis, les sayetteurs exposent leur série d'arguments, sous entendus déjà dans les précédentes discussions, mais présentés ici explicitement et sous un aspect nouveau.

C'est la bonne réglementation qui a fait la prospérité du corps en même temps que celle de la ville. Les sayetteurs s'y assujettissent sans aucun inconvénient et ne désirent nullement que, sous le prétexte fallacieux de leur permettre de sortir de leur soi-disant pauvreté, on augmente le nombre des métiers.

Cètte bonne police est ce qui a causé que les manufactures de saïetrie et bourgetrie se sont conservées dans leur entier jusqu'à présent. Et au contraire toutes celles que vous n'avez pas renfermé dans les métiers et que vous avez permis de faire avec tel nombre d'outils qu'on jugerait à propos, ont d'abord été abandonnées à nos voisins ou à ceux du plat pays. Nous sommes actuellement plus de trois cents maîtres saïeteurs tenants ouvroir et de ce nombre il n'y a que six qui ont six outils. Aussi, Messieurs, nous pouvons vous assurer que ce nombre est plus que suffisant pour donner à gagner sa vie à chaque maître et à leurs familles ; que de permettre d'en avoir un plus grand nombre ce seroit perdre entièrement la manufacture, ruiner les petits maîtres et obliger la plus saine partie des maîtres de l'abandonner et de sortir de la ville pour s'établir ailleurs [2].

1. Carton 1171, dossier 7.
2. Carton 1183 bis, dossier 13.

De plus de sept cents maîtres dont les deux corps sont composés, on est persuadé qu'il n'y en aura pas dix qui demanderont cette augmentation, et tous assureront que pour peu que le commerce soit favorable, ils peuvent mieux vivre, faire leur petite fortune, établir leurs enfans avec quatre métiers qu'avec six..... C'est avec ce nombre de six métiers qu'on a toujours fait fortune dans Lille ; les principales maisons, les plus gros négociants, les fondations pieuses, les édifices publics, le commerce de la ville s'est toujours fait avec les dits six métiers..... Il faut distinguer deux sortes de personnes qui font ce commerce : le marchand qui ordonne, qui achète et fait le négoce, et l'ouvrier qui les fabrique. A la vérité ces ouvriers ne font pas des fortunes aussi considérables et éclatantes que les premiers, mais il faut n'être jamais content pour dire qu'on ne puisse pas faire fortune dans ledit commerce à cause des six métiers ; on rapporterait une bonne liste de ceux qui l'ont fait. Les fabricants ont toujours trouvé moyen d'élever leur famille et de vivre honestement ; pourvu qu'ils puissent continuer, leur pauvreté n'est pas si grande qu'on voudrait l'insinuer ; ils sont encore possesseurs de biens en fond, de l'or et de l'argent, et s'ils ne font pas tant de figure, c'est par une raison d'économie. Leur pauvreté ne vient pas d'ailleurs faute de travail, mais de ce que les marchands veulent attirer tout le profit pour eux sans le laisser à l'ouvrier [1].

Les sayetteurs, contents de leur sort, veulent s'en tenir aux traditions de leurs pères [2], dédaignant les calculs fantaisistes de l'auteur du mémoire anonyme.

Sur le pied de ce qu'il a avancé, il a fait un calcul ridicule et même des plus ridicules du nombre des pièces qu'un ouvrier peut fabriquer. Rien n'est plus aisé que de répondre à ce calcul en faisant voir la quantité de pièces qu'on a fabriquées à Lille avec les six métiers dans une année, celle qu'on pourroit faire s'ils étoient tous occupés, combien ce nombre produiroit d'argent par an. Mais quelle nécessité y a-t-il aux maistres de faire connaître à l'anonyme et par lui au public le nombre de pièces qu'un ouvrier peut faire, le gain qu'un maître se peut procurer, et entrer à cet égard avec lui dans tout le détail ? Ne doit-il pas suffire que tous les fabricants soient contents et qu'il y a des temps, comme de 1720 jusques et y compris 1725, qu'ils

---

1. Carton 1188, dossier 13.

2. « Ils pensent tous comme leurs pères ; ils ne forment pas de doute si la chose pourroit estre mieux ou ne l'être pas ; ils sont tous persuadés que c'est leur ruine et celle de leur famille. »

pouvaient bien vivre, élever et établir leurs familles, mais encore amasser de l'argent et achepter du bien avec leurs six métiers [1].

Que le Magistrat ne se presse donc point d'accueillir les propositions de l'auteur du Mémoire anonyme ; un changement dans le règlement du corps entraînerait des conséquences inouïes et des dommages incalculables. Ce serait sans doute la fortune pour quelques-uns, mais que deviendraient les autres, c'est-à-dire la presque généralité?

En permettant d'avoir plus d'outils qu'il n'est fixé, en vérité quarante ou cinquante personnes pourront en avoir cent et plus et faire eux seuls tout le commerce ; mais en ce cas il faut que les autres maîtres quittent leurs métiers, abandonnent leurs familles, leurs maisons, pour se rendre les ouvriers de ces entrepreneurs, ou qu'ils quittent la ville. Ces particuliers feront leur fortune au détriment des autres. Et même si les maîtres ne quittent pas Lille, que deviendront les maisons qu'ils occupoient ? Car les paroisses de Saint-Sauveur, une partie de Saint-Maurice et de Sainte-Catherine sont occupées par les gens du métier ; leurs maisons sont construites de manière que c'est tout ce qu'on peut faire d'y avoir six métiers ; elles ne pourroient donc suffire pour ceux qui en auroient un plus grand nombre ; elles ne pourroient pas non plus être habitées par les maîtres devenus ouvriers, qui seroient hors d'état d'en payer le loyer. Enfin, on sent bien qu'il faudroit changer la face de la ville, ses coutumes, ses usages et presque ses loix, et voir une partie de ses habitans en sortir, car on ne peut pas raisonnablement se flatter de voir la plus grande partie de ces maîtres consentir à être les ouvriers ou les esclaves de l'autre partie [2].

D'ailleurs, ce nouvel état de choses aurait-il quelque chance de réussir et d'assurer à la ville une ère nouvelle de prospérité ? Il est sage d'en douter. Il amènerait au contraire la décadence du commerce et même sa disparition de la ville, car les quelques familles qu'il aurait enrichies ne tarderaient pas à se retirer des affaires et à abandonner l'industrie pour jouir dans le repos de la fortune qu'ils auraient acquise.

1. Carton 1188, dossier 13.
2. *Ibidem.*

L'idée avait été déjà émise dans un rapport adressé à l'intendant par les sayetteurs, les bourgeteurs et le Magistrat au cours d'un procès contre les manufacturiers de Roubaix :

Il est rare de voir ces manufactures se soutenir entre très petit nombre de fabricants plus aisés ; ils savent à la vérité faire valoir leur industrie pendant un certain temps, mais leurs familles, enrichies par le fruit de leurs travaux, abandonnent le commerce cultivé si utilement par les soins de leurs pères. De là s'ensuit nécessairement la décadence certaine du commerce ; au lieu qu'en fixant le nombre de métiers que chaque fabricant peut avoir, c'est entretenir entre eux une heureuse médiocrité qui perpétue les manufactures dans leurs familles [1].

Cette conclusion que la liberté illimitée du nombre de métiers est contraire aux principes d'une bonne organisation, devait être l'objet d'un développement tout spécial dans un document dont l'argumentation nous paraît mériter une sérieuse attention.

Il s'agit d'une lettre que A.-F. Hasbroucq, greffier du corps de la sayetterie, adressa à M. Ringuier, conseiller pensionnaire de Lille, chargé spécialement par le Magistrat de suivre les démêlés dans lesquels pouvaient être intéressés les sayetteurs et les bourgeteurs.

Il nous paraît utile de citer d'assez longs passages de cette lettre.

Pour être persuadé que de permettre un nombre de métiers illimité ce seroit la ruine de la ville, l'on voudroit que l'anonyme jetât les yeux sur ce qu'il se passe dans la chastellenie de Lille et dans le Cambrésis, Tournésis, Artois et Picardie qui nous sont circonvoisins.

Il verroit que dans la chastellenie où les terres sont partagées presque également entre les laboureurs, tout y est fleuri et bien cultivé; qu'un fermier avec deux à trois bonniers de terre, se trouve en état de payer un cher loyer, entretenir une famille, l'établir, amasser de l'argent, vivre très honorablement, les enfants sortir de la condition de leurs pères, sans que pour ce sujet les terres qu'ils occupent soient abandonnées.

---

1. Carton 1188, dossier 13.

L'on voit au contraire dans les autres pays ci-dessus nommez que les terres appartenant à des gens de main-morte ou à des seigneurs gentilshommes, contenant 70, 80 ou 100 bonniers de terre, il ne se trouve dans un bourg ou village que cinq ou six personnes qui sont les fermiers ou occupeurs de ces terres, qui sont à leur aise, tous les autres habitans étant pauvres et misérables et uniquement attachez à travailler comme manœuvres ou ouvriers des gros fermiers, sans jamais pouvoir espérer de sortir de leur état, ni de faire une autre fortune, parce qu'il n'y a point d'autres terres qu'ils puissent faire valoir par leurs mains, ni exercer leur industrie par eux-mêmes.

On sent bien où tend ma comparaison et que je veux dire qu'il en iroit de même des métiers comme de la terre ; que dès lors que 10, 20, ou 50 ou 100 particuliers les auroient occupés, le petit ne pourroit plus le faire, d'où s'en suivroit la même différence de ce qui est aujourd'hui et qui a été de tout temps entre l'heureuse situation du peuple de la châtellenie de Lille d'avec les dits pays. Quelqu'un m'objectera peut-être que ma comparaison n'est pas juste et que cette différence de notre châtellenie ne vient pas de ce que je dis, mais uniquement de sa proximité de la ville où le laboureur peut vendre à cher prix ses denrées, ce qui ne peut être fait dans les autres pays. Rien ne me seroit plus aisé que de répondre à cette objection. Cependant il me semble que pour y donner pleine solution, je n'aurois qu'à prier l'objecteur de jeter les yeux sur la châtellenie même.

Il y voira tout d'un coup que dans cette partie de la châtellenie partagée comme j'ai dit, les choses sont telles que je les représente ; mais que dans l'autre partie où les terres sont possédées par des grandes fermes ou appartenans à des communautés, elles sont dans le même cas que dans lesdits pays.

En effet qu'on examine les villages de la châtellenie qui ont des marais communs, on ne diroit pas que ce sont des gens qui vivent sous le même régime de gouvernement, sous les mêmes loix ; on les voit pauvres, misérables, fainéants, attachés uniquement à leurs marais, à leurs tourbes et à la pêche. Tout le monde conviendra que si ces marais étoient partagés également entre les habitants, ils seroient bien plus heureux, qu'il en reviendroit un profit plus considérable au Roy et à l'État, car, alors, les habitans propriétaires des marais ainsi partagés les laboureroient, les sémeroient de bled, de lin, de colsa et autres avêtures qui leur apporteroient réellement de l'argent et les rendroient heureux.

J'en reviens toujours là que nos maîtres seroient alors des misérables comme les ouvriers dans les marais, et que, ne songeant qu'à travailler en esclaves pour les gros manufacturiers, ils ne formeroient jamais de projets pour eux-mêmes ni pour le public, parce qu'ils sentiroient bien qu'ils ne pourroient jamais sortir de leur état.

Encore un coup, monsieur, je sens ma pensée vraie et que je manque d'un stile pour la bien exprimer.

Le 22 avril 1734.

Hasbroucq [1].

Il serait téméraire et d'ailleurs superflu de vouloir expliquer cette pensée mieux que l'auteur lui-même n'a su le faire ; les termes de sa double comparaison la font suffisamment comprendre. Toutefois, observons-le, la préoccupation de voir les sayetteurs pratiquer leur industrie d'une façon indivise hantait sans doute l'esprit prudent du greffier ; mais c'est un autre régime qu'il craignait plutôt, celui qui serait résulté de la fusion des sayetteurs et des bourgeteurs en une seule et même corporation proposée par le mémoire anonyme de 1734.

Il semble que, par un artifice de plaideur expérimenté, il ait voulu réunir sous une même accusation d'anarchie et d'infécondité les deux mesures proposées, c'est-à-dire la liberté illimitée du nombre de métiers et la fusion des deux corporations, tout en paraissant ne s'attaquer qu'à la première.

Il laisse bien entendre qu'il veut que l'exploitation du sol comme la pratique de l'industrie produisent un profit plus considérable « au Roy et à l'État». Par là il répond d'avance au reproche que l'on fera aux corporations d'appauvrir le pays par la jouissance exclusive de leurs privilèges.

Mais, tandis que les esprits désireux d'augmenter la richesse économique de la France proposeront simultanément une amélioration de la situation du paysan par la disparition des biens de main morte et par le rachat des servitudes féodales, et une plus grande liberté pour le commerce par la disparition des règlements et des corps

---

1. Pièces justificatives, n° 134.

de métiers, le greffier de la sayetterie pressent une véritable antinomie entre ces deux sortes de réformes.

Si le paysan doit, pour le bien de la nation, cultiver une portion limitée de terre qui soit bien à lui et exempte de toute charge, de même l'artisan industriel ne peut vivre d'une vie féconde et vraiment utile, que s'il a comme domaine, en quelque sorte, une certaine portion de la production industrielle qui lui appartienne en propre ; et cette part ne doit pas pouvoir lui être ravie par un concurrent plus riche et plus entreprenant qui, possédant un grand nombre de métiers, l'empêcherait de subsister comme maître indépendant et le réduirait à l'état de simple ouvrier ; et ce régime qui respecte encore la liberté, est aussi celui qui fera revenir le profit le plus considérable «au Roy et à l'État».

Cette «réflexion» que le greffier du corps de la sayetterie prétend avoir tant de peine à exprimer ne renferme-t-elle pas, sous une forme volontairement très simple, des considérations d'une grande profondeur et d'une réelle perspicacité ?

CHAPITRE VII

LA DIRECTION DU MÉTIER

LA VINGTAINE. — L'OFFICE. — LE PETIT-OFFICE. — AUTRES FONCTIONS. — MODIFICATIONS INTRODUITES AUX XVI⁰ ET XVII⁰ SIÈCLES. — LES OFFICES RENDUS HÉRÉDITAIRES ET MIS EN ADJUDICATION. — LEUR RACHAT DÉFINITIF PAR LA VILLE. — LA RÉFORME DES ÉGARDS AUX FILETS DE SAYETTE. — CHARGES IMPOSÉES A LA VILLE ET A LA CORPORATION, PAR LA NOUVELLE ORGANISATION.

Les lettres de Maximilien et Marie octroyant à la ville de Lille le privilège d'ériger en ses murs le stil de la sayetterie, prévoient la rédaction de règlements destinés à assurer la qualité de la fabrication et l'institution d'égards chargés de veiller à l'application de ces règlements[1].

L'acte du 25 mars 1482 fait allusion à « plusieurs institutions et ordonnances soubz lesquelles le fait et négociacion de la dicte sayeterie en nostre dicte ville a esté exercé, conduit et continué jusques à présent », mais ne donne aucun détail précis et n'indique même pas que le corps de métier eût déjà été institué[2].

C'est seulement dans les statuts du 27 février 1500 que paraît l'organisation complète de la direction du métier, exposée avec plus de détail encore dans les statuts de 1524.

La première institution désignée est la *Vingtaine,* ainsi nommée, non point à cause du nombre de ses membres — ils n'étaient que six — mais en souvenir du corps

---

1. Privilège du 21 décembre 1480. (Pièces justificatives, n° 1).
2. Pièces justificatives, n° 2.

analogue ainsi appelé qui dirigeait la draperie d'Arras et qui comprenait effectivement vingt membres, du moins dans les premiers temps de son institution.

La Vingtaine de Lille, renouvelée chaque année vers la Toussaint [1] par le corps échevinal, comprenait deux échevins, deux bourgeois marchands de saies et deux maîtres du métier. Il ne pouvait y avoir de parenté proche entre ces différents membres, non plus qu'entre les membres de l'Office et du Petit-Office. Tous les intérêts se trouvaient ainsi représentés.

Le « mécanisme » de l'élection elle-même est assez curieux. Les douze échevins recevaient au sort chacun un « petit gallet de cire » c'est-à-dire une boîtelette cachetée, renfermant un morceau de parchemin. Six de ces parchemins portaient une croix et une lettre ; deux d'entre eux avaient la lettre *l* signifiant *loi ;* deux autres la lettre *m,* c'est-à-dire *marchand,* et les deux derniers la lettre *s* ou *sayetteur.* Au moment de l'élection, les échevins décachetaient leur parchemin ; ceux auxquels étaient échue la lettre *l* nommaient chacun trois membres de la Loi de l'année ; ceux qui avaient la lettre *m,* trois marchands de saies [2] et ceux qui avaient la lettre *s,* trois fabricants sayetteurs. Parmi toutes les personnes ainsi désignées, la Loi entière choisissait, dans chacune des trois catégories, les deux qui lui paraissaient les plus idoines [3].

La Vingtaine avait le pouvoir de juger les procès entre sayetteurs et de faire observer les ordonnances et règlements, avec droit d'interprétation dans les cas douteux. Les membres qui la composaient étaient assistés d'un clerc sermenté, chargé de tenir les registres aux ordonnances et aux sentences; c'était le greffier de la Vingtaine.

---

1. Le jour du renouvellement de la Loi ou le lendemain.

2. Ils devaient être pris parmi les échevins, quand le corps de loi en comprenait en nombre compétent « pour le respect et honneur dû au rang de leur état ». (Pièces justificatives, n° 64).

3. Pièces justificatives, n° 6, art. 1 ; n° 9, art. 4.

L'*Office* était composé de six maîtres du stil, nommés
chaque année de cette manière : chaque membre de la
Vingtaine formait une liste de trois sayetteurs « gens de
bien, propices et idoines » et dans chacune de ces listes,
la Loy choisissait le sayetteur qui lui semblait le plus
propre à remplir cette fonction[1]. La mission des membres
de l'Office était la surveillance ordinaire du métier ; ils
devaient signaler tout méfait ou abus à la Vingtaine, à
laquelle appartenaient le droit et le devoir de punir les
délinquants et d'infliger les amendes et les sanctions
prévues par les règlements[2].

Du *Petit-Office*, nous ne connaissons guère que les
fonctions. Ceux qui le composaient étaient spécialement
chargés d'apposer une marque, un plomb sur les étoffes
des sayetteurs lorsqu'elles se trouvaient encore sur l'outil
et lorsqu'elles étaient apportées en halle. Cette obligation
de porter les étoffes « sur la halle » avant de les mettre
en vente, avait pour but de permettre aux égards de
s'assurer qu'elles n'avaient pas été confectionnées en
violation des règlements.

Les statuts de 1500 (art. 45 et 49) indiquent aussi, au
sujet d'une industrie complémentaire de la sayetterie, celle
des foulons de saies, quatre égards commis par la
Vingtaine et chargés également de veiller « aux laines
dont on fera la saïète, ensemble aux dites saïètes et aux
fillets que l'on vendra au marché, pour savoir s'il n'y a
nulles mêlures au préjudice de ladite saïète ».

Les mêmes statuts, en traitant des apprentis, font
allusion à la « Confrérie de Monseigneur Saint-Jehan-
Baptiste » et aux maîtres chargés de sa direction ; ils ne
leur attribuent guère d'autre pouvoir que celui de recevoir
les apprentis à la maîtrise[3]. Ces maîtres n'avaient d'ailleurs

1. Statuts de 1524, art. 5.
2. Statuts de 1500, art. 3 ; statuts de 1524, art. 3.
3. Statuts de 1500, art. 17.

aucun rapport avec ceux de la Vingtaine ni avec ceux de l'office.

Tout ce qui concerne l'exercice de la profession dépend donc en dernier ressort du Magistrat, puisque les règlements qu'il édicte sont appliqués par des organes émanant de lui directement ou indirectement. Seules les règles relatives à l'apprentissage et au chef-d'œuvre, c'est-à-dire au recrutement de la corporation, laissent apercevoir que la sayetterie est exercée à Lille par un corps de métier érigé en confrérie et dirigé par des maîtres [1]. Tout y est organisé de telle façon que la profession puisse se pratiquer indépendamment de l'existence du « corps de métier ». Le Magistrat avait vraiment conservé la haute main.

Les fonctions des officiers que nous venons de mentionner n'étaient pas gratuites. Les membres de la Vingtaine et de l'Office se partageaient, en totalité ou en partie, les amendes prononcées au siège de leur tribunal. Ceux du Petit Office, qui ne tardèrent pas à être désignés sous le nom de « ferreurs », recevaient quatre deniers pour chaque plomb. Enfin les « égards » chargés de l'inspection des foulons et de celle des filets de sayette recevaient une légère rémunération pour chaque sac de filet qu'ils visitaient. Comme leurs fonctions s'exerçaient plus spécialement à l'égard des peigneurs, ils ne tardèrent pas à prendre le nom d' « égards peigneurs ».

Pour en finir avec ces diverses dénominations, ajoutons que, parmi les membres de la Vingtaine, les deux maîtres sayetteurs s'appelaient les « *Hauts Bans* » et que nous les voyons dans la suite conserver leurs fonctions durant de longues années et parfois même à vie, sans qu'il nous soit possible de préciser l'époque de cette modification au

---

1. Les statuts de 1524 (art. 26) indiquent incidemment que ces maîtres étaient au nombre de quatre.

règlement primitif. Les quatre autres membres de la
Vingtaine s'appelaient les « *Mayeurs* » ; ils étaient tous les
quatre échevins [1], bien que les statuts de 1500 n'aient pas
précisé cette condition pour les « deux bourgeois
marchands » [2]. Enfin les membres de l'Office ne tardèrent
pas à être désignés sous le nom d' « égards ».

Non seulement les appellations changèrent, mais
l'organisation elle-même subit, à diverses époques, de
nombreuses et profondes modifications.

Le Magistrat, considérant toujours les autorités qu'il
avait instituées « pour l'entendement du fait de la
saïeterie » comme des émanations de sa puissance propre
et conséquemment toujours soumises à sa discrétion, ne se
faisait pas faute de modifier leur organisation, soit qu'il
voulût les tenir davantage sous sa coupe, soit qu'il
entendît tirer profit lui-même des redevances dont il leur
avait accordé la jouissance ; c'était là le cas le plus
fréquent.

Dès 1524, les fonctions des membres de l'office des
petits fers, des ferreurs, furent érigées en office et baillées
en ferme de trois ans en trois ans. Suivant un accord
passé avec les membres de la Chambre des comptes le
produit de cette location à bail fut attribué au prince pour
un tiers et à la ville pour deux tiers [3].

Le 6 octobre 1568, « afin que le peuple soit bien et
honnestement servy comme il appartiendra » le nombre
des ferreurs est doublé. Outre leurs anciennes fonctions, ils
rempliront désormais la charge des anciens membres de
l'Office ou égards qui sont implicitement supprimés. A vrai
dire, cette suppression ressort moins du texte même que

---

1. La résolution du Magistrat du 27 octobre 1684 ne laisse pas de doute à
cet égard. (Registre aux résolutions, coté 12 bis, f° 13).
2. Voir : Pièces justificatives, n° 64.
3. Carton 1183 bis, dossier 4.

de l'augmentation du nombre des ferreurs : « se commet-
tront, porte le texte, autres six sayetteurs, lesquels seront
aussi appelés ferreurs, pour avec les six autres, en même
égalité, ferrer tant sur les hostils, comme dit est, que à
faire l'égard et sceller sur halle [1] ». Mais ces termes
paraissent suffisants. D'ailleurs, si les ordonnances du
15 octobre 1537 [2] et du 10 novembre 1540 [3] impliquent
encore la distinction des ferreurs et des égards, celle du
8 janvier 1602 [4] montre bien comme réalisée la confusion
des fonctions des uns et des autres. Sans doute, l'ordonnance du 15 novembre 1621 [5] mentionne encore des
ferreurs et des égards, mais en réalité elle s'applique à
tous les offices dont dispose le Magistrat : ferreurs, pour
la sayetterie; égards, pour la bourgeterie; cela ressort clairement du texte de l'ordonnance du 13 novembre 1654 [6].

En 1673, le Magistrat opère de profondes modifications
dans l'organisation et la rémunération des offices. Les
douze ferreurs sont supprimés et leurs fonctions partagées.
Désormais les maîtres du corps seront chargés de plomber
les marchandises des sayetteurs sur outils et quatre
« nouveaux commis » mesureront et scelleront les pièces
portées à la Vingtaine pour être égardées. Ces commis
seront renouvelés chaque année par moitié. Le droit de
plombs est augmenté et porté à 3 deniers pour ceux qui
s'appliquent à la Vingtaine, et pour ceux des outils, à
6 deniers, dont 4 sont attribués aux maîtres qui les
appliquent.

Sauf cette dernière exception, le produit de l'augmentation des plombs et généralement « tout ce dont lesdits
mayeurs auront droit de jouir à titre d'amende ou

---

1. Pièces justificatives, n° 32, art. 5.
2. Pièces justificatives, n° 16.
3. Pièces justificatives, n° 18.
4. Pièces justificatives, n° 46.
5. Pièces justificatives, n° 56.
6. Pièces justificatives, n° 72.

autrement » appartiendra désormais à la ville. En compensation, celle-ci alloue à chacun des quatre mayeurs une somme annuelle de 300 livres d'honoraires ; à chacun des hauts-bans, 200 livres, et à chacun des quatre commis à mesurer et sceller, 400 livres. Les membres de la Vingtaine sont chargés de tenir compte pour la ville des recettes et des dépenses engagées pour cet objet. Afin de ne pas léser les intérêts des divers fonctionnaires en exercice, le Magistrat accorde à chacun des mayeurs 400 livres et aux hauts-bans « ce qu'ils trouveront avoir acquis en la forme ordinaire [1] ».

L'édit royal de novembre 1695, érigeant en offices héréditaires les divers offices de police, donna lieu à de nouvelles modifications. En vain le Magistrat avait-il fait observer à la Cour que cet édit et les arrêts rendus en conséquence étaient « contraires aux privilèges des pays d'États, dont Lille fait partie, et à ses privilèges particuliers, selon lesquels tous offices de police faisoient partie du patrimoine de la ville » ; il ne fut pas entendu. Aussi se décida-t-il à racheter tous ces offices et à les réunir ainsi au corps de la ville. Puis, pour récupérer les sommes déboursées de ce chef, il mit lui-même ces offices en adjudication, avec droit, pour ceux qui s'en rendraient acquéreurs, d'en jouir héréditairement [2].

Son intention était évidemment d'empêcher que les offices ne sortissent de la ville et surtout qu'ils ne fussent une source d'exactions.

Nous avons fait des offres pour la réunion de tous les offices de cette ville, afin de ne pas lui en ôter la disposition et la propriété et empêcher d'ailleurs que plusieurs particuliers n'en dépossédassent

---

1. Résolution du 27 octobre 1673, insérée en tête du compte de la sayetterie (carton 1185, dossier 1). Dans cette résolution, il est fait allusion à une ordonnance du 20 avril précédent, sur le même objet. — Voir également l'ordonnance du 8 avril 1673, aux Pièces justificatives, n° 85.

2. Carton 1178, dossier 10.

ceux qui en étaient pourvus en offrant un prix au delà de leur valeur, ce qui auroit causé la ruine des pourvus et mis les nouveaux acquéreurs hors d'état de pouvoir en tirer un salaire modéré [1].

Dans ce but, les procès-verbaux d'adjudication stipulaient que l'office pouvait être retiré à l'acheteur par la ville, à la condition que celle-ci lui remboursât le prix de la finance versée et lui signifiât son intention deux ans auparavant. Pour faciliter cette « reprise » le Magistrat, l'adjudication opérée, remboursa presque chaque fois au nouveau bénéficiaire une partie des sommes qu'il s'était engagé à verser, « modérant » ainsi la finance de ces offices.

En vertu de cette nouvelle réglementation, nous voyons adjuger, dans le cours de l'année 1696 :

Le 9 juin, les deux offices de hauts-bans de la sayetterie à Artus François et à Bonaventure Caby; ils avaient offert chacun 800 livres plus les 2 sols pour livre; l'office leur fut modéré de 110 livres pour chacun;

Le 16 juin, les quatre offices de ferreurs de la sayetterie [2], vulgairement appelés « auneurs », à Robert Le Roy, Ignace Raoult, Mathias Spilliaert et Pierre Waurin; ils avaient offert chacun 1200 livres par dessus les 2 sols pour livre; une mention portant qu'on leur avait restitué 165 livres est barrée sur chacun des procès-verbaux d'adjudication qui les concernent;

Le 30 juin, l'office de valet au scel de la sayetterie à Remy Destrez, moyennant la somme de 1200 livres par dessus les 2 sols pour livre; il fut remboursé de 160 livres monnaie de France;

---

1. Registre aux ordonnances J, f° 257.

2. Cette dénomination de ferreurs ne doit point porter à confusion. Il s'agit ici des quatre commis à mesurer et à sceller, institués par l'ordonnance du 27 octobre 1673, et non des anciens ferreurs dont les fonctions avaient été supprimées la même année. Leur nom de ferreurs vient de ce qu'après avoir constaté que les étoffes apportées à la halle avaient les conditions requises et surtout après les avoir mesurées, « aunées », il les marquaient, les « ferraient » d'un plomb.

Le 8 août, la charge d'huissier de la sayetterie à Jacques-Vincent Pollet, moyennant la somme de 375 livres, outre les deux sols pour livre ; il lui fut remboursé 51 livres, 11 sols et 3 deniers.

Deux ans auparavant, le 28 août 1694, l'office de greffier de la sayetterie, érigé en office héréditaire par l'édit du mois de mars de la même année, avait été adjugé à Charles Mollet, procureur à Lille, pour la somme de 1450 florins, plus les 2 sols pour livre, ensemble 1595 florins [1].

Malgré toutes les précautions prises, il y eut, paraît-il, des abus de la part des propriétaires de ces différents offices, non pas dans l'exercice de leurs fonctions [2], mais dans la vente ou la location qu'ils faisaient de leur office lui-même, exigeant parfois des sommes vraiment exorbitantes.

Le Magistrat ne tarda pas à mettre bon ordre à ces abus. Il défendit de majorer les prix, en cas de vente, au delà d'un cinquième du prix du premier achat, et, en cas de location, au delà du dixième denier de ce même prix. De plus, en cas de rachat par la ville, il ne serait pas tenu compte de cette majoration et seul, le prix de la première adjudication serait remboursé avec les 2 sols pour livre.

Une ordonnance du 11 mai 1708 décida que dans le cas où le propriétaire d'un office désirerait le vendre ou le louer, la ville elle-même choisirait le nouveau propriétaire ou le nouveau locataire, se chargeant elle-même de rembourser la finance en cas de vente ou de payer le loyer [3].

La source même de toute difficulté ne tarda pas à être

---

1. Toutes ces adjudications se trouvent au carton 1178, dossier 10.

2. Nous n'avons pas trouvé contre eux d'accusations précises d'incapacité ou de prévarication.

3. Règlement du 11 février 1708 (Registre aux ordonnances, coté J, f° 258). — Règlement du 11 mai 1708 (Registre aux ordonnances, coté 19, f° 114). — Les avis du procureur syndic rapportent aussi certaines décisions du Magistrat au sujet de cette cession d'offices. (Voir les n°ˢ 5882, avis des 3 et 8 décembre 1710 ; et 5885, avis du 26 décembre 1710).

tarie. Le Magistrat racheta définitivement toutes les charges, en remboursant aux adjudicataires ou à leurs successeurs le montant de leurs achats.

Le premier office ainsi racheté fut celui de greffier de la sayetterie. Lors de l'occupation de Lille par les Alliés coalisés contre Louis XIV, en 1711, la ville avait demandé à l'adjudicataire de cet office, Charles Mollet, « certaine somme de deniers pour tenir lieu de supplément de finance, si mieux il n'aimoit de remettre son office entre les mains du Magistrat ». Mollet choisit le dernier parti et, sur sa requête, la chambre des finances fut autorisée à lui rembourser les sommes qu'il avait versées pour l'achat de son office [1].

Le 17 juin 1732, la Loy décida de « rembourser les hauts-bans des sièges de la sayeterie, de la bourgeterie et de la perche aux draps. » Le 15 octobre suivant, elle autorisa également le procureur syndic « à faire rembourser par l'argentier de la ville la finance des charges des huit auneurs de la sayeterie et bourgeterie, du concierge, de l'égard de teinture et de la perche aux draps, des huissiers de la bourgeterie et saïetterie, du plombeur auneur et collecteur de la draperie et du valet de la saïeterie » [2].

Restait à réglementer le mode de nomination des nouveaux titulaires de ces offices remboursés.

Le 1er décembre 1735, il fut résolu que « lorsqu'une place d'aulneur et égard de la saïetterie ou de la bourgeterie viendroit à vacquer, ou qu'il escherroit de changer les hauts-bans, les mayeurs des sièges respectivement présenteraient trois sujets à l'assemblée de Loy pour en être choisi un » [3].

---

1. Carton 1182, dossier 5.

2. Registre aux résolutions, coté 25, f° 136. — Les procès-verbaux d'adjudication des offices de la sayetterie portent en marge la date à laquelle les propriétaires furent remboursés.

3. Registre aux résolutions, coté 26 2, f° 59.

Une semblable décision fut prise le 5 octobre 1737, au sujet des hauts-bans[1].

Enfin, le 18 mars 1741, on précisa qu'en cas de vacance des offices des égards et jurés scelleurs des bureaux du scel de la sayetterie et de la bourgeterie, « les mayeurs des sièges ne pouvoient choisir à l'avenir qu'entre les personnes ayant servi en qualité de maistre en l'un ou l'autre des dits corps, les trois sujets qu'ils sont en droit de présenter »[2].

Les termes de ces diverses résolutions indiquent bien que les hauts-bans et les auneurs égards étaient nommés pour un temps illimité, bien qu'il fût toujours loisible au Magistrat de les relever de leurs fonctions.

Le souci constant du pouvoir municipal d'assurer à son profit la complète dépendance des corps de métiers s'explique par le désir de faire respecter sévèrement la réglementation des diverses industries, devenue de jour en jour plus précise.

Cette même pensée devait amener le Magistrat à modifier, une fois encore, l'organisation intérieure de la corporation de sayetteurs.

Les statuts de 1500 (art. 45 et 49) et ceux de 1524 (art. 63 et 66) avaient confié à quatre égards, nommés par la Vingtaine, le soin de veiller à la bonne qualité des filets de sayette, en même temps que la surveillance des foulons de saie. L'organisation de ces services avait sans doute subi quelques modifications, mais ils avaient continué à être rémunérés suivant l'ancien usage. Il en était résulté plus d'un inconvénient.

La Chambre de commerce présenta au Magistrat un violent réquisitoire contre les égards ; elle les accusait d'être « d'humeur mercenaire » et de ne se préoccuper que de remplir leur bourse au détriment des intérêts du public.

---

1. Registre aux résolutions, coté 25 3, f° 112.
2. Registre aux résolutions, coté 27 bis, f° 62.

Ce sont gens qui, n'estant plus ouvriers, s'embarrassent peu de la qualité des matières qu'on fait entrer dans le travail. Si leur humeur mercenaire peut les rendre plus attentifs, comme on le suppose dans le mémoire au Magistrat, ce n'est nullement pour le bien public, c'est pour extorquer tous les jours, à force de vexations, quelques patars de présent des pauvres fileurs et fileuses qu'ils menacent et qu'ils inquiètent le plus souvent sans raison. Tels sont ces égards de la conservation desquels le Magistrat croit que dépend celle de la police ; eux ne sont propres qu'à y mettre le désordre et à fermer les yeux sur les fraudes les plus criantes, moyennant une rétribution de néant [1].

Une ordonnance du Magistrat du 27 novembre 1715 [2] fit droit à ces réclamations ; les commissions données aux anciens égards furent révoquées en termes très précis ; et il fut ordonné qu'à l'avenir « les deux maîtres des corps de la sayetterie, de la bourgeterie et des peigneurs sortis de maistrise seroient égards pendant une année à compter du jour de leur sortie, à charge de prester le serment requis et à la rétribution de cinquante florins par an à chacun d'eux, payables moitié par cette ville, moitié par les dits corps, sans pouvoir rien prétendre dans les amendes attribuées auxdits égards, qui, au moyen de la dite rétribution, demeureront au profit de la ville et desdits corps respectivement. » Ces nouveaux officiers recevraient donc une rémunération fixe ; on éviterait ainsi les abus signalés par la Chambre de commerce. C'était bien celle-ci qui avait suggéré ce moyen ; mais le ton violent de son mémoire avait sans doute indisposé le Magistrat, car il ne le mentionne pas parmi les documents sur lesquels il appuie son ordonnance [3].

La nouvelle organisation entraîna une augmentation considérable des charges municipales et des charges corporatives. Les règlements, devenant plus nombreux

1. Pièces justificatives, n° 112, troisième proposition.
2. Pièces justificatives, n° 113.
3. Une autre ordonnance du 13 août 1748 précisa qu'en cas de décès d'un égard en exercice, l'ancien égard sortant le remplacerait. (Carton 1211, dossier 18).

et plus précis, entraînaient un accroissement de devoirs et de besogne pour les quatre auneurs et ferreurs ; ils sollicitèrent des gages plus élevés.

Leur requête au Magistrat expose « qu'ils ont été nommés et pourvus de leur office aux gages de 150 florins par an, pour en jouir héréditairement en la manière dont on en avait joui avant ce temps-là ». Or, avant l'ordonnance de 1728, « il n'y avoit que deux aulneurs occupés chaque semaine, depuis neuf heures du matin jusques à onze heures, et depuis deux heures de relevée jusques à quatre, à l'exception de lundi et jeudi le matin, que lors on ne pratiquoit point de travailler ». Mais par l'ordonnance du 27 août, on a prescrit « une manière nouvelle d'aulner qui consiste à déplier et étendre sur une table les étoffes et manufactures de sayetrie, ce qui occupe tellement les remontrants qu'ils sont dans l'obligation indispensable d'être à quatre pour les tirer, mesurer et plomber, et qui plus est, de travailler depuis neuf heures jusqu'à douze et depuis deux heures de relevée jusqu'à cinq et quelquefois jusqu'à six ; d'où il résulte que les remontrants emploient le triple du temps qu'ils avoient coutume pour l'exécution des anciens règlements ».

On dut augmenter leur salaire de 50 florins par an, sous forme de « gratification »[1].

A la suite de l'arrêt du Conseil du 19 avril 1732, qui augmenta encore leurs devoirs, les auneurs égards de la sayetterie, ainsi que leurs confrères de la bourgeterie et les valets des deux corps, demandèrent une nouvelle augmentation de gages. Le Magistrat, par décision du 20 avril 1733, leur accorda 300 florins au lieu de 200 qu'ils avaient auparavant[2]. Le nombre de ces auneurs égards avait d'ailleurs été augmenté de deux par une décision du 28 août 1732[3].

---

1. Carton 1187, dossier 28.
2. Registre aux résolutions, coté 25 3, f° 22.
3. Registre aux résolutions, coté 25, f° 184.

Par l'arrêt de 1732 cité ci-dessus, les hauts-bans avaient été chargés de compter et d'approuver les rots dont se servaient les sayetteurs et les bourgeteurs. Une résolution du 12 décembre 1733 leur accorda à chacun un supplément de 50 florins payables par la ville [1].

Enfin, l'intendant ayant donné des pouvoirs spéciaux pour surveiller l'exécution de l'arrêt de 1732 à la ville et dans la campagne, à deux officiers choisis parmi les hauts-bans, l'un sayetteur et l'autre bourgeteur, il leur fut accordé à chacun une rétribution supplémentaire de 60 florins par an, moitié à la charge de la ville, moitié à la charge des deux corps, par parties égales [2].

En résumé, à partir de cette époque, la ville eut à sa charge la rétribution des quatre mayeurs à 150 florins par an ; des deux hauts-bans, à 300 florins par an ; des six égards auneurs et du valet de la sayetterie, à 300 florins chacun. Elle payait en surplus aux hauts-bans, maîtres et plombeurs, une somme de 100 florins pour les visites qu'ils étaient tenus de faire chez les teinturiers, calendreurs et apprêteurs. Elle contribuait avec le corps de métier à certaines dépenses, payant 30 florins au haut-ban commis par l'intendant pour veiller à l'exécution de l'arrêt de 1732, 20 et 31 florins respectivement au greffier et à l'huissier du corps, 100 florins aux égards sayetteurs et peigneurs institués par l'ordonnance de 1715, soit au total une dépense fixe annuelle de 3.281 florins [3].

A cette somme fixe, il faut ajouter la somme variable nécessitée par l'apposition des plombs ; mais le millier de florins qu'elle représentait était sans doute compensé par des recettes correspondantes [4].

---

1. Registre aux résolutions, coté 25 3, f° 33.

3. Carton 1188, dossier 17.

3. Comptes de la ville, année 1780, chapitre XV des dépenses concernant le commerce.

4. Il serait difficile, faute de documents précis, d'élucider cette question de la perception des droits de plomb.

De son côté le corps de métier des sayetteurs avait à payer annuellement 100 florins aux égards sayetteurs et peigneurs ; 30 florins au haut-ban commis par l'intendant ; 18 florins au greffier ; 15 florins au serviteur ; 200 florins à l'égard commis à la surveillance des courtiers et courtières ; enfin diverses rémunérations aux maîtres, au greffier et au serviteur pour les services particuliers qu'ils pouvaient rendre au corps.

CHAPITRE VIII

LA VINGTAINE
ET LA LÉGISLATION DU TRAVAIL

ÉTENDUE ET LIMITATION DU POUVOIR DE LA VINGTAINE. — SA COMPÉTENCE
EN MATIÈRE CIVILE. — SES FONCTIONS JUDICIAIRES. — LE SCEL ET LES
PLOMBS DE LA VINGTAINE. — LA VISITE DES OUVROIRS.

Il nous paraît indispensable de reprendre avec plus de
détail une partie du chapitre précédent et de consacrer
à la Vingtaine une étude spéciale et aussi complète que
possible.

Chargé de « l'entendement du fait de la saïeterie » le
tribunal de la Vingtaine possédait une compétence absolument générale pour juger toutes les difficultés que l'exercice de cette industrie pouvait soulever ; par suite, il avait
comme justiciables, non seulement les sayetteurs, mais
aussi, dans certains cas, les artisans des professions voisines, en quelque sorte accessoires de celle de la sayetterie.
Sa compétence s'étendait même, au delà de l'enceinte de
la ville, sur les habitants du plat pays, qu'il jugeait
quand ils venaient à enfreindre les privilèges du corps.

Émanation du Magistrat qui en nommait les membres,
la Vingtaine se trouvait toute désignée pour exercer l'autorité très étendue que la ville détenait vis-à-vis du corps
de métier. C'était ainsi qu'elle intervenait dans la nomination des membres de l'Office et, plus tard, dans celle des
égards ; qu'elle choisissait les maîtres sermentés sur une
liste de noms qu'on lui présentait ; qu'elle autorisait les

assemblées de la corporation ; enfin qu'elle recevait les comptes des maîtres sermentés.

Parfois même, bien que sur les six membres qui la composaient deux seulement fussent sayetteurs, elle présentait au Magistrat les requêtes du corps de métier, lui demandant, par exemple, de préciser ou de modifier les ordonnances. Elle devenait ainsi le porte-parole et le défenseur attitré de la corporation, s'unissant souvent avec les maîtres sermentés pour la défendre contre les attaques du corps voisin et rival de la bourgeterie ou contre les habitants du plat pays. Et les observations qu'elle présentait dans ces occasions renferment souvent des aperçus intéressants, car elles provenaient de gens habitués à l'intelligence des choses publiques — les mayeurs étant pris parmi les échevins — et d'ailleurs non intéressés pour la plupart dans l'objet du débat [1].

Le pouvoir de la Vingtaine n'était cependant pas illimité. Chargée d'assurer l'application et l'interprétation des ordonnances, elle n'avait pas le droit d'en porter elle-même et ne disposait point du pouvoir réglementaire.

Une de ses sentences, du 16 février 1743, ayant, en outre des condamnations prononcées, porté interdiction « à tous ceux se meslant de sayette en commission d'en exposer en vente les jours de mercredi et samedi aux marchés publics de cette ville, à péril d'interdiction et autres qu'il appertiendra », le procureur syndic s'opposa de la manière la plus absolue à la publication de cette sentence qui outrepassait, à son avis, le pouvoir de la Vingtaine.

---

1. Un fait curieux est à noter. Les mayeurs, dès qu'ils entraient en fonctions, devenaient bien vite les défenseurs les plus ardents de la corporation qu'en réalité ils étaient chargés de surveiller au nom du Magistrat. Les mêmes personnages qui, après avoir exercé leur charge pendant un an dans une corporation, la sayetterie par exemple, passaient l'année suivante comme mayeurs dans la corporation rivale de la bourgeterie, épousaient et défendaient les intérêts de la seconde avec autant d'ardeur qu'ils avaient défendu ceux de la première. Influence du milieu !

En quoy les mayeurs et hauts-bancs de la sayeterie ont excédé leur pouvoir, car il ne leur appartient nullement de porter des ordonnances ou règlements ; ils ne sont préposés que pour juger des contraventions à vos ordonnances sur le fait de la sayetrie et c'est de votre autorité, Messieurs, que doivent être émanés les règlemens ou ordonnances qui sont jugez nécessaires. Aussi, bien loin qu'on doive permettre l'impression et affixion d'une pareille sentence ou règlement, je pense qu'il importe de le déclarer mal et incompétament porté.

Mais il indique aux membres de la Vingtaine la vraie marche à suivre, c'est-à-dire « présenter une requête par où ils exposeraient le fait et qu'ils ont ordonné, sous le plein plaisir du Magistrat, telle et telle chose, et qu'ils demandent que l'on fasse tel règlement[1] ».

De fait, nous voyons toutes les demandes de modifications ou de dérogations aux ordonnances et règlements, portées directement au Magistrat[2]. Il n'est même pas au pouvoir de la Vingtaine de dispenser de franchise ceux qui veulent être maîtres ou ouvriers[3] ; mais les ordonnances du 1er février 1721 et du 27 août 1738 concèdent aux mayeurs et aux hauts-bans le pouvoir d'autoriser les maîtres à se servir d'ouvriers non francs. Le registre aux causes de la corporation nous montre aussi la Vingtaine concédant à certains sayetteurs l'autorisation de travailler chez un autre maître[4].

Dans l'exercice de ses fonctions judiciaires, la Vingtaine voyait sa puissance limitée par ce fait que toutes les sen-

---

1. Ce dernier avis fut suivi et la sentence approuvée dans l'assemblée de la Loy du 11 mars 1743. (Pièces justificatives, n° 147).

Précédemment, le 22 mai 1663, « Messieurs de la Vingtaine collégialement assemblés » avaient décidé que chacun serait libre dorénavant de fabriquer les ouvrages de nouvelle invention avec autant d'outils qu'il lui plairait. Cette délibération ne semble pas avoir été cassée expressément par le Magistrat, car les discussions qui eurent lieu à cette époque ne font allusion à aucune mesure semblable ; mais elle le fut, d'une façon détournée, par l'ordonnance du 13 août 1665. — Voir le chapitre VI.

2. Voir : Pièces justificatives, n°s 34, 38, 39, 44, etc.

3. Voir au chapitre III la requête de Martin Théry.

4. Jugement du 27 septembre 1766.

tences qu'elle rendait pouvaient être frappées d'appel ;
dans ce cas, la cause était portée devant les échevins.
Mais ceux-ci ne pouvaient être saisis d'une affaire avant
que la Vingtaine ne l'eût examinée et qu'elle eût rendu sa
sentence.

En 1671, un bourgeteur, Charles Cousin, s'étant vu saisir deux
pièces de changeants par les suppôts de la sayetterie, eut directement
recours aux échevins : « En impuissance de subvenir aux entretien
et nourriture de ses dix enfans, il supplie que, prenant compassion
de lui, sa femme et enfans, il leur plaise d'ordonner auxdits suppôts
de lui rendre et restituer lesdits deux trousseaux afin de les pouvoir
parfaire. »

Les mayeurs et commis de la Vingtaine, consultés par le Magistrat,
répondirent : « Si le remonstrant est réduit à l'extrémité qu'il expose,
il peut s'adresser audit siège de la Vingtaine et s'y soumettre à leur
discrétion, mais comme il s'est adressé à vos seigneuries directement,
contre le style ordinaire et au préjudice de la jurisdiction dudit siège
de la Vingtaine, auquel la cognoissance de pareil cas appartient en
première instance, l'avis est, sous correction, que le remonstrant doit
estre renvoyé au dict siège, pour y requérir et exposer tout ce qu'il
trouvera convenir. » Cet avis fut suivi par le Magistrat [1].

Les décisions du tribunal de la Vingtaine étaient exécutoires nonobstant l'appel qui n'avait pas d'effet suspen-
sif, du moins en principe, « conformément à ce qui était
ordonné par les 18ᵉ et 20ᵉ articles du règlement du 11 juillet
de l'an 1609, par lesquels les sentences rendues sur contraventions de placcarts et celles sur le fait de police se
doivent mettre à exécution nonobstant appel à caution [2]. »

Les sentences des échevins étaient elles-mêmes passibles
d'appel, mais ici encore leur jugement était exécutoire
nonobstant l'appel qui le frappait. Une décision du comte
de Flandre du 10 avril 1483 ne laisse aucun doute sur ce
point. Le privilège accordé aux échevins de rendre leurs
sentences exécutoires nonobstant appel y est exprimé

1. Voir : Pièces justificatives, n° 82.
2. Voir : Pièces justificatives, n° 73.

d'une manière générale, mais on y voit clairement ฺqu'il leur était concédé surtout pour faciliter le règlement rapide des difficultés journellement soulevées par la pratique du commerce et de l'industrie.

La ville de Lille, dit le comte, est fondée principalement sur le fait de la marchandise, tant de draps, sayes, weddes, maranches comme aultres, lequel faict de marchandises s'y exerce plus habundament que ailleurs, comme chacun scait ; lesquels marchands ont souvent question les ungs contre les aultres ou les subjects de nostre dite ville et chastellenie de Lille et autres y fréquentans, tant à cause du fait de ladicte marchandise que aultrement, dont tous veuillans user et faire raison à chascun, ne désire sinon l'abréviation des dictes questions et procès, sans estre enveloppez en appellacion ne en despense superflue, comme ne font aussy lesdits supplians qui ont de tous temps jugié à péril d'amende et de despens ; néantmoings et nonobstant depuis aucun temps ença, aucuns se sont avanchiez et efforchiez et de jour en jour s'advanchent et efforchent de plus en plus d'appeler des dictes sentences et appoinctements donnés par lesdits suppliants et relèvent icelles pardevant les gens de la chambre de nostre Conseil en Flandres, par lesquelles appellacions, quy journellement tellement se multiplient que à peine aucune sentence ou appoinctement se peut donner par iceux supplians de quelque petit prix qu'elle soit, que la partie condamnée n'en appele pour retarder et faire surseoir l'exécution [1].

C'est dans ces conditions qu'institué dès 1500, et probablement même à une date antérieure, le tribunal de la Vingtaine devait fonctionner, sans aucune interruption, jusqu'aux derniers temps du corps de métier [2]. Il serait certes très intéressant de connaître la teneur des innombrables décisions qu'il eut à rendre dans le cours de sa longue existence. Mais les registres de ses délibérations que les statuts de 1500 (art. 2) et de 1524 (art. 2) obli-

---

1. Carton 1172, dossier 5.

2. La juridiction de la Vingtaine était, bien entendu, exercée par l'ensemble de ses membres réunis en tribunal ; cependant une ordonnance du 15 janvier 1752 donna, sur un point particulier, et pour accélérer les décisions, le pouvoir aux Hauts-bans de juger seuls et sans l'intervention de leurs collègues. (Pièces justificatives, nº 153.)

geaient le greffier du siège à tenir d'une manière exacte,
ne nous sont pas tous parvenus. Nous ne possédons le
« Registre aux causes de la saïetterie » que pour la période
de 1757 à 1783 [1]. Pour l'époque antérieure, de beaucoup
la plus longue, nous ne connaissons qu'un certain nombre
de ses sentences intervenues dans les questions et querelles
importantes. Dans ces décisions, que nous rapportons en
leurs lieu et place, il s'agissait moins de l'application des
règlements que de leur existence même. D'une façon
générale, et sauf quand il s'agit de la franchise des
ouvriers, la Vingtaine affirme toujours sa volonté de faire
respecter les ordonnances qu'elle est chargée d'appliquer [2].

Lorsqu'il s'agissait seulement d'assurer l'exécution des
règlements dont l'existence ou l'utilité n'étaient pas
contestées, les mayeurs et hauts-bans paraissent avoir
exercé une juridiction assez paternelle et exempte
d'inutiles sévérités.

Bien qu'avant la réforme de 1673 ils fussent rémunérés
par le tiers des amendes auxquelles ils condamnaient les
contrevenants, nous ne trouvons guère d'appel au Magistrat des sentences qu'ils rendaient. Le registre aux causes
indique un certain nombre d'espèces où ils exemptaient
de l'amende « pour cette fois et sans tirer à conséquence » [3] ; bien souvent aussi la peine prononcée était
« modérée » c'est-à-dire réduite par le tribunal [4]. La
suspense de l'exercice du stil pendant un certain temps
est rarement prononcée.

---

1. Après cette date le «Registre aux causes de la sayetterie» est continué
par le « Registre aux causes des sayetteurs-bourgeteurs-tisserands » qui va
jusqu'au moment de la suppression de cette corporation.

2. Notamment dans la question de limitation du nombre des métiers, dans
les difficultés entre sayetteurs et bourgeteurs et dans les démêlés avec les
artisans du plat pays.

3. Registre aux causes, f° 5, sentence du 30 juillet 1757.

4. *Ibidem*, f° 6, sentence du 13 août 1757.

Il sera intéressant de connaître les différents genres d'affaires que le tribunal de la Vingtaine était appelé à juger ; le registre aux causes nous fournit à ce sujet les documents nécessaires.

La compétence de ce tribunal nous y apparaît tout à la fois civile et pénale. Il avait à juger toutes les difficultés qui pouvaient s'élever entre le maître et l'apprenti, annulant le contrat qu'ils avaient passé, soit parce que le maître ne donnait pas un travail suffisant à l'apprenti, soit parce que celui-ci ne travaillait pas journellement et continuellement à l'atelier ; dans ce dernier cas, il se contentait parfois d'imposer à l'apprenti un supplément de stage. Il déterminait aussi lui-même les conditions des rapports entre le maître et son apprenti [1].

Les époulmans ressortissaient dans les mêmes conditions au tribunal de la Vingtaine [2] ; mais, pour eux, la compétence de celui-ci était parfois discutable, car leur condition était souvent très voisine de celle de la domesticité. C'est ainsi qu'en 1723, les échevins furent saisis d'un conflit de compétence entre Marie-Louise Derveaux, demanderesse, et Pierre Mengent, maître sayetteur, joints à lui mayeurs et hauts-bans et les quatre maîtres du corps, sur cette question de services d'époulmans, la demanderesse se prétendant servante et non ouvrière « époulmane » [3].

La Vingtaine intervenait aussi dans les cas fréquents où les ouvriers assignaient leurs maîtres en paiement de gages ; on la voit fixer la quotité du salaire suivant le nombre d'aunes des pièces fabriquées. Les parties semblent, dans

---

1. Registre aux causes, f° 4, sentence du 14 mai 1757 ; f° 54, sentence du 9 mars 1765 ; f° 14, sentence du 20 octobre 1758.

2. *Ibidem*, f° 60, sentence du 22 juin 1776.

3. « La demanderesse est une ouvrière qui, aux termes du métier, s'appelle époulmane, qui s'est engagée audit Mengent pour une année, non pas seulement comme servante pour travailler aux besoins domestiques, mais aussi pour servir à ceux du métier de la sayeterie. » (Carton 1184, dossier 11).

ces circonstances, ne pas déterminer elles-mêmes le salaire, mais s'en rapporter à la coutume [1].

Le principal grief des maîtres était le brusque départ de leurs ouvriers avant l'achèvement de la pièce mise sur le métier, d'où résultait une perte de temps préjudiciable et parfois aussi la perte de la matière première si l'on ne trouvait pas un autre ouvrier pour achever la besogne commencée.

Souvent aussi l'ouvrier avait emprunté de l'argent à son maître et celui-ci devait recourir au tribunal de la Vingtaine pour en obtenir le remboursement [2]. Dans ce cas, le tribunal pouvait seulement rejeter l'acquit de la dette sur le maître qui accueillait l'ouvrier transfuge et devait en retenir le montant sur les salaires. Voici quelques-unes de ses sentences :

Louis Lefebvre, marchand sayeteur, demandeur, contre Louis Jenicot, ouvrier sayeteur, opposant ; avons condamné ledit Jenicot à payer audit Lefebvre pour restitution du denier à Dieu et semaine, la somme de quarante-six patars payables cinq patars par semaine [3].

Françoise Hallez, dame sayetresse, est convenue de payer quarante livres, dix patars par semaine, à François Saunier que lui doit Gérard Lesage travaillant maintenant chez ladicte Hallez [4].

Pierre-Joseph Moronvalle, ouvrier sayeteur, contre Joseph Damerin, maître sayeteur ; nous avons ordonné que Damerin paieroit trois florins audit Moronvalle pour la semaine et que ledit Moronvalle a déclaré par ce moyen neuf livres, dont le maître chez qui il entrera en répondra, dix patars par semaine, tant tenu tant payé [5].

L'ouvrier pouvait aussi causer préjudice à celui qui

---

1. « André-Joseph Duquesne, demandeur, contre Jean-Baptiste Roussel, maître sayeteur : Nous avons ordonné au demandeur de prouver que dans le temps qu'il a fait les quatre pièces en question on donnait le liard à l'aune. » — « La preuve faite par le demandeur, nous avons condamné et condamnons ledit Roussel à payer le liard à l'aune des quatre pièces en question. » (Registre aux causes, f°s 32 et 33, sentences des 23 et 30 octobre 1762).

2. Voir, à ce sujet, l'ordonnance du 6 juillet 1575 (Pièces justificatives, n° 36) et celle du 2 juin 1741 (Pièces justificatives, n° 145).

3. Registre aux causes, f° 8, sentence du 14 janvier 1758.

4. *Ibidem*, f° 67, sentence du 17 mai 1766.

5. *Ibidem*, f° 105, sentence du 3 février 1770.

l'employait par les infractions qu'il commettait aux règlements du métier. Sans doute, les ordonnances font retomber sur le maître la responsabilité première et le rendent passible des pénalités fixées ; mais le maître pouvait avoir recours contre son ouvrier. Ce point n'est pas clairement exprimé par les ordonnances, mais il paraît certain d'après ce jugement :

Pardevant les mayeurs et commis du siège de la Vingtaine de la ville de Lille en Flandre fut fait ce que s'ensuit :

Sur ce que Pierre du Thoit auroit fait adjourner Philippe le Clercq pour avoir paiement de six patars à l'aulne d'une pièche de grains contenante quarante aulnes, sur quoi ledit le Clercq auroit soubmis à ce que les maistres du corps de stil là présens auroient déclaré estre deu pour la ditte pièche, lesquels ayans déclaré qu'il méritoit pour icelle à l'advenant de quatre patars pour chaque aulne, suivant quoy il y fut condamné.

Mais ledit le Clercq ayant déclaré qu'il avoit esté condamné en amende de vingt patars, à raison de ce que ladite pièche n'estoit point garnie d'enseigne, et que ce estoit provenu de ce que ledit du Thoit n'avoit voulu apposer ladicte enseigne ; et ledit du Thoit n'ayant excipé aultre chose sinon qu'il auroit oublié de l'apposer, il fut condamné à la restitution desdits vingt patars, auxquels son maistre avoit été condamné par la faute dudict du Thoit. Ainsy faict et condamné le X de mai 1669.

Pardevant lesdits mayeurs et commis fut fait ce que s'ensuit : Estant comparu, Philippe le Clercq auroit conclu à charge des maistres du corps de stil à ce qu'ils fussent condamnés à lui restituer ce à quoy il avoit été trop condamné en la sentence du 10 du présent mois, au prouffit de Pierre du Thoit, à raison qu'ils auroient jugé des choses qui n'estoient point de leur cognoissance, de quoy ayant esté débouté, lesdits maistres auroient conclu renversallement à ce que ledict le Clercq fust condamné en telle amende que seroit trouvé en justice appertenir, pour avoir dit injurieusement que lesdits maistres auroient jugé d'une chose dont ils n'auroient pas cognoissance, à quoy ledit le Clercq ayant répondu qu'il offroit de le prouver et ayant esté réplicqué que puisqu'il s'estoit soubmis au jugement desdits maistres, il auroit recognu leur capacité, et ledit le Clercq ayant persisté au contraire, il fut pour lesdites injures condamné en dix livres de chire d'amende au prouffict de la chapelle dudit corps. Ainsy fait et condemné le 17 de may 1679 [1].

1. Carton 1173, dossier 15.

Au point de vue commercial, le tribunal de la Vingtaine ne semble pas avoir été compétent pour juger les différends entre marchands et fabricants. Aucun texte, en effet, ne lui donne cette attribution et la Vingtaine elle-même paraît avoir eu pour règle de renvoyer ces sortes de causes à une autre juridiction, celle des juges et consuls [1]. Une seule exception peut être relevée dans l'article VII de l'ordonnance du 6 juillet 1575 où il est prescrit aux créanciers pour vente et livraison de filets de sayette d'intenter « toutes actions et poursuites en première instance pardevant les commis de la Vingtaine et non ailleurs [2] ». Mais nous n'avons guère rencontré d'exemples d'application de cette compétence commerciale.

La principale mission de la Vingtaine était, nous l'avons vu, de juger et de punir toute infraction aux nombreuses dispositions qui réglementaient l'exercice de la profession. Pour déterminer exactement cette « compétence d'ordre pénal » comme nous disons aujourd'hui, il suffira d'examiner brièvement cette réglementation du travail.

Nous savons déjà que chaque maître était obligé de travailler dans sa maison même, et que le nombre des métiers qu'il pouvait employer fut limité, au moins à partir d'une certaine époque et en ce qui concernait des catégories d'étoffes déterminées. Nous n'avons plus à revenir sur ces deux points.

Une autre règle, ayant pour but de faciliter la surveillance, obligeait les maîtres à avoir leurs métiers sur rue [3]. Mais après 1524 [4] cette disposition n'est plus rappelée

1. « Dans la cause d'André Béaghe, maistre saïeteur, demandeur contre damoiselle Stamps, assignée, pour reprendre une pièce de camelots sept-huitièmes, nous avons renvoyé la présente cause pardevant les juges et consuls. » (Registre aux causes, f° 148 : sentence du 22 avril 1775).

2. Pièces justificatives, n° 36.

3. Statuts de 1500, art. 11.

4. Les statuts de 1524, art. 16, contiennent la même prescription, mais admettent déjà quelque exception : « Saulf que s'il appert à ceux de la dite Vingtaine qu'il y eut aucun saïetteur qui n'eut plache en leur maison pour

dans les ordonnances et il est douteux qu'elle ait été longtemps observée, d'autant que nous n'avons rencontré dans le registre aux causes aucun différend sur cet objet.

Le même registre ne fournit pas non plus de renseignements précis sur la question de la durée du travail. Les statuts de 1500 (art. 12) et de 1524 (art. 17) prescrivent très sévèrement de n' « ouvrer » qu'en plein jour et proscrivent absolument, sans doute par crainte d'incendie, l'usage de la chandelle ou de toute autre lumière. Plus tard, un règlement du 8 août 1576 réitera la même défense, mais en autorisant le travail de 6 heures du matin jusqu'à 6 heures du soir, depuis la Saint-Remi jusqu'au 1er mars [1].

Cette limitation de la durée du travail fut-elle toujours respectée dans la corporation? Nous l'ignorons ; en tout cas, elle ne donna point lieu à procès au siège de la Sayetterie.

La Vingtaine devait aussi et surtout veiller à l'observation des règlements destinés à assurer le bon renom de l'industrie locale et des produits de ses métiers. Il serait impossible d'entrer dans tous les détails de ces innombrables ordonnances qui étaient inspirées presque chaque année au pouvoir public par les variations de la mode ou les plaintes des marchands. On trouvera les principales d'entre elles dans notre recueil de *Pièces justificatives*; nous en indiquons ici les plus intéressantes.

Pour obtenir l'uniformité des produits, la longueur des étoffes est déterminée, ainsi que le nombre de fils dont la chaîne doit être composée : « Nul quel qu'il soit ne pourra faire lesdites saies qu'elles ne soient ourdies en compte de xviii cens fils de laine au moins et de long de xliii aunes iii quartiers, et en après icelles faites, elles soient de lon-

---

mettre leurs ourdissoirs devant, ils leur pourront donner grâce de les mettre derrière. »

1. Pièces justificatives, n° 37.

gueur telle ». Une amende de 40 sols était prononcée contre chaque pièce défectueuse sous ce rapport [1].

Le 16 octobre 1535 la longueur des satins est également réglementée [2]; le 10 novembre 1540, une ordonnance fixe la longueur et la largeur des changeants [3]; le 1er juin 1549, c'est le tour des ostades [4], qui reviennent encore le 15 mars 1559, avec les saies larges et les satins [5]; le 4 octobre 1564, il est stipulé que la chaîne des changeants sera de filets retors [6]; le 6 juillet 1577, qu'on pourra fabriquer dans la ville quatre sortes de changeants larges [7]; le 13 novembre 1654, on édicte encore de nouvelles dispositions au sujet des mêmes changeants [8]; etc., etc.

La multiplicité et la sévérité de ces règlements finirent par rendre la fabrication bien périlleuse ; les délits, parfois involontaires, se multipliaient et entraînaient de nombreuses amendes que le tribunal de la Vingtaine n'avait pas toujours la facilité d'atténuer. Une requête fut présentée au Magistrat le 26 janvier 1672, pour obtenir un régime moins difficultueux, surtout au sujet de la longueur des pièces qu'il n'est pas toujours possible à l'ouvrier d'atteindre exactement. Les sayetteurs demandaient que la longueur des pièces ne fût plus fixée à l'avance, mais seulement constatée par les égards après achèvement et certifiée par un plomb.

Ce premier point leur fut accordé, mais le Magistrat se refusa à toute concession au sujet de la largeur des étoffes et renouvela avec la plus grande sévérité ses prescriptions antérieures [9].

---

1. Statuts de 1500, art. 6 et 7 ; statuts de 1524, art. 9 et 10.
2. Pièces justificatives, n° 15.
3. Pièces justificatives, n° 18.
4. Registre aux ordonnances, coté 9, f° 22.
5. Pièces justificatives, n° 23.
6. Registre aux ordonnances, coté E, f° 4.
7. Registre aux ordonnances, coté F, f° 16.
8. Pièces justificatives, n° 72.
9. Pièces justificatives, n° 83.

Une requête du 7 décembre 1696 relative au même
objet subit un échec complet [1] ; il en fut de même en 1709
et en 1710 [2], et encore en 1716 [3].

En 1718 seulement, le Magistrat consentit à reviser
ses anciennes dispositions. Ce fut l'objet de l'importante ordonnance du 22 mars qui fixa les longueurs et les
largeurs des différentes étoffes et réglementa l'apposition
des plombs, l'examen des pièces par les égards, les visites
des maîtres des deux corps de la sayetterie et de la bourgeterie, et celles des égards chez les artisans, les teinturiers et les marchands. Par une innovation qui lui avait
été souvent demandée, le Magistrat consentit à ce que la
longueur, au moins pour certaines étoffes, fût arbitraire et
telle que les marchands la demanderaient [4].

Ce sage règlement paraît avoir ranimé l'industrie lilloise
et lui avoir même imprimé un grand élan.

A l'imitation du Magistrat, l'intendant de Flandre publia
le 15 août 1719 une ordonnance analogue pour le plat
pays ; les dispositions en sont pour la plupart empruntées
à l'ordonnance de nos édiles lillois, auxquels l'intendant
ne ménage pas la louange [5].

De fait le Magistrat de Lille avait ainsi préparé l'unifi-
cation des conditions du travail à la ville et au plat pays,
qui fut achevée définitivement par l'arrêt du conseil d'État
du Roi du 19 avril 1732 « portant règlement pour les largeurs et longueurs des manufactures de sayeterie, bourgeterie et autres établies dans la ville et châtellenie de Lille,
et du nombre de portées de fils dont elles doivent être
composées [6] ».

La réglementation des dimensions et des qualités des

1. Carton 1160, dossier 5.
2. Registre aux ordonnances, coté V, f° 164 (9 janvier 1710).
3. Registre aux ordonnances, coté W, f° 30 (2 mai 1716).
4. Pièces justificatives, n° 114.
5. Registre aux ordonnances, coté X, f° 226.
6. Pièces justificatives, n° 130.

étoffes fut donc maintenue ; mais le Magistrat pouvait satisfaire les désirs du commerce en édictant de nouvelles dispositions chaque fois que le besoin s'en faisait sentir.

De là, à partir de cette époque, un grand nombre d'ordonnances qui ont pour but d'autoriser ou de réglementer la fabrication de nouvelles étoffes. Citons, entre autres, l'ordonnance du 17 juillet 1736 déterminant la composition des crépons d'Alençon [1], des crêpes en couleur, des quinettes et bouffis rayés et d'une sorte d'étoffe dite Fortendial ; l'ordonnance du 20 décembre 1737 permettant de fabriquer des camelots rayés superfins à la façon d'Angleterre et une étoffe nommée guette de laine [2] ; etc., etc. [3].

Le but de toutes ces prescriptions étant d'assurer la perfection de la fabrication des sayetteurs, il importait de faire constater, par un signe authentique dont elles seraient munies, que les étoffes avaient été fabriquées conformément aux règlements.

De là l'emploi des « plombs ».

Un premier plomb devait être appliqué à l'étoffe quand elle était encore sur le métier et servait spécialement à prouver que l'étoffe avait été fabriquée dans la ville. Un second plomb était apposé sur la même étoffe lorsqu'elle était apportée en halle pour l'inspection des égards [4].

Dans le privilège d'érection du stil de la sayetterie octroyé à Lille par Maximilien et Marie, il est fait mention expresse de la concession d'un scel particulier pour ·sceller les sayes « lequel soit empreint d'une fleur de lis et sur le bout d'icelle ung petit lion » [5].

---

1. Registre aux ordonnances, coté &, f° 165.

2. Ibidem, f° 234.

3. Registre aux ordonnances, coté AA, f° 96 (25 février 1741); f° 123 (12 septembre 1741) ; f° 152 (28 novembre 1741) ; f° 235 (27 septembre 1742) ; — Registre aux ordonnances, coté DD, f° 109 (27 août 1762); f° 255 (3 avril 1765); f° 282 (11 septembre 1765) ; f° 358 (11 octobre 1766).
Voir notamment le préambule de l'ordonnance du 3 avril 1765.

4. Pièces justificatives, n° 3, art. 15.

5. Pièces justificatives, n° 1.

Les statuts de 1500 (art. 15 et 34) et ceux de 1524 (art. 48 à 50) déterminèrent explicitement la composition des deux fers destinés à plomber les pièces. Le premier, servant à plomber sur les outils, devait porter d'un côté une fleur de lis, de l'autre le mot Vingtaine. Le second, servant à plomber en halle, devait être plus grand et porter d'un côté la fleur de lis et le petit lion, de l'autre le mot Vingtaine accompagné de la lettre dominicale de l'année courante.

Sans être totalement défectueuse, la pièce pouvait présenter certaines imperfections, par exemple, pécher par « peu de filet ». Les statuts de 1500 (art. 34, 36, 37) et de 1524 (art. 47 à 50) prévoient ce cas : la marchandise devait être renvoyée par ceux de l'Office à « sept hommes élus par lesdits de la Vingtaine et Office » [1] et marquée d'un plomb plus petit où la fleur de lis était surchargée d'une barre transversale semblant indiquer, comme en héraldique, la « bâtardise » de la pièce.

Le règlement du 10 novembre 1540 [2] sur la fabrication des changeants mentionne encore les « fers barrés » dont peut être frappée la pièce douteuse, que « l'esgard craindist seeler en bon seel ». Dans ce cas, le sayetteur n'encourait pas d'amende. Mais, sans doute pour empêcher les égards d'être trop indulgents, l'ordonnance du 8 janvier 1602 [3] leur interdit de prendre désormais connaissance de ces pièces douteuses ; ils devraient les mettre en mains de ceux de la Vingtaine.

Chaque maître sayetteur, nous l'avons dit plus haut, devait avoir son « enseigne » propre. Un règlement du 8 avril 1673 ordonna que le plomb d'outil contiendrait désormais sur l'une de ses faces l'enseigne des maîtres

---

1. Nous n'avons guère retrouvé trace de cette institution des « VII hommes » dans la vie du corps de métier.

2. Pièces justificatives, n° 18.

3. Pièces justificatives, n° 46.

et les deux premières lettres de leur nom et de leur surnom [1].

Le scel de la Vingtaine fut modifié après la conquête de Louis XIV. Il porta alors d'un côté une fleur de lis « qui sont les armes de la ville de Lille », de l'autre les mots : Lille en Flandre [2].

Un nouveau plomb fut ajouté aux étoffes à la suite de l'ordonnance du 26 janvier 1672 qui accordait quelques tolérances sur la longueur des étoffes ; il portait l'indication exacte de cette longueur [3].

Un arrêt du conseil d'État de 1732 rappela, en la précisant, la réglementation que nous venons d'exposer ; nous y voyons qu'à cette époque, le plomb apposé à la visite des pièces achevées portait d'un côté les armes de la ville, de l'autre le nom de l'étoffe et l'aunage de chacune des pièces [4].

L'obligation pour le maître sayetteur de faire apposer un plomb sur les étoffes qu'il fabriquait rendait facile l'exécution des prescriptions concernant la qualité et les dimensions des étoffes. Mais pour faire appliquer et respecter les règlements sur le nombre des métiers, sur les devoirs des apprentis, sur la franchise des ouvriers, etc., d'autres mesures étaient indispensables. Il fallait, en effet, que l'artisan fût visité dans sa propre demeure et soumis à une véritable « inspection du travail ».

Cette inspection constituait la principale fonction de l'Office. Elle passa sans doute aux ferreurs lorsque ceux-ci, en 1568, ajoutèrent à leurs fonctions celles d'égards ; puis elle dut être dévolue aux maîtres du corps, à la suite des innovations de 1673 qui supprimèrent les anciens ferreurs et répartirent leurs fonctions entre les quatre commis à

1. Pièces justificatives, n° 85.
2. Pièces justificatives, n° 101.
3. Pièces justificatives, n° 83.
4. Carton 1160, dossier 6.

mesurer et sceller, bientôt appelés ferreurs ou auneurs, et les maîtres du corps [1].

Cette mission comportait évidemment le droit d'entrée dans la maison des suppôts du métier [2] ; droit de visite confirmé plus explicitement par le règlement du 22 mars 1718 [3].

Mais ce droit de visite, on le suppose aisément, donna fréquemment lieu à des protestations de la part de certains foulons, teinturiers ou marchands, voire même de la part de certains suppôts du métier, qui arguaient de leurs privilèges de bourgeoisie.

En effet, d'après ces antiques franchises, les bourgeois de Lille pouvaient s'opposer à ce que l'on pénétrât dans leur maison pour quelque opération de police que ce fût, si ceux qui prétendaient y entrer n'étaient accompagnés de deux échevins.

La réponse était facile et la Vingtaine n'avait aucune peine à justifier et à maintenir ce droit de visite. N'y avait-il pas, en effet, de la part du bourgeois qui se faisait incorporer dans le métier de la sayetterie, un consentement formel à cette obligation du règlement, un renoncement implicite à son privilège de bourgeoisie sur ce point tout spécial ? [4]

En fait, les sayetteurs ne paraissent point avoir jamais refusé l'entrée de leurs ouvroirs aux différents représentants de la Vingtaine. Mais nous verrons plus loin que le refus de l' « ouverture des maisons » fut un des moyens que tentèrent d'employer les apprêteurs, les foulons, les calendreurs, les teinturiers, pour entraver le plus possible les sayetteurs lillois dans leurs luttes contre les artisans du plat pays.

1. Sur les innovations de 1673, voir le chapitre précédent.
2. Pièces justificatives, n° 92.
3. Pièces justificatives, n° 114.
4. Carton 1168, dossier 6.

CHAPITRE IX

LES INDUSTRIES ANNEXES DE LA SAYETTERIE

INDUSTRIES PRÉPARATOIRES. — LES PEIGNEURS ET LES FILEURS DE SAYETTE. — LE MARCHÉ ET L'INSPECTION DES FILS DE SAYETTE ; DÉFENSE DE LES EXPORTER. — DISCUSSIONS ENTRE LES PEIGNEURS ET LES SAYETTEURS. — COMPÉTENCE DE LA VINGTAINE POUR LA SURVEILLANCE DES FILS DE SAYETTE. — DROIT DES SAYETTEURS DE FAIRE PEIGNER ET FILER EUX-MÊMES POUR LEURS BESOINS.

INDUSTRIES COMPLÉMENTAIRES. — LES FOULONS ; LES CORROYEURS ; LES TEINTURIERS. — INCOMPÉTENCE DU TRIBUNAL DE LA VINGTAINE. — DROIT DES SAYETTEURS D'APPRÊTER EUX-MÊMES LEURS PRODUITS.

Toutes les mesures prises pour assurer à la manufacture de la sayetterie sa qualité et son bon renom eussent été vaines si les autres industries « préparatoires » et « complémentaires » n'avaient pas été également réglementées dans le même but. De quelle utilité pouvait être le travail de l'artisan sayetteur s'il n'avait eu à mettre en œuvre que des matières premières défectueuses, des « filets de sayette » mal peignés ou mal filés ? D'autre part, l'étoffe, bien que tissée régulièrement, ne perdait-elle pas sa valeur si elle était détériorée, gâtée par les mauvais soins de ceux qui étaient chargés de l'amener à son complet achèvement, foulons, corroyeurs, teinturiers et autres apprêteurs ?

Nous ne pouvons songer à étudier ici les nombreuses prescriptions qui réglementèrent à Lille l'industrie des fileurs, des peigneurs et des apprêteurs. Ce serait étendre d'une façon exagérée notre sujet déjà si vaste. Mais nous ne croyons pas inutile de résumer brièvement cette législation, en tant du moins qu'elle touche à la protection de l'industrie des sayetteurs.

En ce qui concerne la matière première, les « filets de sayette », la principale préoccupation des sayetteurs paraît avoir été d'en assurer l'abondance sur le marché. Il fallait empêcher les habitants de la campagne, dont l'industrie consistait à filer la laine, de la vendre à quelques particuliers de Lille qui l'auraient revendue aux sayetteurs à un prix trop élevé.

On commença donc par interdire la vente des fils de sayette en dehors du marché qui se tenait le mercredi et le samedi de chaque semaine [1], devant la halle de la ville, dès huit heures du matin, de Pâques à la Toussaint, à neuf heures en autre temps [2]. Les sayetteurs avaient droit de se fournir les premiers ; aucun étranger ne pouvait acheter qu'une heure après l'ouverture du marché [3].

Quant à la marchandise elle-même, elle était inspectée et vérifiée par les commis de la Vingtaine, préposés à la « foullerie [4] ».

Les statuts de 1500, dont nous venons d'indiquer les prescriptions, furent suivis, au début du XVIe siècle, d'un certain nombre de règlements dont l'objet principal était toujours d'assurer la bonne qualité des fils. Une ordonnance du 29 octobre 1502 défendit aux peigneurs de travailler certaine laine « que on dit du Rin » et leur prescrivit de ne pas enclore chez eux les laines brutes avant que l'égard n'en eût fait l'inspection [5].

Le 10 novembre 1503, on interdit de vendre au marché des fils qui n'auraient pas été peignés dans la ville [6].

---

1. Statuts de 1500, art. 27.
2. *Ibidem*, art. 28.
3. *Ibidem*, art. 29.
4. *Ibidem*, art. 49.
5. Pièces justificatives, n° 4.
6. Registre aux ordonnances, coté A, f° 280.

Le 25 mai 1527, on renouvelle les prescriptions antérieures et l'on précise le droit absolu de visite des égards [1],
droit étendu, le 27 octobre 1574, à toutes les maisons de la
ville [2], en des termes qui indiquent bien qu'aucun privilège,
même de bourgeoisie, ne peut en empêcher l'exercice [3].

Il ne suffisait pas d'avoir procuré au marché de la ville
des fils de sayette abondants et de bonne qualité, il fallait
encore que chaque sayetteur pût s'en pourvoir. A la règle
des statuts de 1500 (art. 29) et de 1524 (art. 41), réser-
vant aux seuls sayetteurs la faculté d'acheter pendant la
première heure du marché, s'ajoutèrent de nouvelles prescriptions dans le but d'éviter tout accaparement. Bourgeteurs ou sayetteurs ne pourront acheter pour revendre à
plus haut prix, mais seulement pour leur usage [4]. Quant
aux peigneurs de sayette, il leur est interdit de « faire
marchandise desdits filets » [5]. Enfin, le 27 août 1580, une
disposition d'ordre encore plus général défend « à tous
quels qu'ils soient de, depuis maintenant en avant, acheter
ne faire acheter en ceste dicte ville et taille d'icelle filets de
sayette pour luy ne pour autrui en quelque manière que ce
soit, n'est pour lui-mesme le mettre en œuvre au stil dont
il se mêle [6] ».

Dès cette époque, à côté d'une partie des anciens Pays-
Bas demeurée fidèle à l'Espagne, la région composant la

---

1. Pièces justificatives, n° 10.

2. Pièces justificatives, n° 35.

3. « Que tous manans seront tenus de faire ouverture de leurs maisons aux
égards sermentés desdits filets et autres officiers de la vingtaine partout où
avoir le voudront, sans la présence d'eschevins, nonobstant tous privilèges
au contraire. » (Pièces justificatives, n° 92).

Cette règle est d'autant plus remarquable qu'il s'agit ici de tous les habitants
et non plus seulement des sayetteurs et des peigneurs qui pouvaient être
considérés comme ayant renoncé, sur ce point, à leur privilège de bourgeois
de Lille.

4. Pièces justificatives, n° 21, ordonnance du 16 mai 1550.

5. Pièces justificatives, n° 22, ordonnance du 5 septembre 1551.

6. Pièces justificatives, n° 40.

république des Provinces unies était de fait séparée de
l'obéissance du Roi. Afin de continuer la guerre sur le
terrain industriel, Philippe II avait défendu le transport
des fils de sayette hors des pays de son obéissance « tant
vers ceux occupés par rebelles que par autres ». Par
deux ordonnances du 21 juin 1593 et du 15 juin 1600, il
renouvela cette défense, avec de minutieuses prescriptions
pour la région de Lille, Douai et Orchies [1].

Au XVIIe siècle, les règlements concernant les fils de
sayette deviennent moins fréquents. Signalons, pour le
moment, la défense faite le 23 août 1614 à tout sayetteur
tenant ouvroir de vendre des filets de sayette et même
d'assister les filtiers à les vendre [2].

Les premières années du XVIIIe siècle furent remplies
par une querelle assez vive qui s'éleva entre les sayetteurs
et les peigneurs. Il s'agissait de savoir si le Magistrat
maintiendrait l'ancienne règle de ne vendre et de n'acheter les fils de sayette qu'au marché de la ville.

En 1670, on signalait, comme existante depuis plusieurs
années, la pratique des peigneurs qui envoyaient leurs
laines peignées en Artois pour les y faire filer [3]. C'est ce
commerce de filets d'Artois, qui, s'assujettissant difficile-
ment aux règles anciennes édictées pour les filets travaillés
dans la châtellenie et notamment à Tourcoing, occasionna
les discussions dont nous allons parler.

Les peigneurs, qui à cette époque faisaient filer les laines
pour leur compte, ce qui était contraire aux anciennes
ordonnances, les faisaient rentrer directement dans leurs
magasins et prétendaient les y vendre. La Chambre de
commerce les appuya dans un long mémoire dont nous
citerons un passage rempli d'intéressants détails sur la
question :

1. Pièces justificatives, n° 45.
2. Registres aux ordonnances, coté J., f° 64.
3. Pièces justificatives, n° 80.

Les marchés de Lille ne sont fournis que par les paysans de la châtellenie qui, après avoir acheté de la main des peigneurs la laine peignée appelée sayette, la filent ou la font filer chez eux et l'apportent ensuite pour la vendre en cette ville.

Ces fils sont de deux espèces : fils doux fins et fils ras de moyenne sorte ; car il est à remarquer que les fils ras fins n'ont jamais été portés dans les marchés et se sont toujours vendus en chambre par les Turquennois qui sont seuls en possession de les fabriquer.

Au contraire les peigneurs et autres marchands n'amassent et ne débitent que des fils communs et grossiers, soit doux, soit ras. Ils achètent par eux-mêmes les laines crues dans ce pays et dans les pays étrangers comme Hollande et Allemagne ; ils les font laver et peigner ; ils les distribuent pour les faire filer dans l'Artois, le Cambrésis et autres endroits éloignés. Ils les font venir ensuite à Lille et ils y attirent encore de grosses parties de semblables filets que les marchands d'Artois ont fait filer chez eux et leur envoyent pour les vendre par commission. Les peigneurs débitent ces filets à différents manufacturiers à bien meilleur marché que ne peuvent le faire les paysans de la campagne qui n'ont eu leurs laines préparées que de la seconde main ; ils n'en font donc point de revente en tierce main.

Bien plus, en portant ces filets dans les marchés même de Lille, ils y font trouver des assortiments que n'y peuvent fournir les paysans. Aussi, bien loin d'épuiser et d'engloutir la matière des marchés comme on affecte de le leur reprocher, ils les garnissent de certaines sortes de filets qui ne se filent point aux environs ; ils suppléent par les fils qu'ils font venir de loin à la disette de ceux qui se recueillent dans le voisinage.

Se servir des paysans n'est ni assez abondant ni assez durable pour remplir également tous les marchés. On l'a éprouvé plus d'une fois, lorsque les marchands de l'intérieur du royaume enlevoient une quantité extraordinaire de fils à Turcoin, car, pour lors, les paysans attirés par le gain, courroient en foule porter les leurs et n'avoient garde d'en réserver pour le débit ordinaire. N'a-t-on point du reste l'expérience de ce qui leur arrive régulièrement tous les ans pendant la moisson ? Occupés dans ce temps de leurs travaux les plus essentiels, ils s'embarrassent peu de distribuer à Lille les fournitures ordinaires de filets.

La Chambre de commerce concluait ainsi :

1° Ce sont les seuls magasins qui mettent les sayetteurs et bourgeteurs en situation de recouvrer à point nommé les filets qui leur sont nécessaires pour des ouvrages impérieux et pressés.

2° Ils ne pourroient trouver ailleurs, non pas même dans les marchés, des assortiments parfaits pour leurs différentes sortes d'étoffes.

3° C'est encore aux magasins qu'ils sont redevables de l'avantage de pouvoir trouver plus facilement crédit pour les fils dont ils ne paient le prix qu'après leur ouvrage parfait et livré.

Voilà donc l'intérêt des pauvres ouvriers mis en pleine sécurité ! [1].

La réponse des « pauvres ouvriers » aux arguments des peigneurs nous est parvenue. Voici comment : un certain Nicolas Flament ayant fait appel d'une sentence de la Vingtaine, qui l'avait condamné pour contravention aux ordonnances sur les filets de sayette, sa requête fut communiquée « à fin d'avis » par le Magistrat aux mayeurs et hauts-bans de la sayetterie qui, pour s'éclairer, convoquèrent une assemblée de leurs suppôts. Le greffier Hasbroucq en a fait une relation dans laquelle, après avoir rapporté les arguments des deux parties, il exprime l'opinion propre de la Vingtaine. Nous croyons intéressant de la reproduire :

Nous avons fait appeler pardevant nous les suppôts du corps de la sayetterie auxquels nous avons fait lecture de la requête dudit Flament ; leur ayant demandé s'il étoit plus avantageux au corps de la sayeterie de répondre favorablement ladite requête, ou bien de maintenir les marchés publics avec défense de vendre ailleurs comme il est statué par les anciennes ordonnances, et les ayans entendus chacun en particulier, présens les autres, les sentimens se sont trouvés partagés pour la permission ou la prohibition.

Les uns désiroient une liberté plus étendue et qu'on put acheter en chambre les filets qu'ils croient leur estre nécessaires et dont ils disoient qu'on ne pourroit trouver les assortiments dans les marchés pour les fabriques nouvelles, lesquelles sont cependant aujourdhuy tout l'honneur de leur profession.

Les autres au contraire insistèrent au maintien des anciennes ordonnances pour la tenue des marchés publics avec défense de vendre ailleurs, disant que les ordonnances à ce sujet ont été faites par les souverains et maintenues avec grand soin par vos règlemens politiques ;

---

1. Pièces justificatives, n° 112, première proposition.

qu'ils ont eu pour objet de procurer l'abondance des fillets de sayette sans passer par les mains de certains marchands, facteurs ou aultres employés qui ne les tiendroient en chambre ou magasins que par un esprit de monopole et pour les vendre aussi chers qu'ils le trouveroient bon ; que l'avantage des marchés publics empêche ces mauvaises praticques, car si l'un ne vend pas à un prix raisonnable, par ce moyen on évite un prix certain auxquels ils voudroient les fixer.

On ne sauroit apporter aucuns adoucissements aux ordonnances et règlemens touchant les marchés sans les anéantir totalement, car les marchands étrangers voyant l'établissement des magasins ou chambres particulières ne viendroient plus aux marchés, leur étant plus commode de vendre à quelques particuliers les marchandises qu'ils auroient, avec qui ils se lieroient dans une espèce de société, que de les exposer aux injures du temps, à attendre plusieurs heures pour les vendre à différentes personnes et être assujettis à la visite des égards qui sont ou doivent être présents.

D'ailleurs si l'on retranchoit les marchés publics, les fileuses, desquelles on dépend absolument, se rebuteroient de travailler, parce que ceux qui les emploieroient ne voudroient les payer qu'à la livre à un prix si modique qu'elles ne trouveroient point de goût à continuer ce travail ; au lieu qu'elles achètent des laines, qu'elles les filent dans l'espérance de les vendre à un prix raisonnable et fournir par ce moyen à leurs besoings.

Enfin ce seroit couper la gorge aux pauvres travailleurs de la ville que d'anéantir les marchés, car ils ne sont point en état de faire des achapts et des assortiments complets d'un coup ; ils ont par le moyen des marchés la commodité de se pourvoir chaque semaine de ce qu'ils ont besoing.

Nous avons recognu de ces différents sentimens que les plaintes qu'on a fait aujourd'hui procèdent de ce que les marchés ne sont plus aussi abondants qu'ils étoient du passé, depuis votre ordonnance du 30 may 1718, par laquelle, article 5, vous autorisez les peigneurs et autres tenant magasins de vendre chez eux les jours qu'il ne seroit pas marché. Au moyen de cette nouvelle liberté qu'ils n'avoient jamais eue auparavant, ils négligeoient d'envoyer leurs marchandises aux marchez, ce qui fait qu'on ne trouvoit plus les assortiments convenables, ni des fils préparés d'une manière utile à la manufacture, étant certains d'ailleurs de les vendre dans leurs maisons sans se déplacer et avec plus de commodité pendant quattre jours de la semaine.

Cette liberté empeschoit aussy ceux de la campagne et autres étrangers de venir aux marchez en cette ville comme ils faisoient autrefois, puisque, par l'article 4 de votre ordonnance, ils sont les seuls obligez de les y porter, ce qui les rebute infiniment, se voyant d'une condition pire que les autres, et fait qu'ils vendent leurs marchandises à des commissionnaires qui les font transporter hors du pays.

Pour parer à ces inconvénients, il est de nécessité de révocquer la liberté accordée aux peigneurs et autres tenans magasin de fils de sayette de pouvoir vendre chez eux, et par ce moyen les obliger tous indistinctement de vendre dans le marché public, ainsi qu'il est ordonné par les anciennes ordonnances [1].

Appelé par ses fonctions à vider cette querelle, le Magistrat paraît avoir été fort perplexe.

Le 16 novembre 1714, il avait fait défense de vendre les fils de sayette ailleurs qu'au marché [2]. Une apostille de l'intendant, du 10 septembre 1716, sur la requête des maîtres peigneurs, avait dispensé les égards de « veiller à la maintenue du marché » à l'effet « qu'on ne puisse pas vendre de filets de sayette en d'autres endroits même dans les maisons des marchands » [3]. Le Magistrat, de son côté, avait pris, le 30 mai 1718, une ordonnance portant injonction de vendre les fils de sayette au marché, mais autorisant les peigneurs à les vendre chez eux les jours où n'avait pas lieu le marché [4].

Le 20 octobre 1719, il revint sur sa décision et fit défense aux peigneurs et aux autres magasiniers de vendre désormais les fils de sayette chez eux [5].

Plus tard, il accorda aux peigneurs la permission de vendre chez eux certains fils spéciaux qu'ils faisaient venir d'Artois et qui ne pouvaient arriver à Lille à jour fixe ; mais il stipula que si ces filets arrivaient le mercredi ou le samedi, ils devraient être vendus au marché [6].

---

1. Pièces justificatives, n° 119.
2. Carton 1211, dossier 16 ; 16 novembre 1714. — Le 27 mai 1698, le Magistrat avait jugé dans le même sens, en confirmation d'une sentence de la Vingtaine du 27 février précédent (carton 1210, dossier 30.)
3. Carton 1211, dossier 21.
4. Registre aux ordonnances, coté X, f° 122.
5. *Ibidem*, f° 236.
6. Carton 1212, dossier 16 ; 27 janvier 1740.

Le 27 octobre 1744, parut un nouveau « règlement au sujet des filletz de sayette ».

Les peigneurs pourront « continuer d'envoyer leurs laines au pays d'Artois pour y estre filées, et ensuite les filletz ramenés en leurs maisons même les jours de marchés » ; ils pourront aussi, de même que les facteurs, « continuer de recevoir des marchands et fabricants du pays d'Artois les filets qui leur seront envoyés directement dudit pays pour être vendus par commission » ; mais, il est fait défense « à tous peigneurs étrangers ou marchands étrangers de vendre en cette ville de Lille des filets ailleurs que dans le marché public, et à tous facteurs, peigneurs et fabricants de cette ville, leurs femmes, enfants ou employés, de les acheter d'eux, hors desdits marchés ».

Pour parvenir plus efficacement à exécution, continue le règlement, nous ordonnons que tous les filets de sayette venant de l'Artois ne pourront être déchargés des voitures sur lesquelles ils seront arrivés, pour être ensuite conduits par d'autres voitures à l'adresse des peigneurs, facteurs ou fabriquants, que dans les deux cabarets de cette ville ayant enseigne l'Écu d'Artois et les Écuries royales, rue du Molinel, en cette ville, par provision et jusqu'à ce que nous ayons désigné d'autres endroits.

Déclarons que tous maistres peigneurs, facteurs ou fabriquants, leurs femmes, enfants ou employés, qui seront trouvés entrer dans lesdits deux cabarets, seront censés y être allés pour acheter des filets en contravention à ce qui est réglé ci-dessus et qu'ils encourreront l'amende portée par la présente ordonnance, sans qu'il soit besoin d'autre preuve [1].

Le sens de ces dispositions n'apparaît pas bien clairement ; mais une lettre du greffier Hasbroucq, adressée sans doute au conseiller pensionnaire Ringuier [2], met bien en évidence le « manège » des peigneurs et des facteurs et le péril qui menace les maîtres sayetteurs.

Après avoir protesté que la Vingtaine n'a point l'intention d'empêcher de faire filer les laines en Artois, ni même

---

1. Pièces justificatives, n° 150.

2. Le destinataire n'est pas indiqué, mais, dès les premières lignes, on voit que ce doit être Ringuier : « Peut-être n'estes vous pas chargé d'affaire plus importante et qui demande plus votre attention que celle-ci jointe ». — Or, nous l'avons vu, le conseiller pensionnaire Ringuier avait été spécialement délégué par le Magistrat aux affaires intéressant la sayetterie.

de les recevoir à vendre par commission, le greffier Hasbroucq s'exprime ainsi :

Leurs laines et leur commission, dans quoy on ne les a jamais
troublé, n'est qu'un prétexte pour se conserver la liberté qu'ils se sont
donnée depuis peu, de se rendre maîtres de tous les filletz, de les
acheter sans contrainte, de les revendre chez eux à leur aise au prix
qu'ils le veulent et d'anéantir les marchés publics.

La vérité est qu'ils envoyent peu de laines à filer, mais ils en
reçoivent beaucoup davantage à vendre en commission. C'est par là
qu'ils font leur profit et s'enrichissent. Ils ne risquent rien ; ils vendent à crédit ; les pertes ne sont pas pour eux ; l'argent leur reste en
mains, ils en disposent et font d'autres commerces, et un fillatier
d'Artois n'oseroit tirer sur eux 200 livres sans leur permission, quoi
qu'ils aient dix fois plus de marchandises à lui appartenant.

De là vient que beaucoup de fillatiers, rebutés de ne pouvoir plus
disposer de leur bien, étant informés que les fillets sont vendus plus
haut qu'on ne leur dit, ont peine à se servir de leur ministère,
envoient ici leurs filets, les remettent dans des cabarets, pacus, etc.,
et les viennent vendre eux-mêmes; alors ils sont surs et de leur argent
et du prix.

Cela ne fait pas le compte des facteurs ; ils auroient peu ou point à
vendre, car les filletz restant exposés aux marchez en procureroient
l'abondance et cette abondance en feroit la diminution. On se passe-
roit aisément des leurs et au lieu de se mettre dans leur puits, pour
me servir du terme des fabriquants, on se pourvoiroit aisément au
marché, à fure et à mesure qu'on en auroit besoing.

C'est pourquoy ils vont eux-mêmes dans les villages les achepter ;
ils les arrestent dans les cabarets aux fauxbourgs, ils les vont examiner dans les lieux déposés, ils les acheptent, les font transporter chez
eux, les revendent comme ils veulent, sans les mettre au marché.

Enfin, ils font tout le manège pour les fillets qu'un banquier fait
lorsqu'il est chargé de lettres de change, pour les faire augmenter.

Ce que nous avons veu pratiquer pour les bleds, les escorces à l'usage
des tanneurs, et, pour me mieux expliquer, ce que pratiquent tout
ouvertement les facteurs de calmande au préjudice du commerce et
dont on a tant de peines à les mettre à la raison, arrivera aussy pour
ces facteurs de filletz si on n'y apporte pas un bon et prompt remède [1].

Les mesures si minutieuses prescrites par le règlement
de 1744 enrayèrent sans doute les spéculations des pei-

1. Pièces justificatives, n° 149.

gneurs et des facteurs, car aucun différend ne semble s'être élevé depuis lors à ce sujet.

Ces discussions et ces ordonnances montrent assez combien les sayetteurs étaient menacés dans l'indépendance de leur profession par ces auxiliaires si habiles et si puissants qu'étaient les peigneurs.

Une des meilleures mesures de protection prises en faveur de la sayetterie fut le choix de la Vingtaine comme tribunal chargé d'appliquer les ordonnances sur les fils de sayette. Cette compétence est certaine depuis l'ordonnance du 25 mai 1527; elle est peut-être antérieure à cette date [1]. Elle fut confirmée et étendue par l'ordonnance de Philippe II, roi d'Espagne, du 15 juin 1600, sur la « vente des fils de saïette » [2].

Une sentence du Magistrat y porta cependant une légère atteinte, le 23 août 1670, en décidant que « le siège de la bourgetterie auroit la connoissance de tous les différents au sujet des filletz de saïette, en cas de prévention » [3]. Mais la compétence exclusive de la Vingtaine fut définitivement reconnue par l'ordonnance du 30 mai 1718 [4].

Pour en finir avec ce sujet, il nous reste à élucider une dernière question : Les sayetteurs étaient-ils en droit de se substituer aux peigneurs et aux filatiers, et de faire peigner et filer eux-mêmes les laines dont ils avaient besoin pour leur industrie ?

Cette question ne paraît pas avoir été prévue dans les règlements. L'ordonnance du 16 mai 1550 ne leur permettait pas d'acheter des fils pour les revendre, mais ne disait pas qu'il leur fût défendu d'en faire filer pour leur propre compte [5].

En 1734, l'auteur du mémoire sur les principaux abus

1. Pièces justificatives, n° 10.
2. Pièces justificatives, n° 45.
3. Carton 1160, dossier 5.
4. Pièces justificatives, n° 116.
5. Pièces justificatives, n° 21.

reconnus dans les manufactures, s'attaquait à la réglementation qui défendait aux sayetteurs et aux bourgeteurs d'acheter des laines pour les faire peigner et filer selon l'usage auquel elles étaient propres. Mais il lui fut répondu qu'il se trompait et que ce droit appartenait parfaitement aux sayetteurs [1].

Cependant ce droit était sans doute moins bien établi que ne l'affirmaient les maîtres jurés de la sayetterie, car, en 1775, la question fut posée de savoir « s'il étoit avantageux de permettre aux saïetteurs de peigner et préparer par eux-mêmes les étoffes de leur fabrique ». Le 18 janvier 1777, une ordonnance déclara « qu'il étoit libre aux sayeteurs et aux bourgetteurs d'acheter la laine sur le dos du mouton, de la peigner, de la faire filer et de la teindre pour l'usage de leur fabrique » [2].

C'était la consécration formelle de ce droit ou plutôt sa reconnaissance officielle.

Passons aux industries complémentaires, c'est-à-dire à celles qui devaient « parachever » et « perfectionner » les pièces d'étoffes des sayetteurs après leur sortie du métier.

Les saies, qui étaient à l'origine l'unique objet de la fabrication du corps, requéraient le foulage, la corroie et la teinture.

Les statuts de 1500 et 1524 s'occupent de ces diverses industries.

Pour les teinturiers, nous ne trouvons dans les statuts de 1500 que deux dispositions : l'une prévoyant leur responsabilité en cas de malfaçon (art. 39) ; l'autre leur permettant de teindre les saies de toutes manières de teinture et de couleur, même la couleur de teinture que

---

1. « Il n'a jamais été deffendu aux saïeteurs et bourgeteurs d'achepter des laines et de les faire filer ; quelques-uns d'entre eux le font parce qu'ils le peuvent faire, et aucun ne pourra dire d'avoir été inquiété à ce sujet. » (Pièces justificatives, n° 133.)

2. Pièces justificatives, n° 169.

l'on appelle burgage de noir (art. 40). Les statuts de 1524 reproduisent ces deux dispositions (art. 52 et 53), entrent dans quelques autres détails de réglementation et confient la surveillance spéciale des ordonnances à « l'officette ancienne » qui, disent-ils, « sera remise sus » (art. 54 à 58).

Quant à l'organisation même des teinturiers, les statuts de la sayetterie n'avaient pas à s'en occuper davantage, puisque ces artisans avaient été érigés en corporation bien avant les sayetteurs [1].

Quant aux foulons de saies, ils reçurent, par ces statuts de 1500, leur véritable organisation, tant pour ce qui concernait l'apprentissage (art. 42) que pour la réglementation de leur travail (art. 44) et leurs rapports avec les corroyeurs et les teinturiers (art. 48).

Le 5 mai 1565, ces diverses industries, en tant qu'elles touchaient à la sayetterie, furent érigées en une seule corporation, tout en demeurant distinctes au point de vue de l'exercice de leur métier.

Cette corporation se vit assigner son rang dans les processions du Saint-Sacrement et de la ville, en remplacement des « plaqueurs », qui correspondaient à peu près aux plafonneurs, et dont le corps était tombé en décadence. Il n'y avait qu'une seule chapelle pour les deux corps, administrée par un organe unique composé de maîtres de l'un et de l'autre ; mais les deux professions restaient distinctes et celui qui exerçait l'une d'elles ne pouvait pratiquer l'autre sans une seconde franchise [2].

Les rapports des sayetteurs avec ces différents artisans furent toujours de moindre importance que leurs rapports

---

1. Le corps des teinturiers fut réorganisé le 2 mai 1332. Le préambule des lettres indique qu'il y avait déjà « aucunes ordonnances contenues en un rollet de parchemin daté du XII d'octobre mil IIIIe XXXV. » (Carton 1229, dossier 3).

2. Il est étonnant que les foulons de saies, malgré l'organisation que leur avaient donnée les statuts de 1500, ne formaient point, avant l'ordonnance du 5 mai 1565, un corps de métier distinct, ayant son rang dans les processions. — Voir le chapitre suivant.

avec ceux des industries « préparatoires ». Quand le sayetteur avait terminé sa pièce, il la vendait, munie du plomb
d'outil et portant son enseigne, à un marchand quelconque
et pouvait considérer son rôle comme terminé.

Les statuts de 1524 montrent déjà à quel moment cessait le rôle du sayetteur et en même temps sa propriété,
du moins quand il n'était pas marchand. Les saies ne
passaient l'égard et ne recevaient le plomb en halle que
lorsqu'elles étaient achevées et apprêtées; aussi les statuts
prévoient-ils que « s'il advenoit que aulcunes sayes fussent
trouvées en telle manière qu'elles ne puissent passer
l'esgard, celui ou ceux à qui seroient lesdites sayes, les
pourront porter à la Vingtaine pour savoir d'où le danger
et inconvénient peut venir » (art. 51). Dans le même ordre
d'idées, ils obligent le foulon, avant de commencer son
travail, à visiter la saie et, s'il y a trous en icelle, à aver-
tir « le marchand à qui ladite saye appartient, ensemble le
fauteur qui l'auroit vendue » (art. 68). Mais le sayetteur
ne pouvait demeurer responsable de sa fabrication aussi
longtemps qu'il plairait au marchand de ne pas faire
« parachever » la pièce ; aussi les statuts établissent-ils un
délai de trois semaines pour l'envoyer au fouleur (art. 69)
et un délai de huit jours à celui-ci pour la visiter et fouler
(art. 70).

De fait, les opérations de la teinture et de la calendre
n'étaient plus dans les attributions du sayetteur. L'apprêt
que devait recevoir son étoffe dépendait du goût particulier
du consommateur et de l'usage qu'il en voulait faire. C'était
donc au marchand plutôt qu'au fabricant à pressentir
quelle serait la destination de tel ou tel article.

Une requête du 17 avril 1740, adressée au Magistrat
par « les maîtres jurés du corps de stil des marchands
grossiers et merciers et ceux des fabricans sayetteurs »
expose très bien cette situation particulière :

Le même camelot en fabriquant, c'est-à-dire sortant de chez le
fabriquant, est à l'usage pour des habillemens d'hommes et peut

aisément estre guesdé et avoir le bleu ; mais pour les failles de femmes, ce n'est pas la mesme chose ; ainsi ce camelot destiné pour la France le peut estre, mais pour ce pays, les provinces de Flandres française et flamingante, il ne conviendroit plus.

Un camelot en saye pour ce pays peut être corroyé, mais pour l'Espagne et l'Italie, il ne convient pas qu'il le soit. Les pluies fréquentes qu'il fait icy demandent cela et la rareté de celles qui se font dans ces pays étrangers demandent le contraire.

Une calmande demande à être calendrée, mais si c'est pour un habillement d'homme elle ne doit pas l'être ; le lustre que la calendre donne rendroit un ridicule sur celui qui porteroit un pareil habillement.

Il est absolument nécessaire au bien des manufactures que le fabriquant soit limité dans la manière de manufacture, afin d'avoir une égalité partout. C'est pour cette raison que le règlement de 1732 a fixé la manière de fabriquer et a authorisé les fabriquants, au cas qu'ils inventent des étoffes nouvelles, de s'adresser aux sièges des manufactures pour y être pourveu.

Il n'en est pas de mesme des teintures et autres apprêts ; cela doit dépendre du marchand suivant l'usage qu'on veut en faire, les pays où elle est destinée, les demandes qui lui sont faites et les prix qu'on en veut payer.

Le marchand est son premier égard et connoit l'usage auquel sa marchandise est destinée [1].

Les nombreuses ordonnances qui, au XVIIIe siècle, réglementèrent et cherchèrent à perfectionner l'art de la teinture à Lille, intéressent donc proprement l'histoire du commerce.

Deux questions cependant furent soulevées, qui concernent plus directement les sayetteurs.

La Vingtaine prétendait devoir être seule juge, à l'exclusion des mayeurs et hauts-bans de la draperie [2] pour

1. Pièces justificatives, n° 141.

2. Le 6 mai 1740, les sayetteurs se plaignent de ce que « les maîtres et égards de teinture de cette ville portent les contraventions qu'ils croient être commises aux étoffes de saïetterie et de bourgeterie pardevant les mayeurs et hauts-bans de la draperie qui sont aussi commissaires ausdits égards de teinture, pendant qu'elles doivent être portées par devant les mayeurs et hauts-bans de la sayetterie pour juger et prononcer sur les contraventions ». (Pièces justificatives, n° 142.)

les contraventions commises par les teinturiers, quand il s'agissait d'étoffes de sayetterie. Elle appuyait ses prétentions sur ce fait qu'on ne devait pas séparer la fabrication de l'apprêt, et que le sayetteur avait droit de suivre sa pièce d'étoffe jusqu'à son complet achèvement.

Cette requête fut rejetée par le Magistrat. Une ordonnance du 30 octobre 1743 obligea les teinturiers à se conformer strictement aux échantillons qu'on leur délivrait, mais ne donna, en aucune façon, compétence à la Vingtaine pour juger les contestations qui pourraient s'élever entre eux et les maîtres sayetteurs.

Les contestations qui pourront arriver sur l'exécution de la présente ordonnance seront jugées sommairement en première instance par les mayeurs et hauts-bancs du siège de la teinture, sauf l'appel par devant les mayeurs et eschevins de cette ville [1].

Les sayetteurs pouvaient-ils se passer des services de la corporation des teinturiers, en faisant teindre eux-mêmes leurs produits ? Les deux communautés des teinturiers prétendirent leur enlever ce droit ; elle s'adressèrent dans ce but à l'intendant ; mais le Magistrat prit la défense des fabricants, tant drapiers que sayetteurs, affirma hautement leur droit de faire teindre leurs produits dans leur maison et insista auprès de l'intendant pour le rejet de cette « nouveauté » qu'il considérait comme nuisible au commerce lillois.

Les demandes contenues en cette requête tendent à introduire des nouveautés contraires aux ordonnances et règlements portés sur le fait des teintures et à l'usage de tout temps pratiqué et autorisé en faveur du commerce. Ils y ont été maintenus et autorisés spécialement par l'article 8 de notre ordonnance du 9 février 1733 rendue après un mûr examen de la matière. Voici les termes de cet article : « Les drapiers drapans pourront, comme ils ont toujours fait, teindre dans leurs maisons les étoffes de leur manufacture en telles couleurs qu'ils jugeront à propos, et les fabricants de calmandes et

---

1. Pièces justificatives, n° 148.

d'autres étoffes pourront aussi continuer de teindre les fils ou filets de laine qu'ils emploient dans leur fabrique sans qu'ils puissent être inquiétés ni troublés par les maîtres teinturiers du grand et bon teint, ni par ceux du petit teint, ni être tenus, pour raison de ce, de payer aucuns frais d'années dudit corps. »

La demande des teinturiers n'est appuyée d'aucuns moiens solides pour innover à ce qui se trouve établi en faveur des manufacturiers fabriquants, et il ne semble nullement convenable au bien du commerce de cette ville de faire aucun des changemens proposés. Les manufacturiers qui y sont établis ne peuvent s'y soutenir que par une grande économie de la part des fabriquants. Nous avons cherché dans tous les temps à y contribuer, soit en chargeant notre administration des frais nécessaires pour y établir une police, soit en leur procurant les moyens de mettre avec peu de dépense leurs marchandises en état d'être vendues. La demande des teinturiers tend à bouleverser cet ordre pour leurs intérêts particuliers ; mais celui du public y résiste.

L'intendant tint compte de l'avis du Magistrat et rejeta la requête des teinturiers le 18 décembre 1754 [1].

En fait, les sayetteurs ne semblent guère avoir profité du droit qu'on leur reconnaissait et la même remarque peut être faite en ce qui concerne la faculté de faire peigner et filer, pour leur propre compte, les laines dont ils avaient besoin. Il leur suffisait sans doute d'être protégés contre les abus possibles de ces auxiliaires, peigneurs, teinturiers, etc., par le droit qu'on leur reconnaissait de pouvoir se passer de leurs services.

Le travail des sayetteurs au XVIIIe siècle était donc, plus encore, semble-t-il, qu'aux premiers temps de leur établissement, d'ordre exclusivement mécanique, ce qui n'excluait pas — ils le faisaient remarquer avec complaisance — une grande habileté professionnelle. Se contentant de tisser les fils de sayette, ils se trouvaient englobés entre les peigneurs, plutôt commerçants qu'industriels, et

1. Pièces justificatives, n° 157.

les marchands, dont ils ne pouvaient se passer pour apprêter et écouler leur produits.

Étant donnée l'importance croissante prise par le commerce, leur rôle pourra paraître manuel et mesquin ; leur
prétention d'être les principaux instruments de la fabrique
et de la prospérité de la ville semblera ridicule et sera
jugée contraire au principe nouveau de la liberté et du
bien commun. Et peut-être est-ce là qu'il faut chercher
l'origine des attaques et de la malveillance même dont ils
seront l'objet, dans la seconde moitié du XVIIIe siècle, et
sous lesquelles ils finiront par succomber, en perdant leur
législation particulière et leur existence corporative.

CHAPITRE X

LA CORPORATION DES SAYETTEURS
Son institution. — Son fonctionnement.

INSTITUTION DE LA CORPORATION. — SON BUT. — SA DATE PRÉCISE, 21 NOVEMBRE 1486.

FONCTIONNEMENT DE LA CORPORATION. — LES MAITRES SERMENTÉS ; LEUR ÉLECTION ; LEURS ATTRIBUTIONS. — LES ASSEMBLÉES CORPORATIVES : POINT DE TRACE D'ASSEMBLÉES ORDINAIRES ; RARETÉ DES ASSEMBLÉES EXTRAORDINAIRES ; LEUR RÔLE UNIQUEMENT CONSULTATIF.

La réunion en corporations des artisans de même profession avait comme origine et comme but principal, du moins en apparence, de permettre à ces artisans de prendre part d'une façon collective aux cérémonies religieuses et publiques et particulièrement aux processions du Saint-Sacrement et à celles de la ville.

La participation à ces fêtes entraînait des frais qui devaient être supportés par tous ; des taxes étaient perçues sur les membres du corps et pour en opérer le recouvrement, ainsi que pour administrer les fonds communs, quelques suppôts étaient choisis et prenaient le nom de maîtres.

La corporation ainsi constituée était placée sous la protection d'un saint ou d'une sainte et souvent on lui concédait la quasi-propriété, dans une église de la ville, d'une chapelle dédiée à ce saint, désigné comme protecteur céleste de tous les suppôts.

Les corps de métiers qui acceptaient ainsi de « révérender et décorer » les processions de la cité, se conciliaient du même coup la faveur du Magistrat, qui, à cette occasion, leur concédait des privilèges, par exemple le droit pour leurs membres d'exercer seuls leur profession dans la ville. La désignation du mode d'élection des maîtres sermentés, la réglementation de l'apprentissage et des divers moyens de parvenir à la franchise, donnaient enfin à la nouvelle corporation sa physionomie complète.

A défaut des lettres d'institution de la corporation des sayetteurs, on nous sera gré de citer celles des « foulons de saies, coureurs de chambgeans et semblables marchandises dépendans de ladite sayetrie, et des taincturiers de noir et coureurs desdites sayes ».

A tous ceulx qui ces présentes lettres verront ou orront, eschevins de la ville de Lille en Flandre, salut.

Comme les maistres des stils et mestiers des foulons de sayes et coureurs de chambgeans et aultres semblables marchandises dépendant de ladite sayeterie et des taincturiers de noir et coureurs desdites sayes et semblables marchandises deppendans d'icelle sayeterie de ceste dite ville, nous ayent présenté requeste affin que pour révérender et décorer la procession d'icelle ville ilz seroient délibérés de faire torses pour accompaigner ladite procession ès jours de Saint-Sacrement et procession, à leurs despens, pourveu que on leur volsist accorder pour furnir aux frais et despens qu'il leur conviendra pour ce exposer, de pooir lever aucuns droits sur les suppôts et ceux qui vivent desditz stils en ceste dite ville et à condition que lesdits deux stils furniroient et contribueroient par ensemble à ladite despense desdites torses, histoires et toutes autres mises qu'il conviendra faire par chascune année pour lesdits stilz ; sur laquelle requeste, et considérans que les maistres du stil des placqueurs de ceste dite ville qui auroient accoustumé de entretenir et faire histoires en ladicte procession, ne ont moyen ne puissance de pooir pour l'advenir continuer icelles à raison du petit nombre et du petit gaignage qu'ils font dudit stil, en respect et considération de quoy, et à leur prière et requeste, les avons deschargiés de faire ladite histoire, et désirans par nous l'entretenement, bien, décoration et augmentation de ladite procession, et ensieuvant l'auctorité et puissance à nous et nos prédécesseurs donnée, concédée, octroyée et accordée par les très nobles prédécesseurs de Sa Majesté, et affin que ladicte procession puist estre de tant mieulx décorée et révérendée, avons accordé et octroyé, accordons et octroyons par cès présentes ausdits maistres desditz stils des foullons et taincturiers et coureurs desdites sayes les points et articles qui s'ensuivent [1].

Sans aucun doute, les sayetteurs de Lille ont eu leur « charte » d'institution en corporation [2] ; mais il nous a été impossible de la retrouver. Elle était peut-être contenue dans des « lettres » adressées au corps par le Magistrat ; mais n'ayant pas été recopiée sur un registre spécial, elle aura été égarée. Cette perte s'explique d'autant mieux qu'en somme, les sayetteurs veillaient surtout à la conservation des titres, documents et privilèges qui pouvaient donner occasion à des procès dans lesquels il eût été nécessaire de les produire ; ce n'était pas le cas pour leurs lettres d'érection en corporation.

Ces lettres étaient déjà perdues vers 1775. A cette époque le Magistrat donna l'ordre aux corporations de faire imprimer leurs statuts et ordonnances. Les bourgeteurs reproduisirent en tête de leur recueil les lettres d'érection de leur stil ; les sayetteurs ne purent le faire.

Si les statuts primitifs de la corporation ne nous sont point parvenus, d'autres documents nous fournissent des indications sur l'époque de l'érection en corporation ; indications parfois contradictoires, il est vrai, mais qui permettent cependant de déterminer cette date.

Un avis du procureur syndic, du 13 août 1782, semblerait devoir résoudre la question, par l'autorité de celui dont il émane et par les indications en apparence très précises qu'il contient :

Suivant les lettres et statuts du corps des supplians du 22 décembre 1480, article 3, on doit faire choix tous les ans de six maistres

---

1. Carton 1229, dossier 4.

2. Les statuts de 1500 font clairement allusion « aux maistres dudit mestier qui ont la charge de la conduite de la confrairie dudit saint Jehan-Baptiste ». Presque tous leurs articles en font mention, à cause de la part qui leur est attribuée dans les amendes.

dudit métier, mais suivant un usage qui me paraît bien établi, les maistres restent en fonction pendant trois ans, attendu que tous les ans on n'en remplace que deux [1].

Cette date, donnée par le procureur syndic, soulève cependant de graves objections.

Le premier acte d'octroi de la sayetterie ayant été concédé à Bruges par Maximilien et Marie le 21 décembre 1480, il semble difficile que le Magistrat et la Chambre des comptes, auxquels était déléguée l'autorité de promulguer les ordonnances utiles pour l'entretènement du nouveau stil, aient eu, dès le lendemain, le temps matériel nécessaire pour apprendre la concession du privilège et pour rédiger les statuts de la corporation, ceux-ci eussent-ils été une simple copie de ceux d'Arras.

La mesure eût été d'ailleurs prématurée, car l'établissement définitif de la sayetterie ne fut concédé que par un deuxième acte du 25 mars 1482. L'existence de la corporation eût été bien fragile si elle avait été subordonnée à l'impossibilité du duc et de la duchesse, ou de leurs successeurs, de reprendre la ville d'Arras. D'ailleurs ce privilège du 25 mars 1482, qui relate tout ce qui peut être favorable à un établissement définitif, mentionne bien plusieurs ordonnances déjà rendues par la Chambre des comptes et par le Magistrat, mais ne fait aucune allusion au fait, cependant très important en l'espèce, de l'existence d'une corporation de sayetteurs.

Une dernière considération prouve que le procureur syndic n'avait pas sous les yeux les statuts originaux : l'article qu'il cite comme indiquant le nombre de six maîtres du corps ne trouve sa justification que dans l'ordonnance du 27 novembre 1715 [2].

Une autre indication nous est fournie dans une pièce du procès de Marie-Louise Derveaux contre Pierre Mengent.

1. Pièces justificatives, n° 179.
2. Pièces justificatives, n° 113.

Ce dernier, après avoir cité le privilège de mars 1482, ajoute :

En ladite année, lesdits président et gens des comptes, mayeur et eschevins, ont établi le siège de la sayeterie pour connoître de tous différends... Par l'article 29 des lettres il est dit que si un aprentif se départoit de son maistre sans avoir montré par devant ceux de la Vingtaine la cause de son déportement, le maistre aura tems de six semaines pour s'en complaindre de son aprentif, ainsi comme dit est, à ceux de la ditte Vingtaine.

Le début de cette citation indique nettement l'établissement du siège de la sayetterie, de la Vingtaine; mais ce fait est indépendant de la constitution d'une corporation au sens indiqué plus haut. La draperie qui fut, du moins à certaines époques, l'une des industries les plus importantes de la ville, avait son tribunal chargé de faire appliquer les règlements du métier, la « perche aux draps », mais n'était point une véritable corporation ; elle était même une profession libre.

Les dernières lignes de la citation tireraient plutôt à conséquence, car il y est parlé d'apprentis, d'ouvriers vivant sous le métier ; mais se rapportent-elles vraiment à la même date de 1482 ? Nous croyons plutôt que cet « article 29 des lettres » se rapporte à l'art. 29 des statuts de 1524, dont les termes sont identiques à ceux de la citation. Le terme de « lettres » employé pour les désigner s'explique d'ailleurs par ce fait que ces statuts de 1524 étaient considérés par les sayetteurs comme leur constitution définitive, à tel point que, dans le recueil imprimé, ils les reproduisent de préférence à ceux de 1500, existant cependant à cette époque.

Même dans l'affirmative, l'établissement de la corporation en cette année ne serait pas encore un fait certain, car l'existence de règlements sur les apprentis et les ouvriers est parfois antérieure aux lettres d'érection de la corporation. La marche suivie à ce point de vue par les foulons de saie en est un exemple. Les statuts de 1500 (art. 41 à 44) réglementent en détail cette profession et cependant les foulons ne furent constitués en corporation que le 5 mai 1565.

Nous trouvons encore mention de l'érection des sayetteurs en corporation, dans le préambule d'une ordonnance du 7 mars 1719. En voici les termes exacts : « par l'article 33 des ordonnances et conclusions faites pour l'establissement de leur corps par les président et gens des comptes de cette ville et vos prédécesseurs en loy en l'an 1483, renouvelés le 22 décembre 1524, qui est resté en vigueur... [1] »

Pas plus que la précédente, cette mention ne nous donne la date certaine de l'institution de la Sayetterie en corporation. Ici encore l'article 33 cité est bien celui des statuts de 1524; et l'ordonnance de 1483, relative à l'aptissage, ne prouve pas l'érection en corporation.

La date exacte et précise nous paraît indiquée dans un dernier document, l'ordonnance du Magistrat du 19 juin 1625 [2].

La requête qui la précède et qui émane des « quatre maîtres représentant le corps de styl de la saïetrie » fait mention d'une assemblée des suppôts où il est rapporté que « par les lettres de l'érection dudit styl donnée par les prédécesseurs en loy le 29 novembre 1486, dont extrait authentique va joint, chacun maistre saïetteur, nonobstant les petites dépenses que audit temps convenoit faire, étoient pour lors chargés de dix patars chacun an, qui étoit chose grande selon ledit temps, ce qu'apparemment auroit délaissé de recevoir à telle somme, a été remis à un patar, à raison que ledit styl ne se trouvoit agité de dépenses ».

Bien que nous ne possédions pas l'original de cette ordonnance, ni, par suite, l'extrait authentique qui y fut

---

annexé, il n'est pas possible de douter de l'existence de cet extrait, ni de la véracité de la date attribuée aux lettres. D'ailleurs cette ordonnance fut promulguée à une époque relativement peu éloignée des premiers temps de la corporation ; et le fait que les suppôts de 1486 devaient payer chacun dix pattars de frais d'années devait être connu des maîtres sermentés du corps.

Un dernier argument nous est fourni par le registre aux apprentis qui commence précisément en cette année 1486 ; ne peut-on pas supposer que les lettres d'érection du stil, accordées la même année, aient obligé les maîtres du corps à tenir note des noms des apprentis ?

Nous estimons donc que les lettres d'érection de leur corporation furent concédées aux sayetteurs le 29 novembre 1486.

Quant au siège même de la sayetterie, il a pu exister dès 1482. Il est très probable, sinon certain, qu'aussitôt le privilège définitivement concédé à la ville le 25 mars 1482, le Magistrat dut établir le tribunal spécial de la Vingtaine, dans le but d'asseoir immédiatement son autorité sur la noüvelle industrie et peut-être aussi de se procurer une arme puissante pour les luttes déjà prévues contre les artisans du plat pays.

A la tête du corps de métier, en tant que corporation[1], se trouvaient les maîtres sermentés.

Les statuts de 1524 (art. 26) indiquent qu'ils sont au nombre de quatre et ce chiffre resta toujours le même. On rencontre plus tard la mention des six maîtres sermentés ; mais c'est qu'on y fait entrer les deux maîtres sortis de charge au dernier renouvellement et qui exerçaient pendant une année encore, les fonctions d'égards aux filets de sayette.

---

1. En tant que métier ou pratique du stil, la direction appartenait à la Vingtaine.

Comment étaient-ils désignés ou élus ? A défaut de renseignements plus anciens, nous avons l'indication précise fournie par l'ordonnance du 8 mai 1659 : « De tout temps les deux derniers maîtres (des quatre maîtres modernes du corps de styl des sayetteurs) choisissoient annuellement deux autres sayetteurs pour entrer en ladite maîtrise, au lieu des vieux sortants, et s'admettoient par lesdits mayeurs et commis de la Vingtaine »[1]. Se contentaient-ils de désigner les deux noms strictement requis, ou laissaient-ils à la Vingtaine le choix entre plusieurs candidats ? Le texte cité semble en faveur de la première alternative ; mais des exemples d'élections à la maîtrise, postérieurs il est vrai, montrent que la Vingtaine choisissait sur une liste de quatre noms présentée par les derniers arrivés des maîtres en exercice.

> A Messieurs les mayeurs et commis du siège de la Vingtaine de cette ville de Lille,
>
> Supplient très humblement Antoine Pennequin et Jean-Baptiste Lansel, maistres avec Robert de le Sart et Jean-Baptiste Lemesre, du corps du stil de la saïetterie dudit Lille, que lesdits de le Sart et Lemesre ont achevé leur terme de deux ans en leur qualité de maistres et rendu leur compte le jour d'hier par devant vos Seigneuries et comme il convient en avoir deux autres en leur place pour servir avec lesdits Pennequin et Lansel, à ce sujet ceux-ci se sont retirés vers vos Seigneuries, supplians de l'humilité dite de choisir deux des quatre après nommés : 1. Ambroise Beaumont l'aisné. — 2. Simon-Pierre Descamps. — 3. Mathieu d'Hellin. — 4. Michel Labbe.
>
> Apostille : Ambroise Beaumont père et Simon-Pierre Descamps ont été choisis pour servir avec lesdits Pennequin et Lansel. Fait au siège de la Vingtaine, le 19 juin 1707[2].

Quoi qu'il en soit, tout se passait entre la Vingtaine et les deux maîtres restants, et les suppôts du corps n'avaient point de part à l'élection.

---

1. Pièces justificatives, n° 74.

2. Carton 1181, dossier 8. — Le 25 mai 1730, Jean-Baptiste Deperne et Jacques Roussel sont désignés de la même façon (Carton 1186, dossier 2).

Cette manière de faire présentait certains inconvénients. L'avis du procureur syndic du 13 août 1782[1] les fait bien ressortir :

Les six maîtres ont des fonctions différentes :

Ceux qui ont servi pendant deux ans deviennent, pour la troisième année, égards aux fillets de saïette ;

Les deux autres qui ont servi en qualité de nouveaux deviennent maîtres anciens et régissent toutes les affaires de la communauté à leur gré, parce qu'ils ne veulent pas instruire les nouveaux, de manière que ces derniers, devenant anciens, ne sont pas souvent en état de gouverner les affaires de la communauté.

Le remède à cet abus paraît aussi efficace que facile :

Ordonner que l'un des deux nouveaux maîtres devra être choisi parmi ceux qui ont déjà servi en ladite qualité, et l'autre parmi ceux qui n'ont jamais servi.

Par cet arrangement le nouveau maître choisi parmi les anciens se fera un devoir d'instruire son confrère, pour le mettre à portée de pouvoir discuter les affaires du corps avec les anciens.

Pourquoi, Messieurs, je requiers qu'il soit ordonné qu'à l'avenir les suppliants devront faire choix pour l'un des nouveaux maîtres parmi ceux qui auront rempli cette fonction, pourvu qu'il y ait trois années d'intervalle depuis sa sortie, et que l'autre devra être choisi parmi ceux qui n'auront jamais servi en qualité de maîtres.

Le fait que la requête émane des maîtres et suppôts, et que le procureur syndic requiert qu'à l'avenir « lesdits suppliants » devront faire choix, paraîtrait indiquer que l'élection était faite en commun par les maîtres et les suppôts ; mais nous ne croyons pas qu'une expression aussi vague puisse suffire à établir la participation des suppôts ; d'autant plus que l'abus en question ne se serait sans doute point introduit, si les suppôts avaient eu quelque part à cette élection.

La fonction originelle des maîtres sermentés était « la charge de la conduite de la confrérie de Monseigneur saint Jean-Baptiste »[2].

1. Pièces justificatives, n° 179.
2. Statuts de 1500, art. 18.

A ce titre, ils organisaient la participation du corps de
métier aux processions et aux cérémonies religieuses,
percevaient les taxes levées sur les suppôts, et en rendaient
compte aux mayeurs et commis de la Vingtaine. Directeurs
de la confrérie, ils devaient s'occuper de la réception des
membres ; aussi les statuts de 1500 et de 1524 nous les
montrent-ils veillant à l'application des règlements concernant les apprentis, et procédant à l'admission des nouveaux
suppôts après leur chef-d'œuvre accompli.

Mais les mêmes statuts ne leur donnaient aucun droit
pour faire observer les règlements qui concernaient l'exercice même de la profession. En 1673 seulement, nous les
voyons remplacer les « ferreurs » qui avaient eux-mêmes
succédé, en 1524, aux membres du Petit-Office.

A partir de cette époque, ils prirent une part plus active
dans la surveillance du métier. Un règlement du Magistrat
du 22 mars 1718 confirma l'usage déjà pratiqué par les
maîtres de faire visite chez les suppôts pour assurer l'application des règlements concernant la longueur et la
largeur des étoffes [1]. Sortis de charge, ils exerçaient pendant une année, depuis la réforme du 27 novembre 1715,
les fonctions d'égards aux filets de sayette [2].

Ils étaient aussi qualifiés pour être auprès du Magistrat
l'organe des doléances des suppôts de la corporation. On
les voit en effet fréquemment présenter des requêtes, de
concert ou non avec les mayeurs et commis de la Vingtaine.

Ils étaient enfin les défenseurs attitrés des intérêts des
membres du corps dans les luttes qu'ils avaient à soutenir
notamment contre leurs rivaux, les bourgeteurs, et contre
les artisans du plat pays.

Un intéressante question se pose au sujet des maîtres :
leurs fonctions étaient-elles rémunérées? Les rétributions

1. Pièces justificatives, n° 115.
2. Pièces justificatives, n° 113.

que prévoient les statuts de 1500 (art. 17 et 18) et de
1524 (art. 26 et 30) ne sont pas prélevées à leur profit,
mais bien pour « l'entretènement » de la confrérie de
Saint-Jean-Baptiste. A partir de 1673, les fonctions sup-
plémentaires qui leur furent imposées — à vrai dire, elles
changeaient quelque peu la nature de leur charge — furent
rétribuées[1]; mais pour leur charge même, point de salaire.
Aussi, à certaines époques, le titre de maîtres sermentés fut-il peu recherché; en 1659, on constate la difficulté de leur recrutement : « Plusieurs sont insuffisants
de supporter les frais à ce nécessaires et ceux étant très
suffisants se veulent exempter »[2].

Quels étaient donc ces « frais si onéreux » ? Evidemment,
il n'est pas question de la perte de temps qu'entraînait
l'exercice de leur mandat, non plus que de dépenses de
représentation ou de banquets, celles-ci étant portées au
compte de la confrérie. La plus lourde charge des maîtres
était leur obligation d'avancer aux créanciers du corps les
sommes portées au compte de leur année fréquemment
en déficit et dont ils devaient attendre parfois longtemps
le remboursement. Il est vrai qu'ils en touchaient l'intérêt
au denier dix-huit[3], mais cela n'empêchait pas ces avances
d'être très onéreuses pour « des honnêtes sayetteurs »
généralement peu nantis de capitaux et de leur causer
parfois « un grandissime intérêt »[4].

La bonne administration du corps de métier nécessitait
parfois la convocation des suppôts de la Sayetterie.

Les assemblées ordinaires du corps avaient sans doute
pour but la participation collective aux processions et aux
cérémonies publiques, aux offices religieux de la confrérie
Saint-Jean-Baptiste. Mais ces assemblées ordinaires, si

1. Voir les chapitres VII et VIII.
2. Pièces justificatives, n° 74.
3. Pièces justificatives, n° 79.
4. Pièces justificatives, n°⁵ 70, 89, etc.

toutefois elles étaient en usage, n'ont pas laissé de traces dans les documents de nos archives.

Quant aux assemblées extraordinaires, elles avaient lieu tout d'abord quand il s'agissait de lever ou d'augmenter une taxe nécessitée par les frais de la corporation. C'est ainsi que les ordonnances rendues dans ce but par le Magistrat le 19 juin 1625[1], le 19 octobre 1646[2] et le 22 mai 1648[3] furent précédées d'une convocation des suppôts. Mais le Magistrat ne demandait pas toujours cette enquête[4].

Ces assemblées avaient lieu encore quand il s'agissait de procéder à un emprunt, par exemple, le 6 décembre 1783, pour lever 800 florins en rente viagère[5].

Elles avaient lieu aussi quand une question de haute importance était en discussion. En voici quelques exemples :

Le 1er juillet 1719, assemblée au sujet de la tenue du marché aux fils de sayette[6].

En 1769, plusieurs assemblées au sujet des difficultés concernant la chapelle des sayetteurs en l'église paroissiale de Saint-Maurice[7].

Le 21 décembre 1775, assemblée au sujet des importantes réformes qui étaient alors en projet[8].

A ces dernières assemblées, tous les suppôts du corps avaient été convoqués; mais il n'en était pas toujours ainsi. Le préambule de l'ordonnance du 19 juin 1625 dit que la

---

1. Pièces justificatives, n° 60.
2. Pièces justificatives, n° 70.
3. Carton 1160, dossier 8.
4. Exemple : l'ordonnance du 27 juin 1679 (Pièces justificatives, n° 89).
5. L'avis du procureur syndic s'exprime ainsi : « J'ai toujours vu qu'avant d'autoriser les maîtres en exercice des corps d'arts et métiers de lever de l'argent, vous ordonniez une convocation des suppôts.» (Avis du procureur syndic, 5944, n° 262).
6. Pièces justificatives, n° 119.
7. Registre aux causes, p. 96 et 97.
8. Pièces justificatives, n° 167.

situation du corps « a été représentée à un grand nombre de notables saïeteurs, convoqués et comparans à la reddition du compte des maîtres sermentés »[1].

Quand il s'agit de la grosse question de la limitation du nombre de métiers, la Vingtaine provoque une assemblée « d'un certain nombre de sayeteurs » dont les noms sont cités au procès-verbal[2].

Il en fut de même de plusieurs assemblées au sujet des difficultés soulevées par les bourgeteurs, par les artisans du plat pays, ou par certains novateurs tels que les Deslobbes et les d'Hellin. De fait la discussion de ces affaires était délicate et ardue ; elle n'eût pu être exposée utilement au tumulte inséparable de toute assemblée trop nombreuse. Aussi les membres de la Vingtaine préféraient-ils convoquer seulement les plus notables des suppôts. Et nous croyons bien qu'ils avaient recours à des assemblées générales, moins pour étudier les questions en jeu que pour mettre leur responsabilité à couvert sous l'autorité des suppôts.

Les procès-verbaux de ces assemblées et les résolutions ainsi prises en commun étaient rédigés par le greffier du corps, qui, bien souvent, les avait inspirés lui-même[3].

Les sayetteurs ne paraissent pas d'ailleurs avoir revendiqué le droit de participer d'une manière plus active à la discussion des intérêts du corps. Ils ne semblent pas non plus avoir montré grand empressement à répondre aux convocations qui leur étaient adressées.

Le procès-verbal de l'assemblée générale du 21 décembre 1775 mentionne que, sur 239 suppôts, 106 seulement

---

1. Ceci fait croire qu'en principe les suppôts n'assistaient pas à la reddition des comptes.

2. Voir chapitre VI.

3. Au sujet de ce rôle « exclusif » du greffier de la Sayetterie, voir notamment les lettres du greffier A.-F. Hasbroucq. (Pièces justificatives nos 134 et 149.)

ont donné leur avis [1]. Les procès-verbaux des assemblées de 1769 au sujet de la chapelle portent l'un 27 signatures, l'autre 11 signatures seulement.

Un autre motif du peu de fréquence de ces assemblées générales est celui-ci : aux moments où les intérêts essentiels du corps de métier étaient en jeu — et ils le furent souvent — l'effervescence était grande parmi les sayetteurs; convoquer alors une assemblée générale eût été attiser le feu et peut-être provoquer du tumulte. Il semblait préférable que les maîtres sermentés se fissent, auprès du Magistrat, l'organe de la colère commune et s'efforçassent d'obtenir par les voies légales satisfaction aux désirs de tous ; l'agitation et les écarts de langage et d'actes qu'eût provoqués peut-être une assemblée nombreuse, n'eussent pu que nuire à la bonne solution des difficultés.

Il faut d'ailleurs observer que, dans ces assemblées, les suppôts semblent avoir eu leur «franc-parler». En 1781, par exemple, nous les voyons critiquer la gestion financière de ceux qui dirigeaient le corps de métier. Ils se plaignent de la gratification de 120 florins accordée aux maîtres et égards sortis de maîtrise et des 30 florins concédés aux hauts-bans pour leurs visites. Ils demandent aussi la suppression du droit dont avaient toujours joui les hauts-bans et les deux égards en exercice, d'être exempts de payer les frais d'années et de métier [2].

Pour être complet, disons que le droit de convoquer ces assemblées générales appartenait, tout d'abord et sans conteste, au Magistrat. Mais, le plus souvent, la réunion était provoquée par les mayeurs et commis de la Vingtaine. Quant aux maîtres sermentés, on ne les voit jamais auto-

---

1. « Plusieurs suppôts, retenus par leurs affaires, n'avoient pu se rendre en notre assemblée ; d'autres avoient dû, pour le même motif, s'en retourner chez eux, avant que leur tour d'être appelé fût arrivé. »

2. Voir : Avis du Procureur syndic, 5945, n° 101.

riser ou tenir, de leur propre chef, une assemblée générale.

La présidence de l'assemblée appartenait à la Vingtaine, ou, plus exactement, c'est devant elle que se tenait la réunion.

Ce qu'on demandait, en pareil cas, aux sayetteurs, aux suppôts du corps, ce n'était pas une décision, mais seulement un avis. Il en était même ainsi, quand il s'agissait de nouvelles taxes à lever, ou d'un emprunt à autoriser. Que l'assemblée n'ait eu qu'un simple droit consultatif, cela ne fait aucun doute, puisque le Magistrat se réservait toujours, de par son autorité, la décision définitive de toute question.

CHAPITRE XI

LA CORPORATION DES SAYETTEURS

Ses institutions religieuses et charitables.

INSTITUTIONS RELIGIEUSES. — PARTICIPATION AUX PROCESSIONS. — PATRON :
SAINT JEAN DÉCOLLASSE. — FÊTES CORPORATIVES ; INDULGENCES. —
CHAPELLE EN L'ÉGLISE SAINT-MAURICE ; SA SUPPRESSION. — OFFICES
RELIGIEUX EN L'ÉGLISE DE SAINT-SAUVEUR.

INSTITUTIONS CHARITABLES. — FONDATIONS DE LITS AUX VIEUX-HOMMES ET
A L'HÔPITAL DE LA CHARITÉ. — LA FONDATION HUBERT DÉLIOT. —
PROJET D'UNE SOCIÉTÉ DE SECOURS MUTUELS PRÉSENTÉ PAR LES
OUVRIERS FRANCS ET REFUSÉ PAR LE MAGISTRAT.

La vie religieuse de la corporation des sayetteurs avait
comme manifestations propres la participation aux processions publiques et les différents offices célébrés sur la
demande de la confrérie pour les intérêts spirituels et
temporels des suppôts vivants et défunts.

Les sayetteurs avaient donc leur rang assigné dans les
deux grandes processions de Lille : celle du Saint-Sacrement
et celle de la ville qu'on appelait souvent « la Procession »
sans autre déterminatif.

Leur cortège était ainsi réglé : quatre hommes portaient
les torches du corps et devant eux marchaient un tambou-
rineur et un joueur d'instrument non spécifié. Puis venait
un « homme d'église » portant l'image de Mgr saint Jean-
Baptiste et accompagné de deux petits clercs portant les
chandelles. Les maîtres sermentés et les suppôts suivaient
en groupe.

Le patron des sayetteurs était saint Jean-Baptiste, vénéré spécialement dans son supplice de la décapitation, ou, comme on disait autrefois « saint Jean décollasse ». La fête principale de la corporation était donc la Décollation de saint Jean-Baptiste ; mais elle célébrait aussi la nativité du même saint, ainsi que les fêtes de saint Mathieu et de saint Marc, apôtres et évangélistes. Ces jours-là on chantait une grande messe et l'on distribuait des images aux suppôts qui y assistaient ; la chapelle était toute tapissée et ornée de feuillages ; les sonneurs « battelaient » la veille et le jour même, et les orgues résonnaient comme aux grandes solennités.

A la célébration de cette fête étaient attachées des indulgences concédées, vers 1630, par le Souverain Pontife ; les mentions suivantes en font foi :

At esté payé à certain quidam ayant esté à Tournay, pour faire approuver les indulgences obtenues de Sa Sainteté pour le terme de sept ans, pour le jour de la Décollation Saint-Jean, en ladite chapelle, y compris aucuns débours par luy faits, 10 l. 16 s. — Pour avoir fait le translat des indulgences de latin en langue franchoise, 52 s.

Aux Pères Capucins pour avoir, par l'un desdits Pères, fait la prédication en l'église Saint-Maurice le jour de la Décollation Saint-Jean, à cause des indulgences concédées ledit jour, patron des sayeteurs, si comme 60 s. de pain et 7 l. de chire, 10 livres [1].

La cérémonie religieuse était ordinairement suivie d'un banquet offert aux maîtres sermentés du corps et à quelques autres seulement, car le peu d'importance des frais de ce banquet ne permet pas de supposer de nombreux convives ; en tout cas, il ne peut être question d'un repas pour tous les suppôts.

L'assistance à la fête principale de Saint-Jean décollasse était obligatoire pour tous les suppôts. C'est ce que nous apprend l'ordonnance du 20 août 1569 :

---

1. Comptes de 1630. — Ces indulgences ne furent sans doute pas renouvelées, car les comptes de 1646 et 1647 ne mentionnent plus de dépenses à ce sujet.

Pour ce qui est venu à la cognoissance d'eschevins et conseil de cette ville que les saïetteurs de cette ville ne gardent le jour saint Jehan décolace qui est leur fête, ains font leur œuvre comme aultres jours, se fait le ban et commandement de la part desdits échevins et conseil que tous saïeteurs gardent doresenavant ledit jour Saint-Jehan décolace comme fête de toute œuvre, à péril d'une livre de chire de six pattars au profit de la chapelle et d'estre puni à la discrétion desdits eschevins [1].

A la chapelle des sayetteurs était attaché un prêtre chapelain, qui devait y célébrer une messe par semaine. Nous ne savons quels furent d'abord ses honoraires, mais le compte de 1769 décida qu'on ne paierait plus au sieur Morelle, chapelain, que 50 florins pour tous devoirs [2].

En 1769, les sayetteurs étaient en discussion avec les marguilliers de Saint-Maurice, au sujet de leur chapelle Saint-Jean-Baptiste sise en cette église. Nous ne savons pas exactement pour quelle cause les marguilliers avaient avisé les sayetteurs que désormais l'usage de cette chapelle leur serait retiré ; ils voulaient bien cependant leur attribuer une autre chapelle, mais à condition de conserver à leur profit les ornements et les boiseries de l'ancienne.

Le 14 février, les suppôts de la sayetterie, assemblés à ce sujet, furent d'avis de repousser les propositions des marguilliers et décidèrent qu'à l'avenir les offices religieux du corps se feraient dans l'église paroissiale de Saint-Sauveur et que l'on ne prendrait plus de chapelle spéciale.

Le lendemain, ils se réunissaient de nouveau « par rapport à la chapelle » et on leur faisait part que « les marguilliers vouloient bien les réintégrer et les laisser dans leur premier état ». Mais on décida de ne pas accep-

1. Pièces justificatives, n° 33.
2. En 1781, un document intitulé « Situation du corps de la saïeterie » ne prévoit plus que 58 florins pour les messes et obits célébrés à l'église ; 21 florins pour les images distribuées à la fête de Saint-Jean ; et 16 florins pour rétribution de ceux qui étaient employés aux processions. (Avis du Procureur syndic, 5947, n° 38).

ter cette offre et de poursuivre l'affaire, suivant la décision de la veille[1].

Quelque temps après, le greffier Jean-Baptiste Desrousseaux, au nom du corps, présenta requête afin d'être autorisé à vendre tout ce qui appartenait à cette chapelle et obtint du Magistrat l'autorisation demandée. La vente eut lieu en effet et produisit une somme de 1.082 florins 16 patars, dont il faut déduire 26 florins de frais d'estimation.

Les comptables déclarent avoir reçu pendant l'année de ce compte, du sieur Cattaert, marchand orfèvre de cette ville, la somme de 763 fl. 2 p. pour deux Christ, deux barques et un calice d'argent provenant de la chapelle Saint-Jean. . . . . 763 fl. 2 p.

Pour différents effets de ladite chapelle vendus à la Bourse. . . . . 44 fl. 12 p.

Rapportent encore 69 fl. 18 p. pour la vente du linge de ladite chapelle. . . . . 69 fl. 18 p.

Pour chasubles, antipannes, cuivre et différents autres effets . . . . • . . . . . 205 fl. 4 p.

21° somme de recettes porte : 1.082 fl. 16 p. [2].

Les archives hospitalières de Lille nous ont conservé le souvenir de quelques fondations faites au profit des sayetteurs dans les anciennes institutions charitables de la ville.

A l'hospice des Vieux-Hommes, Mathias Deleporte, sayetteur, et Catherine Leplat, sa femme, par acte passé devant échevins le 25 août 1631, donnèrent en capitaux de rente 2.000 florins, pour nourrir et entretenir un vieil homme de Lille « sayetteur de stil, vraiment pauvre, caduc, et impuissant de gagner sa vie, non adonné à brimberie publique, bon et fidèle catholique, nullement suspect d'hérésie ». On devait, dans le choix de cet hospitalisé, préfé-

---

1. Registre aux causes ; pp. 96, 97, 100.
2. Compte de la chapelle de 1769.

rer toujours un parent des fondateurs, s'il s'en présentait[1].

Le 19 août 1677, Henri Jacops, seigneur d'Haillies, légua au même hospice une rente de 2.800 florins sur les États, pour la fondation d'un lit « pour un pauvre vieil sayetteur ou bourgeteur, natif de Lille et âgé de soixante ans, qui ne serait pas tombé en décadence par ivrognerie[2]».

Au même hospice encore, Élisabeth Persan, veuve de Jean Lechire, échevin, donna une rente de 2.500 florins pour fondation d'un lit en faveur d'un « ancien homme sayeteur ou bourgeteur, en préférant toujours les parents de la fondatresse[3]. »

La même bienfaitrice laissa aussi à l'hôpital de la Charité une somme de 3.000 florins pour la fondation d'un lit réservé à ses parentes de préférence, ou, à leur défaut, à des chartrières, veuves ou filles de sayetteurs ou de bourgeteurs[4].

D'après un avis du procureur syndic, du 16 janvier 1708, un testament des mêmes Jean Le Chire et Élisabeth Persan, en date du 26 novembre 1655, aurait contenu cette clause : «Veut et ordonne estre fondé une prébende perpétuelle de 4 livres de gros, pour un homme vieil, bourgeois de ceste ville, ou une veusve, saieteur ou bourgeteur, pour dresser une hostille[5]». Mais cette clause tomba peut-être en caducité par l'effet de testaments postérieurs.

La fondation la plus importante, car par son fonctiontionnement elle intéressait directement la vie de la corpotion, était celle d'Hubert Déliot.

Le 13 décembre 1584, « Guillaume Déliot, bourgeois et marchand demeurant en cette ville de Lille, damoiselle Marie Déliot, veuve de feu Evrard Dubosquel, et damoiselle Marieanne Déliot, veuve de

1. Archives hospitalières de Lille. Fonds des Vieux-Hommes, II. B. 1.
2. *Ibidem*, II. B. 8.
3. *Ibidem*, II. B. 9.
4. *Ibidem*, Fonds de l'hôpital de la Charité, XII. B. 11.
5. Carton 821, dossier 9.

Jean de Fourmestraux, lesdits du surnom Déliot, frères et sœurs, enfans et héritiers avec autres, de feu Hubert.... pour satisfaire à la pieuse intention et volonté dudit Hubert Déliot, en son vivant bourgeois et manant dudit Lille, leur père, touchant la distribution perpétuelle de quelques sommes de deniers par chacun an, à quelque nombre de pauvres sayeteurs, pour les aider à eux remettre audit stil » remettent entre les mains des ministres généraux de la bourse commune des pauvres de la ville, qui confessent l'avoir reçue, « la somme de 1.500 livres de gros, faisant 9.000 florins carolus de 40 gros monnaie de Flandre, pour icelle somme être, au plus tôt que faire se pourra, mise en rentes à personnes suffisantes, par l'advis et authorisation d'eschevins ».

Du revenu en procédant il devait, chaque année, par les soins des ministres généraux, « être distribué, au mois de mars, la somme 72 livres de gros, faisant 432 florins, à dix-huit pauvres maîtres sayetteurs, soit hommes mariés ou étant veufs, ou femmes veuves, gens bien à eux et dispos pour ouvrer, qui est à chacun d'eux quatre livres de gros faisant 24 florins, pour être employés au fait dudit stil de la saietterie, lesquels dix-huit personnes, hommes ou femmes veuves, se devront changer par chacun an, sans que celui qui aura eu une fois ladite distribution, la puisse avoir de toute sa vie, sauf toutefois que la veuve de celuy qui aura eu une fois ladite distribution, en pourra être aussi une fois favorisée » [1].

L'acte ci-dessus confiait l'administration de cette fondation à la même personne qui était chargée de gérer les biens d'une autre fondation d'Hubert Déliot, celle des apprentis Grisons, et fixait pour son salaire 3 livres de gros par an.

Un acte du commencement du XVIIIe siècle, signé par le greffier Hasbroucq, mentionne cette fondation et ajoute qu'elle « a été depuis augmentée jusqu'au nombre de vingt-quatre prébendes ». De plus, dit-il encore, « il s'est fondé plusieurs autres prébendes de vingt et un florins, nommées Ferlande ; d'autres de quinze florins en faveur des apprentifs et celles nommées les Grisons en faveur des mêmes apprentifs » [2].

---

1. Pièces justificatives, n° 41.
2. Pièces justificatives, n° 136.

Les noms des bienfaiteurs qui augmentèrent ainsi la fondation Déliot ne nous sont pas connus. Quant à la fondation dite des Grisons, et due au même Déliot, nous ne croyons pas qu'elle fut faite en faveur des seuls sayetteurs ; du moins elle est désignée d'une façon générale « pour un certain nombre d'enfants allans à l'escole ».

Vers la même époque, le bruit courut que les prébendes Déliot allaient être supprimées et réunies à l'hôpital, ce qui, disaient les maîtres sermentés, « faisoit la plainte de tous les suppôts ». Ils écrivirent en ce sens au Magistrat :

Les supplians ne sçauroient assez vous représenter, Messieurs, de quelle utilité ont été jusques à présent lesdites fondations et de quelle importance il est qu'elles soient bien entretenues ; ce qu'il leur reste à souhaiter c'est que tant de personnes qui ont fait leur fortune après leur manufacture, voulussent bien les imiter.

Les prédécesseurs en loy de vos Seigneuries avoient déterminé les ministres généraux de la bourse commune des pauvres à remployer en rentes sur la ville les deniers qu'on leur avoit mis entre les mains, pour satisfaire ausdites fondations, et ils s'étoient fait une loi et avoient pris un soin particulier et spécial de faire fournir les deniers nécessaires ausdites fondations par préférence à toutes autres, dans les temps même les plus calamiteux de guerres, de pestes, de famine, de manière, Messieurs, que depuis 1584, il n'est point de mémoire qu'au mois de mars les ministres généraux aient manqué de fonds pour fournir ausdites fondations. Les plus anciens suppôts assurent avoir appris la même chose de leurs anciens.

Il est de toute importance, Messieurs, que ces mêmes fondations s'observent exactement aujourdhuy qu'il est à craindre qu'un grand nombre de sayeteurs, qui espéroient de recevoir ce secours, ne se trouvassent obligés de tout abandonner à ce défaut.

Ce considéré, Messieurs, il vous plaise, à l'instar de ce que vous avez pratiqué depuis 1584, ordonner à vos trésoriers de fournir sans retard les fonds destinés ausdites fondations aux ministres généraux pour les accomplir, comme des deniers qui ont toujours été regardés comme privilégiés, utiles et nécessaires à l'entretien des manufactures qui produisent la plus grande partie des revenus de la ville. [1]

---

1. Pièces justificatives, n° 136.

Dans une autre occasion, les ministres généraux demandèrent au Magistrat l'autorisation d'employer « pour augmenter le nombre des apprentis Grisons les deniers destinés à aider les pauvres sayetteurs à se remettre audit stil ».

Le procureur syndic rendit un avis nettement défavorable.

Il y a un grand nombre de maîtres sayeteurs qui n'ont point encore joui d'une pareille prébende, quoi que, aux termes de ladite fondation, ils ayent droit d'y aspirer. Ainsi il n'eschet point de changer la destination des deniers ci-dessus qui doivent être nécessairement distribués à des pauvres maîtres sayeteurs, s'il s'en présente, ou, à leur défaut, remis à la bourse générale pour être distribués comme ordinaire aux pauvres de la ville.

Ce qui a donné lieu à la présente requête est une résolution des ministres généraux du 2 avril 1590, de ne plus conférer à l'avenir les quatre livres de gros à sayeteurs et veuves de sayeteurs ayant plus de deux outils, laquelle a fait présumer aux administrateurs modernes qu'il falloit avoir au moins un outil pour être habile à obtenir l'une de ces prébendes, de sorte qu'étant de leur cognoissance que ceux qui devoient y prétendre n'avoient aucun outil, ils ont cru ne pouvoir les leur conférer et devoir demander, pour que les deniers à ce destinés ne restassent point infructueux, qu'ils fussent employés à augmenter le nombre des apprentifs Grisons, qui sont ceux qui vont à l'école fondée par ledit Hubert Déliot.

Mais ils sont dans l'erreur, parce que la résolution ci-dessus, de telle façon qu'on puisse l'entendre, quoique prudente sans doute dans son origine, ne doit point faire cesser l'exécution de ladite fondation aussi longtemps qu'il se présente de pauvres maîtres sayetteurs qui ont les qualités requises.

Or le fondateur n'ordonne point que l'aspirant ait un outil ; au contraire il fait entendre que ceux qui n'en ont point sont préférables, pourvu qu'ils soient dispos à ouvrer, à ceux qui sont déjà en état de faire travailler.

En effet, par l'acte de fondation il déclare que c'est pour aider les pauvres maîtres sayetteurs à se remettre audit stil.

Ces termes font assez connaître qu'il a voulu que ces prébendes fussent données ou à des maîtres sayeteurs qui, n'étant point en état de remplacer, sans avoir un secours étranger, les outils péris par la longueur du temps, sont obligés d'abandonner toute entreprise de sayeterie, ou, à défaut de ceux-ci, à d'autres qui, quoique maîtres sayeteurs, n'ont point assez de faculté pour acheter un outil et commencer une manufacture.

Quoi qu'il en soit, concluait le procureur syndic, l'intention du fondateur a été de faire fleurir la branche précieuse du commerce de sayeterie en cette ville, et de procurer aux maîtres toutes sortes d'avantages pour empêcher sa décadence [1].

Un certain nombre de fondations charitables, d'œuvres d'assistance, existaient donc en faveur des maîtres et des apprentis ; mais nous n'en trouvons pas pour les ouvriers sayetteurs, c'est-à-dire pour ceux qui n'avaient pas passé le chef-d'œuvre.

Ceux-ci tentèrent de fonder eux-mêmes une œuvre d'assistance, de « secours mutuels ». Une requête de septembre 1737 expose ainsi leur projet :

Remonstrent très humblement les principaux francs ouvriers saïeteurs demeurans en la paroisse de Saint-Sauveur dans la ville de Lille, que, s'estans assemblés au nombre de cent cinquante ou environ, sont d'intention et ont résolu, sous vostre bon plaisir, de s'ériger en confrairie ou société sous le titre de Saint-Jean-Baptiste en l'église paroissiale de Saint-Sauveur audit Lille, pour le bien et soulagement des pauvres malades de leur société, à quel sujet ils se proposent de faire un fonds par chaque année à cet effet et déjà près de cent cinquante se sont engagés de fournir entre les mains d'un directeur ou receveur par eux nommé, trois sols de France par mois, qui seront distribués aux pauvres malades et indigens de leur société et confrairie ; de plus ils se proposent, pour la plus grande gloire de Dieu, de faire célébrer chaque année une messe solennelle en l'honneur de saint Jehan Baptiste en ladite église Saint-Sauveur, et de faire célébrer le lendemain un obit pour le repos de l'âme des associés trespassés, d'ériger des directeurs, receveur et varlet portant la robe pour prier les associés de se assembler en société lorsque la nécessité le requerra pour le bien de leur société, ce qui ne peut se faire sans votre permission, Messieurs ;

A ces causes, ils ont recours à votre autorité pour que, en faveur des pauvres indigens et tombés malades de leur société, leur permettre de s'ériger en confrairie et société, de choisir entre eux des directeurs convenables, un receveur tenant registre, et un varlet pour

---

1. Pièces justificatives, n° 154.

porter la robe publiquement, ainsi qu'il se pratique dans les autres sociétés ; surtout considéré que ceux tombés dans l'indigence et malades ne seront plus à la charge de la pauvreté publique, tant et si longtemps qu'ils seront en état d'y fournir ; et ferez justice.

L'apostille du Magistrat en réponse à cette requête, fut aussi brève que possible :

Vu l'advis du procureur syndic, ce qui se requiert ne se peut accorder. Fait en conclave, la Loy assemblée, le 12 septembre 1737 [1].

Cet avis du procureur syndic ne nous étant pas connu, le refus du Magistrat paraît, au premier abord, fort déplaisant. Quelles graves raisons ont-elles pu le décider à rejeter ce projet, cependant bien séduisant, d'une société de secours mutuels ? Nous ne pouvons que les présumer.

Tout d'abord il faut observer que la demande des ouvriers sayetteurs fut émise au moment même où ils étaient en lutte ouverte avec le Magistrat et avec les maîtres du corps [2]. Le Magistrat pouvait donc craindre que cette nouvelle organisation ne devînt une arme contre les maîtres et contre lui-même.

D'un autre côté, la requête ne fait aucune mention de l'autorité du Magistrat en ce qui concerne la première assemblée des ouvriers, ni les convocations d'autres assemblées par le valet ; et elle ne lui attribue aucune intervention dans ces assemblées, non plus que dans le choix des directeurs et du receveur. Or, nous le savons, le Magistrat tenait essentiellement à contrôler lui-même tous les faits et gestes des corps de métiers et des diverses sociétés de la ville. Sous ce rapport, le projet des francs ouvriers ne pouvait avoir grande chance d'être agréé.

Sa réalisation eût d'ailleurs placé dans un réel état d'infériorité les maîtres et les suppôts, puisque leur cor-

---

1. Pièces justificatives, n° 137. — La date exacte de ce document est bien 1737 et non 1734 comme l'indique la copie d'après laquelle nous la publions dans notre recueil de Pièces justificatives.

2. Voir le chapitre II.

poration dépendait étroitement du Magistrat. Comment auraient-ils pu répondre d'une façon collective aux résolutions de la société des francs ouvriers, puisque, avant de se réunir eux-mêmes, ils devaient être autorisés par le Magistrat et que leurs décisions n'avaient de force que si elles étaient approuvées par lui ?

Le choix même de l'église Saint-Sauveur, comme centre des offices de la future société, semblait vouloir rompre toute attache à la confrérie de la corporation qui avait encore, à cette époque, son siège en l'église Saint-Maurice. En somme, cette nouvelle société devenait rivale de la confrérie corporative et créait bien une scission officielle entre les maîtres et les ouvriers, qui semblaient ainsi se séparer du reste du corps de métier et « faire bande à part ».

Enfin ce « fonds » commun que voulait former la nouvelle société n'aurait-il pas permis aux ouvriers sayetteurs de se soutenir quand ils auraient décidé de refuser leur travail aux maîtres, en un mot, quand ils auraient voulu se mettre « en grève » ? Sans doute une cotisation de 3 sols de France par mois ne produisait, pour 150 ouvriers, que 270 livres par an et cela paraît bien peu pour permettre à 150 « grévistes » de se soutenir longtemps. Mais cela leur eût-il permis de résister seulement quelques jours, qu'ils eussent pu, par cela seul, devenir les maîtres de la situation ; car il ne faut pas oublier que les maîtres sayetteurs étaient en général « à court d'argent » et qu'ils devaient souvent vendre le lundi les pièces fabriquées durant la semaine, pour se procurer les fonds nécessaires à l'achat des fils destinés à de nouvelles pièces. L'abandon du travail par l'ouvrier, le vendredi par exemple — et ce n'est pas une hypothèse en l'air — eût surpris le maître dans un moment où il se trouvait sans ressource. Et le maître, ayant souvent contre lui le peigneur et le marchand, eût-il trouvé l'aide nécessaire pour résister lui aussi ?

Toutes ces considérations ont dû, selon nous, influer sur la décision du Magistrat qui préféra couper court à tout danger de conflit, plutôt que de s'exposer aux chances si incertaines d'une lutte, surtout dans les circonstances plutôt critiques que traversait le corps de métier de la sayetterie.

Ce refus, qu'il faut, après tout, supposer motivé par de bonnes raisons d'ordre public, a donné l'occasion à M. Flammermont d'écrire la phrase suivante :

La corporation était nombreuse et assez riche. Les taxes que payaient les suppôts étaient employées en salaires aux maîtres et surtout en frais de culte et de cérémonies religieuses. Dans les comptes, on ne trouve aucune dépense pour l'assistance publique. Bien mieux, en 1737, le Magistrat refusa aux sayetteurs de la paroisse Saint-Sauveur la permission de créer une société de secours mutuels... Ainsi, sous l'ancien régime, non seulement les corporations ne s'occupaient pas d'assurer des secours à leurs membres, mais l'autorité empêchait même de créer des sociétés particulières d'assistance [1].

Ce serait sortir des limites de notre monographie que de relever ici tout ce qu'il y a de faux et d'injuste dans une accusation aussi générale et aussi catégorique. Quant à ce qui concerne les sayetteurs en particulier, ayant ci-dessus étudié le refus du Magistrat, il nous suffira de dire que si les comptes de la Sayetterie ne mentionnent pas d'œuvres de charité ou de bienfaisance, c'est que ces œuvres étaient des « fondations » dont l'administration était soumise à un régime distinct ; les comptes de la Sayetterie n'avaient donc pas à s'en occuper.

---

1. J. Flammermont, *Histoire de l'industrie à Lille*, conférences rédigées par A. de Saint-Léger (Lille, 1897, in-8).

CHAPITRE XII

LES COMPTES DE LA SAYETTERIE
ET DES SAYETTEURS
Charges et impôts.

LES COMPTES DE LA SAYETTERIE. — RÉSOLUTION DU 27 OCTOBRE 1673.
— ANALYSE DU COMPTE DE 1706. — MODIFICATIONS DANS LES COMPTES
SUIVANTS.

LES COMPTES DES SAYETTEURS. — PREMIER GROUPE (XVIIᵉ SIÈCLE). —
DEUXIÈME GROUPE (XVIIIᵉ SIÈCLE) COMPRENANT LES COMPTES DE LA
CHAPELLE ET LES COMPTES DU CORPS.

LOUABLES EFFORTS DU CORPS DANS LE BUT D'AMÉLIORER SA SITUATION
FINANCIÈRE.

CHARGES ET IMPOTS DES SAYETTEURS. — L'ASSIS ET LE HALLAGE ; L'IMPOT
SUR LES CHANGEANTS. — DROITS SUR LES GRANDS CHANGEANTS EN 1660.
— SUPPRESSION DE CES DROITS EN 1731. — IMPOT SUR LES FILS DE
SAYETTE. — CENTIÈME DENIER. — TAXE D'INDUSTRIE.

Quand nous avons voulu étudier la « comptabilité » de
la corporation des sayetteurs, nous nous sommes trouvé
en présence de deux groupes de comptes bien différents.

D'une part, nous avons les comptes rendus aux échevins par les mayeurs et commis de la Vingtaine; ils sont
désignés, dans les archives de la ville, sous l'appellation
de « comptes de la sayetterie. »

D'autre part, les maîtres du corps en exercice présentaient aux mayeurs et commis de la Vingtaine des
comptes dits « comptes des sayetteurs ». Ce second groupe
se divisa lui-même en deux séries que nous distinguerons
sous les noms de « comptes du corps » et de « comptes
de la chapelle ».

Nous suivrons cet ordre dans l'examen de la comptabilité fort complexe de notre corps de métier ; c'est le seul moyen de rendre clair notre exposé.

I. — COMPTES DE LA SAYETTERIE

Le XXVII d'octobre XVI[c] septante-trois, la Loy assemblée, fut résolu de faire former un compte par les mayeurs et commis de la Vingtaine, dans lequel seroit rapporté au profit de cette ville généralement tout ce dont lesdits mayeurs et commis avoient droict de jouir, soit à titre d'amende ou autrement, ensemble le produit de l'augmentation des plombs qui s'appliquent aux pièces de marchandises dépendantes de la saïeterie dans ladite Vingtaine et sur les outils, pour dudit provenu de tout ce que dessus donner doresenavant auxdits mayeurs en nombre de quatre pour honoraires à chascun d'iceux la somme de trois cens livres parisis et aux deux sayeteurs appelés communément Vingtaine deux cens livres parisis, aux nouveaux commis à mesurer et sceller, dont le nombre sera réduit à quatre, chacun quatre cens livres parisis...... Les plombs qui s'appliquent à la Vingtaine seront vendus à trois deniers la pièce, à commencer à la Toussaint prochain, et ceux qui s'appliquent sur les outils six deniers chacun [1].

Cette ordonnance permet de saisir l'origine et de prévoir quelle sera la composition des comptes de la sayetterie.

Nous prendrons comme type, le compte du 6 novembre 1706. Si l'on omet celui de 1673, au début duquel est transcrite l'ordonnance du 27 octobre, et qui représente la transition entre le régime ancien et le nouveau, ce compte de 1706 est le premier qui nous soit parvenu [2].

---

1. Carton 1185, dossier 1.

2. De fait, avant cette date, il n'est pas possible de prendre une idée exacte et complète de la comptabilité de la Sayetterie. Les documents sont rares et imprécis ou incomplets. Voici d'ailleurs l'énumération des comptes de la Sayetterie que nous avons trouvés aux archives :
1671, 1672 et 1673. (Carton 1185, dossier 1).
1706. (Carton 1181, dossier 3).
1714. (Carton 1183 bis, dossier 4).
1721, 1722. (Carton 1184, dossier 2).
1724. (Carton 1184, dossier 17).
1735. (Carton 1207, dossier 6).
1726, 1728, 1741 à 1783 (n°s 5766, 5767).

RECETTES

1° Recette des amendes de coupures par estroit sans excès de 3 patars à la pièce de 18 et 22 aunes, et de 6 patars de celle de 44, et de 9 patars de celle de 54 à 60 aunes . . . . 112 fl. 4 p.

2° Amendes des pièces de marchandises renvoyées au siège de la Vingtaine par les commis à sceller pour avoir été trouvées courtes et estroites par excès, desquelles ledit commis n'ont droit de juger . . . 51 fl. 18 p.

Une ordonnance du 26 janvier 1672 admit quelque tolérance au sujet de la longueur et de la largeur des pièces ; les unes « étroites sans excès » étaient simplement coupées par les égards et punies de l'amende ordinaire ; les autres « étroites par excès » étaient justiciées plus rigoureusement par la Vingtaine [1].

3° Recette à cause des marchandises trouvées sans enseigne . . . . Néant.

4° Recette à cause des marchandises trouvées sans entrebattes . . . . Néant.

5° Recette à cause des marchandises trouvées sans plombs d'outils . . . . Néant.

Ces pénalités avaient été édictées par l'ordonnance du 8 avril 1673 [2], renouvelant et complétant celle du 6 octobre 1568 [3]. L'amende était de 6 livres parisis, dont un tiers pour l'accusateur, un tiers pour la chapelle et un tiers pour la Vingtaine.

6° Recette des apprentifs qui s'enregistrent sur le registre du corps pour les affranchir, à raison de 10 patars pour ceux de la ville et 20 patars pour les étrangers . . . . 2 florins [4].

7° Amendes dues par les apprentifs trouvés absents de leur travail . . . . 5 patars [5].

1. Pièces justificatives, n° 83.
2. Pièces justificatives, n° 85.
3. Pièces justificatives, n° 32.
4. Statuts de 1500, art. 18 ; statuts de 1524, art. 25.
5. Pièces justificatives, n° 33.

8° Amendes adjugées pour les contraventions aux ordonnances et placarts . . . . . 5 fl. 13 p. 4 d.

Ce paragraphe englobait toutes les amendes non spécifiées dans les autres articles.

9° Recette à cause du transport d'apprentifs sous autre maître, payant chacun au profit de cette ville cinq patars [1].

10° Recette pour les bottes de filets de sayette dont le poids excède le prescrit des ordonnances [2].

11° Recette à cause des ouvriers mis en Vingtaine [3].

12° Recette à cause du scel que l'on applique aux saies étrangères au prix de 2 patars chacune. 238 fl. 18 p. [4]

Il avait été plombé 7.167 pièces et perçu 716 fl. 14 p. ; un tiers de la recette revenait à la ville, le second tiers aux plombeurs et le dernier à la chapelle.

13° Recette à cause du scel que l'on applique aux saies des francs maîtres sayetteurs, à 1 patar la pièce. . . . . 27 fl. 1 p. 4 d.

On avait plombé 1.628 pièces ; la somme ci-dessus représente le tiers, droit de la ville.

14° Recette à cause du scel que l'on applique aux saies de 3 patars et demi . . . . 22 fl. 15 p.

Ce droit, qui avait été perçu sur 390 pièces, et dont la ville touchait le tiers, correspondait sans doute à la redevance payée par les non-francs qui avaient obtenu la permission de travailler les saies.

15° Plombs livrés et appliqués à la Vingtaine pour les marchandises dépendantes du stil et corps de la Sayetterie, 70.000 plombs à 6 fl. 5 p. le mille . . . 437 fl. 10 p.

16° A cause des plombs desquels on scelle les marchandises sur les outils, 41.000 plombs à 12 fl. 10 p. le mille . . . . 512 fl. 10 p.

---

1. Statuts de 1524, art. 28.
2. Pièces justificatives, n° 37.
3. Statuts de 1524, art. 30.
4. L'origine de cette 12ᵉ recette, ainsi que celle de la 17ᵉ, sera expliquée par les événements rapportés au chapitre XVII.

17° A cause des étoffes callemandes, razes de Gênes, serges de Nîmes, à 3 patars chacune pièce. . 11 fl. 5 p.

On avait plombé 225 pièces depuis le 20 juillet 1706 « que les maistres du corps avoient repris l'année ».

Le total des recettes s'élève à 1.421 fl. 19 p. 8 d.

DÉPENSES

1? Salaire de Gilles du Riez commis à la recette des pièces condemnées pour estroites et courtes, pour une année de salaire . . . . 48 fl.

2° Achat de 111.000 plombs à 3 fl. le mille. . 333 fl.

3° A Gilles du Riez pour la distribution de 70.000 plombs de scel, à 10 p. le mille . . . . . . 35 fl.

4° A Robert de le Sart, Jean-Baptiste Lemesre, Antoine Pennequin, Jean-Baptiste Lansel, Charles Lotte, Wallerand Delannoy et Jacques Pollet, pour avoir plombé sur les outils 41.000 pièces, à 2 deniers tournois la pièce . . . . 341 fl.

5° Aux quatre auneurs pour leur office . . . 600 fl.

6° Au valet de la Vingtaine . . . . 200 fl.

7° Aux quatre mayeurs de la Vingtaine. . . 600 fl.

8° Aux deux haubans de la Vingtaine, Bonaventure Caby et Joseph de Warlé . . . . 200 fl.

9° Frais des comptes, rédaction, copie, apostilles, et droits d'audition . . . . 99 fl. 16 p.

Le total des dépenses s'élève à 2.464 fl., et le compte se solde par 1.041 fl. 13 p. 4 d. de déficit.

Ce mode de comptabilité, désormais fixé, ne subit dans la suite d'autres modifications que la disparition de certains articles ou l'introduction d'autres articles, motivés par les ordonnances postérieures. Par exemple, à dater de 1741, les cinq premiers chapitres des recettes sont réunis en une seule rubrique : « recette à cause des amendes adjugées au siège à cause des marchandises trouvées en contravention »[1]. Quant aux dépenses, nous ne voyons qu'une modification de pure forme : l'indemnité annuelle allouée aux mayeurs, haubans, etc., n'est plus mentionnée ; mais elle se trouve portée dans un chapitre des comptes proprement dits de la ville.

II. — COMPTES DES SAYETTEURS

Ces comptes sont relativement peu nombreux et se trouvent répartis en deux groupes différents, nous l'avons dit[2]. Cependant, malgré les lacunes que présente leur série, il est possible, grâce à d'autres documents, de donner une idée de la situation financière du corps de métier pendant près de deux siècles.

1°. — COMPTES DU XVII° SIÈCLE

Nous prendrons, pour type de cette première série, le compte de l'année 1636.

RECETTES

1° Somme des frais-annécs collectés . . 358 l. 4 s.

Nous devons citer ici la requête présentée en 1625 par les quatre maîtres du corps, Jean Mannier, Gérard Duthoit, Thomas Marquant et Jean Fremault le jeune. Ils exposent que leur compte est en déficit de 661 l. 4 s. 10 d. et que les comptes antérieurs présentaient aussi un déficit de 2.211 l. 7 s. 8 d.

Ce qu'ayant été représenté à grand nombre de notables saïetteurs convoqués et comparus à la reddition des comptes derniers, et que

---

1. Voir le chapitre VIII.
2. La première série, n'offrant que les comptes du corps, comprend les années 1630, 1636, 1646, 1647 (carton 1169, dossier 6 ; carton 1186, dossier 11). — La deuxième série, contenant les comptes du corps et ceux de la chapelle, comprend les années 1764, 1766, 1769, 1778, 1780 et 1782 (nᵒˢ 9796 à 9801) et l'année 1777. (Carton 1204, dossier 8).

ledit styl est apparent d'an à autre se surcharger, vu les grandes mises ordinaires qu'annuellement lui convient supporter, à raison de plusieurs qui tâchent de nuire et emprendre, voires le presque ruiner au grand scandale de ses beaux privilèges..... et que ledit styl n'a autre revenu que de un patar par an qu'il convient cotiser de chacun maître saïetteur, qui est chose de petite importance pour subvenir à si grand frais ; et sur ce ayant été requis leur avis, après avoir mûrement considéré par ensemble, et qu'ils eurent entendu que par les lettres d'érection du 29 novembre 1486, chacun maître sayeteur, nonobstant les petites dépenses qu'audit temps convenoit faire, étoient taxés, pour les charges, de dix patars chacun an, qui étoit chose grande selon ledit temps, ce qui a été remis à un patar à raison que ledit stil ne se trouvoit agité de dépenses, ainsi que depuis plusieurs années il a souffert ; iceux suppôts ne trouvent autre expédient plus propre que de remettre sus lesdits six patars de frais d'années pour quatre ans continuels.... et pardessus, que tous ceux qui à l'avenir voudront apprendre ledit stil, pour soi faire enregistrer sur le registre aux apprentifs, au lieu de 25 patars qu'ils payent, soient soumis payer 6 florins, à laquelle taxe ne seroient compris les enfans orphelins tant de la Grange, Delyot, que Bapaume.

L'ordonnance du 19 juin 1625 fixa les frais d'années à 6 patars, et le droit d'inscription des apprentis à 2 florins pour ceux de la ville et à 4 florins pour les étrangers [1].

2° Recette de la ferme des 4 deniers à la double pièce, accordée à Guillaume du Bois . . . . 1.200 l.

Cette taxe sur chaque double pièce de changeants avait été concédée au corps des sayetteurs pour subvenir à la charge d'une redevance annuelle de 72 l. de gros envers la ville et les orphelins de la Grange.

3° Droits des apprentifs dont est dû chacun an par ceux natifs de ceste ville 60 s. et par les forains et étrangers, 7 livres . . . . 14 l.

4° Recette à cause des maistres de foullerie . Néant.

5° Recette à cause des apprentifs de foullerie . Néant.

---

1. Pièces justificatives, n° 60.

6° Recette à cause des ouvriers du dehors mis en Vingtaine, dont est dû 20 s. . . . . Néant.

7° Recette à cause des apprentifs transportés sous autres maîtres, dont est dû 10 s. . . . . : . . . 2 l.

8° Recette à cause des maîtres ayant baillé enseigne, à raison de 60 s. pour les fils de maîtres et de 6 l. pour les autres. . . . . 129 l.

9° Recette provenant des confanons livrés aux enterrements et services . . . . 24 l. 12 s.

. 10° Recette de la morte-main des enfants, dont est dû de chacun 3 s. . . . . 7 l. 10 s.

Une ordonnance du 22 décembre 1525 relative aux veuves des sayetteurs qui, pour jouir de la franchise, se faisaient enregistrer au trépas de leur mari, déclare qu'à leur mort « les héritiers seront tenus payer leur mortemain » [1].

11° Recette des amendes de divers teinturiers, foullons et corroieurs pour avoir été trouvés avec marchandises de sayetterie étrangère. . . . . 144 l. 19 s.

12° Amendes sur diverses personnes condamnées au sujet des filets de sayette ou de laine . . 63 l. 18 s. [2]

13° Rédemption et suspension d'aucuns sayetteurs et apprentifs . . . . 4 l. 16 s.

14° Aumônes faites au profit de la chapelle. 21 l. 13 s.

15° Aumône par testament de Jacques du Sautoy. 2 l.

16° Reçu ce que le greffier de ce siège a restitué aux maîtres, pour plusieurs débours . . . . 6 l. 6 s.

Le total de la recette s'élève à 1.979 l. 17 s.

DÉPENSES

1° Frais occasionnés par le service de la chapelle de la corporation. . . . . 1.306 l. 17 s. 6 d.

Cet article a été détaillé plus haut, au chapitre XI.

---

1. Carton 1160, dossier 8.
2. Voir chapitre IX.

2° Frais occasionnés par le service du corps : aux
maîtres sermentés « pour avoir servi ledit stil à grand
travail durant l'an, comme de coutume » 24 l. ; pour avoir
minuté et mis en double ce présent compte, 16 l. ; pour
avoir visité les ouvroirs, 3o l. ; pour « accompagner
Messieurs de la Vingtaine en leur bienvenue », 36 l. ;
pour le dîner du jour de la création des maîtres, 5o l. ;
pour le dîner des maîtres le jour de la Nativité de saint
Jean, 6 l. ; et le jour de la Décollation, 10 l. ; au greffier
pour ses gages, 26 et 28 l., et pour avoir enregistré les
enseignes, 6 l. 8 s. ; au serviteur du stil, pour son service
de la chapelle, 26 l. ; pour encre et papier, 3o s. ; pour
avoir entretenu la chambre de la Vingtaine, 6 l. ; pour
charbon, flambeaux et chandelles, 7 l. ; à M. Robert du
Bus, conseiller avocat du stil, « pour ses avis », 3o l. ;
au receveur des orphelins de la Grange « à raison de la
ferme des 4 deniers que soloient payer les ferreurs »,
144 l. ; à l'argentier de la ville pour une demi-année de
la ferme desdits ferreurs, 36o l.

Le total des dépenses s'élève à 2.123 l. 15 s. 6 d.,
laissant un déficit de 143 l. 18 s. 6 d.

Le déficit était parfois bien plus considérable, et les
« compteurs », qui avaient avancé les fonds, se plaignaient
souvent de l'extrême lenteur des remboursements.

En 1646, le compte se clôtura par 3.688 l. 6 s. 4 d. de
déficit. Pour sortir d'embarras, on sollicita l'autorisation
de lever une taxe de 16 s. par an sur chaque outil travaillant. Le Magistrat y consentit par une ordonnance du
19 octobre 1646 [1].

La levée de cette taxe amena une revendication des
vieux maîtres du stil, prétendant que le produit devait en
être affecté exclusivement à les rembourser de leurs
avances « et cela tant qu'ils n'auraient pas été intégrale-

1. Pièces justificatives, n° 70.

ment payés ». Les maîtres en exercice s'y refusèrent.

Pour terminer le conflit une nouvelle assemblée se réunit et proposa de lever temporairement une taxe supplémentaire de 10 patars par outil, laquelle serait exclusivement employée à rembourser les vieux maîtres. Cette taxe fut autorisée par ordonnance du 22 mai 1648 [1] et les déficits des comptes de 1646 et de 1647 finirent par être, remboursés en 1653.

En 1667, un nouveau déficit de 1.686 l. 2 s. se produisit. Le corps demanda le rétablissement de la dernière taxe de 10 patars par outil ; le Magistrat autorisa seulement 6 patars [2].

Enfin, le 27 juin 1679, encore pour rembourser les avances des anciens maîtres, le Magistrat autorisa la levée d'un liard sur chaque pièce de marchandises apportée à la Vingtaine [3].

Il faut ensuite attendre près d'un demi-siècle pour trouver de nouveaux renseignements sur la « finance » des sayetteurs.

Dans une requête au Magistrat, ceux-ci se plaignent « que leur corps de stil est chargé depuis bien des années d'une somme de 7.811 florins, laquelle a été levée à intérêts à 4 pour cent l'an ». Ils demandent, dans le but d'éteindre cette dette, de lever en rente viagère ladite somme « pour estre remboursée à ceux qui l'ont prêtée » et, dans la suite, après la reddition des comptes, en cas de déficit, de pouvoir augmenter les frais d'années au prorata de ce déficit. Le Magistrat accéda à cette double demande par ordonnance du 7 avril 1731 [4]. C'est l'origine des rentes héritières ou viagères dont le service pesera lourdement sur les finances du corps.

---

1. Carton 1160, dossier 8.
2. Pièces justificatives, n° 79.
3. Pièces justificatives, n° 89.
4. Carton 1186, dossier 8.

2°. — COMPTES DU XVIII° SIÈCLE

Cette seconde série de comptes, de 1764 à 1782, nous
révèle chez les sayetteurs une situation budgétaire, sinon
embarrassée, du moins grevant assez lourdement les suppôts du corps de métier. La cause doit en être attribuée
aux frais des nombreux procès contre les habitants de
Lannoy [1], et aux dépenses engagées dans le but d'obtenir
la surséance de l'arrêt du Conseil de 1762 [2].

C'est seulement dans les « Comptes du Corps » que cette
situation se révèle.

A. — COMPTES DE LA CHAPELLE

Les comptes de la chapelle ne contiennent guère
qu'une longue énumération de menues recettes.

En premier lieu vient la part attribuée à la chapelle
pour le « plombetage » des saies étrangères, des saies
fabriquées dans la ville par les sayetteurs non francs, des
callemandes, razes de Gênes, serges de Nîmes, etc., fabriquées dans la Châtellenie et apportées à Lille.

Puis sont mentionnées les amendes diverses qui punis-
saient toute contravention aux ordonnances du corps [3].

Enfin le produit des gonfanons, des aumônes, des
troncs, etc.

---

1. Voir chapitre XVIII.
2. Voir chapitre XVII.
3. Cette énumération est un véritable résumé des règlements du métier :
« Condamnations des sayetteurs qui donnent à travailler hors de leur
maison ; — marchandises trouvées fabriquées par les bourgeteurs, étant
de la compétence des sayetteurs ; — refus aux maîtres et égards de faire
leurs fonctions touchant les marchandises foraines ; — pièces condamnées
au siège, trouvées chez les teinturiers, calendreurs, corroieurs, plieurs et
facteurs, sans les plombs requis ; — amendes des suppôts qui ont travaillé avec plus d'outils de large ; — outils qu'on a voulu transporter hors
de cette ville ; — à cause des bottes de filet excédantes 6 livres, ou vendues
ailleurs qu'au marché public ; — pièces trouvées sans plomb d'outil ; —
pour quelques petits défauts dans les entrebattes, ou pour les pièces ayant
trois ou quatre filets de peu ; — à cause des laines alunées trouvées dans
les bottes de filets exposées et vendues au marché ; — à cause des apprentifs trouvés en défaut ; — à cause des filets de sayette trouvés en sac sans

Ces recettes étaient rarement suffisantes pour acquitter les dépenses ; le déficit du compte de la chapelle, comme aussi le bénéfice quand il existait, était porté au compte du corps.

En 1769, il fut décidé qu'on ne formerait plus désormais qu'un seul compte [1].

B. — COMPTES DU CORPS

Comparés aux comptes du XVIIe siècle, les comptes du corps présentent toute une série de chapitres de recettes identiques à ceux qui figurent dans les premiers ; nous n'avons pas à y revenir.

Les nouvelles recettes qui y figurent proviennent des droits accordés postérieurement par diverses ordonnances du Magistrat :

« Amendes adjugées en conséquence de l'ordonnance du 30 mai 1718 pour les fils qu'on trouve, hors du marché, chez les peigneurs et autres, humides sur le pavé ou autrement ; amendes adjugées en conséquence de l'ordonnance de mars 1718 ; amendes contre ceux qui ne se sont point conformés au règlement du Conseil d'État du 19 avril 1732 ; amendes sur les coultiers et coultières, à cause de l'ordonnance du 13 octobre 1725 ; etc. »

Mais ces divers articles ne fournissent qu'un faible appoint à la recette principale, qui est formée par les cotisations des suppôts : en 1764, pour 225 maîtres, 249 fl. 15 p. ; en 1766, pour 235 maîtres, 251 fl. 15 p. ; en 1769, mêmes chiffres ; en 1777, pour 207 maîtres, 248 fl. ; en 1778, pour 195 maîtres, 234 fl. ; en 1780, pour 200 maîtres, 240 fl. ; en 1782, pour 161 maîtres, 193 fl. 4 p.

---

inscriptions et autrement ; — à raison des amendes et condamnations de ceux qui injurient les égards ; — amendes adjugées contre ceux qui contreviennent à l'ordonnance des archiducs du 15 juin 1600, qui fait défense de vendre aucuns filets pour être transportés dans les pays étrangers, etc., etc. »

1. Voir chapitre XI.

Quant à la recette de la taxe d'outils établie par l'ordonnance du 19 octobre 1646, elle produisait, en 1769, à raison de 20 patars à l'outil, 823 fl. 15 p.

Les dépenses, de leur côté, avaient atteint de fortes proportions, pour les raisons que nous avons indiquées plus haut : procès coûteux contre Lannoy, démarches au sujet de la surséance de l'arrêt de 1762 et enfin cours des rentes levées pour combler le déficit des comptes. Ce dernier article, intitulé « chapitre des rentes créées le 30 avril 1731, le 2 juillet 1757 et le 1er mai 1759 » se chiffrait, en 1764, par une somme de 353 l. 17 p. 6 d. de rentes héritières et de 942 l. de rentes viagères.

III. — CHARGES ET IMPOTS

Les sayetteurs paraissent avoir supporté sans se plaindre les taxes considérables dont ils étaient grevés : ils ne protestaient point contre les énormes dépenses engagées par les maîtres du corps ; sans aucun doute l'intérêt de ces dépenses leur paraissait de toute première importance au point de vue de la défense des privilèges de leur métier.

Loin d'esquiver ces lourdes charges, ils semblaient plutôt vouloir les assumer intégralement et empêcher la dette de se perpétuer.

En 1765, le bénéficiaire d'une rente viagère étant mort, la communauté se trouvait déchargée d'un intérêt annuel de 105 florins. Mais les maîtres sermentés, voulant éteindre plus rapidement leur dette, décidèrent de rembourser les rentes héritières à l'aide d'une somme de 2.500 florins, qu'ils lèveraient en rentes viagères. Le Magistrat autorisa cette opération [1].

---

1. Avis du procureur syndic, 5929, n° 75.

Le 9 novembre 1766, on leva de nouveau 800 florins de rente viagère [1] et le 7 octobre 1772, 4.000 florins [2].

Sans doute, ces réversions de rentes avaient comme résultat immédiat de surcharger pour un temps le budget annuel, l'intérêt à payer étant supérieur, mais elles assuraient à plus bref délai l'extinction totale de la dette.

Ce système financier adopté par les sayetteurs aurait pu réussir dans un temps relativement court. En 1778, le chiffre de la dette s'élevait, il est vrai, à 1.143 fl. 10 p. par an ; mais les rentes héritières étaient descendues de 353 fl. à 149 fl.

Mais, déjà à cette époque, des événements défavorables s'étaient produits qui exercèrent sur les recettes du corps une influence très fâcheuse. Le règlement de la limitation du nombre des métiers fut attaqué d'abord, puis aboli ; l'arrêt du Conseil de 1762 reçut son application ; un peu plus tard survinrent les longs débats au sujet de l'union des trois corps des sayetteurs, des bourgeteurs et des tisserands. Ce fut en un mot une période particulièrement agitée.

Un grand nombre de sayetteurs finirent par perdre courage et quittèrent le métier. En 1769, on comptait 235 suppôts, il n'y en a plus que 207 en 1777, 200 en 1780, 161 en 1782. Le nombre des métiers, pour les mêmes années, passe de 846 à 624, puis à 588, pour remonter, il est vrai, à 610 en 1782. Cette diminution réduisit considérablement la recette. Aussi fut-on obligé, en 1782 et 1783, de lever une troisième taxe de 20 patars sur les outils [3].

La réunion des trois corps en une seule communauté, réalisée en 1783, mit fin à la comptabilité que nous venons

---

1. Avis du procureur syndic, 5930.
2. *Ibidem*, 5936, n° 117.
3. Avis du procureur syndic, 5947, n° 38.

d'examiner. Les biens, revenus et dettes des trois corps furent réunis en une seule masse.

A cette date, la « finance » des sayetteurs était dans une situation vraiment défavorable, on ne peut le dissimuler. Mais il serait injuste d'en attribuer la cause à un défaut d'administration ou à une négligence de gestion ; elle est en majeure partie dans les longues procédures que le corps eut à soutenir et un peu aussi, dans ce fait singulier que, depuis 1776, la ville ne payait plus aux sayetteurs les 225 fl. 2 p. auxquels ils avaient droit annuellement. Cette négligence du Magistrat, reconnue par le procureur syndic lui-même dans son avis du 19 octobre 1779 [1], contraste étrangement avec les protestations constantes de sollicitude que nous trouvons dans de nombreuses ordonnances antérieures.

Les charges financières dont on a trouvé plus haut l'énumération n'étaient cependant pas les seules qui pesaient sur la corporation. Il faut y ajouter les droits sur les changeants, l'impôt sur les fils de sayette et la taxe d'industrie, qui vinrent augmenter ou remplacer les droits d'assis et de hallage précédemment acquittés au profit du prince ou de la ville, en retour de leur protection.

En vertu des premiers octrois [2], les sayetteries étaient soumises à un droit de 32 deniers, dont 20 pour l'assis et 12 pour le hallage ; le prince s'était réservé le tiers du droit d'assis. Ces deux droits, perçus ensemble, figurent régulièrement, dès 1481, aux comptes de la ville, soit qu'ils fussent reçus directement par les agents municipaux, soit qu'ils fussent affermés, ce qui était le cas de beaucoup le plus fréquent.

Il n'est malheureusement pas possible de connaître la quotité des droits perçus sur chaque étoffe, aux différentes

---

1. Avis du procureur syndic, 5943, n° 279.
2. Statuts de 1500, art. 50 et 51 ; statuts de 1524, art. 71 et 72.

époques ; dès 1496, les comptes de la ville cessent de la mentionner. Il est probable qu'ils finirent par être confondus avec les droits divers concédés au Magistrat sur les marchandises. Voici cependant quelques indications :

Une ordonnance du 15 mars 1559 s'exprime ainsi : « L'on sera tenu payer si comme pour la saye large 3 patars, pour la demi-saye large 3 gros, pour l'ostade large 3 patars, et pour le satin large 3 gros, tant pour assis, hallage, que pour les ferreurs, selon que a esté accoutumé. [1] »

En 1635, le droit est indiqué dans les comptes de la ville comme étant de 6 deniers à la pièce de changeant ou de saye [2]. Ce droit de 6 deniers resta distinct d'un nouveau droit de 15 deniers tournois, concédé pour six ans en 1660 [3], renouvelé en 1666 [4] et, devenu définitif par l'effet des stipulations de la capitulation de 1667 [5].

L'un et l'autre reçurent un nom distinct ; le nouveau droit, plus important, s'appela « grands changeants », le premier « petits changeants ».

En 1699, pour une durée de neuf années qui ne fut pas prolongée, un droit d'un patar et demi sur chaque pièce de changeant vint s'ajouter aux précédents; cette taxe était due également par les marchandises de sayetterie venant du dehors et par celles qui étaient fabriquées dans la ville [6].

Toutes ces variations et ces additions avaient rendu assez obscures l'origine et la nature de ces différents droits [7].

1. Pièces justificatives, n° 23.
2. Compte de 1635, n° 15734.
3. Registre aux octrois, B, f° 61.
4. *Ibidem*, B, f° 66.
5. Carton 309, dossier 2.
6. Registre aux octrois, B, f° 107.
7. Voir un procès soulevé à cette occasion, en 1722, entre les sayetteurs et le fermier des droits sur les changeants. (Carton 1183 bis, dossier 4).

Les ennuis suscités par leur perception soulevèrent bien des récriminations ; de plus, on reprochait amèrement au Magistrat d'accabler l'industrie sous une série d'impôts divers, plus ou moins déguisés. Ces plaintes déterminèrent la ville à prendre une importante mesure. Le 31 octobre 1731, le Magistrat décida que « par forme d'essai, les droits sur les changeants et ceux sur les filets de sayette cesseraient d'être perçus [1] ».

L'impôt sur les fils de sayette, matière première principale de l'industrie des sayetteurs, était de date relativement récente. Il est mentionné pour la première fois dans le compte de l'argentier de la ville en 1629. C'était une taxe sur la valeur, un gros à la livre de gros, payable par les vendeurs et par l'acheteur [2].

En 1699, les fils de sayette furent, comme les changeants, frappés d'une taxe extraordinaire pour une durée de neuf ans ; ils durent payer « le centième denier de leur valeur [3] ».

A ces diverses charges imposées par le pouvoir municipal s'ajoutaient enfin les impôts levés par le souverain d'une façon plus ou moins directe.

Quelle fut sur l'industrie lilloise la répercussion des mesures financières de la fin du règne de Louis XIV jusqu'au moment de la Révolution ? Il faudrait, pour répondre d'une manière adéquate à cette question, étudier à fond la politique suivie, durant toute cette époque, par la ville de Lille vis-à-vis du pouvoir royal, au sujet de la capitation, des vingtièmes, des aides, etc. Ce n'est pas ici le lieu d'entreprendre cette vaste étude.

Disons seulement que la taxe d'industrie — c'était, à Lille, le nom de l'impôt du vingtième en tant qu'il s'ap-

---

1. Pièces justificatives, n° 129. — Voir aussi n° 120.
2. Registre aux ordonnances coté K, f° 139.
3. Registre aux octrois, B, f° 107.

pliquait au commerce — était perçue sur les membres de chaque corps de métier d'une façon collective. De 1758 à 1771, les sayetteurs furent taxés uniformément chaque année à 437 livres [1].

La perception était opérée dans la corporation par les soins des maîtres en exercice. En 1753, ils demandèrent et obtinrent, en rémunération de leurs peines, une gratification collective de 20 livres [2].

Comment la cotisation était-elle répartie entre les suppôts ? Nous l'ignorons jusqu'en 1770. A cette date, une ordonnance du Magistrat stipula que « les rôles d'industrie de tous les corps d'arts et métiers seront formés et arrêtés dans une assemblée convoquée à cet effet, dans laquelle se trouveront tous les maîtres en exercice desdits corps » [3].

Le 20 décembre 1777, le Magistrat déchargea les sayetteurs et les bourgeteurs de la taxe d'industrie, considérant que cette mesure n'entraînerait pour les finances de la ville qu'une perte modique [4].

C'est là, dira-t-on, une preuve de la décadence des deux corps de métiers. Mais l'on pourrait aussi bien considérer cette mesure comme un encouragement accordé à la nouvelle forme d'organisation du métier, qu'inaugurait l'ordonnance du même jour accordant l'autorisation de faire travailler sur un nombre illimité de métiers [5].

---

1. Voir les « Comptes de l'Industrie », n° 3448.
2. Avis du procureur syndic, 5917, n° 37.
3. Ordonnance du 24 mars 1770. (Carton 908, dossier 1.)
4. Avis du procureur syndic, 5946, n° 153.
5. Pièces justificatives, n° 170.

DEUXIÈME PARTIE

LA CORPORATION DES SAYETTEURS LILLOIS

DANS SES RAPPORTS AVEC LES POUVOIRS PUBLICS ET LES INSTITUTIONS INDUSTRIELLES VOISINES

CHAPITRE XIII

RAPPORTS DES SAYETTEURS AVEC LES POUVOIRS PUBLICS

LE MAGISTRAT. — SON POUVOIR IMMÉDIAT. — IL S'INTÉRESSE A LA PROS-
PÉRITÉ DU CORPS DE MÉTIER, MAIS NE LUI ACCORDE GUÈRE D'ENCOU-
RAGEMENTS PÉCUNIAIRES.

LE PROCUREUR SYNDIC. — IL SURVEILLE LE FONCTIONNEMENT ET LES
FINANCES DU CORPS DE MÉTIER.

LE CONSEILLER PENSIONNAIRE DE LA VILLE. — RÔLE DU SIEUR RINGUIER.

LA CHAMBRE DE COMMERCE. — APPELÉE SOUVENT A DONNER SON AVIS DANS
LES AFFAIRES DES SAYETTEURS. — SES DISCUSSIONS A CE SUJET AVEC
LE MAGISTRAT.

LA CHAMBRE DES COMPTES. — SON POUVOIR ÉTABLI DÈS L'ORIGINE. — SON
INTERVENTION RESTE OBSCURE.

L'INTENDANT. — SA MISSION ET SON RÔLE IMPORTANT DANS LES AFFAIRES
DE LA CORPORATION. — MÉMOIRES DES INTENDANTS ; LEUR OPINION SUR
LES SAYETTEURS.

LE ROI. — ARRÊTS DE SON CONSEIL RELATIFS AUX SAYETTEURS.

L'organisation et le bon fonctionnement de leur corporation n'était point le seul objet de préoccupation des
sayetteurs. Détenteurs d'un métier riche et envié, ils
virent souvent leurs droits contestés par des rivaux, jaloux

de leurs privilèges. Ces conflits, dont la portée dépassait souvent l'enceinte de la ville, étaient portés, soit pour avis, soit pour jugement, devant diverses autorités : magistrat, procureur syndic, chambre de commerce, intendant, conseil du roi. Cette intervention des pouvoirs publics — ce terme étant pris dans son sens le plus large — nous permettra, par un coup d'œil d'ensemble, de constater quelle part plus ou moins considérable, et quel intérêt plus ou moins sympathique ils prenaient au développement de l'industrie et du commerce de Lille.

LE MAGISTRAT

Le Magistrat était, pour les sayetteurs, l'autorité la plus proche et, à vrai dire, la plus puissante. C'est à sa demande que le privilège dont ils vivaient avait été concédé à Lille ; c'est lui qui exerçait sur la corporation les droits de police et de juridiction, apanages du pouvoir municipal ; et nous avons vu par quelles nombreuses et minutieuses ordonnances il avait réglementé l'organisation et le travail du corps de métier.

Avant d'entrer dans quelques détails sur les rapports des sayetteurs avec le Magistrat, il faut d'abord se faire une idée nette de la part que représentaient les sayetteurs dans la population et le commerce de la ville.

L'absence de documents statistiques ne permet pas de la déterminer d'une façon absolument précise ; mais il est hors de doute que cette part était d'une réelle importance, surtout si aux sayetteurs proprement dits, on ajoute les artisans de la ville qui exerçaient des industries annexes, tels les peigneurs, les corroyeurs, les teinturiers.

Cette importance, quant au nombre d'ouvriers et quant à la somme de travail fournie par eux, les sayetteurs aimaient à la rappeler dans leurs difficultés. « Leur industrie, disaient-ils, a toujours été la partie la plus considérable de la ville et la cause de l'augmentation de son peuple ».

Ils en tiraient une sorte d'argument d'intimidation, menaçant, si on leur faisait obstacle dans leurs privilèges, de quitter la ville et de la rendre déserte. Les bourgeteurs, leurs collègues et adversaires, qui devaient être, sous ce rapport, d'importance égale, faisaient remarquer à l'intendant, en 1688, que leur métier représentait plus d'un quart de la population urbaine [1].

C'était donc un premier service rendu à la ville, que cette importante contribution à l'augmentation de la population. En somme les sayetteurs et les bourgeteurs constituèrent, durant une longue période, le fonds de cette population. Ils supportaient une grosse partie des taxes pesant sur tout habitant indistinctement et, de plus, ils acquittaient les charges propres à leur industrie, par exemple l'impôt sur les changeants qui n'était pas une médiocre recette pour les finances municipales [2].

Tout cela, aux yeux du Magistrat, méritait considération. Aussi s'appliquait-il à protéger les sayetteurs en toute circonstance où un autre intérêt majeur ne s'y opposait pas. Aussi les défendit-il, ainsi que les bourgeteurs, dans leurs luttes contre les habitants du plat pays qui prétendaient manufacturer les mêmes étoffes [3].

Son rôle était moins aisé parfois, quand les sayetteurs avaient des difficultés avec leurs concitoyens et, dans ce cas, sa conduite pouvait dépendre des opinions et des intérêts divers des membres qui composaient l'assemblée municipale. On peut cependant constater, dans ses décisions, une ligne de conduite à peu près constante, et ordinairement favorable aux intérêts des sayetteurs, dont il satisfaisait la plupart des requêtes. Tout en ne perdant jamais de vue les intérêts supérieurs de la ville dont l'administration leur était confiée, les membres du Magistrat

1. Voir le chapitre XVI.
2. Voir le chapitre XII.
3. Voir les chapitres XVII, XVIII, XIX.

semblent avoir toujours été enclins à manifester leurs préférences envers les sayetteurs.

Cependant cette sympathie n'alla point jusqu'à encourager le corps de métier par des aides pécuniaires, ou, du moins, l'intervention du Magistrat en cette matière fut extrêmement rare. Nous n'en trouvons que peu d'exemples et tous de très faible importance.

Il fit bien quelques dépenses pour fixer dans la ville l'industrie des sayetteurs d'Hondschoote, mais rien ne prouve que, si la tentative avait réussi, les sayetteurs lillois en eussent recueilli le monopole exclusif.

En dehors de ce fait, on peut relever encore une pension accordée durant quelque temps à Mathieu Dhellin, puis à son fils [1]. En 1762, le Magistrat s'entremit aussi pour permettre aux sayetteurs d'acheter les métiers que vendait le sieur Hustin de Douai [2]. Il consentit également à intervenir dans les frais occasionnés pour les sayetteurs par leur procès contre les habitants de Lannoy [3].

Tels sont les quelques faits qu'il a été possible de relever. Comme, d'autre part, les commissaires ou mayeurs, formant avec les haubans le siège de la Vingtaine, furent toujours rémunérés au moyen des redevances perçues sur les suppôts du corps de métier [4], on peut affirmer que la sayetterie subsista et se développa à Lille, grâce, si l'on veut, à la sympathie du Magistrat, mais sans avoir été encouragée pécuniairement par lui.

LE PROCUREUR SYNDIC

Par ses fonctions mêmes, le procureur syndic était appelé à surveiller et à défendre les intérêts de la ville. C'était, à côté du Magistrat, un agent permanent et actif,

---

1. Voir chapitre VI.
2. Voir chapitre XIX.
3. Registre aux résolutions, 40 bis, f° 5.
4. Voir chapitre VII.

connaissant, grâce à son expérience, la technique des affaires communales, et préparant — nous allions dire : dictant[1] — les ordonnances et les résolutions de l'assemblée municipale.

Toutes les affaires des sayetteurs lui passaient par les mains ; malheureusement ses « avis », toujours si précieux pour notre histoire locale, ne nous ont été conservés qu'en nombre relativement très restreint. Cependant, du moins dans une certaine période du XVIIIe siècle, nous y trouvons les éléments nécessaires pour nous rendre un compte exact de son opinion et en quelque sorte de sa « politique » à l'égard des sayetteurs.

Citons quelques faits.

A la suite de l'ordonnance du 22 mars 1718, concernant la longueur et la largeur des étoffes, le procureur syndic se plaint au Magistrat de ce que « les maîtres sayetteurs ne se mettent point en mouvement et ne font pas appliquer les dispositions prescrites ». Ce réquisitoire est suivi de l'ordonnance du 14 janvier 1719 obligeant « les maistres des corps des sayetteurs et bourgeteurs de tenir la main audit règlement en ce qui les concerne et de faire les visites ordonnées par ledit règlement, à peine de 24 florins d'amende en leur propre et privé nom[2] ».

A la même époque, il prend fait et cause pour le fermier du droit sur les changeants qui accusait les sayetteurs de frustrer la ville de certaines taxes[3].

En 1725, il enquête encore les maîtres sermentés en exercice, en leur qualité d'administrateurs de la chapelle Saint-Jean ; mais l'objet précis de la difficulté n'est pas indiqué. Les maîtres se plaignent à mots couverts de l'animosité du procureur syndic à leur égard[4].

---

1. Voir, par exemple, pièces justificatives, n° 95, p. 179.
2. Carton 1183 bis, dossier 1.
3. Voir carton 1183 bis, dossier 4.
4. Carton 1184, dossier 29.

Témoin des rivalités qui divisaient les sayetteurs et les bourgeteurs, le procureur syndic paraît avoir envisagé d'un œil favorable les mesures qui tendaient à fusionner les deux corps. Son intervention dans ce but est fréquemment exprimée dans ses « avis » du 10 février 1719 [1], du 13 août 1734 [2], du 18 juillet 1736 [3], du 3 septembre 1740 [4], du 13 mai 1754 [5].

LE CONSEILLER PENSIONNAIRE

A côté du procureur syndic, les conseillers pensionnaires s'occupaient d'une manière régulière et continue des affaires de la ville. L'un d'eux était il désigné tout spécialement pour le corps des sayetteurs ? Nous n'oserions l'affirmer. Ce qui est certain c'est que, vers 1734, le conseiller Ringuier reçut cette mission.

Il devint, dès lors, le correspondant attitré du greffier de la corporation, le sieur Hasbroucq, qui faisait de lui le plus grand éloge et lui confiait ses idées et ses projets au sujet de la limitation du nombre des métiers, de la réglementation du marché aux filets de sayette, etc. [6]

Nous n'avons point trouvé de documents émanés du conseiller pensionnaire Ringuier et permettant de connaître ses appréciations d'une manière précise.

Après lui, aucun autre conseiller pensionnaire ne paraît avoir eu à s'occuper spécialement des affaires des sayetteurs, sauf le sieur de Madre des Oursins ; celui-ci joua un certain rôle dans les débats qui précédèrent la disparition de la corporation [7].

---

1. Registre aux avis du procureur syndic, 5888, n° 12.
2. *Ibidem*, 5900, n° 14 bis.
3. *Ibidem*, 5902, n° 24.
4. *Ibidem*, 5904, année 1740. — Pièces justificatives, n° 143.
5. *Ibidem*, 5904, année 1754.
6. Voir chapitres VI et IX.
7. Sur les deux Ringuier, père et fils, et sur de Madre des Oursins et leurs familles, on trouvera des détails généalogiques très précis dans : P. DENIS DU PÉAGE, *Recueil de généalogies lilloises*, dans les *Mémoires de la*

LA CHAMBRE DE COMMERCE

Bien que composée de négociants de la ville, la Chambre de commerce ne relevait pas directement du Magistrat « qu'elle ne reconnaissait point comme supérieur en fait de commerce », mais du contrôleur général et de l'intendant de la province [1]. Elle avait été instituée par le Roi « pour recevoir les mémoires des négociants et marchands avec leurs propositions et plaintes, pour les examiner et donner son avis sur le contenu d'iceux et faire les représentations nécessaires [2] ».

Ce corps consultatif, chargé de veiller à la défense des intérêts du commerce, était donc appelé à s'occuper de l'industrie des sayetteurs et des bourgeteurs, en dehors de l'autorité du Magistrat.

Il prit son rôle au sérieux et, dès les premiers temps de son fonctionnement, il adressa directement au contrôleur général des finances une série de représentations à ce sujet. Le Magistrat en prit ombrage, protesta auprès du contrôleur et demanda que le texte de ces représentations lui fût communiqué [3]. Il obtint satisfaction ; il examina les idées émises par la Chambre de commerce et en fit l'objet d'un mémoire daté du 6 juin 1715. La Chambre répondit à son tour, sans ménager ses attaques au Magistrat :

Tout ce que les membres de la Chambre ont acquis d'expérience par eux-mêmes, toute celle qu'ils ont reçue de leurs pères leur a appris que la police du commerce a été conduite à Lille sans principes certains et presque toujours au hasard. Ils savent que le Magistrat, bien loin de le favoriser aussi constamment qu'il le dit, lui a suscité

---

1. Il s'agit de la Chambre de commerce instituée le 31 juillet 1714 ; une autre chambre ou comité de commerce institué par le Magistrat fut déclaré « dénué de toute compétence » (Carton 149, dossiers 17 et 22).
2. Pièces justificatives, n° 112.
3. Voir : Pièces justificatives, n° 110.

pour quelques intérêts particuliers nombre d'obstacles et l'accable actuellement d'une multitude d'impôts contre lesquels on ne se soutient qu'à force de soins et d'industrie [1].

Cette animosité, hâtons-nous de le dire, ne fut que passagère. Désormais nous voyons la Chambre de commerce suivre avec grand intérêt les affaires des sayetteurs et des bourgeteurs, non seulement sans aucun sentiment d'opposition contre le Magistrat, mais même avec un véritable esprit de collaboration.

La Chambre de commerce paraît avoir toujours regardé d'un œil favorable la corporation des sayetteurs ; chaque fois qu'elle avait à intervenir par ses avis ou ses représentations, soit dans les difficultés avec les bourgeteurs, soit dans la question de la fusion de ceux-ci avec les sayetteurs, elle se plaisait à faire l'éloge de leur industrie [2].

Bien qu'elle ne fût en aucune façon assujettie aux intérêts particuliers du Magistrat, dans la lutte entre les sayetteurs de Lille et ceux du plat pays, la Chambre de commerce se prononça en faveur des premiers, notamment en 1718 contre Comines et en 1721 contre Lannoy [3]. De même elle appuia le Magistrat dans ses efforts pour obtenir la surséance à l'arrêt du Conseil de 1762.

Enfin elle intervint avec vigueur dans les débats relatifs à la réforme puis à la disparition de la corporation [4].

LA CHAMBRE DES COMPTES

Dès l'origine de la corporation des sayetteurs à Lille, le pouvoir souverain s'était réservé son autorité sur ce nouveau corps de métier, en stipulant, dans le premier octroi, que « les keures, statuts et ordonnances concernant le faict de la sayetterie seraient advisés par les gens de nos

---

1. Pièces justificatives, nᵒˢ 111 et 112.
2. Voir chapitres XV et XVI.
3. Voir chapitre XVIII.
4. Voir chapitres XX et XXI.

comptes à Lille, appelez avec eux partie desdits suppliants ».

De ce fait, le Magistrat voyait donc son pouvoir de police limité en principe par l'intervention de ce corps spécial de la Chambre des comptes représentant les intérêts du souverain. C'était, pour les sayetteurs, un régime spécial, qu'on pouvait considérer comme un régime de faveur, et qui les distinguait des autres corporations de la ville.

Quel avait été, dans la pensée du duc et de la duchesse de Bourgogne, le but précis de ce régime de collaboration forcée ?

Était-ce la conséquence du caractère spécialement privilégié de la sayetterie, qui eût été considérée comme une industrie dont seul le pouvoir souverain accordait le monopole et réglementait l'exercice ? Le Magistrat le prétendit parfois, afin de mieux opposer ses privilèges particuliers aux titres moins précis de certains bourgs du plat pays.

Ou bien voulaient-ils développer encore leur autorité dans une ville qui leur était déjà particulièrement fidèle ? Ou bien encore entendaient-ils faire surveiller directement par leurs représentants en matière de finances la part qu'ils se réservaient dans les droits d'assis et dans les amendes de la sayetterie ?

Aucun fait, aucune discussion ne permettent de trancher la question d'une façon précise.

Les premiers statuts de 1500 et de 1524 émanent des « très honorés seigneurs messeigneurs les présidents et gens des comptes et échevins de la ville ». Les ordonnances postérieures sont édictées par le Magistrat, « ce que dessus communiqué à MM. les président et gens des comptes du Roy notre sire audit Lille et sur ce eu et pris leur advis ». Parfois, assez souvent même, cette formule indiquant la consultation de la Chambre des comptes ne

paraît pas en tête des ordonnances que le Magistrat seul
promulgue.

Il serait difficile de préciser les circonstances dans
lesquelles le Magistrat pouvait agir de la sorte.

En fait, le rôle de la Chambre des comptes dans l'organisation et dans la réglementation du corps de métier des
sayetteurs ne paraît pas avoir été ni fort actif, ni bien
précisé. Aucune trace de délibération commune de la
Chambre et du Magistrat ne nous est parvenue [1].

En deux circonstances seulement nous voyons la
Chambre manifester son opinion et exercer une action
personnelle. Consultée dans le débat entre Lille et Roubaix
au sujet des satinets unis et damassés, elle se prononça en
faveur de Lille [2]. En 1660, appelée à délibérer de concert
avec le Magistrat sur l'opportunité de la fusion des deux
corps des sayetteurs et des bourgeteurs, elle souleva, au
sujet du lieu de réunion, une question de préséance qui,
au grand dépit des bourgeteurs, se prolongea beaucoup
et finit par faire ajourner la question de fusion [3].

L'INTENDANT

En 1667, Lille devenait définitivement ville française et
la Chambre des comptes, représentant l'autorité du roi
catholique, quittait la ville. Ce ne fut cependant pas, pour
les sayetteurs, l'exemption de surveillance du pouvoir
souverain, car désormais ils eurent affaire à l'intendant de
justice, police et finances, délégué par le Roi pour la
Flandre wallonne.

---

1. Citons toutefois une requête de la Vingtaine et des maîtres du corps,
qui porte en marge cette mention :
« Les président et gens du Roy nostre sire à Lille, aïans veu les ordonnances
cy mentionnées et communiqué avecq ceulx de la dicte ville sont bien d'avis
de, par forme d'essay et tant que aultrement en soit ordonné, faire faire et
entretenir les dictes ordonnances. — Actum au grand bureau de la Chambre
des comptes à Lille le XI d'octobre 1570. L. Guillebert ». (Carton 1161, d. 17).

2. Voir chapitre XVII.

3. Voir chapitres XV et XVI.

Dans une requête au Roi, les sayetteurs, après avoir
rappelé que les prédécesseurs de Sa Majesté « pour un
témoignage évident qu'ils reconnaissoient la sayeterie pour
l'appui et le soutien de tous les pays circumvoisins et
qu'ils estimoient grandement sa conservation » avaient
désigné la Chambre des comptes pour diriger ce corps de
métier de concert avec le Magistrat, supplièrent le Roi
« de commettre au défaut des président et gens de ladite
Chambre des comptes, Monsieur le maréchal d'Humières,
leur gouverneur, afin que conjointement avec le Magistrat
dudit Lille, il puisse diriger le même stil, faire les
ordonnances qu'ils trouveront nécessaires et veiller à
leur observation [1] ».

Mais cette requête, dont le brouillon seul a été conservé,
fut-elle vraiment remise au Roi ? Nous l'ignorons. Le
gouverneur ne paraît avoir reçu aucun pouvoir spécial
à ce sujet, non plus d'ailleurs que l'intendant lui-même ;
mais dans la suite, les sayetteurs considérèrent ce
dernier comme l'héritier de la Chambre des comptes.

Nous en avons la preuve dans une requête qu'ils lui
adressèrent en 1723. Le Magistrat, disent-ils, a pris de
tout temps ses ordonnances concernant la Sayetterie « de
l'avis des président et des gens des comptes » ; et
« depuis le temps que cette ville a été soumise à l'obéissance du Roy » ils l'ont fait « de l'avis ou autorité de
messeigneurs les intendants ». De fait, ajoutent-ils,
« les Magistrats de 1675 et 1679, étant dans l'intention
de faire des ordonnances, s'adressèrent à Mgrs les
intendants, représentant qu'ils ne les pouvaient faire
seuls et les priant de se joindre à eux ». Mais actuellement le Magistrat « oubliant ce qu'il vous doit à cet
égard et cherchant à donner atteinte à nos privilèges » a
rendu, le 27 octobre 1719, une ordonnance sur les droits

---

1. Carton 1171, dossier 10.

des grands et petits changeants, sans la participation de l'intendant [1].

Les intendants prirent-ils en considération ce titre et ce rôle de protecteurs que leur attribuaient les sayetteurs ? C'est peu probable ; nous croyons plutôt que, sans chercher à s'appuyer sur cette prétendue succession de la Chambre des comptes, ils se contentèrent de profiter de toutes les circonstances favorables pour asseoir, affermir et développer l'autorité du Roi dans le pays nouvellement conquis.

Ces occasions ne leur manquèrent point. Quand cessa la domination espagnole, un grand nombre de causes et de procédures étaient en cours. Les parties, pour en obtenir le règlement, s'adressèrent tout naturellement au pouvoir nouveau, c'est-à-dire aux intendants.

C'est ainsi que ceux-ci eurent à intervenir dans les démêlés de la ville avec le plat pays [2], puis dans la querelle entre sayetteurs et bourgeteurs [3] et dans d'autres questions de moindre importance.

L'occupation de Lille par les Hollandais, de 1708 à 1713, força l'intendant Dugué de Bagnols à quitter la ville. Mais, au rétablissement de la paix, le pouvoir de ses successeurs se précisa. En 1718, l'intendant Méliand reçoit de la Cour la mission d'intervenir dans le différend entre Lille et Comines [4] ; en 1721, un arrêt du conseil d'État lui attribue la connaissance des difficultés entre Lille et Lannoy [5] ; en 1732, un autre arrêt lui donne semblable pouvoir en ce qui concerne la querelle de Lille avec Roubaix [6].

---

1. Carton 1183 bis, dossier 4.
2. Voir chapitre XVII.
3. Voir chapitre XV.
4. Voir chapitre XVIII.
5. Voir chapitre XVIII.
6. Voir chapitre XVII.

Nous aurons l'occasion de citer encore plus d'un exemple
de l'intervention des intendants dans les affaires de la
Sayetterie. Il suffira, pour le moment, de rechercher quelle
fut l'appréciation des intendants successifs au sujet des
sayetteurs et des bourgeteurs.

Nous avions espéré trouver d'utiles documents dans la
correspondance des intendants avec les contrôleurs généraux des finances, leurs supérieurs hiérarchiques ; mais
ces lettres, qui ne furent recueillies avec soin que sous
Colbert et ses successeurs immédiats, ne nous ont point
offert de ressources sur ce point [1].

Une autre source de renseignements, les *Mémoires des
intendants de la Flandre wallonne*, a été mise en valeur
par M. Desplanque [2]. Les instructions de M. Le Pelletier
de Soucy pour son successeur ne renferment guère que ce
conseil qui intéresse notre sujet : « Il faut maintenir la
balance droite autant que l'on pourra, afin que les corps
de métiers de la ville ne persécutent point les ouvriers de
la campagne, qui, au moindre dégoût qu'on leur donne,
sont toujours prêts à se retirer à Gand ou à Bruges, où on
leur tend les bras ; et que les ouvriers du plat pays n'entre-
prennent point aussi sur ceux des villes ».

---

1. Voici ce que nous avons relevé d'intéressant dans ce fonds des Archives
nationales, série G[7] :

Liasse 257 : Lettre adressée à Colbert par l'intendant Dugué de Bagnols,
à sa prise de possession : « Si quelque chose est capable de consoler un
homme qui n'a plus l'honneur de vous voir, c'est de se trouver en ce païs.
Je connois une partie des intendances du royaume ; il n'y en a point qui
approche de la beauté, de la grandeur et de l'agrément de celle-cy. L'emploi
me convient fort ; je voudrais bien que vous trouvassiez aussi que je lui
conviens et que vous conservassiez, comme vous me l'avez fait espérer,
quelque bonté pour celuy de tous vos serviteurs qui le mérite le mieux par
le respect qu'il aura toute sa vie pour vous. »

Liasse 260 : « Mémoire sur le commerce de la Flandre » et quelques autres
pièces se rapportant toutes à l'interdiction par le roi d'Espagne de laisser
sortir les laines des Pays-Bas espagnols dans la Flandre wallonne (1699-1700).

Liasse 263 : « Mémoire sur les camelots de la Flandre française. »

2. *Bulletin de la Commission historique du département du Nord*, t. x.
— Dans le tome ix du même *Bulletin*, M. Desplanque a donné la liste et
la biographie des intendants de la Flandre wallonne, de la Flandre maritime
et du Hainaut.

Mais le mémoire de Dugué de Bagnols, en 1698, contient des appréciations plus directes :

La principale manufacture de l'industrie de Lille est celle des sayetteurs et des bourgeteurs..... La jalousie qui règne parmi ces sortes de gens a autrefois causé entre eux une émulation qui a beaucoup contribué à perfectionner leurs ouvrages et à rendre ces manufactures recommandables dans tous les endroits du monde. A présent, elle est changée en une envie si forte qu'elle fait beaucoup de tort à l'un et à l'autre de ces deux corps de métier. Les anciens marchands disent qu'il y a quarante ans, il y avait dans cette ville plus de 500 maîtres de ces deux métiers, qu'on y fabriquait plus de 300.000 pièces de différentes étoffes par an. A présent, non seulement le nombre des maîtres est réduit à la moitié, mais le nombre d'ouvriers est aussi fort diminué. Les guerres continuelles, la cherté de vivre, les grands impôts sur les boissons et la difficulté d'avoir des soies et des laines d'Espagne et d'Allemagne en sont les premières causes ; et, ce qu'il y a de plus fâcheux c'est que les maîtres et ouvriers se sont retirés à Gand, à Bruges et dans quelques villes d'Allemagne, où ils ont établi leurs manufactures au grand préjudice de la ville de Lille. »

LE ROI

Au-dessus de l'intendant demeurait l'autorité suprême, celle du Roi. Bien souvent les arrêts de son Conseil d'État étaient nécessaires pour trancher les litiges en dernier ressort, surtout avant la compétence spéciale attribuée en 1732 à l'intendant.

Outre les deux arrêts de cette année 1732, il faut signaler ceux du 28 août 1671 et du 19 juillet 1721 et aussi les règlements du Magistrat du 22 mars 1718 et du 15 août 1719, homologués tous deux par un arrêt du Conseil du 5 septembre 1719 [1].

Notons enfin, dans cet ordre d'idées, le grave échec subi, en 1764, par l'autorité de l'intendant Caumartin. Malgré ses répugnances et ses résistances, il dut s'incliner devant l'autorité royale représentée par le contrôleur

---

1. Plusieurs de ces documents seront reproduits *in extenso* aux Pièces justificatives, n°s 81, 115, 130.

général des finances, et fut contraint de publier dans son département l'arrêt du Conseil du 7 septembre 1762 accordant aux campagnes la liberté de l'industrie.

Arbitrer les rivalités entre les corps de métiers de la ville et les ouvriers de la campagne ; — maintenir entre eux la balance droite autant que l'on pourra ; — calmer la jalousie, l'envie même qui règne entre les sayetteurs et les bourgeteurs ; — empêcher que leurs querelles n'amènent les ouvriers de Lille ou du plat pays à s'expatrier et à transplanter leur industrie ; — telle est bien la difficile et délicate mission qui incombe aux « pouvoirs publics » que nous venons de passer en revue.

C'est dans cette tâche commune, à laquelle ils collaborèrent, avec des préoccupations et des intérêts distincts, il est vrai, mais avec le même désir d'assurer la prospérité industrielle du pays, que nous allons étudier l'action de ces différents corps ou pouvoirs, dans les chapitres qui vont suivre.

CHAPITRE XIV

RAPPORTS DES SAYETTEURS
AVEC LES AUTRES CORPORATIONS LILLOISES

Les Drapiers.

SITUATION RESPECTIVE DES SAYETTEURS ET DES DRAPIERS AU SUJET DES
ÉTOFFES QU'ILS TRAVAILLENT. — LES DIFFICULTÉS SONT PRESQUE
TOUJOURS SOULEVÉES PAR LES SAYETTEURS QUI VEULENT FAIRE
RESPECTER LES RÈGLEMENTS CONCERNANT LA SAYETTERIE FORAINE ;
QUESTIONS D'ESPÈCE ORDINAIREMENT RÉGLÉES PAR SENTENCES DU
MAGISTRAT. — L'OBJET PRINCIPAL DES DISCUSSIONS EST L'APPRÊT PAR
« CHARDON » ET « GRANDES FORCHES ». — L'ORDONNANCE DU 24 AVRIL
1700 SUR LES « SAIES DRAPÉES ».

Les sayetteurs, dont l'industrie consistait à travailler
les filets de sayette, devaient, par le fait même, se trouver
en relations de concurrence avec les autres corps de
métiers lillois qui employaient aussi la laine : les bourgeteurs et les drapiers. Nous omettons volontairement
une autre branche de l'industrie textile, celle des tisserands qui employaient le lin. Ils essayèrent sans doute
de mélanger la laine au lin dans leurs étoffes, mais les
sayetteurs, à part la courte période de 1688 à 1696
(affaire des crépons rayés), n'employèrent jamais le lin.
Il ne devait donc pas se produire de conflits entre les
sayetteurs et les tisserands ; mais ces derniers eurent
plusieurs difficultés avec les bourgeteurs. Ce fut même là
l'occasion de la réunion des trois corps de métiers.

Entre sayetteurs et drapiers, les conflits ne paraissent
pas avoir été bien aigus ni bien persistants ; vraisembla-

blement, les uns et les autres n'avaient guère d'intérêt à s'engager dans de longs procès.

D'une part, les drapiers, bien que soumis à certains règlements professionnels et justiciables, sous ce rapport, d'une sorte de tribunal particulier, la « perche aux draps », ne formaient point à Lille un corps de métier fermé ; chacun pouvait, semble-t-il, fabriquer des draps à la seule condition de respecter les prescriptions techniques [1].

D'autre part, les sayetteurs, dont l'objet principal et primitif de fabrication était la laine sèche et rase, paraissent avoir joui assez tôt du droit de travailler, du moins dans certaines limites, la même laine que les drapiers, la laine grasse « filée au grand chariot », mais ils ne semblent pas en avoir usé fréquemment. Bien qu'étant en possession depuis longtemps de fabriquer les saies à la façon d'Hondschoote, ils laissèrent sans difficulté les artisans de cette ville s'installer à Lille pour y exercer leur industrie [2].

Il semble d'ailleurs, et le fait est assez vraisemblable, que leurs droits n'allaient point jusqu'à pouvoir empêcher les drapiers de travailler n'importe quelle espèce de laine grasse.

Dans ces conditions, comment des conflits pouvaient-ils s'élever ? Nous nous en rendrons compte en étudiant les dossiers des procès qui nous ont été conservés partiellement ou que nous connaissons par des allusions. Voici l'indication rapide de ces procès.

En 1619, appel pardevant les échevins par la veuve

---

1. Un document du 2 mai 1733 caractérise ainsi la situation de la draperie : « Il y a des statuts particuliers pour cette communauté, mais il n'y a point de maîtrise, étant libre à tous particuliers de faire travailler à la fabrique des draps sans avoir fait apprentissage ou chef-d'œuvre, ce qui paraît en quelque manière contraire au bon ordre pour maintenir cette fabrique dans sa perfection ». (Carton 1226, dossier 26).

2. Dès 1565, nous voyons les sayetteurs de Lille autorisés à fabriquer les saies à la façon d'Hondschoote. (Pièces justificatives, n° 29). Nous avons parlé, au chapitre III, de la tentative du Magistrat d'établir à Lille les sayetteurs d'Hondschoote.

Allard Bave, d'une sentence des mayeurs, hauts-bans et commis au siège de la Vingtaine, du 25 août 1618, qui l'avait condamnée, ainsi que la veuve Jean Mès, teinturière, à une amende de 60 sols parisis, au sujet de deux pièces de marchandise que les maîtres de la sayetterie avaient fait saisir comme saies étrangères. La veuve Bave appelait ces pièces «rasettes» et disait les avoir fait venir de Liége, où elles avaient été fabriquées. Une sentence du 14 octobre 1619 ordonna la restitution à l'appelante des étoffes saisies et des amendes perçues [1].

Dans la discussion provoquée à cette occasion, il est fait allusion de part et d'autre, mais sans indication de date, à la « sentence par laquelle Jacques Oden, teinturier, auroit esté condempné en certaines amendes pour aucunes finnettes trouvées en sa maison ». Les mayeurs et commis de la Vingtaine semblent même faire allusion à des procès antérieurs : « Les raisons de l'appellante, disent-ils, ont esté amplement déduictes ès procès de Jacques Oden et plusieurs autres, nonobstant lesquelles ledit Jacques Oden et autres ont, à grande et exacte connoissance de cause, esté condempnés, lesquelles sentences servent au cas présent de préjugé contre l'appellante ».

En 1640, les mayeurs et hauts-bans de la perche aux draps se plaignent de ce que les commis de la Vingtaine ont saisi et détiennent en leur siège « deux sayes de Liége prinses en la maison de Jehan De le Rue, marchand tondeur, item deux sayes drappées de Liége bleues prinses en la maison de Martin Legrand, taincturier, et une saye drappée de Liége prinse en la maison de Jacques Cornuelle, taincturier, item deux perpétuannes blanches d'Angleterre prinses chez ledit Legrand, et autre perpétuanne noire d'Angleterre prinse en la maison d'Antoine de Hellin, estantes toutes les dictes huit pièces scellées du plomb de ladite perche ». Les échevins, après une discussion qui ne

---

1. Pièces justificatives, n° 53.

semble pas avoir compris d'enquête, entérinèrent la requête des drapiers et condamnèrent les sayetteurs aux dépens de l'instance. Cette sentence est datée du 25 juin 1641 [1].

Mais le 16 février 1647, après un nouveau procès où une enquête avait eu lieu, un arrêt du Conseil du Roi en Flandre donna raison aux sayetteurs et déclara que « la judicature des huit pièces de sayes drappées de Liége et perpétuannes d'Angleterre mentionnées en ladicte requête et la sentence du 25 juin 1641, appartient aux commis de la Vingtaine pour y être justiciées [2] ».

Dans le débat, les mayeurs et commis de la Vingtaine avaient fait allusion à un certain Daniel Duforest, marchand, qui avait été « condempné par sentence desdits de la Vingtaine, de laquelle sentence estant ledict Duforest porté pour appellant, ladicte sentence auroit esté confirmée par lesdits seigneurs du Magistrat. »

Enfin, en 1686, eut lieu un procès intenté par le siège de la perche aux draps à Jean-Baptiste Prus, maître sayetteur [3].

On le voit, les difficultés sont ordinairement soulevées par les sayetteurs qui font poursuivre et confisquer les pièces d'étoffes trouvées chez des marchands ou des teinturiers, les prétendant « foraines » c'est-à-dire importées. Ils avaient en effet obtenu du Magistrat des ordonnances prescrivant qu'aucune étoffe de sayetterie fabriquée au dehors ne pourrait pénétrer dans la ville, particulièrement si elle était « blanche ou écrue ». Cette règle gênait beaucoup les marchands et les teinturiers ; ils s'appliquaient donc à la tourner, prétendant que les pièces introduites dans la ville dépendaient de la draperie et non de la sayetterie, et conséquemment que leur importation était libre.

---

1. Carton 1170, dossier 2.
2. Pièces justificatives, n° 71.
3. Carton 1175, dossier 4.

Ce sont donc surtout des questions d'espèce qui divisent les sayetteurs et les drapiers ; chacune des parties prétend que la pièce en litige présente des caractères qui doivent la faire attribuer à son corps de métier ; l'autre, au contraire, dénie les qualités de fait et même, ces qualités fussent-elles reconnues exactes, rejette les conclusions que l'on prétend en tirer. Le juge chargé de trancher le différend ordonne une enquête et rend sa sentence sans qu'il soit possible de savoir d'une façon précise quel point de fait ou quel argument de droit il a reconnus exacts.

C'est ainsi que dans le procès intenté aux sayetteurs par la veuve Bave, celle-ci affirme que l'étoffe qu'on a saisie chez elle est composée de filet de laine grasse, qu'elle s'accoutre par le foulon, lequel y applique aussi le chardon. Les sayetteurs répondent qu'ils ont, eux aussi, le droit de se servir de laine grasse, qu'ils font, eux aussi, fouler leurs étoffes, que l'étoffe en question ne pourrait endurer le chardon, qu'elle est tissée à pas de saie et par suite leur appartient. La demanderesse réplique en affirmant que toutes les manufactures de draperie ne requièrent point le chardon, qu'il est ridicule d'affirmer que toutes les manufactures de laines à pas de saie appartiennent à la sayetterie, que les foulons de drap n'emploient pas les mêmes procédés que les foulons de saie et ne sont point compris dans la même corporation. — Ces mêmes arguments furent employés de part et d'autre dans le procès de 1640 intenté aux sayetteurs par les mayeurs et hauts-bans du siège de la perche aux draps.

Deux principes semblent cependant dominer le débat. D'une part, les sayetteurs sont en droit d'employer, comme les drapiers, la laine grasse filée au grand chariot, quand ils veulent confectionner des saies analogues à celles d'Hondschoote ; d'autre part, ils ne peuvent appliquer à leurs étoffes ni chardon, ni grandes forces, c'est-à-dire leur donner le même apprêt qu'à la draperie[1].

Sur ce dernier point, les drapiers suscitèrent une autre difficulté. En 1686, ils saisirent chez un des leurs une pièce d'étoffe qui ne portait pas les plombs de leur siège et poursuivirent un maître sayetteur, Jean-Baptiste Prus, qui était venu la réclamer. Une question nouvelle se posa. Les mayeurs et hauts-bans de la perche aux draps faisaient observer que la pièce en litige avait été soumise à l'apprêt des « grandes forches et chardons » ; mais Jean-Baptiste Prus et les maîtres sermentés du corps de la sayetterie, parties intervenantes, répondirent que la pièce avait été ainsi apprêtée par un membre de la corporation des tondeurs, que le fabricant avait eu le droit d'en agir ainsi, puisque la défense faite aux sayetteurs de se servir de grandes forces et de chardons était portée en faveur des seuls tondeurs. Cette dernière assertion était formellement niée par les mayeurs et hauts-bans de la perche aux draps, qui prétendaient que cette règle avait été portée en leur faveur, pour préserver leur métier des empiètements des sayetteurs.

Dans leur réponse à la requête de leurs adversaires, les sayetteurs s'exprimaient ainsi : « L'ordonnance de la cour du 12 octobre 1550 dit expressément que les sayes drappées se pourront faire par ceux du mestier des sayetteurs, pourvu que sur icelles ils ne pourront faire courer ne user de force ny chardon. Suivant quoy, la pièce en question n'est point disputable puisque c'est véritablement une saye drappée et que ledit Prus étant sayeteur, la fabrique lui en est permise, pourveu n'user pas de force ny chardon ; ce qu'il n'a aussy fait, mais s'est conformé entièrement à la ditte ordonnance, n'ayant pas luy même usé desdits force et cardon, mais estant par luy faict selon son stil, pour ne point faire aucune emprise sur celuy des tondeurs, il a mis la ditte pièce ès mains d'un tondeur pour l'accoustrer par lesdits forches et chardons. »

---

1. Sur ce point, dans le procès de 1641-1647, les mayeurs et hauts-bans de la perche aux draps arguèrent des prescriptions formelles d'une ordonnance du 2 octobre 1550. Les sayetteurs ne nièrent pas l'existence de ce texte, mais se contentèrent de répondre que, dans l'espèce, les pièces en litige n'avaient pas reçu cet apprêt.

Dans leur réplique les drapiers critiquèrent ainsi les arguments de leurs adversaires : « Tout ce qu'ils ont sceu dire pour tascher de se sauver est qu'il leur est permis de faire des serges drappées, joignant pour cela une ordonnance du 12 octobre 1550. Mais, sans convenir autrement de cette permission pourvantée et sans en faire une plus grande discution, il ne faut que regarder l'étoffe en question, l'ordonnance pourvantée et exhibée par les deffendeurs et leur escript de deffense, pour les convaincre et faire veoir tout clairement qu'ils n'ont aucune raison de soutenir, comme ils font.

» En effet, voyant cette ordonnance, on reconnoît que les sayes drappées n'y sont permises aux sayetteurs que pourveu ne point faire coure ne user forche ni cardon. Et voyant lesdites deffenses, on voit aussy qu'ils confessent eux-mêmes que sur les étoffes de sayetterie et nommément sur celles qu'ils disent serges drappées, ils ne peuvent faire coure ne user de forche ny cardons, et que cependant ils ont fait coure sur la pièce en question et usé de forche et cardons, et par conséquent que de ce chef encore, la pièche en question ne peut être de celles permises par la ditte ordonnance qu'ils exhibent pour tout fondement de leurs intentions.

» Ils diront sans doute en duplicque qu'ils n'ont pas confessé que ledit Prus a usé de forche ny cardons pour cette pièche, veu qu'ils l'ont mise ès mains de tondeurs, et que le tondeur a fait ce devoir. Mais ils doivent savoir qu'il n'a pas été deffendu de faire coure et user de forche et cardons pour la conservation du droit des tondeurs, comme les opposans le veuillent insinuer, mais pour la conservation de celui des drappiers, et donner lieu par cette deffense de tant mieux distinguer la fabrique des sayetteurs hors de celle des drappiers [1] ».

Nous ignorons dans quel sens fut tranchée la difficulté ; peut-être le procès durait-il encore quand, le 24 avril 1700, le Magistrat prescrivit « que les sayes drappées seroient portées à la sayetterie pour y recevoir le plomb comme manufacture de sayetterie. »

Le préambule de l'ordonnance fait connaître les circonstances dans lesquelles elle fut rendue :

« Nous rewart, mayeur et eschevins, voulant mettre fin aux difficultés qui naissent assez souvent au sujet des sayes drapées, les mayeurs, haubans et esgards du siège de la perche aux draps soutenant que ces manufactures doivent estre apportées à leur siège pour

---

1. Carton 1175, dossier 4.

y recepvoir le plomb et payer les droits ordinaires, comme estant draperies, et ceux du siège de la sayetterie soutenant au contraire que ces manufactures, estant sayetterie, devoient estre apportées au siège de la sayetterie pour y être plombées comme manufactures dépendantes de la connaissance et judicature de la sayetterie, et pour aussy éviter à l'avenir de pareilles difficultés, nous avons ordonné et ordonnons que les manufactures de sayes drapées seront portées à l'avenir au siège de la sayetterie pour y recevoir le plomb comme manufacture de sayetterie et payer les droits pour ce dus [1] .»

A vrai dire, il ne s'agissait ici que de la perception des droits de plomb. A cette époque, la fabrication des saies drapées était probablement libre à Lille, ou tout au moins facilement permise à ceux qui désiraient s'y livrer. Ce n'était donc pas, entre les deux corps, une question d'attribution d'étoffes, mais une rivalité d'ordre purement pécuniaire, chacun voulant percevoir à son profit les droits de plomb, sans doute assez lucratifs, que devaient acquitter les artisans libres [2].

D'ailleurs, à cette époque déjà, une ordonnance du Magistrat, du 17 juillet 1696, avait autorisé, moyennant le paiement de droits de plomb, l'entrée à Lille « des manufactures qui ne dépendoient pas des corps de sayetterie et bourgeterie, ou du moins telles que les maistres et suppôts desdits corps ne font point ou ne font que très rarement » [3]. Les saies drapées, fabriquées depuis longtemps dans les bourgs du plat pays qui possédaient le privilège de draperie, avaient sans doute pénétré à Lille grâce à cette permission. On conçoit aisément que sayetteurs et drapiers se soient disputé la perception des droits de plomb, qui tenaient lieu en quelque sorte de droit d'entrée.

---

1. Pièces justificatives, n° 105.

2. Nous avons vu, au chapitre III, que le siège de la Vingtaine, puis les échevins, avaient concédé à de non francs l'autorisation de fabriquer des saies, à condition d'acquitter un droit de 7 sols à la pièce.

3. Pièces justificatives, n° 103.

Un autre point de l'ordonnance du 24 avril 1700 reste indécis. Quelle était exactement la composition de la saie drapée et surtout quel était le mode d'apprêt qu'elle requérait ?

Il est à croire qu'alors les qualités de cette étoffe étaient assez nettement déterminées pour que le Magistrat n'eût pas besoin de les fixer dans son ordonnance ; le fait est d'autant plus plausible qu'à partir de cette époque nous ne trouvons plus ni procès ni ordonnances se rapportant à la distinction entre sayetteurs et drapiers.

Si la liste des difficultés qui s'élevèrent entre sayetteurs et drapiers nous est parvenue d'une manière complète [1], il faut reconnaître qu'elles ne furent point fréquentes et qu'elles n'entraînèrent point de procédures bien longues. Seul, le procès de 1641 ne fut pas terminé par la sentence du Magistrat et fut porté en appel devant le conseil du Roi en Flandre. Et cependant les points de fait et de droit de ces litiges auraient pu, semble-t-il, susciter d'importantes controverses.

Sayetteurs et drapiers paraissent donc avoir eu peu de goût pour ces discussions ; sans doute, celles-ci ne présentaient pour eux qu'un intérêt assez relatif, mais il n'en reste pas moins vrai que ni les uns, ni les autres, ne se complurent jamais, par simple amour de la chicane, aux luttes « frayeuses » de la procédure. La remarque n'en est peut-être pas inutile, avant le récit des longues et coûteuses querelles qui, durant le même temps, divisèrent les sayetteurs et les bourgeteurs.

---

1. Nous avons tout lieu de le croire, d'autant plus que les parties avaient l'habitude de s'appuyer, dans chaque procès, sur les sentences précédentes qui, à leur avis, leur étaient favorables.

CHAPITRE XV

RAPPORTS DES SAYETTEURS AVEC LES BOURGETEURS

Procès entre les deux corps de métier.

ÉTABLISSEMENT DES BOURGETEURS A LILLE. — LEURS PREMIERS DÉMÊLÉS AVEC LES SAYETTEURS. — ACCORD DU 14 OCTOBRE 1544. — NOUVELLES DIFFICULTÉS, AU XVIIᵉ SIÈCLE, AU SUJET DU « PAS DE SAYE », DES « ÉTAMINES », ETC. — SUREXCITATION CAUSÉE, DE 1688 A 1696, PAR L'AFFAIRE DES « CRÉPONS RAYÉS » — CALME RELATIF AU DÉBUT DU XVIIIᵉ SIÈCLE. — DERNIÈRE DISCUSSION IMPORTANTE, DE 1741 A 1755, AU SUJET D'ÉTOFFES PRÉTENDUES « FIGURÉES ». — SITUATION FAITE AUX BOURGETEURS PAR L'ÉCHEC DE LEURS PROCÈS.

Les difficultés et les procès entre les sayetteurs et les bourgeteurs lillois semblent avoir été l'un des éléments les plus importants de la vie de ces deux corporations. Pendant près de trois siècles, leurs procès occupèrent le Magistrat de la ville et les cours souveraines, sans que jamais, sauf au début du XVIIIᵉ siècle, une trêve sérieuse ait pu ramener une longue période de tranquillité dans les rapports de ces deux industries ennemies. Malgré les changements de circonstances que causaient forcément les variations de la mode au sujet des étoffes fabriquées par l'un et l'autre corps, sayetteurs et bourgeteurs conservaient toujours en réserve quelque sujet de dispute entretenu avec soin.

Cependant quelle que fût l'issue de ces procès, ni l'une ni l'autre des corporations ne disparaissent ; leur fusion est souvent souhaitée et tout semble la rendre aisée puisqu'à certains moments les étoffes fabriquées leur sont presque toutes communes. Mais des obstacles divers empêchent sa réalisation et les sayetteurs lui opposent une résistance que l'autorité souveraine comprend et n'ose enfreindre ni briser. Ce ne sera qu'aux approches de la Révolution, lorsque les conditions d'existence de l'une et l'autre corporations auront été profondément modifiées, que, sur l'initiative d'une troisième corporation, celle des tisserands, la création d'un vaste corps de métier, englobant les sayetteurs, les bourgeteurs et les tisserands, sera décidée par le Magistrat, puis approuvée par le pouvoir royal.

L'histoire de ces procès nous semble devoir précéder l'étude consacrée spécialement aux projets de fusion des deux corps et aux controverses suscitées à cette occasion.

Voulant, ainsi que les sayetteurs, être considérés comme des étrangers attirés à Lille par les invitations, les promesses et un quasi contrat du Magistrat, les bourgeteurs, du moins à dater d'une certaine époque, prétendaient devoir leur origine à des Français venus de Bourges à Lille pour y établir leur industrie. Leur nom même donnait à cette assertion une certaine vraisemblance ; mais leur affirmation ne venait-elle pas trop tardivement, pour pouvoir provenir de souvenirs sincères ? On la rencontre pour la première fois dans un document intitulé : « Factum pour les haubans, maîtres et suppôts de la bourgeterie en la ville de Lille contre les sayetteurs de la même ville par devant Monseigneur de Bagnols, intendant de justice, police et finances en Flandres » [1].

Les bourgeteurs y affirment qu'ils sont «François originaires, compagnons de Bourges reçus à Lille en 1496 et sous des conditions qu'on leur doit tenir ». Or une sentence du 23 août 1538, précédée des arguments invoqués

---

1. Carton 1175, dossier 12. — Voir aussi Pièces justificatives, n° 95.

par les parties dans leur procès, ne renferme aucune allusion des bourgeteurs à leur prétendu établissement et aux
droits qu'il leur aurait conférés. De plus, les statuts d'institution du corps des bourgeteurs de la ville de Lille ont
été conservés. Ce document, daté du 28 mai 1496, indique
clairement que, sur leur requête, et pour leur permettre
de participer aux processions de la ville, le Magistrat auto-
rise « les maistres et tout le corps du métier de hautelisseurs, appelés bourgeteurs, de se séparer et oster des
charges et chandelles des tisserands de toile [1]. »

Le corps des bourgeteurs n'était donc qu'un membre
séparé de la corporation des tisserands. Disons tout de
suite que ce devait être pour lui une cause d'infériorité,
directement dans la lutte contre les artisans du plat pays
et indirectement dans sa rivalité avec les sayetteurs.

Le corps des tisserands avait comme attribution spéciale
la fabrication des toiles qui était une industrie autorisée
dans le plat pays (voir chapitre XXI). Le plat pays pouvait donc, d'une certaine façon, considérer les étoffes que
le Magistrat concédait en propre aux bourgeteurs, comme
des étoffes dont la ville n'avait pas le monopole. Sans
doute le Magistrat prétendait que la bourgeterie était, elle
aussi, une industrie privilégiée, mais l'argument de ses
adversaires était puissant auprès des autorités supérieures
chargées de régler le conflit.

Au point de vue de la protection du travail lillois, le
Magistrat avait donc tout intérêt à attibuer aux sayetteurs
et non aux bourgeteurs les étoffes en litige. En tout cas,

---

1. Carton 1160, dossier 5. — Ce document nous fournit occasionnellement
l'origine du nom de bourgeteurs en désignant sous l'appellation de
« bourgette » et d'une façon générique, l'étoffe qu'ils fabriquaient.

Le dictionnaire de l'ancienne langue française de Fréd. Godefroy cite
également le mot « borge », sorte de toile. Littré fait une remarque analogue:
« Richelet dit que ce mot (bourgeteur) vient de la ville de Bourges, à cause
que des ouvriers de Bourges portèrent à Lille cette industrie ; mais l'ancien
français avait « borge, sorte de toile ; borgier, fabricant de borge » dont
d'ailleurs l'origine n'est pas connue. »

ces derniers tiraient leur existence et leurs attributions du pouvoir municipal lillois, qui n'avait pu, de sa propre autorité, conférer à leur industrie une situation privilégiée au détriment de celle des artisans de la campagne ; au contraire, les sayetteurs, établis à Lille par l'octroi de Maximilien et Marie, avaient, en 1534, obtenu de Charles-Quint l'interdiction de fabriquer les étoffes de sayette dans le plat pays.

Bien plus, nous voyons le Magistrat lui-même affirmer que la bourgeterie est une branche issue de la sayetterie :

Ledit stil est venu en telle accroissance que force at esté, pour donner moyen de vivre au peuple, le répartir et diviser en deux, dont à l'une partie, et lors bien principale, fut délaissée la composition des sayes quy lors estoient en vogue, et de quoy ceste partie retint le nom de sayeteurs, et par après, pour ce qu'ils inventèrent la composition des chambgeans, ont été appellez chambgeanniers ; et depuis a tousjours esté réglé sur ces deux sortes de manufactures. Et quant au surplus, qui se moustrèrent plus gaillards et ingénieux, on leur laissa la composition de toutes aultres sortes et manières d'ouvraiges portans figures entremeslures de aultres estoffes que puraine sayette, pour lesquelles fabriques ils se servoient de haulte-lisses et outilz aulcunement différens à ceulx pour lesdictes sayes et chambgeans, et de quoy ils furent premièrement appellés haulte-lisseurs, depuis bourgeteurs, trippiers ou aultrement, selon les nouveaux ouvrages qu'ils inventèrent et mirent sus, qui aussy furent réglés par lesdits des comptes et eschevins, soubz ordonnances et statuts, et assujettis chascun respectivement à divers sièges, et en telle sorte se sont maintenus aussy jusques à présent. Non toutes fois que les bourgeteurs fussent oncques privés de composer chambgeans ou sayes, mais l'ouvrage debvoit estre tainct et coulouré, et selon quoy ils sont toujours demourés sayetteurs et chambgeanniers, bien qu'avec la dicte distinction [1].

Quelles étaient donc à l'origine les étoffes fabriquées par les deux corporations qui allaient devenir d'irréconciliables rivales ? Pour les sayetteurs, c'étaient les saies, étoffes composées entièrement de laine sèche ou sayette,

---

1. Carton 1165, dossier 1.

dont la chaîne et la trame se croisaient, mais de façon égale de manière à ce que l'étoffe parût unie. Quant aux bourgeteurs, les statuts de 1496 (art. 1er) ne fixaient point nettement leurs attributions, mais désignaient ainsi quelques-unes des étoffes qu'ils pouvaient fabriquer : « Que les pièces de quevrons, d'œillets et chambgeans de parement, de eschelettes, de nœuds d'amour, de satin brocquet ou autres, de couloubette, de sayette ou de saye, de trippe de velours, doivent contenir et contenront dix-neuf aulnes de longueur et trois quartiers un pouce moins de largeur, et se feront icelles pièces de lin, de saïette ou de saye. »

Ainsi donc, à chacun des deux corps de métier, un certain nombre d'étoffes étaient attribuées privativement, mais l'un et l'autre pouvaient employer la même matière première, la laine.

Autant cependant que l'on en peut juger, deux éléments de fait distinguaient les sayetteurs des bourgeteurs, même quand ceux-ci employaient la laine. Tandis que les premiers fabriquaient des tissus unis, les étoffes des seconds étaient figurées, c'est-à-dire que leur chaîne était découpée ou détachée de la trame, ce qui donnait au tissu certains dessins ou figures. De plus, les bourgeteurs se servaient de la haute lisse, tandis que les sayetteurs travaillaient à la lame.

Mais en droit, la seule démarcation entre les deux corps consistait, non point dans les procédés de fabrication, mais dans la liste énumérative et limitative des étoffes qui leur étaient attribuées. Il en fut toujours ainsi, malgré toutes les sentences qui eurent pour but de terminer les procès entre les deux corps.

Dans ces conditions, toute découverte d'une nouvelle étoffe devait entraîner une lutte entre les deux corps, chacun prétendant la fabriquer à l'exclusion de l'autre.

S'il faut en croire l'affirmation des bourgeteurs, le

premier conflit se serait élevé en l'an 1500, au sujet des petits satins et satins renversés, dont le tissu était croisé comme celui des sayes. Ce procès fut gagné en 1531 par les sayetteurs, qui, en septembre 1535, en commencèrent un autre au sujet des satins rayés ou royes et le gagnèrent également [1].

Une ordonnance du 14 décembre 1535 fixa les limites des deux métiers et leur fit une première fois défense de ne plus entreprendre l'un sur l'autre [2].

Cependant un nouveau procès commenca dès l'année suivante et fut d'une importance extraordinaire. Il s'agissait d'une étoffe appelée changeant [3].

Les sayetteurs la revendiquaient parce qu'elle était composée de pure laine. Les bourgeteurs objectaient qu'à la différence de la saie, elle se faisait sans croisure, que l'ordonnance du 22 décembre 1535 avait limité leurs rivaux aux saies, ostades, satinets et satins rayés, que les saies se faisaient toujours sur un même métier, tandis que pour les changeants, comme pour ce qui dépendait de la bourgeterie, on renouvelait les harnats suivant le genre de l'étoffe qu'on voulait obtenir [4].

Une première sentence de 1536 attribua indirectement les changeants aux sayetteurs ; mais les bourgeteurs

---

1. Bien que le mot « satin » désigne souvent une étoffe de soie, il est évident qu'il s'agissait, dans les procès de 1500 et de 1531, d'étoffes de laine, les sayetteurs n'ayant commencé à employer la soie que beaucoup plus tard.

2. Carton 1160, dossier 1. — Voir aussi Pièces justificatives, n° 15.

3. Savary, dans son *Dictionnaire universel de commerce*, donne ces définitions :

Changeant : étoffe toute de laine, qui est une manière de camelot qui se fabrique à Lille en Flandre.

Camelot : étoffe non croisée, composée d'une chaîne et d'une trême qui se fabrique avec la navette sur un métier à deux marches, de même que la toile ou l'étamine. Il s'en fait de toutes sortes de couleurs ; les uns de poil de chèvre, tant en chaîne qu'en trême, les autres dont la trême est de poil et la chaîne moitié poil et moitié saye ; d'autres dont la chaîne et la trême sont entièrement de laine, et enfin d'autres dont la chaîne est de fil et la trême de laine.

4. Carton 1160, dossier 17.

protestèrent et obtinrent, le 23 août 1538, le monopole de l'étoffe en litige. Les sayetteurs en appelèrent au Conseil de Flandre et présentèrent au Magistrat une requête demandant leur union aux bourgeteurs ; cette requête fut rejetée. Le 8 juillet 1544, de nouvelles propositions furent faites en vue de la conciliation des parties et aboutirent à un accord, le 14 octobre de la même année.

Cet accord, qui devait être désormais la charte des deux corporations, doit être cité dans ses termes exacts :

Lesdits sayeteurs et nuls autres feront et pourront faire par leurs serviteurs et ouvriers, saies, ostades, demi-ostades, rayées, mises d'orges et de puraine sayette, tissues en forme de chambgeans des couleurs blanc et bleue à part soi ; et les dits bourgeteurs et nuls autres feront et pourront faire par leurs serviteurs et ouvriers velours et tripes de velours de puraine saïette ou autrement, et tous ouvrages figurés, soit de sayette, pure soie ou mêlés, et tout ce où il y aura meslure ou lanchure de lin, de soie, de coton, de fil d'or et d'argent et aultres ouvrages expresses de figures et dénommés ès lettres de leurs ordonnances. Et quant aux chambgeans de diverses couleurs et aultres pièches tissues en forme de chambgeans d'une seule couleur de puraine sayette, sauf le blan et le bleu qui demeurent auxdits sayeteurs comme dit est, et tous autres ouvrages, ci-dessus non spécifiés ni notamment déclarés ès ordonnances desdits deux mestiers, inventés présentement ou à inventer ci après par qui que ce soit se feront par chascun desdits deux métiers qui proufit y sentira, sauf que si lesdits mestiers ou l'un d'eux inventoit aucuns nouveaux ouvrages de purainne sayette d'une seule couleur, après l'épreuve d'une pièce, ne pourront continuer sans préalablement les apporter en halle par devant nous ou nos successeurs en loy, pour le permettre à celui desdits mestiers qu'il appartiendra et qu'on trouvera en conseil être à faire [1].

Cette ordonnance fut souvent rappelée dans la suite par les sayetteurs et les bourgeteurs dans leurs procès respectifs, sans que jamais elle ait pu trancher le débat. En effet, envisagée dans son sens strict, cette formule : « tous autres ouvrages ci-dessus non spécifiés inventés présentement ou

1. Pièces justificatives, n° 20.

à inventer se feront par chacun des deux corps qui profit
y sentira » n'aurait pu avoir d'application qu'en ce qui
concernait les ouvrages de pure sayette et non figurés,
puisque le début de l'ordonnance spécifiait et attribuait
aux bourgeteurs « tous ouvrages figurés, soit de sayette,
pure soye ou meslés, etc. » C'était bien ce que prétendaient les bourgeteurs qui revendiquaient pour eux seuls
tous les ouvrages, nouveaux ou non, où il entrait de la
soie, du coton ou du lin. Mais cette interprétation était
rejetée comme absurde par les sayetteurs. Les ouvrages de
pure sayette étaient réglementés d'une façon spéciale par
une disposition de l'ordonnance contraire à la précédente,
« saulf que si lesdits maistres ou l'un d'eux inventoient
aucuns nouveaux ouvrages de puraine sayette, ne pourront
continuer sans les apporter en halle... pour le permettre
à celui desdits mestiers qu'il appartiendra et qu'on trouvera en conseil être à faire ». Les bourgeteurs, à leur avis,
ne pouvaient revendiquer pour eux seuls la fabrication des
ouvrages mêlés, à moins « qu'ils ne fussent dénommés ès
lettres de leurs ordonnances » ; ces ouvrages, une fois
inventés, devaient se faire par chacun desdits deux corps
qui profit y sentirait.

Quoi qu'il en soit, la paix ainsi conclue persista sans
incident notable jusqu'en 1596. Nous voyons alors les
sayetteurs autorisés, à l'exclusion des bourgeteurs et
malgré l'opposition de ceux-ci, à fabriquer une étoffe
ainsi décrite : «chambgeans blancq de purainne saïette
avecq plusieurs rangées de trois roies eslevées au travers
et distantes égallement » [1]. Le procès entamé à cette occasion ne paraît pas avoir eu grande importance [2].

---

1. Registre aux ordonnances coté G, fᵒ 125. Ordonnance du 5 février 1596.

2. Il n'est pas mentionné dans le Factum des bourgeteurs qui, après
avoir cité la convention de 1544, continue : « ce règlement a été observé
fort religieusement jusqu'en 1603, que les sayeteurs se remirent aux champs
pour les changeants croisés ». L'oubli des bourgeteurs est peut-être
volontaire.

Au début du XVIIe siècle recommence la série des discussions. Ce fut d'abord, en 1603, une contestation au sujet d'une nouvelle étoffe appelée « pas de saye. » Chacun des corps la revendiqua pour lui seul, les sayetteurs parce qu'elle avait « croisure de saye » et qu'ils l'avaient fabriquée les premiers ; les bourgeteurs parce qu'elle était, disaient-ils, une étoffe figurée. Pour les mettre d'accord, le Magistrat décida que la fabrication de ce nouvel article serait régie par les mêmes règles que les changeants [1].

Une solution semblable fut donnée, le 14 février 1610, au sujet des camelots [2] et le 18 décembre de la même année pour les ouvrages, œillets et damassés, composés entièrement de sayette [3].

Le 15 mai 1627, les bourgeteurs, qui avaient saisi une pièce de baracan rouge cramoisi, sous prétexte qu'elle contenait un fil de lin dans la lisière, furent condamnés ; les sayetteurs se virent attribuer d'une façon exclusive les baracans, de quelque couleur qu'ils fussent [4].

Vers 1640 eut lieu une discussion roulant sur ce point : les bourgeteurs pouvaient-ils faire corroyer les étoffes qu'ils fabriquaient? Le débat est assez obscur et la sentence définitive ne nous est point parvenue [5].

1. Pièces justificatives, n° 48.
2. Pièces justificatives, n° 50.
3. Pièces justificatives, n° 51. — Les bourgeteurs prétendaient que l'ouvrage leur appartenait, parce qu'une fois « accoustré » il paraissait figuré. Le Magistrat donna cependant raison aux sayetteurs.
4. Pièces justificatives, n° 54. — Dans un recueil de pièces que les sayetteurs eux-mêmes firent imprimer, la date est bien : *seize cens vingt*. Nous croyons devoir laisser cette date au document dans notre série des pièces justificatives ; mais nous devons la corriger ici. Il y a eu certainement oubli de la part du copiste (sans doute le greffier du corps) chargé par les sayetteurs de surveiller l'impression de leur recueil ; le mot *sept* est resté dans sa plume. En voici la preuve : en 1620 le *quinzième de mai* n'était pas un *samedi*, non plus que le *sixième d'avril* n'était un *mardi*; ces deux dates insérées en toutes lettres dans la pièce se vérifient au contraire exactement pour l'année 1627.
5. Il semble bien qu'en fait les bourgeteurs ne pouvaient, du moins avant 1640, faire corroyer leurs étoffes. Un sieur Jacques Pollet, compa-

Le 15 juillet 1647, les sayetteurs obtinrent du Magistrat
« par forme de police et jusques au rappel » la permission
de fabriquer, concurremment avec les bourgeteurs, une
étoffe appelée étamine, dont la chaîne était d'un fil de
sayette et d'un fil de soie retors ensemble, et la trame de
sayette. Les bourgeteurs protestèrent, en invoquant l'ordonnance de 1544, suivant laquelle toute étoffe où il y avait
mélange de lin, de saie, de coton, de fil d'or et d'argent,
leur était attribuée. Mais les sayetteurs observaient qu'aux
termes du même acte, les étoffes de nouvelle invention
pouvaient être fabriquées par celui des deux corps qui y
trouverait avantage, que d'ailleurs la décision du Magistrat
leur avait créé un droit et que les bourgeteurs ne pouvaient
se plaindre, puisque les étamines étaient déclarées communes. La décision des échevins fut confirmée par sentence
du Conseil privé de Bruxelles du 17 septembre 1660 [1].

Cet arrêt stipulait en outre que des lettres seraient adressées tant à la Chambre des comptes de Lille, qu'au
Magistrat de la ville, pour avoir leur avis sur le projet
de fusion des deux corps en une seule corporation.

Dès 1650, le Magistrat avait proposé cette solution au
Souverain [2]. Mais, en 1660, un conflit de juridiction
s'éleva entre le Magistrat et la Chambre des comptes à
propos des formalités préparatoires à la réunion. Une
décision royale du 9 novembre 1661 [3] s'efforça d'aplanir
la difficulté mais en vain, car jusqu'en 1667 les choses

---

raissant devant la Vingtaine, le 12 juillet 1634, pour avoir fait corroyer une
étoffe de bourgeterie, se défendit en affirmant qu'il n'avait pas fait corroyer
le changeant, mais seulement mouillé la pièce. Condamné néanmoins, il fit
appel et cet appel fut sans doute l'origine de la discussion (Carton 1169,
dossier 3).

Dans une pièce du procès, les sayetteurs tirèrent argument d'une ordonnance du 7 février 1604, qui indiquait clairement que, seules, les étoffes des
sayetteurs pouvaient être corroyées. (Pièces justificatives, n° 49).

1. Carton 1171, dossier 1.
2. Carton 1171, dossier 1.
3. Carton 1171, dossier 3.

restèrent au même point [1] et les sayetteurs conservèrent le droit de fabriquer les étamines.

Sous la domination française, les discussions se multiplient. Certains sayetteurs ayant sollicité la permission de fabriquer de nouvelles étoffes, les bourgeteurs réitérèrent leurs plaintes au sujet de la situation inférieure que leur avaient faite les sentences antérieures et demandèrent de nouveau leur fusion avec les sayetteurs.

Le Magistrat émit un avis favorable dans un rapport adressé à l'intendant le 5 janvier 1675 ; mais l'affaire n'eut pas de suite [2].

En 1685, les bourgeteurs subirent un nouvel échec. Un des leurs, nommé Daussy, ayant voulu fabriquer des baracans bleus, en composant la chaîne d'un fil de lin et de deux fils de sayette retors ensemble, vit sa pièce confisquée par les maîtres de la sayetterie ; la sentence de la Vingtaine qui le condamna à 10 carolus d'or d'amende fut confirmée par les échevins le 13 août de cette année et par l'arrêt du Parlement de Tournai le 12 mai 1696 [3].

Un nouvel événement devait porter à son comble l'irritation des bourgeteurs. Par une ordonnance du 28 mai 1688, le Magistrat autorisa les sayetteurs à fabriquer, concurremment avec leurs rivaux, les crépons rayés, étoffe composée de laine et de coton [4]. Les bourgeteurs en appelèrent immédiatement au Parlement de Tournai, puis, prenant leur recours vers l'intendant, ils lui adressèrent un factum dirigé en apparence contre les sayetteurs, mais en réalité contre le Magistrat qu'ils attaquent avec la dernière violence [5]. Le but de ce factum, c'était en réalité la fusion des deux corps de métier.

---

1. Carton 1176, dossier 3.
2. Carton 1173, dossier 3; carton 1175, dossier 5.
3. Sur cette affaire voir carton 1174, dossier 11 et A. D. N., Fonds du Parlement n° 7397 (classement provisoire).
4 Pièces justificatives, n° 93.
5. Les bourgeteurs y commentent phrase par phrase l'ordonnance de Messieurs de Lille « mise en colonnes et répondue par période ».

Les sayetteurs répliquèrent et l'intendant renvoya l'affaire au Magistrat, dont une ordonnance du 21 mars 1690 prescrivit aux parties de fournir un mémoire sur leurs prétentions respectives [1]. Mais, cette fois encore, aucune décision définitive ne fut prise. Quant au fond du procès, le Parlement de Tournai, par sentence du 25 mai 1696, donna satisfaction aux bourgeteurs en décidant que les crépons rayés où il y aurait mélange de coton, de lin, de soie ou de fil d'or ou d'argent, leur appartiendraient à l'exclusion des sayetteurs [2].

Cette sentence, semble-t-il, calma pour quelque temps l'hostilité des deux corps de métier. Nous les voyons en effet, le 17 juillet 1696, s'entendre pour réglementer l'entrée en ville des étoffes fabriquées dans le plat pays. Cet accord stipulait en outre que les calmandes, les razes de Gênes et les serges de Nîmes, nouveaux tissus dont le plat pays avait entrepris la fabrication, pourraient être manufacturés par les suppôts de l'un et de l'autre corps [3].

D'autres étoffes furent encore déclarées communes par une ordonnance du 11 mars 1702 ; il s'agissait cette fois des saies appelées dauphines, marocs et étamines de Reims [4].

Le 14 janvier 1719, nouveau règlement d'attribution entre les deux corps : « Comme autrefois les serges de Londres et celles lanées de gras, autrement dites sayes drapées, seront de la compétence des saïeteurs, et les dauphines où il entre du fil de lin, soit dans le corps de l'étoffe ou dans la lisière, de la compétence des bourgeteurs ; les autres de pure laine communes aux deux corps. » De plus, le Magistrat décide qu'il sera permis aux sayetteurs d'employer de la soie dans leurs étoffes, confor-

---

1. Pièces justificatives, n°ˢ 95 et 96.
2. Carton 1178, dossier 7.
3. Pièces justificatives, n° 102.
4. Pièces justificatives, n° 106. — Voir : A. D. N., Fonds du Parlement, n° 7397 (classement provisoire).

mément à l'ordonnance du 15 juillet 1647 confirmée à
Bruxelles le 17 septembre 1660 [1].

Ces deux sentences ne paraissent pas avoir été précédées de discussions bien vives ; en tout cas, la décision
du Magistrat fut respectée [2].

Un nouveau conflit devait cependant s'élever. Les sayetteurs ayant entrepris la fabrication des camelots ou grains
appelés façon de Hollande ou de Bruxelles, dont la chaîne
était composée de deux fils de soie et d'un fil de sayette
retors ensemble, les bourgeteurs saisirent plusieurs pièces
de cette étoffe manufacturées par Hellin, Le Roy et Lepers.
Le Magistrat donna tort aux sayetteurs et leur fit défense
d'employer plus d'un fil de soie dans leurs étoffes et d'ou-
trepasser la licence qu'il leur avait accordée par sa sentence de 1647 et par l'arrêt de 1660 au sujet des étamines.

Les sayetteurs en appelèrent au Parlement de Flandre.
Ceci se passait en 1724. La même année, le 11 novembre,
un arrêt du Conseil d'État du Roi évoqua par devant lui le
procès en litige et permit par provision aux sayetteurs de
fabriquer l'étoffe en question. Après une instruction de
l'affaire qui fut confiée à l'intendant, un arrêt du Conseil
d'État du 6 mai 1727 autorisa expressément les sayetteurs
à fabriquer les camelots ou grains à la façon de Hollande
et de Bruxelles. L'arrêt ne donnait aucune suite à la proposition de fusion renouvelée par les bourgeteurs [3].

---

1. Carton 1183 bis, dossier 2. — Le procureur syndic de la ville donna
sur cette affaire un avis longuement motivé. Il rappelle que les deux corps
sont en procès continuels et que le Magistrat voudrait les fusionner,
« heureux moment, dit-il, qui éviterait mille florins de frais par année aux
deux corps. » (Avis du Procureur syndic n° 5888, année 1719).

2. Nous avons omis une discussion qui eut lieu en 1704 ; les sayetteurs
prétendant être en droit d'appliquer le plomb aux calmandes fleuragées
apportées du plat pays, tout en reconnaissant qu'ils ne pouvaient fabriquer
eux-mêmes cette étoffe, parce qu'elle était figurée, furent déboutés de leur
demande par une sentence du Magistrat lillois, prononcée le 6 octobre 1704.
(Carton 1180, dossier 18.)

3. Carton 1184, dossier 35. — La Chambre de commerce, appelée à donner
son avis, fut favorable aux sayetteurs : « Ces camelots, dit-elle, sont bien

En 1734, un nouveau débat s'éleva au sujet de certains camelots dont la chaîne était composée de fils entièrement de soie et non retors d'aucuns fils de sayette ou de poil de chèvre. Les bourgeteurs revendiquèrent pour eux seuls le droit de fabriquer cette étoffe et gagnèrent leur procès devant le Magistrat le 13 août 1734 [1].

En 1740, la discussion porte sur les carrelés ou étoffes à carreaux, dont chacun des deux corps prétendait se réserver la manufacture. Le litige, porté à l'amiable devant le Magistrat, fut réglé par lui en faveur des sayetteurs par sentence du 24 octobre [2].

Les bourgeteurs en appelèrent au Parlement de Flandre. Celui-ci n'avait pas encore rendu sa sentence quand, le 21 juillet 1751, le Magistrat réserva aux bourgeteurs la fabrication d'une autre étoffe nommée grisette, analogue aux carrelés, mais considérée comme entièrement figurée. Les sayetteurs firent appel, eux aussi, au Parlement qui, tranchant les deux questions par un seul arrêt du 22 juillet 1752, leur donna entièrement gain de cause, confirmant la sentence du 24 octobre 1740 et cassant celle du 21 juillet 1751 [3].

Les bourgeteurs ne pouvaient se résigner à subir un tel échec. Ils obtinrent des lettres de revision et proposition d'erreur levées en chancellerie le 11 juillet 1753 ; mais le 12 décembre de la même année la Cour confirma

---

mieux fabriqués par les sayetteurs que par les bourgeteurs. En attribuant aux bourgeteurs seuls la fabrique de ces étoffes, qui est devenue très précieuse au royaume et qui fait le principal commerce de la ville de Lille, on courrait risque de la perdre entièrement en France. »

1. Carton 1188, dossier 14. — Le procureur syndic, tout en reconnaissant que ces étoffes étaient plutôt de la compétence des bourgeteurs, avait cependant demandé qu'elles fussent déclarées communes. « Comme il importe au bien des deux corps de leur ôter toute envie de plaider, et que dès 1660 vous avez toujours déclaré communes aux deux corps les étoffes douteuses..., je requiers qu'en attendant l'union des deux corps, les étoffes en question soient déclarées communes. » (Avis du Procureur syndic, n° 5900, année 1734, n° 14 bis.)

2. Carton 1190, dossier 9.

3. Carton 1191, dossier 7.

son arrêt du 22 juillet 1752, déclarant qu'aucune erreur n'était intervenue dans ledit arrêt [1].

En 1754, le Magistrat édicta un projet de règlement ayant pour but de concilier les intérêts des deux corps et dont un des articles précisait la signification du mot « étoffe figurée ». Il attribuait aux bourgeteurs les ouvrages où la trame était découpée, c'est-à-dire détachée de la chaîne. Les sayetteurs n'acceptèrent pas cette interprétation et recoururent de nouveau au Parlement de Flandre [2].

Les directeurs et syndics de la Chambre de commerce furent alors consultés. Le 15 février 1753, le 12 juin 1755 et le 6 mai 1756, ils exprimèrent leur avis, chaque fois favorable aux sayetteurs et proposèrent un règlement qui déterminait les attributions des deux corporations d'après des règles techniques, mais conservait aux sayetteurs le bénéfice des étoffes que leur avaient permises des décisions antérieures [3].

Devant l'impossibilité manifeste où il se trouvait de revenir sur les droits conférés aux sayetteurs par les arrêts de 1752 et de 1753, le Magistrat préféra renoncer à toute innovation et « laisser les privilèges des deux corporations dans l'état où ils se trouvaient actuellement » [4]. Par le fait même, la fusion tant de fois proposée comme moyen de résoudre les difficultés, se trouva de nouveau ajournée.

Si nous jetons un coup d'œil d'ensemble sur tous les procès dont nous venons de parler, nous constatons qu'à l'origine les bourgeteurs voulaient empêcher leurs rivaux de jouir du monopole des étoffes de laine unies;

---

1. Carton 1191, dossier 7 ; carton 1192, dossier 1.
2. Carton 1192, dossier 1.
3. Carton 1192, dossier 1. Voir pièces justificatives, n° 158.
4. Registre aux résolutions coté 37, f° 32. — Au sujet de l'objet précis de ces discussions d'ordre très technique, voir un mémoire des sayetteurs du 28 juin 1754 et la résolution du Magistrat du 22 mai 1756. (Pièces justificatives, n°s 156 et 159).

par l'accord de 1544, ils obtinrent une importante concession, puisqu'il leur fut permis de fabriquer les changeants, sauf ceux de couleur blanche ou bleue.

A partir de cette époque, c'est à l'occasion des empiétements réels ou apparents des sayetteurs que naissent les difficultés ; mais ces derniers obtiennent constamment gain de cause et après l'ordonnance de 1688, les bourgeteurs n'ont plus à eux que d'anciennes étoffes depuis longtemps passées de mode, ou bien les ouvrages « figurés » qui étaient également assez peu demandés par leur clientèle.

En fait, ils ne possèdent rien en propre, tandis que leurs heureux rivaux, les sayetteurs, ont conservé le monopole exclusif et fort apprécié des changeants blancs et bleus, les saies et ostades étant manufacture de peu d'importance.

En 1752, la même situation se représente. Les sayetteurs ont réussi à obtenir autorisation de travailler à la lame les ouvrages figurés de pure laine (carrelés et grisettes) dont les bourgeteurs espéraient conserver seuls la fabrication.

A ces deux époques, les bourgeteurs se trouvent donc avoir les inconvénients de la fusion projetée, sans en avoir aucun des avantages puisqu'en fait aucune étoffe ne leur appartient en propre, la fabrication des saies, des satins, des changeants blancs et bleus leur demeurant interdite.

De là leurs continuelles récriminations, leurs requêtes sans cesse renouvelées dans le but d'obtenir cette fusion. Leur demande, à la vérité, était logique, voire même, semble-t-il, favorable à la paix publique et à la prospérité du commerce.

Il nous reste à examiner comment et pourquoi elle fut constamment repoussée.

CHAPITRE XVI

RAPPORTS DES SAYETTEURS AVEC LES BOURGETEURS

Débats au sujet de l'union des deux corps de métier.

ORIGINE DES DÉBATS. — MÉTHODE SUIVIE POUR LES EXPOSER. — LE
MÉMOIRE DES BOURGETEURS ; LEURS ARGUMENTS EN FAVEUR DU PROJET
D'UNION. — LA RÉPONSE DES SAYETTEURS ; LEURS ARGUMENTS CONTRE
L'UNION. — DISCUSSION ENTRE LES SAYETTEURS ET L'AUTEUR DU
MÉMOIRE SUR LES ABUS DES MANUFACTURES. — OPPOSITION CONTRE LE
PROJET D'UNION PAR LE PARLEMENT ET PAR LA CHAMBRE DE COMMERCE
DE LILLE. — L'UNION N'EST PAS RÉALISÉE.

La question d'union des sayetteurs et des bourgeteurs
se posait de deux manières : tantôt on réclamait la fusion
pure et simple en un seul corps de métier, tantôt on se
contentait de demander que les étoffes spéciales à l'un ou
à l'autre des deux corps fussent déclarées communes. Ces
deux mesures étaient proposées indistinctement ; l'une et
l'autre étaient soutenues ou combattues par les mêmes
arguments. Aussi n'y a-t-il pas lieu de les distinguer. A
vrai dire, ces arguments sont toujours inspirés par le dépit
et s'appuient sur cette idée que le corps de métier auquel
les tribunaux ont donné tort, ne pourra plus désormais
subsister, faute de « manufacture ».

Nous ne pouvons songer à exposer en détail chacun de
ces « procès à fin d'union » au sujet desquels les indications
sont d'ailleurs assez rares et imprécises [1]. Mais nous devons

---

1. On trouvera ces indications dans les cartons 1173, dossier 3 ; 1175, dossier 12 ; 1176, dossier 5.

examiner complètement cette question qui agita si profondément les esprits dans la bonne ville de Lille. Il nous sera d'ailleurs aisé de le faire, grâce à une circonstance que nous allons exposer brièvement :

Quand en 1688, le Magistrat eût déclaré communs les crépons mêlés de lin ou de coton [1], les bourgeteurs adressèrent à l'intendant un factum violent contre cette mesure [2]. Les sayetteurs ne se firent point faute d'y répondre par un autre mémoire [3]. L'intendant préféra sans doute laisser à d'autres le soin de recevoir en premières mains les pièces d'une discussion qui s'annonçait comme devant être fort compliquée. Le 21 mars 1690, le Magistrat ordonna aux deux parties de fournir un exposé de leurs prétentions réciproques [4]; puis, le 19 juin suivant il ordonna à chacun des deux corps de « rencontrer les productions de l'autre ».

Ce sont les écrits adressés ainsi au Magistrat que nous allons examiner ; ils nous feront connaître d'une manière précise et complète les impressions et les arguments des deux corps rivaux. Résumer ceux-ci, serait en diminuer la force et altérer la physionomie de cette lutte oratoire. Nous préférons en donner d'importants extraits, qui formeront un spécimen précieux et en quelque sorte classique de la « chicane » d'autrefois. Nous laissons au lecteur le soin de se faire juge de ces longues discussions, parfois mesquines en apparence, mais souvent profondes et perspicaces, qui posaient, déjà alors, un problème économique du plus haut intérêt, celui de la liberté du commerce.

Le but principal des bourgeteurs, dans la discussion qui allait s'ouvrir, devait être de faire considérer la fusion

---

1. Pièces justificatives, n° 93.
2. Carton 1175, dossier 12.
3. Carton 1176, dossier 3.
4. Registre aux résolutions coté 14¹⁰, f° 247.

des deux corps comme une mesure rendue nécessaire par les luttes judiciaires fréquentes et ruineuses qu'entraînait leur existence distincte. Aussi leur mémoire est-il, en grande partie, l'exposé des procès qu'ils avaient soutenus contre les sayetteurs, depuis l'origine jusqu'alors. Cet historique, qu'il nous semble inutile de reprendre, amène les bourgeteurs à résumer ainsi le résultat de toutes ces luttes : c'est, disent-ils clairement, la ruine financière de l'un et de l'autre et le découragement de leurs suppôts [1].

« Cette jonction ou réunion ne les exempteroit pas seulement d'un nombre infini de procès, mais encore de grandissimes frais, de dépenses et d'inquiétudes qui les rongent, épuisent leurs bourses et leur fait perdre le temps qu'ils emploieroient, sans crainte de se méprendre et d'être amandés, à inventer et faire de nouvelles manufactures et par ce moyen entretiendroient et feroient subsister leurs ouvriers et leurs familles qui sont dans la dernière désolation.

L'été passé les bourgeteurs avaient 1.200 outils travaillans en cette ville, et aujourd'hui les quatre maistres de leur corps n'en ont plus trouvé que 820 ».

Si les bourgeteurs et sayetteurs sont ruinés par ces luttes intestines, les artisans du plat pays en profitent pour fabriquer en toute tranquillité les étoffes dont la ville a cependant le monopole exclusif ; ils trouvent même pour parvenir à ce résultat l'appui de certaines complicités.

« On ose bien avancer qu'il est arrivé aucunes fois et peut être se fait-il encore qu'alors qu'un marchand de cette ville a commission d'acheter des manufactures tant de sayetterie que de bourgeterie, et qu'il s'adresse à quelque sayeteur pour en faire l'achat, que celui-ci pour ce qui regarde les marchandises de bourgeterie, suggère au marchand de les faire faire au plat pays, lui insinuant qu'elles sont meilleures, pour priver les bourgeteurs de la ville, ce qu'aucuns de ceux-ci font aussi pour les manufactures de sayetterie ».

C'est le devoir du Magistrat d'intervenir pour détruire de tels maux dans leur source, ne fut-il pas toujours partisan de l'union des deux corps. « Aussi l'on espère que vos Seigneuries arrêteront le cours de leur malheur et donneront les mains pour l'union de ces deux corps et avec d'autant plus de raison que par le passé et pour le présent encore, les consaux, vos prédécesseurs en loi et tous les

---

1. Pièces justificatives, n° 95.

marchands de cette ville l'ont jugé et jugent très nécessaire pour le bien publicq de la ville et le repos des deux métiers et même, ce qui est digne de remarque, ce fut à la prière des sayetteurs qui la souhaitoient passionnément lorsqu'ils en donnèrent leur avis ».

Sans doute les sayetteurs repoussent aujourd'hui l'union, mais qu'importe ? Les bourgeteurs posent nettement le principe qu'ils doivent être préférés à leurs rivaux. Pour développer leur assertion ils n'hésitent pas à employer la menace à peine dissimulée et à faire entendre qu'ils sont assez puissants pour ruiner l'industrie lilloise, si on les forçait à quitter cette ville.

Par la raison premièrement qu'il est certain que les bourgeteurs ont plus d'outils travaillants que les sayetteurs, comme vos Seigneuries pourront cognoistre par une visite qu'ils peuvent faire de tous les outils de bourgeterie et sayetterie ; qu'ayant plus d'outils et de monde pour les entretenir, ils peuplent davantage la ville qu'eux, et que la peuplant davantage ils paient plus de vingtièmes et impôts.

. Secondement les sayeteurs ne sçavent faire aucune manufacture que les bourgeteurs ne font pareillement, et au contraire ceux-ci en font que les sayeteurs ne sçavent faire. En sorte que si faute de travail causée par ces dissensions et la méchante conjoncture du temps que le négoce est défendu et interrompu, ces bourgeteurs ou leurs maîtres ouvriers se retireroient de cette ville pour s'établir à Gand, Bruges ou ailleurs de la domination du roi d'Espagne, ils y establiroient non seulement la manufacture de bourgeterie, mais encore celle de la sayeterie qui jusques à présent ont fait fleurir la ville.

Par la suite il arriveroit que, comme ces manufactures sont plus propres pour les Espagnes que pour ces quartiers, les marchands de ce royaume les tireroient plustôt des bourgeteurs ainsi retirés à Gand ou à Bruges, que non pas des sayeteurs de cette ville et par une autre suite ceux-ci se voyant sans travail, faute que leurs marchandises ne seroient pas demandées, se trouveroient obligez de suivre les premiers et abandonner la ville.

En tout cas, il est du moins certain que toutes telles précautions que l'on pourroit prendre, on ne scauroit empescher que quelques-uns d'entre eux échapassent et que les autres, ne voulant tant risquer, s'établissent au plat pays et notamment en la ville de Lannoy, où ils viveront sans comparaison à meilleur marché qu'ici et, outre cela, ne laisseront pas d'avoir (à la faveur de l'arrêt que les inhabitans de ce lieu on obtenu tout fraîchement au Parlement de Tournay contre les sayeteurs) la liberté d'exercer le stil de bourgeterie et sayeterie ensemble, d'introduire leurs marchandises en cette ville et les y vendre à leur ordinaire.

Les bourgeteurs terminent ainsi leur mémoire :

Partant, Messieurs, c'est à vos Seigneuries de pourvoir et il semble, sous correction, que jamais elles ne sçauroient mieux réussir qu'unissant ces deux métiers en un ; le temps est présentement le plus favorable du monde, que le négoce est défendu. Car, comme la pluspart des manufactures de bourgeterie est plus propre pour les Espaignes que ces quartiers, ces deux métiers travailleroient pendant ce temps à inventer et faire de nouvelles manufactures à l'usage des pays du Roy, et par ce moyen ils entretiendroient leurs familles et leurs ouvriers, ce que pourtant ils n'osent entreprendre étant désunis, de craindre de se méprendre et être amandés.

De plus les sayetteurs, pendant encore cette interruption et défence de commerce et qu'ils n'ont que fort peu de travail, pourroient aussi s'instruire, s'ils vouloient, de certaines manufactures de bourgeterie que les suppliants [les bourgeteurs] leur donneroient à cet effet.

Même, arrivant que semblables marchandises viendroient pendant ce temps à être demandées, que l'on ne croit pourtant, veu que passé quelque temps elles sont au billon et rarement tirées de par de là, jusques à là que il n'y a que dix ou douze bourgeteurs au plus qui en font, les maîtres bourgeteurs s'engagent de leur donner des maîtres ouvriers pour y travailler chez eux, ne croyant pas, après cette offre, qu'ils aient sujet de se plaindre, puisqu'en pareilles occasions la plus grande partie desdits bourgeteurs, ne sçachant aussi eux-mêmes les fabriquer, sont contraints et obligés d'en user de cette manière, c'est-à-dire de passer par les mains des ouvriers.

De plus, l'union de ces deux corps étant faite, ils auront ensemble plus de force et de moyens de faire maintenir leurs franchises et privilèges contre ceux qui leur voudront donner quelque atteinte, même ils pourroient bien aussi soubs leurs très humbles remontrances à Sa Majesté et soubs votre appui, Messieurs, empêcher l'exécution de l'arrêt prononcé en faveur desdits de Lannoy.

C'est évidemment d'un point de vue tout opposé que les sayetteurs devaient apprécier les effets possibles de la fusion tant vantée par leurs rivaux. Dans leur mémoire [1]

---

1. Pièces justificatives, n° 96.

ils aiment à exprimer leur pensée en phrases à la fois précises et complexes, et qui parfois ne manquent pas d'élégance : « Si de la pensée [qui inspire le Magistrat] d'avoir la fin d'une véritable union, il se reconnoît par des raisons et moyens invincibles que l'exécution produiroit des effets tout opposés, sans doute vos Seigneuries ne s'inclineroient point d'entreprendre à la déclarer, particulièrement si l'on réfléchit que leur visée ne tend qu'au bien publicq et du commerce. »

Après cette habile affirmation de confiance dans les lumières et les intentions du Magistrat, l'argumentation se développe avec ordre.

D'abord la séparation des deux corps est l'œuvre de la sagesse et de l'expérience du Magistrat.

« Vos Seigneuries par leurs soins paternels ont si bien réglé ces deux métiers depuis les siècles passés jusques à présent que l'on n'en a vu que des bons effets au bien du commerce et du publicq. Ce n'a point été en les unissant ou en les rendant communs, mais bien en les tenant séparés, bornant l'un et l'autre pour les manufactures des étoffes différemment sans pouvoir emprendre l'un sur l'autre, afin de les faire subsister tous deux comme ils ont aussi fait jusques au jour d'huy. »

Les effets de la fusion sont au contraire des plus incertains.

En effet, il n'y a rien qui se puisse unir, à moins que les sujets que l'on veut unir ayent une compatibilité et une sympathie par alliage de l'union que l'on prétend faire. Les sayetteurs ne sont point bourgeteurs, et ceux-ci ne sont point sayetteurs.

Les sayeteurs ont une manufacture fort facile et celle des bourgeteurs ne l'est pas ; elle requiert plus d'art, plus d'application et plus de discernement. La manière du travail est toute différente. L'ordinaire des sayeteurs est de deux marches et la lancette, et celui des bourgeteurs est de quatre marches et plus, selon les ouvrages, la lancette, la tire et l'assortiment tant de la matière que des couleurs.

Cela fait que l'on ne peut les joindre non plus que d'autres métiers de cette ville, quoi que leur fondement soit établi sur un même genre de matière, parce que la suite est trop dangereuse. En effet les menuisiers et charpentiers, pour leur matière à exercer leur métier respectivement, ont le bois *in genere* ; si l'on uniroit et rendroit communs ces deux métiers, que s'en suivroit-il autre chose qu'une confusion ? Il en est de même d'autres métiers aussy établis sur une même matière, comme des drapiers-tondeurs, des détailleurs de drap et vievariers, des ferronniers, serruriers, maréchaux et enfin de tous autres qui ont leurs franchises particulières.

L'un des deux métiers sera dupe de la réforme et ce sera celui des sayetteurs ; mais la ruine des bourgeteurs suivra bientôt.

L'un sait faire plus que l'autre ; les bourgeteurs feront bien les deux métiers et non point les sayetteurs, de même qu'un menuisier feroit bien le métier de la charpente et de la menuiserie, et le charpentier ne sauroit faire le métier de menuisier, et *sic de cœteris.* Par l'union prétendue l'on prendra tout aux sayeteurs, ceux-ci ne sachant rien de la bourgeterie, pour ce qui est de la hautelisse, et les bourgeteurs sçavent l'un et l'autre.

Si la franchise des sayeteurs leur est communiquée, estant ainsy fait sayeteurs et bourgeteurs, ils auront droit de retenir leur outil de la bourgeterie, de prétendre d'avoir autant d'outils que n'ont les sayeteurs pour la sayeterie, et ainsy ce seroit ériger en seigneurs les bourgeteurs et réduire les sayeteurs à la besace, notamment par la prise de leurs blancs et bleus à part soy ; c'est à cela que se ruineront d'abord les bourgeteurs.

En quoi (dans la fabrique des blancs et bleus) ou ils réussiront bien d'abord, ou ils réussiront mal ; si mal, la sayeterie sera ruinée sans ressource ; si bien, il se pourront ruiner tous deux à raison de l'abondance des marchandises de sayetterie qui surviendroit nécessairement et conséquemment aussi nécessairement le rabais et la perte.

L'expérience journalière en produit une preuve incontestable ; il ne faut que se rendre au marché aux grains de cette ville ; s'il y manque une rasière, c'est autant s'il en manquait cent, et s'il y en a trop d'une il y en a trop de cent, en sorte que s'il y en a trop, le rabais de tout s'y rencontre aussitôt, et s'il y en a peu le prix saute et rehausse subitement. Il en est de même de toutes autres marchandises.

Mais c'est assez se défendre ; les sayetteurs attaquent à leur tour. De quel droit vient-on menacer leur existence, à eux dont les privilèges ont été accordés par le souverain et garantis par la ville ?

Après tout, qu'ont fait les pauvres sayetteurs pour être traités de la sorte qu'on les menace ; leurs ayeux ont vu le désir du prince de les attirer ici, les Magistrats les ont conservés et maintenus dans leur franchises ; ils se sont appuyés sur la foi publique ; il ont sur la même foi bâti leur fortune et celle de leurs descendants ; et tout à coup l'on veut les ruiner et plus de neuf à dix mille personnes qui vivent encore après eux.

Ces considérations bien fondées selon droit, *cum nemo auctoritate principali debeat decipi*, doivent, sous correction, détourner l'attention d'une pensée si dangereuse que ladite union prétendue. Autrement, il valoit beaucoup mieux de n'avoir point accordé la franchise auxdits sayetteurs ; il eussent cherché ailleurs leur établissement, ce que maintenant ils ne peuvent faire que la guerre est trop allumée.

La ville ne tarderait pas à pâtir de son infidélité et serait frappée à la fois dans sa population et dans sa richesse.

C'est faire plus cruellement la guerre aux sayetteurs qu'aux ennemis du Roy, qui, au contraire, profiteront de leur disgrâce, vu que d'un côté c'est appauvrir la ville pour la surcharge qui est apparente que les maîtres sayetteurs ne pourront continuer leurs outils, qu'ils ne pourront non plus occuper leurs maisons de si chers louages, qu'il leur manquera du pain pour eux et leur famille, et que les ouvriers se jetteront où ils pourront pour en avoir, d'où s'ensuivront aussi les diminutions des vingtièmes et impôts, la perte infaillible des maîtres sayetteurs et de leurs créanciers.

Les sayetteurs menacent même de saisir le Roi de la question. Puis, prévoyant l'argumentation de leurs adversaires, ils y répondent par avance :

Toute la raison qu'ils apportent n'est autre que ces deux métiers sont continuellement en procès l'un contre l'autre. Quoique cela ne soit point véritable pour ce qui est de dire continuellement, les procès ne sont point une raison, mais un prétexte excogité pour ladite union.

Il y a toujours aussi des procès entre les autres métiers, sans que pourtant on les unisse, et si l'union est pour la paix et quitter les procès et difficultés, il faut l'acquérir par l'union d'une bonne volonté réciproque et non point par force ; au dernier cas, ce ne sera qu'une paix fourrée, l'un et l'autre se regarderont comme de mauvais chiens, chacun attrapera ce qu'il pourra, s'étudiera au stellionnat pour gagner temps et la vie ; à la fin, il naîtra un chancre qui fera périr l'un et l'autre.

Facilis est descensus Averni, sed revocare gradum, hoc opus, hic labor est. Il est fort facile de prononcer l'union prétendue, mais cela fait, *revocare gradum hoc opus hic labor est* ; quand le mal qui n'est point aperçu sera arrivé, il sera trop tard d'y remédier.

La réponse des bourgeteurs est généralement imprécise. Ils ne font guère que répéter leurs affirmations antérieures. Mais on voit que certains arguments des sayetteurs les embarrassent manifestement :

L'on ne sçait point comme les sayeteurs osent avancer par leur troisième moyen qu'ils donnent tout par cette union et que les bourgeteurs ne bailleront rien de leurs parts, pendant qu'ils sçavent en leur conscience que leur travail est sans comparaison plus borné que les bourgeteurs, et de plus que de toutes les manufactures de ces deux métiers que l'on peut débiter ici, ou aultrement estre tirées de par delà, il ne reste à présent en vigueur ou plustot en usage que les baracaus, estamines, polimites, quenettes de plusieurs couleurs et crépons mêlés, qui se font actuellement par tous les suppôts de l'un et l'autre de ces corps, et que pour les autres, tels que les damas, velours, trippes de velours de puraine saïette et autrement, du stil des bourgeteurs, saie, ostade, demi-ostade, raye et buse d'orgue, de celui des sayeteurs, on n'en demande ni on n'en tire plus aussy passées longues années, même il est constant que la plus grande partie des maîtres bourgeteurs et sayeteurs ne les sçavent fabriquer tant il est vrai que tout cela est hors d'usage et pour ainsi dire au billon.

Ores, cela étant, et d'ailleurs les dits sayeteurs ne conférant par cette union que les blancs et bleus à part soi seulement, en tant que les autres marchandises qui sont en usage se font par les suppots en général de ces corps, il est certain qu'ils ne doivent se roidir sur icelle union, qu'au contraire ils la doivent demander, vu qu'ils ne donnent pas tant que les bourgeteurs, puisque ceux-ci leur abandonnent généralement tous les ouvrages où il y a mélure ou lanchure de lin, de soie, de coton, de fil d'or et d'argent, et celles fleuragées qui sont

sans comparaison plus considérables, plus à la moderne, et plus
demandées que les dits blancs et bleus [1].

Cette remarque que toutes les étoffes demandées par la
clientèle sont déjà manufacturées par chacun des deux
corps permet aux bourgeteurs — et ici ils paraissent bien
être dans le vrai — de répondre à l'argument de leurs
adversaires que, rendues communes, les étoffes seront
faites avec négligence et tomberont en discrédit, particulièrement les changeants bleus et blancs.

Il ne se peut qu'elles puissent être discréditées à l'avenir par les
marchands de par delà, puisque leur en ayant été envoyées plusieurs
faites par l'un et l'autre de ces corps, ils ont eu l'expérience de leur
façon et bonté, outre qu'il appert aussi par le certificat joint des
marchands de cette ville que les manufactures fabriquées par les
bourgeteurs sont également bonnes et également dans l'estime que
celles des sayeteurs.

En ce qui concernait les blancs et bleus, les sayetteurs
avaient surtout observé que, si on les rendait communs,
la marchandise « bâlerait » et ne nourrirait plus son
fabricant. Les bourgeteurs affectent de mépriser l'objection ; il le font dans des termes qui surprennent étant
donnée la réglementation existante encore de la limitation
du nombre des métiers.

Où a-t-on jamais vu qu'une ville, si peu policée qu'elle soit, ait
borné le nombre des ouvriers d'un stil crainte de faire baler la
marchandise ? Au contraire elle a toujours cherché à les attirer le
plus qu'elle a pu, tant pour que le métier auquel ces mêmes ouvriers
sont attachés lui demeure tout entier et ne s'établisse ailleurs, que
pour faire grossir le nombre de ses manants.

---

1. Cette contradiction peut s'expliquer : les bourgeteurs considéraient
comme une emprise perpétuelle des sayeteurs le fait que ceux-ci fabriquaient de concert avec eux certaines étoffes fleuragées ou mélangées. Les
sayetteurs, au contraire, ne pouvaient admettre cette manière de voir,
puisqu'ils justifiaient leurs droits par les ordonnances et les jugements
rendus en leur faveur ; ils refusaient de revenir sur le passé, considérant
leurs privilèges comme définitifs et confirmés par l'autorité souveraine.
Quant aux bourgeteurs, ils prétendaient que toutes les décisions rendues
antérieurement avaient violé leurs droits ; aussi n'en tenaient-ils pas
compte dans leur argumentation.

Quant à l'idée exprimée par les sayetteurs que, l'union étant réalisée, les bourgeteurs abandonneraient les étoffes de leur stil pour fabriquer celles des sayetteurs, les bourgeteurs y répondent en termes très obscurs et finissent par se plaindre amèrement d'être opprimés et par menacer de nouveau de quitter la ville pour s'établir à la campagne ou dans d'autres villes soumises à une domination étrangère.

Les sayetteurs, de leur côté, rédigèrent un nouveau mémoire. Ils y exposent la suite des arguments de leurs adversaires et y répondent point par point, et non sans ironie.

Ils disent par le premier, contenant une alternative, qu'il faut unir les deux métiers, rendant communes les manufactures de l'un ou de l'autre, ou bien rendre aux bourgeteurs les demi-sayes et les crepons rayés où entre le coton et le filet.... A l'égard des demi-sayes il y a arrêt, et quant aux crepons rayés, il y a sentence rendue par vos Seigneuries, contre laquelle il n'y a que la voie d'appel, et il ne semble pas qu'il y ait apparence qu'elles voudroient la corriger par un droit de police puisque, le faisant, elles blâmeroient en effet leur propre sentence d'injustice.

Au second, que l'union seroit le moyen le plus convenable et le plus utile aux parties, parce qu'elle les retireroit des frais des procès que causent les inventions nouvelles. A quoi on répond qu'il y a peu d'apparence d'unir des parties dont l'une se seroit toujours étudiée de vexer et molester l'autre, d'emprendre sur ce qui lui appartient, ou du moins l'empêcher de faire ce qui lui est permis.

Au troisième ils disent que l'union exempteroit l'un et l'autre des procès qui épuisent leurs bourses et leur fait perdre le temps qu'ils emploieroient aux manufactures des inventions nouvelles, que cela feroit que le travail ne manqueroit point comme il a fait à présent, à la désolation, selon leur dire, des deux métiers, et jusques à là que bonne partie des ouvriers sont obligez de mendier leur pain. Toutes ces propositions ne sont qu'excogitées gratuitement, vu que, à l'égard des procès, les bourgeteurs n'ont qu'à s'abstenir d'en faire, en laissant les sayeteurs paisibles dans la fabrique des étoffes qui leur appartiennent. Et pour ce qui est de l'application supposée à inventer de nouvelles manufactures, il n'y a présomption ni apparence du moins à l'égard des bourgeteurs, puisque la vérité est que jusques à présent, bien loin de s'être appliqués à de nouvelles inventions pour suppléer à l'abandonnement qu'ils ont fait du plus beau et du plus recherché de leur métier, ils ne se sont étudiés qu'à inventer des manufactures frauduleuses, pour peu à peu entreprendre ce qui appartient auxdits sayeteurs, témoin le procès qu'il y a eu pour la fabrique qu'a entrepris le nommé Daussy en couvrant frauduleusement le lin de la sayette qui est une espèce de stellionat et capable de discréditer cette ville auprès des étrangers, sitôt que la fourbe seroit par eux découverte.

Au quatrième, que ceux du plat pays, profitans de la désunion des deux métiers, font et inventent des manufactures nouvelles qui s'introduisent et débitent en cette ville. Cela ainsi supposé, sans autrement l'avouer, il n'en résulte que le blâme des dits bourgeteurs, vu que, si comme lesdits sayeteurs ils s'étudioient aux manufactures nouvelles, la fabrique ne parviendroit à ceux du plat pays et il n'arriveroit non plus qu'elle seroit recherchée par les étrangers, vu que la ville auroit toujours assez pour en fournir.

Le cinquième est tout à fait calomnieux et, s'il seroit besoin, l'on vérifieroit, à la confusion des dits bourgeteurs, que ce sont eux-mêmes qui facilitent lesdits du plat pays à la contravention des dites ordonnances, attendu que, moyennant argent, beaucoup de maistres d'entre eux préparent les chaînes pour en charger les outils desdits du plat pays.

Au sixième, que les prédécésseurs de vos Seigneuries, les marchands de cette ville et les sayeteurs même (ou plutôt quelques maîtres particuliers) auroient été de sentiment pour ladite union. Bien qu'il en seroit ainsi, sans autrement non plus en convenir, il importeroit fort peu, attendu la maxime vulgaire qu'avis n'est point sentence. Et de fait, nonobstant ces sentiments et avis supposez, il est certain que le jugement a été tout contraire, vu que, nonobstant la recherche tant de fois réitérée de ladite union, on ne l'a point jugé convenable ; qui est une marque infaillible que tant l'intérêt public que le particulier des deux métiers y ont toujours résisté passé plus de cent cinquante ans ou environ.

Au septième, si les bourgeteurs ont maintenant plus d'outils que les sayeteurs, tant mieux pour eux ; et l'on ne croit point qu'ils sont d'un sentiment si charitable que, pour le bien publicq, ils recherchent l'union pour bénéficier les sayeteurs de la fabrique de leur manufacture. En tout cas, on les remercie de leur bonne volonté.

Au huitième que par la discussion qu'il y a entre les suppôts des deux métiers et la conjoncture présente que le commerce est défendu, aucuns maîtres et ouvriers bourgeteurs pouroient se retirer sous la domination d'Espagne, au grand intérêt de sa Majesté et de cette ville. C'est une menace dont lesdits bourgeteurs auroient pu se dispenser et, en tout cas, il s'en tire encore un argument contraire à la dite union pour laquelle les dissensions et les menaces ne sont point recevables, en tant qu'incompatibles.

Au neuvième qu'il est du moins certain qu'aucuns pourroient s'établir au plat pays, notamment en ville de Lannoy, à la faveur de l'arrêt que les habitants de ce lieu ont obtenu au Parlement de Tournai contre les sayeteurs et y exercer les deux métiers. Cette proposition est encore excogitée gratuitement, d'autant que les habitans de cette ville qui ne vivent point si frugalement comme ceux de la campagne ne sauroient point s'y accoutumer et se borner au potage et à boire de l'eau comme font les paysans.

Enfin au dixième ils disent que pendant l'interruption du commerce les sayeteurs ayant fort peu de travail pourroient s'instruire des manufactures de la bourgetrie par des ouvriers que lesdits bourgeteurs leur donneroient, et même ils disent qu'ils s'engagent de leur donner des maîtres pour travailler chez eux. Cette proposition est ridicule et éloigne encore ladite union, vu que, d'un côté elle vérifie que les sayeteurs ne sçavent rien de la bourgeterie, qu'ainsi ce seroit leur faire tort de leur donner un métier où ils ne savent rien pour celui de la sayeterie où ils sont perfectionnés.

Il est vrai que l'on dira ici que cependant les sayeteurs pourront encore exercer leur métier, mais il faut considérer que ce ne sera qu'avec perte, parce qu'entre temps qu'ils apprendront la bourgeterie, les bourgeteurs s'empareront de la plus grande partie de leur travail. D'un autre côté, ce serait rendre les bourgeteurs les maîtres des deux métiers, vu qu'ils veulent faire et rendre les sayeteurs leurs apprentifs et dépendans, et par ce moyen tant plus tôt les ruiner ; attendu qu'il est notoire que cet apprentissage sera autant inutile que préjudiciable aux sayetteurs, veu qu'ils sont trop vieux pour apprendre un autre métier que le leur et notamment la bourgeterie qui est fort difficile pour la quantité et diversité d'ouvrages qu'elle comprend.

En terminant les sayetteurs montrent clairement le but réel de leurs adversaires : « Ce n'est point à l'union des deux métiers que se buttent lesdits bourgeteurs directement et de bonne foi, mais au contraire c'est pour tout unir à eux-mêmes et tout quitter aux sayeteurs » [1].

---

1. Carton 1176, dossier 5.

Toute cette argumentation des deux parties n'aboutit qu'à rendre la difficulté insoluble en dévoilant la profondeur du conflit qui les divisait. Ce que désiraient les bourgeteurs, c'était de pouvoir fabriquer les changeants blancs et bleus; l'union des deux corps n'était pour eux qu'un moyen détourné de parvenir à ce but; mais ils avaient en face d'eux les sayetteurs qui, pour défendre le monopole de cette fabrication, invoquaient le maintien des conventions, notamment de celle de 1544, et le respect des ordonnances et jugements rendus en leur faveur.

Au-dessus de l'examen des droits des intéressés s'élèvent déjà des questions plus générales. Les uns et les autres invoquent l'intérêt public, les bourgeteurs prétendant que l'union permettra un plus grand développement du commerce, les sayetteurs défendant la sécurité de l'industrie menacée dans la qualité de ses produits par le travail d'artisans non préparés à ce genre de manufacture et dans ses débouchés par une trop grande production.

Si l'on envisage les intérêts particuliers de la ville de Lille, les arguments invoqués de part et d'autre paraissent inspirés d'autres idées, mais au fond découlent des mêmes principes. C'est parce qu'ils attachent une grande importance au développement du commerce et par suite à la concurrence, que les bourgeteurs estiment employer une arme puissante en menaçant de ruiner la ville en allant à Lannoy exercer leur habileté professionnelle; c'est parce qu'à leur point de vue la condition première de sécurité pour l'industrie d'une ville est d'être exercée par des artisans capables et vivant honorablement de leur travail, que les sayetteurs repoussent le concours des bourgeteurs, dont le résultat serait fatalement de faire disparaître les changeants blancs et bleus, au lieu d'en augmenter la fabrication [1].

---

1. La question de l'union des deux corps présente donc de grandes analogies avec celle de la limitation du nombre de métiers, que nous avons étudiée au chapitre VI.

Les autorités chargées d'examiner le litige, c'est-à-dire
le Magistrat d'abord, puis l'intendant, furent-elles convain-
cues par la plaidoirie de l'un ou de l'autre corps ? Nous en
doutons. Par la seule lecture des arguments produits de
part et d'autre, elles durent comprendre la réelle impossibilité, en pratique, d'unir deux éléments aussi profondément
antipathiques et aussi âprement divisés.

En 1734, la discussion recommence par le « Mémoire
sur les principaux abus reconnus dans la manufacture de
sayetterie et bourgeterie de Lille ».

Cet écrit reprend l'argument produit en 1690 par les
bourgeteurs. Les bornes qui séparent les deux métiers
« sont d'autant plus préjudiciables à l'un et à l'autre
qu'elles sont la source de contestations et de procès qui
naissent chaque jour entre eux sur la préférence de
quelque étoffe. Lorsqu'un sayeteur, par exemple, invente
une étoffe qui a quelque rapport à la bourgeterie, il peut
dire d'avoir trouvé la route infaillible d'un procès ; et
réciproquement, lorsqu'un bourgeteur invente une étoffe
qui a du rapport à la sayeterie, qu'arrive-t-il ? Les plus
prudents d'entre eux ensevelissent leur découverte parce
qu'ils n'en peuvent faire usage à leur profit; d'autres,
moins modérés, en vont enrichir les manufactures étrangères, tandis que celles de Lille se trouvent privées de
l'avantage qu'elles en auraient retiré » [1].

Cette attaque de l'auteur anonyme n'était pas de
nature à déplaire aux sayetteurs ; ils s'empressèrent d'y
donner une vigoureuse réplique [2] inspirée par l'état de
paix relative qui subsistait alors entre les deux corps
depuis 1727. L'unique motif qui a poussé à demander
l'union, c'est le désir d'empêcher les procédures entre les
deux corps ; or il s'est fait des dépenses considérables

---

1. Pièces justificatives, n° 132.
2. Carton 1188, dossier 13.

pour obtenir cette union, « et il a plus coûté à ces mêmes parties pour savoir s'ils ne procéderoient plus, que toutes les procédures qu'ils ont eues entre eux ». De plus, « ce ne seroit pas un paradoxe si l'on avançoit que ces procédures, ces animosités étoient avantageuses au public, en ce qu'il y avoit de l'émulation, même de la jalousie entre les deux métiers à inventer de nouvelles manufactures ou à introduire celles fabriquées dans les pays étrangers, à se les faire attribuer à l'un ou à l'autre corps exclusivement, ou à les rendre communes, à les perfectionner, et par là à attirer la vente et le profit à son corps particulier. »

Dans un second mémoire[1], les sayetteurs insistent sur « l'impossibilité actuelle » de voir un conflit sérieux se produire entre les deux corps, «aujourd'hui que la Chambre de commerce est établie et prend part aux intérêts de ces corps comme à une des affaires qui intéressent le plus le commerce ; aujourd'hui que M. Ringuier, conseiller pensionnaire, est établi pour la conservation des deux corps par un nouvel usage bien avantageux au publicq. »

Et pour que l'anonyme ne dise plus que l'invention d'une nouvelle pièce d'étoffe soit la source d'un nouveau procès, qu'il produise sur le bureau mille échantillons de toutes espèces d'étoffes qui se fabriquent en France, en Angleterre, en Hollande, dans les Pays-Bas, tous travaillés différemment et composés de différentes matières ou d'une seule, qu'on appelle un maître de chaque corps ou leur conseil, sans hésiter un moment, ils diront : cette étoffe est sayeterie ; cette autre est bourgeterie ; celle-ci est commune aux deux corps. Supposons cependant qu'il s'en trouve une qui puisse être sujet à contestation, suivant les ordonnances, après la première pièce fabriquée elle doit être présentée au Magistrat pour déterminer auquel des deux corps elle appartient ou si elle sera commune.

Enfin les autres arguments déjà produits en 1690 sont de nouveau utilisés par les sayetteurs, mais d'une façon plus brève.

---

1. Pièces justificatives, n° 133.

Les bourgeteurs n'étaient pas intervenus dans cette dernière discussion, quoique l'anonyme se fût attaqué indistinctement aux deux corps de métier. Ils ne sont pas d'ailleurs pris à partie par les sayetteurs, qui paraissent vivre en paix avec eux ; dans certains endroits même, les sayetteurs paraissent répondre au nom des deux métiers.

Indirectement, les bourgeteurs devaient subir un grave préjudice à la suite de cette discussion. Avec une véritable habileté, les sayetteurs avaient pris prétexte de cette controverse pour justifier toutes les règles sur lesquelles reposait la prospérité de leur métier, notamment la limitation du nombre des métiers.

Quand en 1753, aigris par les nouveaux échecs qu'ils avaient subi au Parlement dans la question des étoffes dites carrelés ou grisettes, les bourgeteurs reprendront le débat, ils se trouveront dans une véritable impasse. En vain, par une requête du 8 janvier 1754, demanderont-ils au Magistrat soit l'union, soit un projet de règlement qui consisterait à « refondre toutes les ordonnances particulières rendues depuis la naissance des deux corps, et dont quelques-unes, à cause de l'obscurité qu'elles contiennent, engagent les parties dans des procès [1] », le Magistrat ne pourra leur donner satisfaction. Le projet de règlement qu'il rédigera sera l'objet d'une plainte des sayetteurs au Parlement et celui-ci, par un nouvel arrêt, confirmera sa volonté que rien de nouveau ne soit entrepris sans son consentement [2].

Et quand le même Magistrat envisagera l'idée de fusionner les deux corps par un règlement de police, la Chambre de commerce, à son tour, s'élèvera contre cette proposition, employant les mêmes arguments que les sayetteurs en 1734.

---

1. Carton 1192, dossier 1.
2. *Ibidem.*

Voici les trois points de ce document [1]. La Chambre de commerce s'oppose à la fusion pour trois raisons :

1º Le commerce en souffrirait, parce qu'il est nécessaire de conserver les camelots qui se fabriquent en blanc dans toute leur beauté. Ils perdraient de leur réputation par la réunion, étant constamment reconnu que toutes les étoffes qui ont été communes aux deux corps ont dégénéré de leur perfection, ce qui fut cause qu'on les a abandonnées, tandis que celles réservées aux seuls sayeteurs se maintiennent depuis des siècles dans tout leur lustre.

2º La ville y perdrait, si les bourgeteurs s'attachant à fabriquer les étoffes de la sayeterie négligeaient les leurs, ce qui les ferait passer toutes aux habitants de Lannoy et autres de la campagne ; et par conséquent, des deux corps, il n'y aurait dans la suite que celui des sayeteurs dans la ville. Pourquoi les bourgeteurs ne font-ils plus ou peu d'étoffes à la tire où il y a cependant de quoi s'étendre et inventer tous les jours ? Pourquoi ont-ils laissé perdre toutes les espèces de marchandises que leurs ancêtres ont fabriquées ?..... Cette réunion pourrait dans la suite entraîner une perte pour le commerce et pour la ville, si l'on fait attention que les privilèges des sayetteurs sont les seuls exclusifs à la châtellenie qu'ait la ville de Lille en fait de manufactures, il serait dangereux de les compromettre et les confondre avec ceux des bourgeteurs qui sont communs avec ceux de Lannoy plus anciens que ceux de la ville, tenant leurs établissements et statuts des souverains du pays, tandis que ceux de Lille ne les ont eu que de leur Magistrat.

3º Cette réunion serait désavantageuse à l'État, parce qu'elle agrandirait et multiplierait les fabriques de la campagne. Ce peut être un avantage dans les provinces intérieures du royaume, à cause que l'on y a des mains-d'œuvre à meilleur marché que dans les villes ; ce qui procure un bien dans ces provinces, devient dangereux dans la châtellenie de Lille, qui, étant une des frontières du royaume, est exposée aux évènements de la guerre qui peuvent renverser et bouleverser les manufactures qui y auraient leurs établissements. Les fabricants inquiétés et fatigués, pour pouvoir travailler avec tranquillité, chercheraient à se réfugier dans l'enceinte des villes ; ils pourraient préférer celles de la domination étrangère qui, étant présentement moins peuplées que Lille, leur feraient trouver des loyers de meilleur marché et d'autres avantages que les Magistrats ne manqueraient point de leur faire offrir pour les attirer ; déjà

---

1. Pièces justificatives, nº 158.

même ceux de Tournai font leurs efforts pour y établir une fabrique d'étoffes de sayeterie.

La crainte de voir l'industrie se développer dans le plat pays au détriment de la ville, telle est donc, en dernière analyse, la raison qui pousse la Chambre de commerce à défendre les privilèges des sayetteurs, et cette crainte est inspirée moins par le désir de voir la ville prospérer, que par le souci des intérêts de l'État.

En 1755, l'intérêt de l'État, d'après la Chambre de commerce, est donc d'accord avec celui des sayetteurs, car il exige encore la concentration de l'industrie dans les villes au détriment de la campagne.

Mais bientôt le principe de la liberté du commerce va prévaloir dans les esprits et pénétrer peu à peu dans les lois. Quand, en 1777, l'arrêt du Conseil de 1762 recevra son application dans la Flandre wallonne, les privilèges de la corporation paraîtront en contradiction avec le bien public. Les sayetteurs se trouveront affaiblis et en quelque sorte sans défense ; les arguments dont ils se servaient jadis perdront par le fait même de leur force. La ville elle-même croira trouver dans l'affaiblissement du principe corporatif le moyen de remédier à sa décadence économique.

En 1779, les privilèges des sayetteurs que, vingt ans plus tôt, la Chambre de commerce, le Magistrat et l'intendant défendaient ou tout au moins respectaient, subiront les attaques de tous. Par une véritable ironie des choses, les bourgeteurs seront alors les seuls à les défendre encore. Ces privilèges seront finalement abolis, et les sayetteurs perdront même leur existence de corps de métier distinct.

CHAPITRE XVII

RAPPORTS DE LA SAYETTERIE LILLOISE
AVEC L'INDUSTRIE DE LA CHATELLENIE

Événements généraux.

LA SAYETTERIE LILLOISE PRÉSERVÉE DE LA CONCURRENCE DU PLAT PAYS, JUSQU'EN 1696. — QUELQUES EXCEPTIONS : LES DAMASSÉS DE TOURCOING ET DE ROUBAIX VERS 1620-1630.

LA SENTENCE DU MAGISTRAT DU 17 JUILLET 1696. — LES CIRCONSTANCES ANTÉRIEURES : AVANCES DES ROUBAISIENS ; ATTAQUES CONTRE LES SAYETTEURS ET LES BOURGETEURS. — LES ÉVÉNEMENTS POSTÉRIEURS : ORDONNANCE DE L'INTENDANT DU 15 AOÛT 1719 ; AFFAIRE DU DOUBLE DROIT DE PLOMB ; ARRÊTS DU CONSEIL DU COMMERCE DU 9 MARS 1728 ET DU 7 OCTOBRE 1732 ; AVIS DE L'INTENDANT SUR LES DIVERS POINTS DU LITIGE.

LES DISCUSSIONS AU SUJET DE LA PUBLICATION EN FLANDRE DE L'ARRÊT DU CONSEIL DU 7 SEPTEMBRE 1762. — PROSPÉRITÉ OU DÉCADENCE DE LA SAYETTERIE : CHIFFRE DES PLOMBS D'OUTILS ; ÉVALUATION DE LA PRODUCTION EN 1765. — IMPORTANCE ATTACHÉE PAR LE MAGISTRAT A LA CONSERVATION DES PRIVILÈGES DE LA SAYETTERIE ; MÉMOIRE DES SAYETTEURS ET AVIS DU PROCUREUR SYNDIC. — LA QUESTION DE CONCURRENCE DES PAYS-BAS AUTRICHIENS.

La rivalité industrielle de la ville de Lille et du plat pays qui l'entoure a fait l'objet de nombreux récits[1] qui ne semblent guère permettre sur ce point des découvertes bien nouvelles. Nous avons cru cependant que, sans refaire ce qui a été fait, il nous était possible de reprendre ce sujet sous un aspect différent.

---

1. Nous avons donné, dans notre introduction bibliographique, la nomenclature de ces différents ouvrages.

D'une façon générale, le développement industriel du plat pays a été présenté avec une bienveillance et une sympathie auxquelles, autant que quiconque, nous avons le droit de nous associer ; mais, par contre, les intérêts de la ville de Lille, les droits qu'elle avait à défendre, ont été exposés avec beaucoup moins de chaleur et de conviction.

Peut-être faut-il en rechercher la cause dans ce fait que l'organisation, les conditions d'existence des divers membres de l'industrie lilloise, sayetteurs, bourgeteurs, tisserands, n'étaient point suffisamment connues, et que, par suite, l'exposé de leurs revendications et de leurs protestations présentait un intérêt trop général et trop abstrait pour entraîner la sympathie et convaincre les esprits.

Aussi, sans avoir la prétention de faire la révision de ce procès, avons-nous cru qu'il ne serait pas inutile d'en reprendre rapidement l'histoire, ne retenant de ses divers événements ou épisodes que ceux qui ont pu intéresser directement les sayetteurs [1]. Nous serons ainsi amenés à préciser certaines circonstances et même à apporter des arguments nouveaux dans des discussions que l'on pouvait considérer comme terminées.

Le premier fait à signaler c'est que pendant longtemps la sayetterie lilloise conserva ses privilèges intacts. Un édit de Charles-Quint avait en 1534 interdit formellement la « mise en œuvre » des filets de sayette dans le plat pays [2] ; prohibition confirmée le 10 novembre 1547 par une seconde ordonnance du même prince.

Les actes et décisions postérieurs, malgré les progrès continus de l'industrie des bourgs rivaux de Lille, ne

---

1. Nous omettons ce qui concerne la draperie. D'ailleurs il faut remarquer que les privilèges très précis qui la réglaient ne laissèrent guère de prise aux difficultés.

2. Pièces justificatives, n°s 12.

changèrent point cette situation. La sentence du conseil privé de Bruxelles (9 mars et 17 mai 1548) permit par provision à Roubaix, Leers et Toufflers d'avoir un certain nombre d'outils, mais cette autorisation ne visait que les tripes de velours et gros ouvrages de bourgeterie [1].

Les arrêts du conseil privé du 6 novembre 1553 et du 14 décembre 1563 ne firent que confirmer cet état de choses [2]. Quant à l'arrêt du 13 mars 1609, qui constituait un progrès notable pour la campagne, il stipulait clairement par un document annexe [3] que l'on ne pourrait manufacturer en dehors de la ville « nuls chambgeans gros grain, ny bouffes non plus blancqz que de couleurs, ny aucuns ouvrages de sayeterie ». On sait que jusqu'à la fin du XVIIe siècle aucun acte nouveau ne vint « officiellement » augmenter les privilèges du plat pays [4].

Cependant le fait n'est pas absolument général et il importe de signaler et de préciser quelques exceptions.

La plus ancienne concerne Tourcoing [5].

Le 13 décembre 1535, Philippe de Lannoy, seigneur de Tourcoing, obtenait de la reine douairière de Hongrie, dont il était le grand maître d'hôtel, l'autorisation provisionnelle pour son village de Tourcoing d'avoir vingt-cinq métiers pour faire tripes de velours et ostades. En vain, les Lillois avaient-ils objecté à la faveur demandée le placard édicté l'année précédente et prohibant la mise en œuvre des filets de sayette dans la châtellenie ; les Tourquennois avaient fait valoir que depuis soixante ans ils étaient en bonne possession et saisine de faire tripes de

---

1. Carton 1161, dossier 4.

2. Pièces justificatives, nos 27.

3. « Ordonnances, statuts et règlement concernans les ouvraiges de bourgeterie aux villaiges et plat pays de la chastellenie de Lille. »

4. Voir : carton 1161, dossiers 4, 10 et 14.

5. Les discussions qui eurent lieu à ce sujet offrent un intérêt particulier, en ce sens que Tourcoing fut de tout temps le centre principal de préparation des filets de sayette, matière mise en œuvre par les artisans lillois.

velours et ostadines. Cet argument, joint à la haute faveur dont jouissait leur seigneur, avait donné un premier coup aux privilèges de la ville de Lille [1].

Cette permission fut rappelée dans les lettres du 10 novembre 1547, confirmant d'une façon générale le placard du 15 mai 1534 ; le nombre des métiers autorisés y est même fixé à cinquante. Ce chiffre, quoique doublé, devint sans doute insuffisant, car, en mars 1623, les bailli, échevins, manants et habitants de Tourcoing présentèrent au Roi une nouvelle requête exposant que, de leurs anciens métiers, la draperie et la fabrication des satinets, le dernier était seul prospère et se faisait sous le nom de damassés ; mais que le peuple « étoit au nombre de plus de deux mille familles ». Ils demandaient donc, pour subvenir à leurs besoins, la permission de fabriquer d'une façon générale les bourettes larges et les damassés, en plus des bourettes étroites, futaines et autres petits ouvrages permis aux villages par le placard de l'an 1609.

Contre cette requête, Lille et Tournai protestèrent ensemble, le 12 juin 1623 : « Le règlement de 1609 ayant espécialement autorisé entre autres lesdits de Tourcoing de pouvoir composer ouvrages de tripes, bourats et fustennes, avecq désignation de leur longueur et largeur et de leurs comptes ou portées, avec interdiction d'en pouvoir faire autres dépendans dudit stil de bourgeterie et hautelisse, et généralement tous ouvrages dépendants du stil des saïetteurs, auroit emporté dérogation suffisante aux lettres de l'impérialle Majesté du mois de novembre 1547. Et selon ladite dérogation et règlement nouveau, la liberté de composer trippes de velours qu'ils auroient pu avoir auparavant, sans aucune détermination de comptes ou portées, longueur ni largeur, seroit esté réduite au pied précis dudit règlement postérieur. Et quant à la confection des satinets icelle leur seroit absolument esté interdite, attendu

1. Carton 1160, dossier 13.

que ce sont notoirement ouvrages de saïeterie et en la
confection desquels se fait l'apprentissage dudit stil de
saïeterie ». Puis, après s'être efforcés de montrer que le
régime institué par l'ordonnance de 1609 était plus avantageux aux Tourquennois que le régime antérieur, ils
terminent en récriminant amèrement contre les empiètements incessants des campagnes et contre « les difficultés
et rébellions faites dans le plat pays aux officiers qui veulent
y faire appliquer le règlement du 13 mars 1609. »

Ainsi donc, Lille et Tournai non seulement s'opposent
aux permissions demandées, mais encore veulent, sous le
couvert de l'ordonnance de 1609, enlever à Tourcoing
ses privilèges anciens[1]. A une telle prétention les Tourquennois répliquent en termes très vifs, censurant la
conduite des Lillois qui empêchent le travail des filets de
sayette à la campagne dans le seul but de les avoir à vil
prix sur leur marché. A l'égoïsme des villes qui s'abrite
derrière les distinctions de sayetterie, de fine ou de
grosse bourgeterie, Tourcoing oppose des principes plus
larges, en vertu desquels « iceux suppliants ont eu recours,
non pas à la voie de faict et rébellion, ains à la personne
de Sa Majesté, père commun, afin d'en obtenir sa grâce,
octroy et authorisation. »

La duplique des Lillois fut extrêmement violente.
Tourcoing, disaient-ils, ne devrait pas se vanter de pouvoir
vendre ses filets de sayette plus chers en d'autres lieux
qu'à Lille ; contre les ordonnances des souverains, ils les
envoient en Hollande et entraînent ainsi l'émigration de
l'industrie de la bourgeterie dans les pays rebelles. Par
suite « y ont esté attirez bon nombre d'artisans de leur
quartier et aultres subjects de Sa Majesté au grand préjudice du publicq et perte apparente des âmes desdits
artisans, sy Dieu par sa clémence ne les amène à résipis-

---

1. Une semblable tentative avait déjà été faite en 1616 (Carton 1166, dossier 2).

cence. Qu'ainsy soit, est vrai qu'en la ville de Leyde en Hollande y at certaine rue appellée la rue de Tourcoing, habitée pour la pluspart de personnes natives dudit lieu et y attirées à l'occasion que dessus, où leur langaige y est maintenu en toute son intégrité, avecq tous accents et punctualitez, fort remarquable pour sa singularité. »

En résumé, conclut le mémoire, c'est la ruine de Lille et de Tournai qui résultera infailliblement du développement de l'industrie dans la campagne ; la décadence d'Anvers en est une preuve.

Mais le procès était d'ores et déjà jugé, sinon en droit, du moins en fait. Le 25 août 1623, une lettre royale adressée au Magistrat lillois le blâmait des voies de fait dont il avait voulu user envers les Tourquennois et lui interdisait de faire désormais aucun exploit « pour le fait des étoffes mentionnées » en la requête de Tourcoing.

Cette lettre constituait en réalité une sentence provisionnelle entièrement défavorable aux Lillois. La discussion continua cependant, car, le 17 janvier 1624, une sentence du Conseil privé ordonna aux gens de Tourcoing de renvoyer les pièces du procès qu'ils s'obstinaient à ne pas restituer afin d'empêcher tout nouveau jugement. Aucune autre décision n'intervint plus, et les Tourquennois conservèrent leur droit de fabriquer les satinés et les damassés [1].

Quelques années plus tard, Roubaix pratiqua, lui aussi, la fabrication des satinés et damassés tant unis qu'à fleurs, puis demanda au souverain la permission de le faire. Nouvelle discussion. La Chambre des comptes rend un avis nettement défavorable ; les Roubaisiens se défendent, affirmant, comme leurs voisins de Tourcoing, que cette nouvelle industrie leur est nécessaire pour subsister. Ils ajoutent que les damassés ont été apportés depuis peu de temps d'Angleterre « par des esprits inventifs résidans

1. Carton 1168, dossier 4.

audit lieu de Roubaix » ; que d'ailleurs la ville de Lille
n'en fait pas et ne peut en faire, car « ne sont les demeures
et maisons dudit Lille et autres villes assez amples et
capables pour y placer lesdits outils à cause de leur
grandeur » [1].

Ici non plus, aucune sentence définitive n'intervint
et, à Roubaix, la fabrication des damassés se continua par
droit de conquête [2].

Il semble même qu'en général, à cette époque, la
sayetterie comme la bourgeterie tendaient à se développer
dans la campagne. Le 22 octobre 1631, les prévôt, jurés
et échevins de Valenciennes écrivaient au Magistrat de
Lille, proposant une sorte de ligue entre les deux villes et
celle de Tournai dans le but d'enrayer ce développement
qui, disaient-ils, privait les villes des filets de sayette dont
elles avaient besoin.

La Vingtaine, consultée, conseilla d'envoyer à Valenciennes une copie de l'arrêt du 13 mars 1609, afin que
cette ville travaillât à en obtenir un semblable en sa
faveur. Puis, jetant un regard sur ce qui se passe autour
de Lille, elle engage le Magistrat à opérer des constats et
des contraventions dans les villages voisins, moins peuplés
que Roubaix et Tourcoing, et où l'on fait, dit-elle, trop de
rébellion [3].

C'est seulement vers la fin du XVIIe siècle que les
sayetteurs lillois entrent en relation ou plutôt en lutte
directe avec les artisans de la campagne. L'occasion leur
est fournie par une décision du Magistrat, du 17 juillet 1696,
permettant l'entrée en ville d'un certain nombre d'étoffes
du plat pays, à charge de payer un droit de plomb au

1. Carton 1168, dossier 7. — Archives communales de Roubaix, HH. 42,
n° 9.

2. Th. LEURIDAN, *Histoire de la fabrique de Roubaix*, p. 54.

3. Carton 1169, dossier 1.

siège de la sayetterie ou à celui de la bourgeterie[1]. Sans aucun doute, l'industrie des villages devait retirer de cette tolérance un accroissement notable.

Comment le Magistrat lillois avait-il été amené à prendre une mesure d'une libéralité aussi extraordinaire ? Rien, dans les circonstances antérieures, ne pouvait la faire prévoir. Le 9 août 1689, l'intendant Dugué de Bagnols avait interdit au plat pays de s'appliquer à la fabrique des perpétuanes et des serges de Londres[2] ; il avait aussi fait les plus expresses défenses d'introduire à Lille toute étoffe de sayetterie ou de bourgeterie fabriquée à la campagne.

Mais un premier fait vint donner confiance au plat pays. En vertu de l'ordonnance citée, les bourgeteurs avaient confisqué un certain nombre de pièces de grisette. Une sentence du Magistrat, du 8 juillet 1694, en ordonna la restitution.

A propos de cet incident, les Roubaisiens s'étaient adressés à l'intendant et avaient pris violemment à partie les bourgeteurs qui, disaient-ils, s'opposaient seuls et sans aucune raison aux progrès d'une manufacture dont tous autres qu'eux se réjouissaient, même dans la ville.

Les manufactures de Roubaix retiennent et font subsister mille et mille familles de marchands, boutiquiers, peigneurs, fileurs et autres dépendances, tant en la ville qu'en la chastellenie de Lille. Un si bel établissement a reçu l'applaudissement général ; il n'y a eu que le stil des bourgeteurs de Lille qui ait fait ses efforts pour le dissiper. Il est évident que le procédé des bourgeteurs n'est qu'une passion envieuse et jalouse, pareille à celle du chien de la fable qui empêchoit le bœuf de manger le foin, quoy qu'il n'en pût manger lui-même.

D'autant moins, ajoutent-ils, que les dits bourgeteurs souffrent l'introduction desdites manufactures de Roubaix toutes les fois que l'on veut composer avec leurs commis, en payant qui 20, qui 30 patars à la pièce, pour convertir le tout en beuvettes, non plus ni moins que si les ordonnances étoient faites pour servir de vaches à

---

1. Pièces justificatives, n° 103.
2. Carton 1175, dossier 19.

lait aux goinfreries soubz l'ombre desquelles on laisseroit cours aux désordres, s'il y en avoit [1].

Une autre difficulté surgit entre les bourgeteurs et les Roubaisiens au sujet de pièces de calmande appartenant à un boutiquier lillois, Pierre Houzé, et saisies comme foraines. Les manufacturiers roubaisiens, cette fois, s'adressent au Magistrat lillois, encouragés sans doute par le précédent que celui-ci avait posé lui-même par son ordonnance du 8 juillet 1694. Ils répètent leurs arguments antérieurs et renouvellent leurs violentes attaques contre les bourgeteurs [2].

Il est bien évident que les Roubaisiens n'auraient pu présenter de telles affirmations, s'ils n'avaient su pertinemment qu'elles correspondaient à un certain état d'esprit d'une partie de la population lilloise. De fait, à cette époque, la sayetterie et la bourgeterie étaient en grande décadence à Lille [3]. De leur propre aveu, les sayetteurs ne subsistaient que grâce à l'interdiction qu'ils avaient fait porter de teindre dans la ville les pièces des manufactures foraines [4]. Sayetteurs et bourgeteurs se voyaient en butte à toutes sortes d'attaques, et leur situation s'aggrava encore. Des « manufactures » inconnues jusque-là, les callemandes, les razes de Gênes, les serges de Nîmes, commencèrent à pénétrer dans la ville, venant de France, de Châlons, de Reims, d'Artois et d'ailleurs. Le Magistrat, peut-être contraint par des autorités supérieures, en tolérait l'entrée [5].

1. Ce mémoire est joint à une attestation des marchands de Lille en faveur des manufacturiers roubaisiens. 8 juin 1694 (Carton 1178, dossier 9).

2. « Le présent écrit a esté mis en mains de M. Herreng, le 13 janvier 1695, par ceux de Roubaix ». — Cette mention inscrite en marge du document permet de le dater.

3. Pièces justificatives, n°s 100 et 114.

4. Carton 1177, dossier 14.

5. Préambule de l'ordonnance du 17 juillet 1696. (Pièces justificatives, n° 103).

Au lieu de s'unir contre le danger commun, les deux corps de métier entamèrent l'un contre l'autre un nouveau procès au sujet des callemandes [1]. L'occasion était donc absolument propice pour le plat pays d'empiéter encore sur les privilèges des Lillois.

Un nouveau fait vint sans doute lever les dernières hésitations du Magistrat. Il reçut des manufacturiers de Roubaix l'offre de payer 2 patars d'entrée pour chaque pièce de raze de Gênes, de serges de Nîmes et de grisette ; il se laissa séduire et, le 17 octobre 1695, sans consulter ni les sayetteurs ni les bourgeteurs, il autorisa l'entrée de ces étoffes moyennant un droit de 3 patars par pièce, au profit de l'un et de l'autre corps alternativement par année [2].

Une note marginale nous apprend que « ce présent règlement n'a point eu d'exécution, à raison d'une requête présentée par les bourgeteurs » et qu'il fut changé selon autre règlement du 17 juillet 1696. Ce dernier contenait les dispositions suivantes :

L'on scellera au siège de la bourgetrie les manufactures de la chastellenie nommés bouras, grisettes, bougras lisses et bougras croisés.

Au siège de la saïetrie on scellera les serges étrangères de pure saïette.

Les manufactures étrangères appelées calemandes, razes de Gênes et serges de Nîmes seront plombées et les droits reçus par chacun des deux corps qui en auront aussi la connaissance et judicature par année alternativement, en commençant par le siège des sayeteurs dès aujourd'hui [3].

Il n'y a pas moyen de le nier ; une sorte d'accord tacite régnait, à ce sujet, entre les manufacturiers de Roubaix et le Magistrat lillois. Cette harmonie de volonté se trouve confirmée par un règlement de l'échevinage roubaisien

---

1. Carton 1178, dossier 9.
2. Carton 1178, dossier 9.
3. Pièces justificatives, n° 103.

prescrivant à ses fabricants l'acquit des 3 patars par pièce stipulés dans l'ordonnance de 1696 [1].

Le résultat de cette ordonnance fut tout d'abord de mettre fin, par un accord, au procès qui divisait les deux métiers au sujet du monopole des callemandes et des razes de Gênes, désormais déclarés étoffes communes.

Mais la conséquence la plus importante fut d'intéresser d'une manière plus immédiate les sayetteurs aux démêlés de Lille avec le plat pays.

La lutte en effet se poursuivait, malgré l'espoir du Magistrat de l'avoir terminée par sa sentence.

Des difficultés se produisent d'abord au sujet d'une nouvelle draperie façon de Hollande et de Bruxelles ; nous n'en parlerons pas, car elles sont en dehors des limites assignées à notre sujet. Nous passons tout de suite à l'affaire beaucoup plus grave de la réglementation de la longueur et de la largeur des étoffes dans la Châtellenie.

Le Magistrat, par ordonnance du 22 mars 1718, avait réglementé sur ce point les manufactures de la ville [2]. Il insista auprès de la Cour pour obtenir l'extension de ce règlement à toute la châtellenie [3]. Une décision de l'intendant, du 15 août 1719, lui donna entière satisfaction [4].

C'était pour la ville un important succès, qui fut bientôt suivi d'un grave échec sur un autre point. Les sayetteurs s'étant plaints de ce que, pour diminuer d'autant le droit de 3 patars, les habitants de la châtellenie ne cessaient de faire leurs pièces de plus en plus longues, le Magistrat, par ordonnance du 17 août 1726, établit un droit double, c'est-à-dire 6 patars, sur les pièces dont la longueur excéderait 50 aunes [5].

1. Pièces justificatives, n° 131.
2. Pièces justificatives, n° 115.
3. Carton 1183 bis, dossier 3.
4. Registre aux ordonnances de police coté X, f° 226.
5. Carton 1184, dossier 32.

Les fabricants de Roubaix recoururent au Parlement qui les débouta par un arrêt du 15 janvier 1727. Ils en appelèrent au Roi, auquel ils demandèrent purement et simplement la suppression des droits assis par les Lillois sur les marchandises foraines et la permission d'établir chez eux une calendre pour apprêter leurs étoffes. Le Magistrat tenta vainement de se défendre. Un arrêt du Conseil du 9 mars 1728 cassa et annula ses ordonnances et fit « très expresses inhibitions et défenses aux sayeteurs et bourgeteurs de Lille d'exiger aucun droit sur les calemandes qui seront apportées du bourg de Roubaix et de ses dépendances pour y être teintes, apprêtées et vendues en gros, à peine de concussion de 500 livres d'amende et de tous dommages et intérêts ». Mais l'arrêt déboutait les Roubaisiens du surplus de leurs demandes[1].

Deux mois plus tard le procès recommence et devient encore plus complexe. Voici les faits : Le 15 mai 1728, sur requête des bourgeteurs, les officiers de la gouvernance saisissent chez Guillaume et Pierre-Martin Dansette et chez un nommé Delattre, à Roubaix, trois pièces d'une étoffe dite dentelle calmanée et les métiers servant à la fabriquer. Le prince de Rohan, tuteur du seigneur de Roubaix, se plaint au Roi ; ses justiciables présentent une requête appuyée d'un certificat de quarante-cinq des plus notables marchands de Paris attestant qu'ils ont toujours été parfaitement satisfaits, ainsi que le public, des produits roubaisiens. De leur côté, les sayetteurs et les bourgeteurs lillois interviennent, formant opposition contre l'arrêt de 1728, parce qu'ils n'avaient pas été représentés alors dans les débats.

Après avoir pris l'avis de l'intendant Bidé de la Granville, le Conseil rend son arrêt le 7 octobre 1732. Il déboute les sayetteurs et les bourgeteurs et déclare valable la saisie opérée le 15 mai 1728, mais, par

---

1. Carton 1185, dossier 2.

grâce, en permet la restitution. Il fait ensuite défense aux manufacturiers de Roubaix de fabriquer les calemanées ou callemandilles, sauf à eux de diversifier les étoffes dont la fabrication leur est permise. Enfin il décide que désormais toutes contestations analogues seront portées devant l'intendant pour être par lui jugées [1].

Cette dernière décision, seule innovation introduite par l'arrêt, privait en réalité les sièges de la sayetterie et de la bourgeterie de toute compétence au sujet des étoffes du plat pays et leur enlevait ainsi une arme redoutable.

Afin de faire usage du nouveau pouvoir qu'il avait reçu, l'intendant créa deux égards chargés de constater les contraventions commises dans les campagnes ; ces égards furent d'ailleurs choisis parmi ceux de la sayetterie et de la bourgeterie.

L'avis de l'intendant qui précéda l'arrêt du Conseil de 1732 nous est parvenu. Il est nettement défavorable aux manufacturiers roubaisiens et en parfaite conformité avec les considérants de cet arrêt [2].

Entre temps, le 19 avril 1732, le Conseil avait de nouveau réglementé la longueur et la largeur des étoffes, mais en maintenant expressément le droit de police et de juridiction du Magistrat de Roubaix [3].

Ces deux arrêts fixèrent pour un temps assez long « le droit respectif de la ville et de la châtellenie ». Les sayetteurs et les bourgeteurs bornèrent désormais leurs efforts à assurer, au moyen des égards commis par l'intendant, l'application des règlements dans le plat pays [4].

Nous avons hâte d'arriver au fameux arrêt du Conseil du 7 septembre 1762, qui proclama la liberté de manu-

---

1. Carton 1187, dossier 6.
2. Pièces justificatives, n° 131.
3. Voir aux Pièces justificatives, n° 130.
4. Cartons 1188, dossier 3 ; 1190, dossiers 13 et 16.

facture dans les campagnes, et aux discussions auxquelles
donna lieu son application dans les Flandres. L'historique
de ces événements a été donné par M. de Saint-Léger [1];
nous n'avons pas à revenir sur ce sujet. Mais nous vou-
drions préciser un point particulier de cette lutte, qui ne
sera pas sans influence pour une nouvelle appréciation
générale des démêlés de la ville et du plat pays.

Quelle était à cette époque la situation de la sayetterie
lilloise ? Quelle part représentait-elle dans l'industrie de
la Flandre wallonne ? Quels arguments produisait-on en
faveur de la conservation de ses antiques privilèges ?

Puisées dans les documents du débat, extrêmement
abondants et confus, les réponses à ces diverses questions
comporteront forcément des appréciations qui nous sont
personnelles ; il est de notre devoir de le signaler au
lecteur.

Une première circonstance domine ce débat. La sayetterie ou, si l'on veut, l'industrie lilloise était-elle ou non
en décadence à cette époque ? Cette question est importante, car elle nous fera voir si le Magistrat lillois voulait
simplement, par un vieux préjugé de privilège, conserver
des manufactures destinées à disparaître quand même, ou
bien s'il s'agissait vraiment, comme il le prétendait, de
maintenir dans une des premières villes du royaume des
métiers qui faisaient depuis des siècles la richesse et la
gloire de la cité.

---

1. *La rivalité industrielle entre la ville de Lille et le plat pays et l'arrêt
du Conseil de 1762 relatif au droit de fabriquer dans les campagnes.* —
Voici d'ailleurs l'indication des principales péripéties de cette dernière
lutte. La publication de l'arrêt du 7 septembre 1762 fut d'abord suspendue
en Flandre, à cause des répugnances de l'intendant Caumartin et des
démarches faites auprès du Conseil du commerce par des délégués du
Magistrat de Lille. Elle n'eut lieu que le 3 septembre 1764. Puis, le
2 juillet 1765, un arrêt du Conseil du commerce prononça la surséance de
cet arrêt en Flandre ; mais cette mesure fut révoquée par un autre arrêt
du 30 avril 1776, qui fut enregistré au Parlement de Flandre en vertu de
lettres patentes du 9 novembre 1777. La liberté de fabrication était ainsi
accordée définitivement au plat pays.

La solution de cette question dépend de la lecture des statistiques, qu'il n'est pas toujours aisé d'interpréter avec toute l'impartialité désirable ; elle dépend surtout du point de départ et du point d'arrivée que l'on adopte. Si nous arrêtons nos chiffres aux années 1764 et 1765, qui virent les premières applications de l'arrêt de 1762, il nous semble au moins prématuré de conclure, en ce qui concerne la sayetterie, « à une décadence lente et continue de l'industrie drapière »[1]. Le chiffre de 36.000 plombs d'outils atteint en 1765, n'avait été dépassé que deux fois dans les 25 années précédentes ; celui de 34.000 pour 1764 ne fut aussi égalé que deux fois[2]. Sans doute, dans les années suivantes, durant lesquelles l'industrie lilloise conserve encore ses anciens privilèges, les chiffres accusent une évidente diminution de production, mais il faut observer que, malgré le régime de menaces perpétuelles, malgré l'instabilité et le manque de confiance qui en résultent, le nombre des pièces fabriquées reste encore important, parfois même supérieur aux chiffres de 1740 à 1760.

1. Ce sont les termes mêmes qu'emploie à ce sujet M. de Saint-Léger.

2. Les comptes de la sayetterie nous fournissent, pour une période continue, le nombre de plombs d'outils délivrés chaque année, de 1741 à 1783 et conséquemment, au moins d'une façon approximative, le nombre des pièces fabriquées. Nous y joignons les chiffres de 1726 et de 1728 que nous donnent les mêmes documents :

1726 — 38.500	1754 — 34.000	1769 — 32.000
1728 — 46.000	1755 — 32.000	1770 — 30.000
1741 — 39.000	1756 — 30.000	1771 — 30.000
1742 — 35.000	1757 — 31.000	1772 — 28.000
1743 — 32.000	1758 — 30.000	1773 — 26.000
1744 — 27.000	1759 — 28.000	1774 — 26.000
1745 — 25.000	1760 — 29.000	1775 — 22.000
1746 — 24.000	1761 — 29.000	1776 — 17.200
1747 — 26.000	1762 — 26.000	1777 — 22.900
1748 — 30.000	1763 — 30.000	1778 — 22.000
1749 — 36.000	1764 — 34.000	1779 — 26.000
1750 — 38.000	1765 — 36.000	1780 — 25.000
1751 — 36.000	1766 — 32.000	1781 — 15.000
1752 — 23.000	1767 — 30.000	1782 — 20.000
1753 — 34.000	1768 — 30.000	1783 — 20.000

Cette importance et cette prospérité de la Sayetterie en 1764 et 1765 sont aussi constatées dans un document contemporain intitulé « Manufactures des ville et châtellenie de Lille »[1]. Comparant la production de la ville avec celle du plat pays, ce document fixe au même chiffre de 3.200.000 livres la valeur des camelots fabriqués par les sayetteurs lillois et celle des produits de toute sorte de la fabrique de Roubaix et des quatre ou cinq villages de son district manufacturier[2].

Le même auteur, il est vrai, constate une très grande décadence de la bourgeterie lilloise, dont la production annuelle ne s'élève plus qu'à 880.000 livres. Mais il faut ne pas oublier que depuis longtemps déjà la bourgeterie subissait la concurrence des bourgs du plat pays.

De ces deux branches d'industrie qui avaient entre elles tant de points de contact, celle qui n'avait pas eu à lutter directement contre les artisans de la campagne était restée prospère, l'autre avait perdu beaucoup de son ancienne importance.

Dans ces conditions ne convenait-il pas d'entourer la sayetterie lilloise d'une protection toute spéciale et de lui conserver le régime sous lequel elle avait vécu jusqu'alors? Cette idée ne tarda pas à se faire jour et à prendre dans les discussions une part importante.

L'auteur d'un mémoire intitulé « observations sur

---

1. Carton 1198, dossier 2. — L'auteur, qui écrivait en 1765, était un partisan du privilège lillois, mais, comme le fait remarquer M. de Saint-Léger, il a vraisemblablement diminué les chiffres de la production lilloise, pour mettre mieux en évidence le tort causé à l'industrie urbaine par l'abolition de son monopole.

2. On pourrait objecter que l'auteur fixe à 3.000.000 la valeur de la production de Tourcoing, mais il a pris soin de faire observer auparavant que « le grand commerce de ce bourg sont les fils de laine qu'ils vendent non seulement aux fabricans du pays, mais à ceux d'Amiens, qui en font une grande consommation, à ceux de Lyon et de Nîmes, aux bonnetiers de Paris et d'Orléans ». Ce chiffre spécial à Tourcoing ne peut donc entrer que pour une faible partie dans la comparaison entre l'importance de la fabrique de Lille et celle du plat pays

l'arrêt du conseil» de 1762 [1], après avoir fait le plus vif
éloge de l'industrie, de l'intelligence et du goût des
Roubaisiens, se demande si le principe de la liberté du
commerce ne doit pas, quand les circonstances l'exigent,
subir quelque tempérament. Il propose donc de donner
toute liberté à la campagne, en ne laissant à la ville que
le privilège des camelots, « suffisant pour entretenir
Lille dans sa splendeur actuelle ».

Le Magistrat lillois, dans les différentes phases de cette
longue discussion, qui dure de 1762 à 1777, manifeste un
intérêt tout particulier pour la défense de la sayetterie.
Vers la fin de 1764, quand il envoie à la Cour une
députation chargée de poursuivre la surséance de l'arrêt
du Conseil, il demande aux sayetteurs de lui désigner l'un
d'entre eux pour faire partie de cette délégation avec
son représentant, M. Lespagnol de Grimbry, et le représentant des négociants, M. Pedro de Ronquières [2].

Le 28 septembre 1768, une conférence a lieu chez
M. de Caumartin, intendant, pour mettre fin par un
accord à la rivalité de la ville et du plat pays. Le Magistrat
n'y repousse les propositions des Roubaisiens que pour
une seule raison : « les étoffes qu'ils demandent de fabriquer sont entièrement ouvrages de sayetterie et sont
même les principaux objets de cette branche de manufacture ». Le Magistrat se déclare prêt à faire tous les
sacrifices « qui vont faire perdre à la ville la bourgeterie
et le corps des tisserands », mais lorsqu'il s'agit de la
sayetterie, il refuse et affirme « qu'il paraît bien qu'on ne
peut pas exiger de lui un plus grand sacrifice » [3].

« On aurait pu s'entendre, fait observer M. de Saint-
Léger, si le Magistrat de Lille n'avait pas ajouté plusieurs

1. Ce mémoire est daté du 1er janvier 1765 (carton 1200, dossier 2).
2. Les sayetteurs proposèrent au Magistrat de choisir l'un des quatre maîtres
de leur corps en exercice : J.-B. Dumont, L.-J. Hallez, D.-J. Mathil et
A.-J. Mahieu. Le Magistrat choisit J.-B. Dumont (Carton 1198, dossier 2).
3. Registre aux résolutions coté 45, f° 193.

dispositions inacceptables, notamment l'autorisation aux égards jurés de Lille de faire des visites chez les fabricants de Roubaix et la promesse que devaient faire ces derniers de ne plus réclamer l'application de l'arrêt de 1762. »

Sans vouloir discuter à fond ce fait que nous considérons comme possible mais non comme certain, nous serions plutôt portés à croire que le refus des Roubaisiens d'accepter ces conditions fut surtout inspiré par leur désir de pouvoir fabriquer les camelots unis. Mais cette discussion nous entraînerait trop loin ; bornons-nous à une seule remarque. On pourrait nous objecter que Roubaix s'était contenté, dans une proposition antérieure, de la faculté de fabriquer tous les ouvrages de bourgeterie et les étoffes nouvelles que Lille ne fabriquait point [1]. Nous répondrons qu'à notre avis, le Magistrat lillois pouvait craindre que, dans ce terme vague d'étoffes de bourgeterie, les Roubaisiens ne fussent en droit de comprendre les camelots unis que les bourgeteurs pouvaient fabriquer à l'exception des blancs et des bleus.

En somme, l'objet et la sincérité des propositions du Magistrat de Lille et de l'échevinage de Roubaix peuvent être appréciés différemment.

Quand l'arrêt du Conseil du 30 avril 1776 met fin à la surséance obtenue en 1765, et que tout espoir est presque perdu pour Lille, les dernières représentations du Magistrat, des négociants et des fabricants insistent encore sur la manufacture privilégiée des sayetteurs, les camelots. « Cette fabrication très prospère dans la ville sera ruinée par les gens de la campagne qui s'y livreront sans expérience et sans règlements » [2].

Cette sollicitude du Magistrat pour la protection de la Sayetterie s'explique non seulement par l'importance que présentait cette industrie, mais aussi par les dangers parti-

1. Archives communales de Roubaix, HH. 33.
2. Carton 1203, dossier 12.

culiers dont elle était menacée. Ces dangers sont exposés
très clairement dans un mémoire des sayetteurs au Magistrat [1] ; ils sont de trois sortes : le manque de la matière
première qui sera toute employée à la campagne ; le
manque des ouvriers qui préféreront le séjour moins coûteux de la campagne ; le manque des outils qui pourront
désormais être transportés hors de la ville, et même en
pays étrangers.

Dans son avis sur ce mémoire, le procureur syndic
souscrit aux plaintes des sayetteurs et ajoute que leur
décadence entraînerait la ruine des autres métiers de
la ville, si intimement unis à la sayetterie et à la
bourgeterie, c'est-à-dire les calandreurs, les teinturiers, les
apprêteurs, les peigneurs. Puis il insiste sur le danger de
voir passer la manufacture à l'étranger.

Le Ministre n'ignore sûrement point que la Cour de Bruxelles est
sans cesse occupée à tous les objets qui tendent à l'accroissement du
commerce et des manufactures du Pays-Bas autrichien ; que dans
cette vue elle a d'abord établi des droits considérables à la sortie des
laines brutes et qu'elle les a beaucoup modérés à la sortie des laines
peignées et filées, dans la confiance certaine de s'attirer par ce moyen
la préparation des matières premières qui se faisait autrefois en cette
province et qui est actuellement fixée dans le Pays-Bas autrichien
sans espérance de retour, puisque certains peigneurs de cette ville
ont établi des maisons à Tournay, d'où ils font venir des laines filées
en cette ville, afin d'éviter le paiement des gros droits dus à la sortie
des laines brutes.

La publication de l'arrêt réveillera encore plus l'attention de cette
cour qui sait que son exécution ne peut se concilier avec le bien des
villes, et qui prévoit que, s'il subsiste, grand nombre de fabricants
seront forcés de sortir de cette ville, les uns pour s'établir dans le
plat pays, d'autres sur des terres franches, et certains dans les villes
ou villages voisins de la domination de la reine. Elle attend peut-être
que cette transplantation soit portée à un certain point pour défendre
la sortie des laines de toute espèce, brutes et filées, dont on ne peut
se passer pour la fabrique des étoffes de sayetterie.

Les laines de France suffisent à peine pour nourrir vos fabriques

---

1. Carton 1198, dossier 2.

pendant quatre mois. Ce fait n'est point ignoré de la Cour de Bruxelles, mais elle en permet la sortie parce qu'elle n'a point dans ses États un nombre suffisant de fabricants pour les consommer. Lorsqu'elle sera informée que quelques-uns s'y sont réfugiés, que d'autres sont tellement établis sur la frontière de la Flandre française qu'il n'y aura qu'un pas à faire pour se rendre chez elle, on verra à regret publier une défense générale de la sortie des laines. Ce cas arrivant, la fabrique sera donc absolument perdue, non seulement pour notre ville, mais de plus pour le plat pays et même pour le Royaume [1].

Craintes imaginaires, dira-t-on. Nullement. Les documents de l'époque sont là pour corroborer l'affirmation du procureur syndic. Les droits assis par les Pays-Bas sur la laine peignée étaient de 2 liards seulement; ceux de la laine brute de 2 sols et demi à la livre. Déjà six cents ouvriers avaient été envoyés par les manufacturiers lillois dans la Flandre autrichienne pour y peigner la laine et l'envoyer ensuite à Lille. Tout faisait prévoir que ce mouvement s'accentuerait de plus en plus [2].

L'auteur des « observations sur l'arrêt du Conseil » que nous avons déjà cité, exprime les mêmes craintes et ajoute très judicieusement que le départ des fabricants pourrait être suivi du départ des négociants. Ceux-ci, dit-il, « ne sont, pour dire vrai, ni Français, ni Autrichiens, ni Hollandais ; ils ne sont que négociants ; leurs richesses sont d'un transport facile et ils vont s'établir où l'intérêt et le soin de leurs manufactures les appellent [3] ».

---

1. Carton 1198, dossier 2.

2. Notons, en passant, que, déjà vers 1699-1700, le gouvernement de Bruxelles avait voulu gêner le commerce et l'industrie de la Flandre française par la défense qu'il avait portée de faire sortir les laines des Pays-Bas espagnols. Mais l'intendant Dugué de Bagnols ne s'était guère ému de cette prohibition qu'il avait considérée, à juste raison, comme une mesure purement temporaire, les Pays-Bas espagnols ne possédant pas alors de fabriques suffisantes pour consommer toute la laine du pays. (Archives nationales, *Correspondance des intendants avec les contrôleurs généraux des finances*, G[7], liasse 260).

3. Pour montrer la jalousie des Autrichiens à l'endroit des manufactures lilloises, on a rappelé déjà ce fait historique que, dans le bombardement

C'était bien aussi la pensée de l'intendant de Caumartin, et ce haut fonctionnaire peut d'autant moins être soupçonné de partialité que, deux ans auparavant, par sa sentence du 7 janvier 1760, il avait donné gain de cause aux habitants de Lannoy contre les sayetteurs lillois, au sujet de la fabrication des changeants blancs et bleus.

M. de Caumartin commença par apporter un long retard à la publication de l'arrêt de 1762, qui ne fut publié dans son département que le 7 juillet 1764. Il avait écrit à la Cour, le 5 novembre 1762, qu'il ne voulait pas « qu'on s'exposât aux inconvénients d'une loi nouvelle dans un pays où l'on est esclave des anciennes ». Dans cette même lettre, il critiquait la loi elle-même : la liberté illimitée dans le plat pays aurait, disait-il, pour conséquences le dépeuplement de Lille, une émigration considérable non seulement dans les campagnes voisines, mais dans les Pays-Bas autrichiens, et enfin une crise industrielle dans les centres même de Lannoy, de Roubaix et de Tourcoing.

Concluons. Le point de vue particulier auquel nous nous sommes borné nous interdit de tirer de ces quelques observations des conclusions générales. Peut-être même les craintes d'une telle émigration de notre industrie locale étaient-elles moins fondées que ne l'affirment les documents cités, attendu le développement considérable pris par les manufacturiers de Roubaix et de Tourcoing, qui n'avaient certes pas le désir d'aller s'établir à l'étranger. Nous avons cru cependant devoir signaler la situation particulière de la Sayetterie en 1764-1765, et les arguments invoqués pour le maintien de ses antiques privilèges ; nous laissons au lecteur le soin d'apprécier les faits et les idées dont nous avons voulu nous faire l'interprète.

---

de Lille, en 1792, les armées coalisées s'en prirent particulièrement au quartier Saint-Sauveur, habité en très grande partie par les sayetteurs et les bourgeteurs.

CHAPITRE XVIII

RAPPORTS DE LA SAYETTERIE LILLOISE
AVEC L'INDUSTRIE DE LA CHATELLENIE

Les villes et bourgs privilégiés.

MENIN ET ARMENTIÈRES ; PROCÈS DIVERS.

COMINES : REQUÊTES DE 1718 ET DE 1743 ; CONTROVERSES SUR LES PRIVI-
LÈGES DE CETTE VILLE.

ORCHIES : SA DEMANDE DE 1738 ; SES ANCIENS TITRES.

LANNOY : PREMIÈRES DIFFICULTÉS EN 1643 ET 1664 ; NOMBREUX PROCÈS ;
ARRÈTS DU PARLEMENT DE 1690, 1693, 1700 ET 1715 ; ARRÈT DU
CONSEIL DE 1721 ; DÉCISIONS DES INTENDANTS DE 1737 ET 1760 ;
TITRES ET FAITS EXPOSÉS PAR LANNOY.

Dans la longue lutte dont nous venons de faire le récit,
les principaux acteurs furent toujours les mêmes ; d'une
part les Lillois, d'autre part les Tourquennois et les Roubaisiens. Mais, à côté d'eux, des villes, plus ou moins
prospères, situées dans le territoire de la châtellenie et se
prétendant, à tort ou à raison, aussi anciennes et aussi
privilégiées que Lille, revendiquèrent les mêmes droits.

Menin, Armentières, Comines, Orchies échoueront
dans leurs revendications ou n'obtiendront que de maigres
résultats. Mais Lannoy, qui n'invoquera ses privilèges
qu'après les avoir progressivement mis en pratique, verra,
dans une longue série de procès, ses droits successivement reconnus et étendus et la concurrence de ses artisans
sera, au XVIIIᵉ siècle, un des plus grands sujets de crainte
pour les sayetteurs lillois.

Nous allons exposer cette nouvelle série de faits particuliers qui n'a pas encore fait l'objet d'une étude spéciale
et complète[1].

MENIN

Menin ne paraît pas avoir revendiqué d'une façon
précise le privilège de fabriquer les étoffes de sayetterie.

La requête que les bailli, bourgmestre et échevins
de cette ville présentèrent, le 20 juillet 1612, aux archiducs Albert et Isabelle, ne concernait que la bourgeterie.
La sayetterie fut cependant mêlée dans l'affaire, car le
Magistrat de Lille, pour faire rejeter la demande de Menin,
argua principalement de ce que la bourgeterie n'était
qu'une section de la sayetterie participant aux mêmes
privilèges, et, comme elle, interdite au plat pays par
l'ordonnance de Charles-Quint de 1534[2].

Par leur sentence du 24 avril 1614, les archiducs décidèrent que « la bourgeterie s'exercerait seulement en
bonnes villes et autres lieux en ayant obtenu grâce et
permission[3] ».

Un autre procès fut entrepris, vers 1676, par la ville de
Menin au sujet d'une étoffe appelée caffas de bois ; mais
il n'intéresse que la délimitation entre la bourgeterie et
la draperie[4].

ARMENTIÈRES

Il est assez malaisé de définir exactement la situation
d'Armentières au point de vue des privilèges de la
sayetterie. Voici les quelques faits à relever :

En 1616, Jean Bayart, procureur des égards du stil des

1. M. de Saint-Léger a cité un certain nombre de ces faits, mais sans
s'arrêter au point de vue particulier auquel se plaçait chacune de ces villes.
2. Voir chapitre XV.
3. Carton 1165, dossier 1.
4. Carton 1173, dossiers 5 et 7.

bourgeteurs lillois, réclama, par requête au gouverneur de Lille, l'exécution à Armentières de l'ordonnance de 1609 réglementant l'industrie du plat pays. Les bailli et échevins d'Armentières firent opposition et demandèrent, en attendant la solution du procès, qu'il leur fut « provisionnellement permis d'exercer le stil de bourgeterie, ainsi que de tout temps y estoit pratiqué. »

Le lieutenant de la gouvernance accorda cette autorisation par sentence du 1er avril 1616 [1]. Les bourgeteurs interjetèrent appel, mais nous ne savons pas quel en fut le résultat.

Vers la même époque, le prince d'Egmont, seigneur d'Armentières, présenta au Roi une requête sollicitant de pouvoir y « mettre sus aucuns nouveaux styles, assavoir sayetrie et hautelisse, autrement dit tripe de velours, et d'y faire faire toutes sortes d'ouvraiges de sayette tant drappées que aultres et toutes sortes de sayetrie [2] ». Cette requête fut favorablement accueillie sans doute, au moins en partie, car le comte d'Egmont, par ordonnance du 2 août 1618 autorisa les habitants de sa ville d'Armentières à fabriquer un certain nombre d'étoffes, parmi lesquelles sont mentionnées les serges [3].

Dans la suite, on ne rencontre plus mention de difficultés entre Lille et Armentières au sujet du droit de fabrication d'étoffes. Il est probable que les artisans de cette dernière ville se cantonnèrent dans la fabrication de genres que les sayetteurs de Lille avaient abandonnés pour la fabrication de tissus nouveaux, étamines, changeants, etc. [4]

---

1. Carton 1167, dossier 1.

2. Archives d'Armentières, HH. 26.

3. *Ibidem*.

4. Cette assertion est confirmée par un mémoire sur les manufactures d'Armentières rédigé par les échevins de la ville (Archives d'Armentières, HH. 26) et par un état et déclaration des artisans et gens de métiers demeurant en ladite ville. (*Ibidem*, HH. 28).

COMINES

Comines semble n'avoir eu, pendant longtemps, de difficultés qu'avec les bourgeteurs. Un arrêt du Parlement de Tournai, du 29 novembre 1676, permit aux marchands de cette ville d'amener et de vendre à Lille leurs étoffes nommées caffas de bois[1]. Un autre arrêt ordonna par provision la levée de pièces saisies au préjudice de fabricants de Comines[2]. Mais ces deux arrêts n'intéressent que les bourgeteurs.

En 1718, le seigneur de Comines étant le duc d'Orléans, régent du royaume, le Magistrat et les manufacturiers de cette ville essayèrent d'obtenir l'établissement de nouvelles manufactures de sayetterie et de bourgeterie. Le Magistrat et la chambre de commerce de Lille s'élevèrent contre cette prétention. Il leur fut répondu par un mémoire où la Chambre de commerce est violemment attaquée[3]. On y représente Comines comme « ville très notable avant la ville de Lille qui en a tiré en partie son commerce ». Elle n'a donc aucune relation de dépendance envers cette dernière ville ; ses privilèges sont très généraux et englobent toutes sortes de manufactures. D'ailleurs les étoffes de sayetterie et de bourgeterie, dont les Lillois font remonter l'invention à 1480 seulement, sont bien antérieures à cette date ; elles étaient alors, sans doute, fabriquées depuis longtemps par l'ancienne draperie de Comines.

Avant 1481, on se servoit d'autres étoffes que les draps drappez. Les anciens habits et ornements d'église pourroient le justifier. C'est une imagination de croire que les habits d'hommes et de femmes étoient pour lors tous de draps ; plusieurs ordres religieux, comme Saint-Benoît, Saint-Bernard, Saint-Dominique et les autres n'ont pas

1. Carton 1173, dossier 6.
2. Carton 1180, dossier 19.
3. Les intérêts de ses membres « sont de ruiner les manufactures des villes voisines et de la campagne ». (Carton 1183, dossier 2).

varié dans leurs habits, qui sont aujourd'hui connus seulement en Flandre et en Picardie sous les noms de bourgeterie et sayetrie. Ils en ont porté avant le XIVᵉ siècle et ils n'ont point attendu que ces noms fussent inventés, car, selon l'aveu de la Chambre de Commerce, ces termes n'auroient été connus qu'en l'an 1481 ; il est certain qu'ils étoient entendus sous le nom générique de draperie [1].

Comines n'a donc pas été visée dans l'interdiction faite au plat pays en 1547, car « elle est ville avec des privilèges plus anciens que ceux de Lille ». Enfin il est faux de prétendre que la proximité de la frontière y favorise la fraude des manufactures étrangères. « Ce qui est domination impériale est séparé par la grande rivière du Lys ; il y a un pont qui peut se fermer, qui fait la communication des deux États, où est le bureau de Sa Majesté, ce qui empêche absolument aucune fraude ».

La réponse du Magistrat lillois fut le contre-pied du mémoire. Comines y est rabaissée au rang de « petite ville ouverte, soutenue seulement par un château ». La draperie y est distinguée de la sayetterie et de la bourgeterie ; Comines ne doit donc pas s'étonner de ne pouvoir pratiquer ces deux dernières industries, puisqu'elle n'est privilégiée que pour la seule draperie ; elle se trouve dans la même situation que quantité d'autres bourgs du plat pays.

Ce n'est pas seulement à Comines, observe le Magistrat, mais à Armentières qui est pourtant bien plus considérable, à Haubourdin et autres villes ouvertes de la châtellenie que la draperie a été accordée, sans que la bourgetrie et la sayetrie aient été aussi accordées.

Il y a encore plusieurs autres villes dans la châtellenie telles que La Bassée, Seclin, Chysoing et autres lieux où il ne se fait ni sayetrie, ni draperie, ni bourgetrie ; point de draperie, faute de privilège, et point de sayetrie ni bourgetrie, parce qu'ils savent trop bien que le privilège en a été accordé au Magistrat de Lille, à leur exclusion. Il se fait quelques manufactures de saïetrie et bourgeterie à Lannoy, mais ce n'est qu'en vertu de concessions particulières du Souverain [2].

---

1. Carton 1183, dossier 2.
2. Carton 1183, dossier 2.

A l'argument des Cominois au sujet des étoffes antérieures à 1480, le Magistrat se borne à répondre qu'elles
pouvaient être des espèces de drap provenant sans doute
de l'étranger, mais qu'elles n'étaient certainement ni
sayetterie ni bourgeterie. « C'étoient des estamettes et des
perpétuanes, qui sont l'espèce de la draperie et dont les
ordres religieux et religieuses s'habilloient dans ce temps-
là, comme ils font encore aujourd'hui, et non des manufactures de sayetterie et de bourgeterie, qui sont espèces
d'étoffes qui ne se foulent point comme celles de la
draperie » [1].

Enfin l'offre qu'avait faite le Magistrat de Comines de
se rendre responsable des fraudes qui pourraient se
produire par l'importation des étoffes étrangères, est
repoussée non sans dédain.

Les habitants de Comines avaient pensé un moment voir
aboutir leur requête, mais les vigoureuses résistances de
la Chambre de commerce et du Magistrat firent échouer
leur projet et déjouèrent leurs espérances [2].

Ils renouvelèrent leur tentative en 1743, en s'adressant
au contrôleur général. Ils sollicitèrent des lettres patentes
pour l'établissement d'une manufacture de sayetterie. Leur
requête fut renvoyée à l'intendant, qui reçut aussitôt des
mémoires de part et d'autre. Les arguments sont les
mêmes qu'en 1718 ; mais nous devons relever, dans ce
débat, quelques circonstances particulières.

---

1. Carton 1183, dossier 2.

2. Dans une lettre adressée de Paris, le 3 août 1718, au Magistrat de
Comines, par M. de la Basecque, qui était sans doute leur avocat, celui-ci
exprimait toute sa confiance dans un « heureux succès ». Il ajoutait : « Il
faut cependant cacher notre marche à Messieurs de Lille et faire de notre
mieux pour les tromper sur notre conduite, afin de finir sans procès et
sans mauvaise discussion et d'avoir la paix par la suite dans la liberté de
nos manufactures ». (Archives de Comines, HII. 3).

La cause fut renvoyée à l'intendant. « Il eut la bonté de donner ses
attentions pour un accommodement ou un adjustement entre les supplians
et lesdits du Magistrat de ladite ville de Lille, lesquels n'ont pas concouru
à ses bonnes intentions ». (Carton 1190, dossier 23).

L'affaire resta donc en suspens.

C'est d'abord l'intervention parmi les représentants d'un sieur Le Comte, manufacturier de Roubaix, qui projetait sans doute d'établir à Comines l'industrie qu'il lui était interdit d'exercer à Roubaix. Le Magistrat de Lille ne manqua pas de dévoiler ce calcul.

C'est encore l'intervention des baillis et des États de Lille qui s'efforcèrent de départager les rivaux, en reconnaissant que Comines n'avait pas de privilège pour la sayetterie, mais que ses artisans étaient en droit de fabriquer des coutils « manufacture relevant de la tisseranderie » et que tout le plat pays peut travailler.

Lille protesta vigoureusement, mais nous n'avons pu découvrir la solution définitive de cette affaire [1]. Il semble que la requête de Comines n'eut point de résultat.

ORCHIES

A la même époque une autre ville très ancienne de la châtellenie, Orchies, se prétendit en droit d'établir chez elle des manufactures de laine et de saie. Devant l'opposition du Magistrat de Lille, elle exposa ses titres et privilèges dans un intéressant mémoire adressé à l'intendant Bidé de la Grandville [2].

Orchies, dit ce mémoire, « existoit longtemps même avant que la ville de Lille n'eût commencé d'avoir une apparence de ville ». Elle eut de tout temps le droit de fabriquer la draperie. Un octroi général de Charles Quint, du 1ᵉʳ juin 1529, lui permit « d'exercer (outre la draperie) les manufactures d'hautelisse et tous autres stils et métiers franchement et librement ».

Dans l'énumération de ses titres, Orchies omet un fait important qu'elle ignorait peut-être, mais qui valait une reconnaissance formelle de son droit par le Magistrat de Lille. C'est que ce dernier avait inscrit Orchies au nombre

---

1. Carton 1190, dossier 23.
2. Pièces justificatives, n° 138.

des villes privilégiées, dont les maîtres sayetteurs étaient reçus comme maîtres ou comme ouvriers francs dans le corps des sayetteurs lillois[1].

Cependant, moins que jamais le moment était aux discussions archaïques sur la valeur des titres d'octrois et sur l'importance des privilèges. Depuis plusieurs siècles la manufacture de hautelisse était la seule qui fût encore en usage à Orchies[2]. Lille n'entendait pas qu'une rivale vînt lui faire concurrence pour la sayetterie. Elle menaça Orchies de confisquer ses métiers et de l'engager pardevant le Conseil dans une procédure très coûteuse, au lieu d'une « procédure amiable où les deux parties ne cherchent qu'à éclairer leurs droits »[3].

Orchies recula devant la perspective de telles dépenses et ne donne pas d'autre suite à l'affaire.

LANNOY

C'est par une tactique semblable, toute de vexations et de procès que, depuis quelque temps déjà, les sayetteurs lillois s'efforçaient de maintenir en vigueur, vis-à-vis de Lannoy, les anciennes prohibitions concernant leur industrie dans le plat pays. Ici, ils furent moins heureux ; cette lutte finit même pour eux par un échec complet.

Ce fut pourtant sous de bien modestes apparences que commença la longue série des procès entre les deux villes.

Le 20 juillet 1643, Charles Cazier, la veuve de Pierre Le Comte et Jean Desbouvries, puis, le 14 mai 1664, Antoine Allavoine, tous manufacturiers à Lannoy, étaient condamnés par le tribunal de la Vingtaine lilloise. Ils se virent confisquer des pièces d'étoffes qu'ils prétendaient

---

1. Nous avons traité ce point au chapitre III.

2. M. l'abbé P. Delebecque a publié dans l'*Écho populaire d'Orchies* du 24 juillet 1904 une étude sur *la fabrication des étoffes et tapis à Orchies*. Cette étude signale un octroi de Charles VI, roi de France, en faveur de la ville d'Orchies, l'autorisant à manufacturer des sayettes ou étoffes minces.

3. Carton 1189, dossier 18.

appartenir à la bourgeterie comme étant damas unis,
tandis que la Vingtaine y voyait des étoffes de sayetterie
comme étant satinets. Antoine Alavoine interjeta appel ;
mais, en somme, dans ces premiers procès il n'est pas
fait mention directe de sayetterie par les manufacturiers
de Lannoy, qui n'en revendiquent pas le privilège, puisqu'ils ne s'attachent qu'à un point : prouver que les étoffes
saisies sont bien des damas et non de la sayetterie [1].

La saisie, comme manufactures foraines, de quatre
doubles pièces d'étamines fabriquées à Lannoy, ouvrit l'ère
des contestations importantes. Le 31 mai 1681, la Vingtaine
condamna les possesseurs de ces pièces à 80 livres
d'amende, et la sentence fut confirmée, le 5 août 1687,
par les échevins. Sur appel, le parlement de Tournai
cassa les deux jugements et ordonna la restitution des
pièces, le 27 janvier 1690. Prétendant s'être mal défendus,
les sayetteurs voulurent recommencer le procès et refusèrent de restituer huit autres pièces d'étamine qu'ils
avaient saisies avant la décision du Parlement ; ils y furent
contraints par une nouvelle sentence du 29 avril 1693 [2].

Les sayetteurs s'adressèrent alors au Magistrat, lui
demandant de prohiber l'entrée dans Lille des marchandises foraines ; la principale raison qu'ils invoquent, c'est
que ceux de Lannoy débauchent les ouvriers de Lille, en
leur offrant chez eux « de la petite bière et gîte pour
rien ». Leur requête fut exaucée par une ordonnance du
15 septembre 1693 [3]. Ils s'en servirent pour opérer saisie
d'une pièce de calmande blanche appartenant à un
Lannoyen.

Le 17 novembre 1700, le parlement de Tournai ordonna
la restitution de la pièce saisie, puis rendit une décision
de principe, déclarant « qu'au regard de la manufacture

---

1. Carton 1172, dossier 9.
2. Carton 1176, dossier 1 ; carton 1177, dossier 11.
3. Carton 1178, dossier 9.

que les demandeurs [les hautelisseurs de Lannoy] voudraient faire apprêter à Lille, ils devraient payer les droits portés par l'ordonnance du Magistrat du 17 juillet 1696, et que pour les autres, ils se conformeraient à ce qui se pratique au regard des manufactures de laine qui s'y apportent ès autres villes du royaume [1] ».

Le 12 novembre 1715, le parlement déclara cet arrêt applicable aux bourgeteurs et leur ordonna, au sujet des étoffes de Lannoy, de choisir entre deux mesures, ou bien de les faire plomber à leur entrée à Lille, ou bien de les y recevoir sous le plomb de Lannoy [2].

Le 24 décembre 1718, le parlement condamna encore les bourgeteurs lillois au sujet d'une pièce d'étoffe qu'ils avaient saisie sur un Lannoyen [3].

Cette succession d'arrêts, tous favorables, donnèrent confiance aux prévôt et échevins de Lannoy. Ils n'hésitèrent pas à se plaindre au Conseil de l'ordonnance de l'intendant du 15 août 1719 sur la longueur et la largeur des étoffes fabriquées dans la châtellenie ; ils prétendirent que cette mesure ne leur était point applicable.

L'arrêt du Conseil d'État du 29 juillet 1721 leur ordonna, il est vrai, de s'y soumettre [4]. Mais ils tiraient de cette nouvelle escarmouche deux avantages. Le premier n'était que théorique ; le Roi déclarait qu'il ne voulait point « donner atteinte aux privilèges de la ville de Lannoy » ; mais le second avait une importance pratique considérable. La connaissance des saisies qui pourraient être faites sur les manufacturiers de Lannoy était réservée à l'intendant, ou, en son absence, à son subdélégué. C'était, pour les Lannoyens, l'affranchisse-

---

1. Ces dernières ne payaient aucun droit (carton 1180, dossier 4).
2. Carton 1182, dossiers 23 et 24. — Les bourgeteurs choisirent la première alternative.
3. Carton 1183, dossier 9.
4. Carton 1184, dossier 6.

ment des vexations et de l'arbitraire possible des tribunaux lillois.

Les sayetteurs comprirent vite la portée d'une telle mesure. Le 23 août 1721, les quatre maîtres du corps écrivaient aux mayeurs de leur siège :

Nous avons vu l'arrêt du Conseil et nous estimons que cet arrêt a l'apparence du bien, puisqu'il assujettit ceux de la campagne, y compris ceux de Lannoy, aux longueurs et largeurs marquées par le règlement de M. Méliand du 15 août 1719 ; et la réalité du mal pour notre corps, car en déclarant qu'il ne veut pas donner atteinte aux privilèges de la ville de Lannoy, il touche sensiblement aux nôtres, en attribuant la connoissance des saisies en contraventions audit seigneur intendant ou en son absence à son subdélégué, contre le prescrit de tous nos privilèges en usage aussi ancien que notre corps, contre les dispositifs même de M. Méliand, qui nous attribue et à ceux de la bourgeterie les contraventions [1].

Quand les Roubaisiens eurent obtenu, par l'arrêt du Conseil du 9 mars 1728, de ne plus payer les trois patars fixés par l'ordonnance de 1696 pour le plomb d'entrée appliqué aux manufactures foraines, Lannoy sollicita de l'intendant le bénéfice d'un régime semblable.

Les sayetteurs et bourgeteurs lillois répondirent que de nombreux arrêts [2] obligeaient leurs adversaires à payer ce droit ; que c'était d'ailleurs une coutume immémoriale que les peluches fabriquées à Lannoy et envoyées à Lille fussent obligées d'y acquitter un plomb d'apprêt. L'intendant finit par renvoyer les parties devant le Conseil, le 16 avril 1737 [3].

L'intendant, ou plutôt les intendants qui se succédèrent à Lille, ne paraissent pas avoir été moins embarrassés dans une nouvelle affaire qui, commencée en 1725, ne devait être jugée, sauf appel, qu'en 1760.

---

1. Carton 1184, dossier 6.
2. Arrêts rendus en 1700, 1715, 1716, 1718 et 1721.
3. Carton 1189, dossier 13.

Le 13 août 1725, une saisie avait été faite simultanément par les mayeurs et hautbans de la bourgeterie et par
ceux de la sayetterie, de deux pièces de polimite blanche
ou changeants blancs, de la fabrique d'Antoine-Martin
Parent, manufacturier de Lannoy. Ce concours de deux
corps de métier pour saisir deux pièces d'étoffes, pourrait
paraître une exagération ; mais il s'agissait de changeants
blancs, manufacture qui représentait essentiellement le
monopole des sayetteurs, non seulement vis-à-vis du plat
pays, mais aussi vis-à-vis des bourgeteurs. De là l'importance considérable que les parties attachèrent au procès
qui allait s'ouvrir.

Le 12 octobre, les égards sermentés et les maîtres hautelisseurs de Lannoy adressèrent au parlement leur requête
à fin de révocation de la saisie. La cause resta pendante
devant cette juridiction jusqu'au 19 février 1744. Le Roi
l'appela alors à son Conseil, qui la renvoya à l'intendant
de Séchelles, avec mission de la juger, sauf appel.

L'intendant[1] ne rendit sa sentence que le 7 janvier
1760. Les saisies opérées étaient déclarées nulles et non
avenues, et il était fait « très expresses défenses aux
maîtres du corps des sayetteurs ou autres fabricants de
la ville de Lille de troubler à l'avenir les hautelisseurs
de Lannoy dans la possession de fabriquer toute sorte
d'étoffes, même celles qui se fabriquent en blanc et bleu à
part soy, et sans aucune distinction de nom ou de couleur,
à peine de nullité des saisies qu'ils en pourraient faire et
de 500 livres d'amende pour chaque contravention[2] ».
Une seule satisfaction était réservée aux sayetteurs et
aux bourgeteurs lillois ; il leur était prescrit de mettre le
plomb d'apprêt aux étoffes des manufacturiers de Lannoy,
à raison de 3 patars par plomb.

Dans son jugement, l'intendant avait ordonné qu'il serait

---

1. C'était alors M. de Caumartin.
2. Carton 1193, dossier unique.

exécuté « nonobstant toutes oppositions et appellations quelsconcques ». En vain les sayetteurs et même le Magistrat demandèrent au Conseil que ce jugement fût cassé. Un arrêt du 24 février 1761 ordonna communication de leur requête aux hautelisseurs de Lannoy.

Sur les entrefaites parut l'arrêt du 7 septembre 1762, et commencèrent les difficultés soulevées au sujet de sa surséance. Le procès de Lannoy fut joint à ces contestations plus générales [1]. Enfin l'arrêt du 30 avril 1776, enregistré le 27 novembre 1777 au Parlement de Flandre, rendit désormais inutile toute discussion avec Lannoy, puisqu'il accordait la liberté de commerce à tout le plat pays. En fait, Lannoy en jouissait déjà depuis 1760.

Entre temps s'était produit un nouvel incident qui dut faire saigner profondément l'amour-propre du Magistrat lillois.

Dans le but à peine dissimulé d'affirmer la supériorité de la ville de Lille sur celle de Lannoy, le Magistrat décida d'y faire publier, comme dans le reste de la châtellenie, l'arrêt de surséance du 2 juillet 1765.

L'huissier Desruelles fut chargé de cette mission, dont il nous a laissé le récit. Une première fois, le 5 août, les gens de Lannoy l'empêchèrent de lire l'arrêt et écrivirent à même leurs protestations sur le texte qu'il avait apporté. Revenu le surlendemain, sur l'ordre formel du Magistrat, il reçut un accueil moins favorable encore. « Ils m'ont fait, dit-il, mille reproches, après m'avoir appelé coquin et lâché quelques autres paroles outrageantes et injurieuses ». Il fut ensuite enfermé dans une des places de l'hôtel de ville, où les manufacturiers vinrent lui renouveler leurs protestations. « Et me détinrent, ajoute-t-il, prisonnier sous la garde de deux sergents jusques vers les douze heures à midi du huit de ce mois, que lors ils m'ont laissé sortir ».

---

1. Carton 1194, dossier 1.

L'injure était grave. Lille porta plainte au Parlement. Lannoy fit mine de se défendre et, le 5 mars 1766, Lille abandonna la poursuite « par provision »[1].

Nous ne pouvons songer à exposer ici tous les arguments apportés par les deux partis dans ces multiples procès; un volume n'y suffirait point. Nous devons nous borner à un simple aperçu des titres et faits exposés par Lannoy dans les deux principaux de ces procès, ceux de 1690 et de 1760.

Lannoy était en possession de nombreux privilèges, mais il est assez curieux de constater qu'en 1690, ils sont simplement cités, sans aucun détail bien précis.

On ne produit pas ici, quoi qu'on les pose en fait, ces mêmes privilèges accordés à messire Jean, seigneur de Lannoy, gouverneur de Lille, par le bon duc Philippe de Bourgogne en 1458, 1459, 1460 et 1461 et confirmés le 24 d'octobre 1463 par le roi Louis XI. En suite desquels privilèges, le seigneur de Lannoy auroit fait un statut pour l'érection des corps de stil de la draperie et de la haute-lisserie avec égards et seels, et à peu près conformes à celui des villes de Lille et de Tournai, en l'an 1529[2].

L'argument principal des Lannoyens, c'est la possession. Ils portaient le nom de hautelisseurs et en exerçaient l'industrie de temps immémorial. Aussi avaient-ils concouru, avec Lille et Tournai, à obtenir le règlement de 1563 contre le plat pays ; ils offrent de produire le compte des frais qu'ils ont supportés à cette occasion. Ils donnent aussi copie d'une convention passée entre les bourgeteurs de Lille et ceux de Lannoy, au sujet du commerce des marchands forains. Ils rappellent enfin que jadis « une espèce de concordat fut passé entre ceux de Lille et de Lannoy pour la liberté réciproque de la vente de leurs étoffes dans les deux villes »[3].

---

1. Carton 1200, dossier 3.
2. Carton 1176, dossier 1.
3. Carton 1163, dossier 4.

Le point délicat était de savoir si la qualité de haute-
lisseur entraînait le droit de fabriquer les étamines. Les
Lannoyens l'affirmaient parce que, disaient-ils, cette manufacture est autorisée pour les bourgeteurs, dont le métier,
sous un autre nom, est le même que celui des hautelisseurs ;
les sayetteurs prétendaient au contraire que c'était une
étoffe de sayetterie concédée aux bourgeteurs par le Magistrat. Non, ripostaient les Lannoyens, car le premier article
des statuts de leur hautelisserie porte expresse mention
de tous ouvrages de coton, de lin et de sayette [1] et cette
distinction entre sayetterie et bourgeterie est toute spéciale
à la ville de Lille ; partout ailleurs la hautelisserie comprend tous les ouvrages des deux espèces. C'est une erreur,
reprenaient les Lillois, car le mot de hautelisse « ne comprend en soi que tous ouvrages figurés et faits à la tire » ;
or, les pièces d'étamines en question ne sont pas fabriquées en cette forme [2].

Le Parlement se rangea à l'avis des manufacturiers de
Lannoy et leur donna gain de cause par son arrêt du
27 janvier 1690 [3].

Lorsque, après plusieurs autres procès, de nouveaux
débats furent ouverts au sujet de la saisie faite par les
égards lillois de plusieurs pièces de changeants blancs et
bleus fabriquées par les hautelisseurs de Lannoy, les
sayetteurs purent espérer qu'un jugement serait enfin
rendu en leur faveur. Ces étoffes étaient incontestablement
leur monopole ; ils étaient donc en droit d'invoquer
l'ordonnance de 1534 par laquelle Charles Quint prohibait
l'établissement de la sayetterie dans le plat pays.

---

1. Carton 1167, dossier 2.
2. Carton 1176, dossier 1. — Voir aussi les conclusions du s⟨r⟩ Pollinchove,
procureur général au Parlement, qui posent le débat d'une façon précise et
requièrent en faveur des Lannoyens (Carton 1175, dossier 18).
3. Carton 1175, dossier 18.

Les Lannoyens se contentèrent de répondre :

1° Dans les procédures précédentes, où ils ont été condamnés, les sayetteurs n'ont pas manqué de faire usage de leurs lettres patentes de 1534, qu'ils ont regardées de tout temps comme la base de leurs prétendus privilèges.

2° En recherchant avec soin l'esprit de ces lettres et en pesant la force des termes qu'elles emploient, on ne voit point qu'elles attribuent aux sayetteurs le privilège exclusif de toutes étoffes de sayetterie au préjudice des hautelisseurs de Lannoy, auxquels un privilège du Souverain avait été concédé antérieurement à celui de Lille.

3° Les statuts des hautelisseurs de Lannoy leur permettent toutes étoffes de sayette ; or le mot sayette signifie « pure laine réduite en fil » et c'est précisément la composition des étoffes qu'on a saisies.

En résumé « l'entreprise des sayetteurs tend à l'introduction d'une nouveauté aussi contraire au bien du commerce en général qu'à l'intérêt particulier des hautelisseurs de Lannoy ».

Ceux-ci expliquent ainsi à quel titre la sayetterie est comprise dans leur manufacture :

Dans la supplique sur laquelle les lettres patentes du mois d'août 1459 ont été accordées, Jehan de Lannoy expose, entre autres choses, qu'il a mis certaine draperie dans la ville, et demande qu'il lui soit permis et à ses successeurs de pouvoir faire ou faire faire en la même ville toutes les fois que bon leur semblera toutes manières de statuts et ordonnances tels qu'ils voirront être expédient et profitable pour le bien et utilité et profit desdits habitants. Le duc de Bourgogne accorde ce pouvoir ; Louis XI le confirme.

Il est constant que les seigneurs de la ville de Lannoy ont été en droit de faire tels établissements qu'il leur a paru convenable dans la ville de Lannoy et que les loix et les règles qu'ils ont jugé à propos de faire pour lesdits établissements doivent y être observées.

C'est en vertu de ce pouvoir que les Seigneurs ont établi dans la ville de Lannoy une manufacture telle qu'elle subsiste aujourd'hui et qu'ils ont fait différents règlements qui ont toujours eu leur exécution.

Les étoffes qui y ont été fabriquées approchoient des draps par leur composition et leur matière.

Le terme de sayetteur adopté par les demandeurs signifie faiseur de saye. La saye est une étoffe qui ressemble aux draps ; c'est la raison pour laquelle la manufacture établie par Jean de Lannoy a été appelée dans la supplique dudit Jean de Lannoy « certaine draperie » ; on ne connaissait pas en Flandre la sayetterie sons un autre nom avant la transmigration des sayetteurs de la ville d'Arras en celle de Lille.

On a perdu une partie de ces anciens règlements, mais celui de 1529 auquel on s'est conformé et qui s'exécute, et auquel il n'a pas été dérogé par l'arrêt du Conseil du 19 août 1732, suffit pour prouver le droit de la manufacture de Lannoy [1].

La sentence du 7 janvier 1760, en reconnaissant aux hautelisseurs de Lannoy le droit de fabriquer toutes sortes d'étoffes de sayetterie et de bourgeterie, détruisait par cela même le privilège exclusif possédé depuis près de trois siècles par la sayetterie lilloise et faisait s'évanouir le « splendide isolement » de ce corps de métier au milieu de la châtellenie de Lille.

Tandis qu'avec Roubaix et Tourcoing, Lille soutenait une lutte de quatorze ans au sujet de l'application de l'arrêt de 1762, les sayetteurs lillois expérimentaient, pour ainsi dire, ce régime dont les arrêts de 1776 et 1777 rendront l'application définitive dans la Flandre wallonne.

Aussi pourront-ils, en 1777, quand des novateurs voudront, profitant de la situation nouvelle ainsi créée, bouleverser le régime industriel établi dans Lille, invoquer les résultats de leur expérience d'une période de dix-sept années employées à soutenir, et souvent avec succès, les efforts et la concurrence de leurs rivaux de Lannoy.

C'eût été peut-être la meilleure réponse à faire à leurs détracteurs, si ceux-ci avaient pu la comprendre.

1. Carton 1194, dossier 1.

CHAPITRE XIX

RAPPORTS DE LA SAYETTERIE LILLOISE
AVEC L'INDUSTRIE DE LA CHATELLENIE

Les mesures intérieures de police.

L'INTERDICTION, DÈS 1500, DE TEINDRE, DE CORROYER ET DE CALANDRER LES SAIES FABRIQUÉES HORS DE LA VILLE ; RENOUVELÉE ET ÉTENDUE AUX SATINS, OSTADES ET CHANGEANTS LE 26 MAI 1568. — LES MESURES DE POLICE PRESCRITES A CE SUJET. — LES PÉNALITÉS. — LA PROHIBI- TION FRAPPE TOUTES LES ÉTOFFES DE SAYETTERIE FABRIQUÉES OU NON DANS LE PLAT PAYS ; DIFFICULTÉS AVEC LE MAGISTRAT ET LES SAYET- TEURS DE DOUAI.

L'INTERDICTION D'EXPORTER LES OUTILS HORS DE LILLE, PROMULGUÉE EN 1602 ET EN 1620. — APPLICATIONS NOMBREUSES DE CETTE PROHIBITION A PARTIR DE 1746. — VÉRITABLE MOTIF DE CETTE MESURE. — ACHAT DES OUTILS D'UN MANUFACTURIER DOUAISIEN.

Le Magistrat lillois, bien qu'il aimât à solliciter de la faveur du Souverain des privilèges de protection pour son industrie locale, n'ignorait point que la protection la plus sûre est encore celle qui consiste à se défendre soi-même. Riche, moins encore de ses privilèges que de sa population active, laborieuse et profondément dévouée aux intérêts de la cité, Lille contenait en son sein non seulement des manufacturiers ou fabricants, mais aussi de nombreux artisans, teinturiers, foulons, corroyeurs, dont les premiers statuts de la sayetterie nous révèlent l'existence déjà ancienne et qui furent pour les sayetteurs les plus précieux auxiliaires. Grâce à l'industrie de la draperie, qui y était établie depuis longtemps, Lille renfermait aussi tout un peuple de marchands habiles, rompus au commerce et à l'industrie des laines. Enfin un certain nombre d'ouvriers de divers métiers s'y livraient à la fabrication des outils nécessaires à la manufacture et des multiples objets annexes de ces outils.

Priver l'industrie du plat pays de ces différents auxiliaires indispensables, au moyen de diverses prohibitions que son pouvoir presque illimité lui permettrait d'édicter, c'était de la part du Magistrat lillois une politique fort égoïste sans doute, mais très efficace et en même temps exempte de toute revendication et de toute contestation, puisqu'il agissait dans les limites entières de son autorité. Il n'y manqua point.

Avant même que l'exercice du « métier de fillets de sayette » fût interdit au plat pays par l'édit de Charles Quint de 1534, il était déjà prohibé de « fouler, teindre et corroyer les saies, si icelles saies et pièches n'ont été faictes et ouvrées en ceste dite ville de Lille [1] ».

Cependant, soit que cette défense fût tombée dans l'oubli, soit plutôt qu'il devînt nécessaire de l'appliquer aux étoffes nouvellement fabriquées, satins, ostades et changeants, l'ordonnance du 26 mai 1568 édicta sur ce point toute une série de dispositions, dans le but de réprimer les fraudes possibles.

Il était interdit à tous « de doresnavant amener ou apporter, faire amener ou apporter en ceste ditte ville aucunes crues sayes, satins, ostades, changeants, ne autre marchandise de sayetterie quelconque, faicte et ouvrée hors d'icelle dite ville, à péril de payer de chacune pièche par celui faisant le contraire, LX sols d'amende, et pardessus ce, quand les transgresseurs seront sayetteurs, de suspension de leur mestier de dix ans ou en dessoubz à la discrétion et judicature des commis de la Vingtaine ».

---

1. Statuts du 27 février 1500, art. 33.

Sous les mêmes peines, il était interdit « à tous lesdits manants de cette ville quelz qu'ilz soient, de acheter, prendre, avoir ou soustenir en leurs maisons ne autre part, en appert ne en couvert, aulcunes des marchandises que dessus, crues ou en blancq ».

Pour permettre le constat des infractions, il était ordonné « à tous lesdits manants de faire ouverture de leurs maisons aux commis de la Vingtaine, maistres et ferreurs de ladite sayeterie, toutesfois que de eux ils en seront requis ».

Enfin une disposition spéciale édictait que « nul, quel qu'il soit, soy meslant de fouller, taindre, callendrer, courer ou aultrement appoincter aulcuns satins, ostades ou changeants de ceste dite ville, ne pourra fouller, taindre, callendrer, courer ou aultrement appoincter icelles ne aulcunes aultres pièches de sayette quelconcque, se icelles pièces n'ont esté faictes et ouvrées en ladicte ville, conformément et selon que est ordonné pour les saies »[1].

Quelques mois plus tard, le 6 octobre 1568, ces dispositions furent complétées par une ordonnance au sujet des plombs d'outils et de scel et des devoirs des ferreurs de la sayetterie[2].

L'ensemble de cette réglementation ne fut guère modifié dans la suite. Une ordonnance du 8 juillet 1592 la reproduit en termes presque identiques; les peines sont les mêmes, sauf que l'amende contre ceux qui, n'étant pas sayetteurs, refusent d'ouvrir leurs maisons aux égards, est portée de 10 livres à 30 livres[3].

L'ordonnance du 16 octobre 1623 porte à 10 livres l'amende fixée précédemment à 60 sols[4].

---

1. Pièces justificatives, n° 31.
2. Pièces justificatives, n° 32.
3. Registre aux ordonnances coté G, f° 77.
4. Pièces justificatives, n° 58.

Le 29 janvier 1639, pour obvier à certains abus, il fut défendu « à tous et quelconcques bourgeois, manans ou habitants de ceste ditte ville de cacher ou soustenir en leurs maisons, pourpris, ou quelque lieu de leur demeure, aulcunes personnes, aussi telles qu'elles soient, poursuivies ou apperçues par les maistres et esgards de la sayetterie ou aucuns d'iceux, chargés de besaces, sacq, valise, pannier, mande ou autre chose capable de contenir ou enclore marchandise non permise foraine ou deffendue par les dittes ordonnances, statuts et règlements »[1].

Les ordonnances du 20 décembre 1673[2] et du 28 mai 1688[3] renouvellent simplement les anciennes dispositions en les sanctionnant de pénalités plus fortes.

Sans abandonner ces mêmes prescriptions dans leur ensemble, l'ordonnance du 17 juillet 1696 permit cependant, sous certaines conditions, l'entrée d'un petit nombre de marchandises de sayetterie et de bourgeterie fabriquées dans le plat pays[4].

Quel était le but précis de cette étroite prohibition ? C'était évidemment de réserver aux seules étoffes manufacturées dans la ville le bénéfice du bon marché et de la perfection de l'apprêt lillois. Par suite, elle n'intéresse pas spécialement les manufactures du plat pays, mais elle vise d'une façon particulière les autres villes privilégiées « au fait de la sayetterie » et qui·auraient voulu faire apprêter leurs étoffes à Lille. C'est ce que prouvent d'ailleurs les difficultés que souleva son application.

Le 30 mars 1602, sur requête du Magistrat de Douai, les archiducs permirent aux « sayeteurs, changeanniers et bouraciers » de cette ville de « faire mener et porter

---

1. Pièces justificatives, n° 66.
2. Carton 1172, dossier 12.
3. Pièces justificatives, n° 94.
4. Pièces justificatives, n° 103.

leurs « denrées et marchandises » en la ville de Lille pour les y vendre. Les princes avertissaient en même temps le Magistrat de Lille que s'il « avoit cause pregnante et légitime » de s'opposer à cette décision, il pouvait porter ses raisons devant le Conseil privé.

Le Magistrat de Lille n'eut garde d'en agir autrement et une sentence du Conseil du 19 février 1604 déclara les Douaisiens non fondés à prétendre « pouvoir faire teindre les sayeteries de Douai en la ville de Lille et les y vendre tant crues et en blancq que teintes ».

Dans la discussion engagée à ce sujet, Lille invoqua surtout la nécessité de défendre son industrie et l'usage constant de toutes les villes privilégiées pour la sayetterie, Arras, Tournai, Mons et Valenciennes [1].

Douai répondit que le terme de sayetterie « foraine » ne pouvait s'appliquer aux villes franches ayant égards, marques, sceaux et plombs, mais « se doit interpréter des villes ou villages où n'y a quelque égard et police sur l'ouvrage et manufacture, ou bien de marchandise foraine et étrangère venante de pays loingtains non subjects et hors de l'obéissance de nos princes ».

Il ne convient pas d'ailleurs, ajoutait Douai, que ceux de Lille soient si rigoureux à l'endroit de ceux de Douai, leurs voisins, alliez et co-provinciaux, attendu que autrefois, lorsque la teinture avoit vogue en Douai, ils y ont envoyé teindre et accoustré leurs denrées et marchandises, que ceulx de Douai leur ont permis librement, gracieusement et volontairement, sans prendre ou exiger quelque impôt sur eux. Pourquoi lesdits de Lille ne doivent faire difficulté de leur rendre la pareille. Touttesfois ils offrent de payer toutes les droictures et impôts aussi avant que leurs dits bourgeois et manans payent et sont submis.

Enfin « doivent lesdits de Lille bien considérer que les choses humaines changent et tournent et qu'il y a vicissitudes selon les temps et saisons variables, de sorte que s'ils ont la fortune présentement qui leur rit, icelle pourra varier, et tel jour pourroit advenir

---

1. Pièces justificatives, n° 47.

qu'ils auroient affaire de ceulx de Douay et les prieroient de ce qu'ils les prient » [1].

D'aussi pressantes supplications indiquent bien que la ville de Douai avait un extrême besoin de pouvoir faire apprêter ses étoffes à Lille. Aussi, à défaut de nouvelle requête du Magistrat de la cité, voyons-nous les manufacturiers de Douai s'efforcer de temps à autre de faire lever cette prohibition si préjudiciable à leurs intérêts.

En 1721, Robert-Ignace et Claude-François Hustin, fabricants à Douai, demandèrent au Magistrat de Lille la permission d'envoyer audit Lille les étoffes de leur manufacture, pour y être teintes et apprêtées. Leur requête fut communiquée aux mayeurs et hauts-bans du siège de la sayetterie ; ceux-ci demandèrent avec instance que les anciennes ordonnances fussent maintenues et au besoin renouvelées [2].

Une seule fois le Magistrat de Lille consentit à lever ses prohibitions en faveur de Valenciennes. En réponse à une lettre du Magistrat de cette ville, celui de Lille écrivit « que toutes les manufactures de Lille se vendoient librement dans toutes les boutiques de Valenciennes, et qu'ils croyoient ne pouvoir en user autrement à l'égard de leurs manufactures, et conserver à même temps tout le commerce qu'il y avoit toujours eu entre la ville de Valenciennes et cette ville ». En conséquence,

---

1. A noter cette appréciation sur la durée qu'il convient de donner à ce que nous appelons le régime protectionniste :
« Et pour encore dire en général contre icelles prohibitions et deffenses, icelles pour un temps et du commencement pour élever un métier, se pourroient par aventure aucunement tolérer selon le temps et saison. Mais, après que lesdits métiers sont accrus et reçu leur perfection, comme il est en la ville de Lille, telles deffenses forcluantes les autres, ne doibvent estre aulcunement permises, ains révocquées et annulées. Et s'il étoit besoing de demander à plusieurs marchands, il y en a beaucoup qui diroient à la vérité que telles défences ne sont présentement en praticque et usance, et qu'il est expédient de les abolir et anéantir. »
2. Pièces justificatives, n° 122.

une ordonnance du 12 mars 1696 autorisa la vente à
Lille des bouracans de Valenciennes, « aux conditions de
les porter avant la ville entièrement à découvert »[1].

L'interdiction de faire teindre et apprêter à Lille les
étoffes fabriquées au dehors ne suscitait pas seulement
les récriminations des autres villes ; elle avait aussi rencontré des adversaires dans les marchands et négociants
de Lille, auxquels elle enlevait un important élément de
commerce. Bien souvent, ils demandèrent l'abolition de
cette mesure, notamment en février 1577 et en janvier
1592.

En 1623, ils revinrent à la charge et sollicitèrent la
levée de la prohibition « pour plusieurs sortes de marchandises dépendantes desdits stils de sayeterie et bourgetrie, qui ne se composaient et fabriquaient à Lille, si
comme bouratz, baracans, damassés, doublettes, satinets
de Béthune, sayes d'Ypres et d'Hondschoote, et aultres,
desquelles néantmoings ils avoient de besoing pour
accommoder leurs chalans ».

Les commis du siège de la Vingtaine et de la bourgeterie s'élevèrent avec énergie contre cette requête : « Il est
faux que ces étoffes ne fussent point fabriquées à Lille ;
si certaines étoient tombées en désuétude, c'étoit à cause
de l'effrénée et insatiable convoitise des marchands qui,
au mépris des ordonnances, les faisoient fabriquer à la
campagne et ne consentoient point à les acheter toutes
faites des artisans lillois, qu'ils veulent faire travailler
comme leurs simples mercenaires, travaillans au jour la
vie, et leur suchant par ainsi le sang[2] ».

Le 17 octobre 1623, la requête des marchands fut
repoussée[3].

---

1. Registre aux ordonnances de police coté R, f° 15.
2. Carton 1168, dossier 5.
3. Voir aux Pièces justificatives, n° 59.

Un autre moyen de gêner et même d'entraver l'industrie des bourgs de la châtellenie, voire celle des autres
villes, c'était de les priver des métiers, des outils indispensables à leur travail. De là, la règle interdisant de
laisser sortir de la ville les « hostilz, mollins, retorquoirs
et ordissoirs » servant à la sayetterie et à la bourgeterie.

Tandis que l'interdiction de faire apprêter à Lille les
étoffes foraines remontait aux premiers temps de la sayetterie, la prohibition d'exporter les outils était de date relativement récente.

Elle fut portée, sans doute pour la première fois, par
l'ordonnance du 10 octobre 1602, qui édicta une peine
de 60 livres d'amende contre les contrevenants [1].

Une autre ordonnance du 10 juillet 1620 précisa la
première en défendant « à toutes personnes s'entremettant
à faire faire et composer aucunes presses ou rolleaux, de
les vendre ou délivrer par eux ou autres à qui que ce soit,
sans auparavant amener telle vente ou aliénation à la
connoissance de l'un ou de l'autre desdits stils de bourgeterie et sayeterie ». Ordre était donné à tous les habitants « de ne recevoir par eux ou par autrui ni aulcuns
soutenir et avoir en sa puissance aucuns desdits instru-
mens, sans par avant ou lors de sa réception en faire
rapport aux commis de l'un ou l'autre desdits sièges [2]. »

Pendant une période très longue, nous ne rencontrons
aucune application de ces ordonnances. C'est seulement
en 1746 que nous trouvons une condamnation prononcée par le siège de la sayetterie [3]. Depuis lors,

---

1. Registre aux ordonnances E, f° 46.

2. Pièces justificatives, n° 55.

3. En 1731, cependant, les maîtres du corps avaient demandé au Magistrat
d'assurer l'exécution de son ordonnance, dont plusieurs violaient les dispositions, en prétendant les ignorer. Ils demandaient surtout « qu'il soit
donné ordre à tous les consignes des portes de visiter les chariots et autres
voitures qui sortent de la ville, pour empêcher l'exportation des outils. »
(Carton 1168, dossier 1). Ils obtinrent satisfaction par une ordonnance du
4 septembre 1733. (Registre aux ordonnances coté Etc., f° 14.)

les poursuites deviennent fréquentes; elles se suivent, pour ainsi dire, sans interruption [1]. Elles donnent parfois lieu à des difficultés et à des procès.

En 1767, Pierre Dachon, négociant à Lille, prenait la défense de Joseph Desmuis, maître bourgeteur et contre-maître des ouvrages exécutés pour ledit Dachon. Celui-ci avait été condamné, le 4 juin, à 300 florins d'amende par le siège de la bourgeterie, pour avoir fait sortir un métier de la ville. Dachon obtint que les bourgeteurs abandonnassent l'exécution de leur sentence et restituassent le métier [2].

En 1773, le Magistrat s'oppose à la requête de François-Maurice Desneullin qui avait demandé à l'intendant la permission de faire sortir des métiers de Lille pour établir une manufacture à Arras [3].

Le 25 novembre 1775, le siège de la sayetterie condamne un sieur Méresse-Coûlon pour avoir tenté de faire transporter ses métiers à Mouscron [4].

Si l'on veut connaître la véritable raison de cette prohibition, on la trouve ainsi exposée par le Magistrat dans un mémoire remis le 22 avril 1757 à l'intendant de Flandre, M. de Caumartin :

Outre les raisons de justice fondées sur les titres et privilèges qui

---

1. Le 23 juillet 1746, Delobel, boulanger, est condamné à 300 florins d'amende pour avoir exporté un « moulin ».
Le 19 février 1747, Castel, marchand, 150 florins pour un « moulin ».
Le 12 octobre 1747, Martin, 150 florins pour une « presse ».
Le 22 janvier 1752, Lefebvre, chartier, 150 florins pour une « presse ».
Le 10 février 1759, Delaval, marchand, 50 florins pour « moulin et ustensiles ».
Le 8 octobre 1759, Scrive, rentier, 12 florins pour une « presse ».
Le 11 avril 1767, Delamare, 25 florins pour une « presse ».
Le 13 août 1768, Vangaver, apprêteur, 300 florins pour « presse et ustensiles ». — Etc., etc. (Carton 1201, dossier 19).
2. Carton 1200, dossier 1.
3. Carton 1201, dossier 19.
4. Carton 1202, dossier 12.

appuient les défenses portées par cette ordonnance, il y en a une particulière qui en prouve la nécessité.

Il arrive de temps en temps des interruptions de commerce qui font presque cesser la manufacture ; les artisans, en pareil cas réduits à la misère, font usage des métiers qui leur sont inutiles et les vendent. Comme ils ne peuvent être achetés que par des gens de la ville, du moment que les temps changent et que les manufactures reprennent faveur, ces mêmes artisans retrouvent tout prêts des métiers qu'ils achètent et se rétablissent par ce moyen sur le champ au grand avantage du commerce de la ville, facilité qu'ils n'auraient pas si ces métiers étaient une fois sortis de la ville, ce qui ne manquerait pas d'arriver cessant la défense de les transporter dehors [1].

Sans nier l'importance de ce calcul qui se concilie parfaitement avec la manière de vivre des sayetteurs et avec les périodes de prospérité ou de décadence de leur industrie, l'on ne peut cependant y voir la cause unique de toute cette série de sentences.

Ce que les Lillois voulaient surtout empêcher, c'était la migration des industries existantes à Lille et notamment de la sayetterie. De fait, vers 1745, Lille était la seule ville qui exerçât la sayetterie dans la Flandre wallonne et elle n'avait de rivale dans toute la France que la ville d'Amiens [2]. Or, ce monopole qui avait fait sa prospérité durant la première moitié du XVIIIe siècle, se trouvait menacé de toutes parts. Lille devait se défendre contre les bourgs de la châtellenie, en particulier contre Lannoy, dont les progrès la menaçaient de plus en plus.

En 1758, un manufacturier de Lille, le sieur Pottier, avait proposé au Magistrat d'Arras d'établir en cette ville une manufacture de velours d'Utrecht, moucquettes, tripes de Lannoy, camelots et autres étoffes de laines, en

1. Carton 1192, dossier 6.

2. Nous donnons cette assertion sous réserves. Il importe cependant d'observer qu'à cette époque l'industrie de Douai et de Valenciennes était en décadence et que le privilège de Lannoy en matière de sayetterie était encore contesté. Pour ce qui concerne la France, voir : SAVARY, *Dictionnaire du commerce*, article *Amiens*.

même temps qu'une maison pour la teinture, le gaufrage la calandre et autres apprêts [1].

A la même époque les représentants du gouvernement impérial des Pays-Bas autrichiens s'efforçaient d'introduire dans cette région l'industrie de la filature des laines, dans l'espoir d'y implanter bientôt l'industrie textile proprement dite [2].

N'était-ce donc pas, encore une fois, une politique habile d'empêcher ces manufactures rivales de naître ou de se développer, en les privant de la ressource de trouver à Lille les métiers dont elles auraient eu besoin ?

C'est encore dans ce même but et sous le coup de cette même inquiétude que le Magistrat lillois n'hésita pas à se faire acheteur et vendeur de métiers.

Robert-Ignace Hustin, manufacturier à Douai, ayant fait connaître son intention d'abandonner la fabrication, les maîtres jurés de la sayetterie lilloise représentèrent au Magistrat « qu'il seroit nécessaire d'acheter lesdits outils ou métiers, crainte que Messieurs les élus de la châtellenie n'en fassent l'acquisition et repart en conséquence dans la châtellenie ou ailleurs ». Mais, comme leur corps n'avait aucuns deniers pour faire cette acquisition, ils prièrent le Magistrat de s'en charger. Celui-ci y consentit et les sayetteurs passèrent contrat avec le sieur Hustin, qui leur livra successivement ses métiers, payés avec l'argent avancé par la ville [3].

---

1. Carton 1192, dossier 13. — Dans cette affaire, le Magistrat de Lille se joignit contre le requérant aux quatre hauts justiciers de la châtellenie ; de leur côté, les Roubaisiens semblent s'être particulièrement émus de la proposition du sieur Pottier.

2. Voir le chapitre XVII.

3. Le prix d'achat avait été fixé à 8 florins par métier complet.
Il en fut livré 40 le 9 juin 1762 ; 82, le 3 mars 1764 ; 51, le 4 mars 1766. — En totalité : 173 métiers.
La revente en fut assez difficile ; le 13 mai 1767, on dut même abaisser le prix de revente de 8 à 6 florins par métier. (Carton 1197, dossier G.)

Jusqu'à l'époque la plus avancée, le Magistrat persista dans sa politique étroitement protectionniste pour l'industrie de la ville. Mais, sur ce point comme sur les autres, l'application en Flandre de l'arrêt du Conseil du 7 septembre 1762, lui enleva ses moyens d'action et de défense.

A dater de ce moment il était permis à tous les habitants de la campagne de donner à leurs étoffes tous les apprêts dont elles avaient besoin ; Roubaix, qui depuis longtemps revendiquait ce droit, allait s'empresser d'en faire usage.

De plus toute personne pouvait désormais, en quelque lieu que ce fût, même dans ceux où se trouvaient des communautés, acheter les matières premières, les outils et les ustensiles propres à toute espèce de fabrication, sans pouvoir être aucunement inquiétée par les fabricants établis en communauté [1].

Des modifications si profondes ne devaient-elles pas avoir leur répercussion dans l'organisation même des corps de métier de la sayetterie et de la bourgeterie, que leurs anciens règlements, bons pour les temps antérieurs, allaient mettre dans un état d'infériorité notoire vis-à-vis des concurrences naissantes de toutes parts ? Deux ans après que l'arrêt du Conseil de 1762 aura été définitivement promulgué dans la Flandre wallonne, ces deux corporations perdront jusqu'à leurs règlements particuliers et le Magistrat lui-même prononcera leur dissolution.

---

1. Pièces justificatives, n° 162.

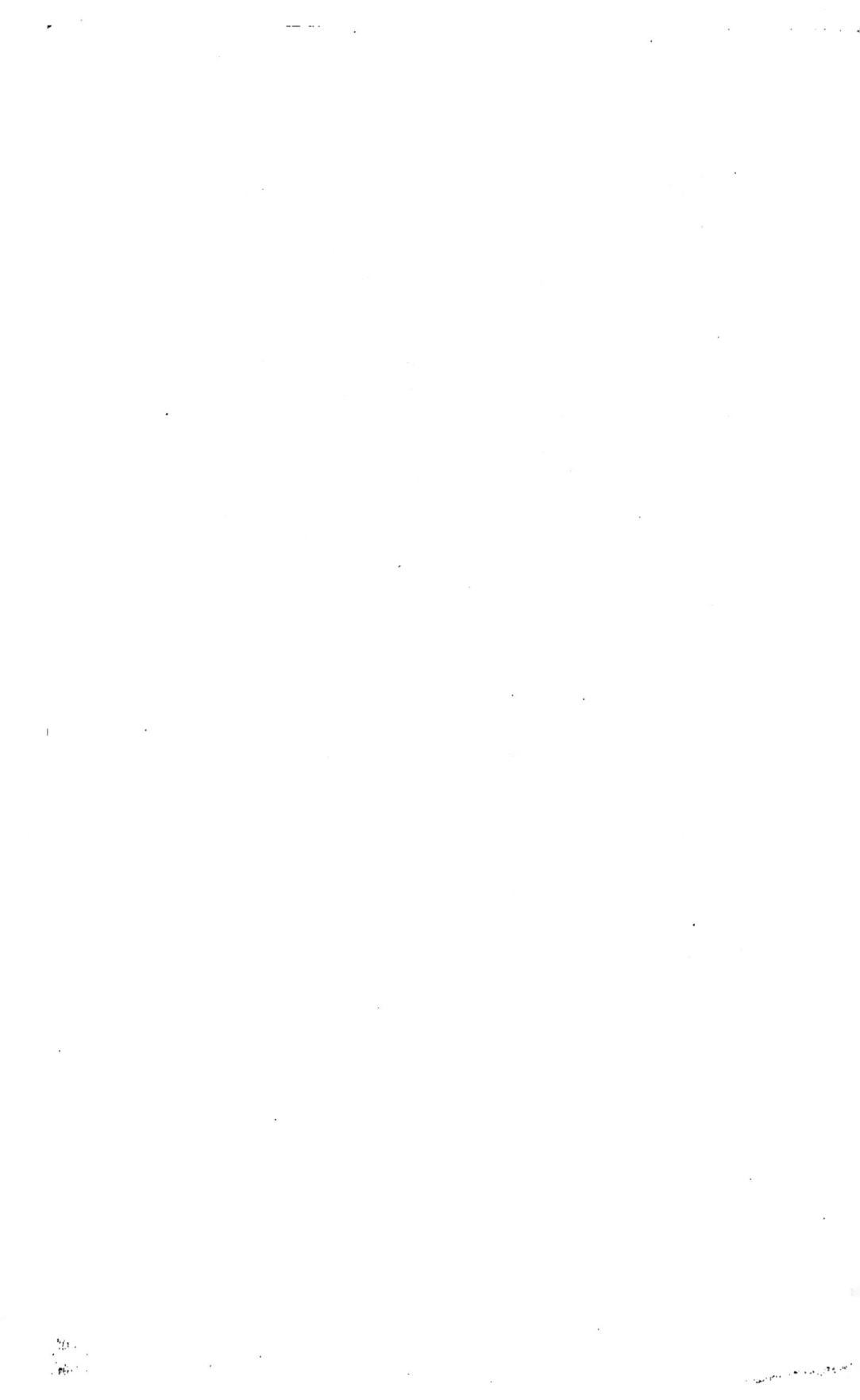

TROISIÈME PARTIE

DERNIÈRES ANNÉES ET DISPARITION
DE LA CORPORATION

———

CHAPITRE XX

LES RÉFORMES PROPOSÉES ET ADOPTÉES
1775-1777

LES DIVERSES REQUÊTES PRÉSENTÉES AU MAGISTRAT. — ASSEMBLÉES DE
LA CHAMBRE DE COMMERCE (27 NOVEMBRE 1775) ET DU CORPS DES
SAYETTEURS (21 DÉCEMBRE 1775). — ORDONNANCES DU MAGISTRAT
(18 JANVIER ET 20 DÉCEMBRE 1777).

LA DISCUSSION : REQUÊTE DE 31 SUPPOTS SAYETTEURS ; PREMIER MÉMOIRE
DE LA CHAMBRE DE COMMERCE ; LETTRE DES MAITRES EN EXERCICE ;
CONVOCATION DU CORPS DE MÉTIER ; PROCÈS-VERBAL DE L'ASSEMBLÉE ;
OBSERVATIONS DES COMMISSAIRES AU SIÈGE DE LA SAYETTERIE ;
SECOND MÉMOIRE DE LA CHAMBRE DE COMMERCE.

Établi à Lille depuis près de trois siècles, le corps de
métier des sayetteurs posséda, dès les premières années
de son existence, son organisation et ses règlements particuliers qui, dans la suite des temps, n'avaient guère subi
de changements. Sans doute, les privilèges des ouvriers
francs avaient à peu près disparu ; mais tout le reste avait
été respecté : franchise des maîtres, limitation du nombre
des métiers, distinction d'avec les bourgeteurs et les
drapiers. Lille avait même conservé le monopole de la

fabrication de la sayetterie à l'exclusion de la châtellenie, sauf Lannoy.

A fortiori, l'organisation intérieure de la corporation, avec sa Vingtaine, ses égards, ses maîtres sermentés, bien qu'ayant à diverses reprises subi quelques modifications, avait conservé son caractère général de parfaite autonomie sous le haut contrôle du Magistrat. Le Registre aux causes de 1757 à 1783 nous montre tout ce système fonctionnant, encore alors, sans heurts et sans secousses.

Profondément attachés à leur profession, les maîtres sayetteurs se préoccupent des progrès accomplis par les empiétements de l'industrie du plat pays et attendent avec une vive anxiété l'arrêt du Conseil qui statuera définitivement sur la surséance ou l'application de l'édit du 9 septembre 1762. A l'intérieur de la ville, leur travail s'accomplit journellement d'une façon paisible ; et depuis 1756, ils sont même en paix avec leurs rivaux de la bourgeterie.

Telle était la situation en 1775.

Mais les anciennes constitutions des sayetteurs qui, de tout temps, avaient pu résister aux attaques des « novateurs » et des marchands âpres au gain, allaient subir de nouveaux et terribles assauts, sous lesquels elles devaient peu à peu succomber.

Ces attaques se produisirent à deux reprises et furent couronnées de succès après une longue période de contestations. Deux réformes en furent le résultat.

La première fit conférer aux sayetteurs la liberté de faire peigner eux-mêmes les laines dont ils avaient besoin, et celle d'employer un nombre illimité de métiers.

La seconde réunit en une seule communauté les trois corps de métiers jusqu'alors distincts des sayetteurs, des bourgeteurs et des tisserands, enlevant ainsi aux sayetteurs leur organisation distincte et leur monopole de fabrication de certaines étoffes très recherchées.

Ces réformes, soutenues toutes deux au nom de la

liberté du commerce et de la prospérité de l'industrie, furent énergiquement combattues par le plus grand nombre des sayetteurs, gardiens et défenseurs obstinés des traditions de leur corporation.

Le 15 novembre 1775, trente et un suppôts demandèrent au Magistrat de leur accorder la liberté de teindre et de peigner eux-mêmes les laines dont ils avaient besoin pour leurs étoffes, et de travailler sur un nombre illimité de métiers. La première partie de cette requête était appuyée par deux autres requêtes, l'une des « maîtres en charge du corps de la saïetrie », l'autre des « haubans, maîtres et la plus grande partie des suppôts ».

Le Magistrat les transmit toutes trois aux directeurs et syndics de la Chambre de commerce en leur demandant leur avis. Ceux-ci, dans leur assemblée du 27 novembre, formulèrent leur réponse en trois points :

1º Sur la liberté à accorder aux fabricants sayetteurs d'acheter la laine, de la faire peigner et filer pour leur compte, même de vendre ce qu'ils ne trouveroient pas à propos d'employer, ainsi que de teindre leurs filets dans telle couleur quelconque, sous la condition qu'ils ne pourroient le faire que pour leur propre fabrique, l'avis est unanimement favorable.

2º S'il conviendroit de leur accorder une liberté illimitée dans le nombre des métiers ou de le fixer à celui de douze ; les avis furent partagés, 12 membres ayant voté pour la liberté illimitée et 14 pour la limitation à douze métiers.

3º S'il conviendroit de leur laisser le libre usage des métiers qui leur seroient accordés ou de les borner à n'en faire travailler qu'un nombre limité dans quelques-unes de leurs étoffes ; l'avis fut unanimement favorable à la première hypothèse.

De leur côté, les maîtres en exercice, c'est-à-dire ceux qui étaient à la tête de la corporation, demandèrent au Magistrat la permission de réunir en assemblée générale tous les suppôts de leur corps.

L'assemblée, autorisée le 13 décembre 1775, eut lieu le 21 du même mois. 239 maîtres y avaient été convoqués ;

106 s'y rendirent. Les questions posées furent à peu près identiques à celles qui avaient fait l'objet de l'avis de la Chambre de commerce. La première fut repoussée par 81 suffrages contre 24 et une abstention ; la seconde le fut aussi par 100 voix contre 6. Enfin 99 suppôts contre 7 demandèrent de « laisser subsister la règle ancienne qui les empêchoit d'occuper plus de deux outils à faire certaines étoffes dont la façon est aisée et la consommation plus considérable ». Les réformes proposées étaient donc toutes rejetées à une forte majorité.

Le jour même, les commissaires au siège de la sayetterie remirent au Magistrat le procès-verbal de cette assemblée, auquel ils joignirent quelques remarques personnelles. Ils développèrent ensuite ces observations dans un nouveau rapport auquel la Chambre de commerce répondit par un second mémoire.

Les hauts-bans, maîtres en exercice et égards avaient tous suivi, sur les deux dernières questions, l'opinion des maîtres ordinaires ou suppôts ; mais, à l'exception d'un seul, le haut-ban Pierre Delescluse, ils avaient considéré comme avantageux de permettre aux sayetteurs de peigner et préparer eux-mêmes leurs laines. C'était d'ailleurs le point sur lequel il y avait eu le moins d'opposition.

Le Magistrat se contenta donc, le 18 janvier 1777, de déclarer « qu'il serait libre aux sayeteurs et aux bourgetcurs d'acheter la laine sur le dos des moutons, de la peigner, de la faire filer et de la teindre pour l'usage de leur fabrique ». De plus, il leur était permis de s'affilier au corps des peigneurs ; mais s'ils ne le faisaient pas, ils n'en devaient pas moins suivre certaines règles auxquelles ceux-ci étaient assujettis.

Sur ces entrefaites, le 27 novembre 1777, était enregistré au Parlement l'arrêt du Conseil révoquant la sur-séance du 2 juillet 1765. Par suite, le principe de la liberté de commerce posé par l'arrêt du Conseil du 9 septembre

1762, recevait son application dans la Flandre wallonne.

Ce fait, qui changeait totalement les conditions d'existence de l'industrie lilloise, fut-il suivi d'un véritable changement d'opinion chez les sayetteurs, ou s'en servit-on pour réaliser une mesure qui avait dû être ajournée quelques mois auparavant ? Quoi qu'il en soit, le 8 décembre 1777, en vertu d'autorisation du Magistrat, une réunion des principaux suppôts eut lieu ; on y fut unanime, « étant donné les nouvelles circontances » à demander la liberté illimitée du nombre de métiers. Vingt-cinq maîtres assistaient à cette réunion.

De fait, un changement d'opinion paraît s'être produit chez les sayetteurs. L'assemblée est convoquée à la demande des maîtres jusqu'alors hostiles à toute augmentation du nombre de métiers. De plus, dans la liste des vingt-cinq assistants nous n'en voyons que quatre de ceux qui avaient signé la première requête ; nous y trouvons notamment Denis d'Hellin qui, dans la réunion du 21 décembre 1775, s'était montré l'un des plus énergiques adversaires de cette augmentation.

Le 20 décembre 1777, prenant acte de ce que les sayetteurs « ouvrant les yeux sur leurs vrais intérêts, secondaient ses vues pour leur accroissement », le Magistrat déclara qu'ils pourraient à l'avenir « employer et établir, soit chez eux, soit chez l'un ou plusieurs de leurs confrères francs suppôts dudit corps, à leur choix et discrétion, tel nombre de métiers qu'ils trouveront convenir à la fabrication de telle étoffe de sayeterie que ce puisse être, même des changeans de telle largeur qu'ils soient et des bouracans et autres étoffes à l'égard desquelles le nombre de leurs métiers a été borné ci-devant ». La même autorisation était accordée aux bourgeteurs [1].

---

1. Voir : Carton 1203, dossiers 8 et 13 ; Registre aux ordonnances de police coté GG, f° 238.

Avant d'être convaincus, les sayetteurs avaient discuté longuement, en particulier contre la Chambre de commerce qui prétendait « leur ouvrir les yeux ». De là un échange d'idées extrêmement intéressant. Nous y voyons s'ouvrir un débat contradictoire très large, très ample, dont l'objet est bien précis : l'utilité et l'opportunité des règlements de la corporation, incarnés pour ainsi dire dans le plus important et le plus caractéristique d'entre eux, la limitation du nombre des métiers.

Les champions sont admirablement choisis. D'une part, c'est la Chambre de commerce, partisan de la liberté de la production et de l'échange, et, par cela même, interprète des idées nouvelles ; d'autre part, ce sont les défenseurs de l'ancien régime, les maîtres du corps et surtout les commissaires au siège de la Sayetterie. Ces derniers n'étaient pas sayetteurs, il est vrai ; mais ils connaissaient parfaitement les intérêts de la corporation et les défendaient avec une impartialité indiscutable.

Il nous a semblé opportun de reproduire, dans nos pièces justificatives, les principaux documents de cette discussion ; nous n'en donnerons donc ici qu'une rapide analyse [1].

. Le débat s'ouvre réellement par le premier mémoire de la Chambre de commerce. Pour appuyer la demande faite par les sayetteurs de pouvoir teindre et apprêter leurs étoffes, le mémoire se livre à une critique acerbe des procédés employés par les entremetteurs ou recoupeurs et des maux qu'ils causent au commerce. La nécessité d'une réforme dans la réglementation des deux corps de métiers est démontrée par une statistique du nombre de pièces produites par les sayetteurs et par les bourgeteurs depuis un siècle. Quant à l'idée émise d'abolir la limitation des métiers, elle est étayée sur « la progression étonnante des

1. Pièces justificatives, nos 163 170.

espèces depuis 1565 » et sur cette considération : « La classe industrieuse des arts et manufactures étant subordonnée à celle productive des agriculteurs, cette première doit suivre en quelque sorte les mouvements de la seconde dans ses révolutions, et établir ses règlements relativement à la valeur des marchandises et de l'industrie comparée à celle des denrées de première nécessité. » C'est une application des théories physiocratiques en cours à cette époque.

L'alternative d'accorder les métiers en nombre illimité ou de les fixer à douze, paraît être envisagée d'une façon impartiale, car, dit le mémoire, les principes qui ont déterminé ces deux opinions sont également respectables. Cependant les motifs invoqués pour la liberté illimitée sont exposés d'une façon à la fois brève et vague, tandis que le principe d'une certaine limitation est défendu plus longuement et par un argument plus précis : « Qui est-ce qui occupe la tendre sollicitude des Magistrats et des négociants dans ce moment? N'est-ce pas cette classe considérable et infortunée d'ouvriers et de fabricants de père en fils? C'est donc leur sort qu'il faut améliorer en leur conservant leur propriété. »

La troisième question est traitée rapidement et d'une manière peu précise.

Les maîtres en exercice, en sollicitant du Magistrat l'autorisation de convoquer une assemblée générale, ne pouvaient guère examiner avec détails les questions qui devaient être proposées à cette assemblée. Ils laissent cependant apercevoir leur opinion. Après avoir reconnu qu'il serait « bon et avantageux » d'autoriser les sayetteurs à apprêter eux-mêmes leurs étoffes, ils rappellent que la règle des six métiers a été établie « pour maintenir la fabrique des suppliants et donner du pain à manger à tout sayeteur ». Ils expriment la crainte que les suppôts signataires de la requête soient « poussés par les marchands qui, par la suite, s'établiroient sur les ruines de la fabrique du corps des supplians, et deviendroient eux-mêmes fabricants généraux ».

Les rédacteurs du procès-verbal de cette assemblée rapportent seulement les « réflexions de ceux qui leur ont paru capables de rendre le motif de leur avis » et passent sous silence « celles de la plupart des suppôts de ce corps esclaves des routines dans lesquelles ils ont été élevés ». Ils citent aussi l'observation faite par l'un d'eux, (Denis d'Hellin, égard) que « son père avoit, en suite d'une permission particulière de la cour, augmenté le nombre de ses outils au delà de six et qu'il s'en étoit trouvé si mal qu'il n'avoit point été tenté de recommencer, quoique cette permission ne lui eût point été retirée ». Ils ajoutent que, parmi les 31 suppôts signataires, les uns n'ont point paru à l'assemblée, et les autres ont en majorité repoussé les réformes proposées sur leur initiative ; enfin que les hauts-bans, égards et maîtres du corps exprimèrent un suffrage presque unanime répondant « oui » à la première question et « non » aux deux autres. Un des rares sayetteurs qui ait voté « oui » sur les trois questions, motiva ainsi son vote : « La police actuelle gêne la spéculation ».

Les observations des commissaires au siège de la sayetterie ne sont pas moins intéressantes. Après avoir rappelé « les affaiblissements que la fabrique a éprouvés de temps à autre » ils les attribuent « aux conséquences des cruautés du duc d'Albe, qui furent cause de la naissance et de la prospérité de l'industrie anglaise et des nouvelles manufactures établies récemment en Espagne et dans les Pays-Bas autrichiens ». Aussi, ajoutent-ils, faut-il bien se garder « de prendre le change en attribuant toutes ces pertes à la législation ».

« La fabrique de Lille a cependant conservé quelque crédit ; même les fabricants ne peuvent fournir entièrement aux demandes qu'on leur fait. Et d'où provient cette impuissance ? Ce n'est ni de la disette d'ouvriers, ni du défaut de métiers. Rien n'empêche les 239 fabricants qui composent actuellement le corps de la sayetterie d'en porter le nombre jusqu'à 1434 au lieu de 724 auxquels ils ont librement restreint leur travail. On ne saurait non plus l'attribuer au manque de fortune ».

Dans ces conditions « le seul moyen de rétablir dans le commerce de nos étoffes cette concurrence qu'une nation rivale a détruite, c'est de l'imiter et d'avoir le noble courage de chercher, s'il est possible, à la surpasser dans les objets de détail qui tendent tout à la fois à l'économie et à la perfection ». Après avoir énuméré ces objets de détail : cessation du trafic des recoupeurs, meilleur préparation des laines, usage du moulin à dégorger, etc., ils terminent la première partie de leurs observations par des paroles d'espérance : « Nos fabriquants, accoutumés depuis quelque temps à regarder au-dessus d'eux cette nation qui voudrait tout engloutir, n'ont point assez réfléchi sur ce qu'ils peuvent ».

Puis, tout en affirmant qu'ils « ne veulent point agiter les articles que la Chambre de commerce a traités avec autant de netteté que de précision dans son avis du 27 novembre 1775 », ils font remarquer qu'ils ont, dans les développements qui précèdent, approuvé la proposition d'accorder aux sayetteurs la liberté de peigner et de faire filer eux-mêmes les laines.

Quant aux deux autres points, « ils se contenteront de rappeler les faits avec les observations dont ils sont susceptibles, et laisseront à MM. les Magistrats à décider ces deux grandes questions qui demandent d'autant plus de prudence que les effets d'une fausse démarche seroient plus irréparables ». De là, nouvelle discussion dont l'objet est plus précis : l'opportunité du maintien de la règle des six métiers.

Premier fait : en ce qui concerne les changeants, la réglementation, qui date de 1565, « a pris naissance dans

les temps les plus brillants de la fabrique. On l'a d'ailleurs
attaquée en différents temps et nommément en 1751, et
toujours sans succès et on a même, dans cette dernière
occasion, suivi l'avis de la Chambre de commerce ». Le
nombre des pièces fabriquées cette année a surpassé celui
d'une année ordinaire de 5.472, c'est-à-dire d'un huitième,
« ce qui semble vérifier que la fabrique n'a besoin que de
temps plus heureux pour se relever de l'état d'anéantis-
sement dans lequel elle était en partie tombée. Plus la
fabrique est divisée, plus il y a d'activité, d'émulation, de
concurrence, et, par une suite nécessaire, plus de perfection
et de bon marché ».

Exprimant alors ouvertement leur pensée, ils déclarent
que la permission demandée pourra être accordée quand
les divers moyens d'amélioration qu'ils ont proposés auront
relevé la fabrique, « au point que ceux qui la composent
actuellement sentent pour la plupart la gêne des bornes
que les règlements ont dû mettre à leur activité ». Alors
seulement cette liberté « éléverait réellement la fabrique
au-dessus de la sphère dans laquelle elle a existé jusqu'à
présent ». Accordée aujourd'hui aux sayetteurs, « dans
un moment où ceux d'entre eux qui sont les plus aisés
osent à peine se confier encore aux apparences d'un avenir
plus heureux, cette permission pourrait peut-être n'être
avantageuse qu'à quelques-uns, qui, s'élevant seuls,
deviendraient arbitres d'une fabrique dont les prix, la
perfection et la durée ne seraient plus subordonnés qu'à
leur seul intérêt particulier ».

Le second mémoire de la Chambre de commerce affirme
dédaigneusement que la requête des maîtres et hauts-bans
et le procès-verbal de l'assemblée générale des sayetteurs
« ne méritent pas la plus légère attention », car ils relatent
le sentiment de « gens inspirés d'une basse jalousie, effet
trop ordinaire de la pauvreté et du découragement ».

Cet écrit se borne donc à discuter le mémoire des
commissaires. Comme eux, il considère que « l'émigration

de 1567 à 1573 et la défense de sortir les laines d'Angleterre, qui en a été une suite, est un des événements auxquels rien n'a pu s'opposer », mais il se refuse à « convenir que l'établissement moderne des manufactures en Espagne, Allemagne, Brabant et Pays-Bas puisse entrer en considération avec les causes qui ont opéré la ruine de la sayetterie » et donne comme raison que cette concurrence étrangère n'a point nui aux manufactures de Roubaix et de Tourcoing.

Les directeurs et syndics de la Chambre de commerce exposent ensuite en ces termes leur thèse spéciale : « La cause du dépérissement des fabriques de Lille n'existe que dans la loi qui a borné le nombre des métiers à six et dans le défaut de permission de faire peigner et filer ». La preuve en est, disent-ils, que « depuis l'époque de la limite des métiers en 1565, nos fabriques ont éprouvé des diminutions effrayantes ».

Ils apportent ensuite d'autres arguments plus précis qui ne manquent point d'intérêt. C'est d'abord le tableau de la situation économique du maître sayetteur : « Le bénéfice procuré par le travail de six métiers n'a pu suffire aux charges, aux accidents, aux fonds nécessaires pour perpétuer les manufactures par l'établissement des enfants.... Les maîtres n'ont plus depuis longtemps les fonds nécessaires pour acheter les matières premières en temps.... La moitié de ce corps ne peut être considéré que comme autant d'ouvriers.... Dans ces conditions la fabrique menace de disparaître.... De telles manufactures ne tiennent guères au lieu où elles sont établies; l'édifice s'écroule.... Les sayetteurs ne peuvent effectuer les commandes qu'on leur offre ; il faut avoir recours à cinquante fabriquants pour un mémoire de deux cents pièces, et cela bien que beaucoup d'ouvriers soient sans travail ».

Les commissaires ont objecté que le nombre des métiers pourrait doubler, si tous faisaient travailler le chiffre maximum de six métiers ; mais ils ne sont pas assez riches pour en faire travailler davantage : « Aucuns d'eux ne donneront de l'ouvrage aux ouvriers qui meurent de faim, ne fourniront les marchandises qui nous manquent ».

Le seul remède, conclut le mémoire, c'est de « permettre à vingt ou trente maîtres à qui il reste encore assez de fortune, de crédit ou d'activité pour faire travailler douze métiers, de retenir des ouvriers prêts à s'expatrier, en faisant en même tems le bien de leur famille, du commerce, de la ville et de l'état ».

Cette liberté n'empêcherait pas « les petits fabriquants de vivre ; leur bénéfice ne consistant que dans la main-d'œuvre et la fabrication restera toujours le même ».

En tout cas, l'abrogation qu'on demande « dut-elle nuire à quelques-uns, il n'en est pas moins nécessaire de travailler sans délai à la conservation d'une branche de commerce aussi précieuse, qui, sans cela, n'existera plus dans vingt ans ».

Il ne nous appartient pas de prendre parti en ce débat que seule l'expérience des faits accomplis aurait pu départager. Cette expérience fut tentée, du moins en apparence, puisque les ordonnances des 18 janvier et 20 décembre 1777 réalisèrent successivement, et même au delà des vœux de la Chambre de commerce, les réformes qu'elle avait proposées. Mais les événements allaient se précipiter. Les sayetteurs devaient voir leur industrie continuer à décroître. Un certain nombre de suppôts, il est vrai, augmentèrent le chiffre de leurs métiers [1], mais insuffisamment pour enrayer la décadence de la corporation, pas assez non plus pour que l'on puisse tirer du peu de résultat de leur tentative aucun argument contre une liberté dont ils s'étaient efforcés de profiter.

---

1. Un dénombrement général de 1781 permet de constater qu'à cette époque le nombre total des métiers de la sayetterie s'élevait à 638. Un des maîtres possédait 19 métiers ; un autre, 10 ; un autre, 9 ; deux autres, 7 ; le reste des sayetteurs ne possédaient pas plus des 6 métiers auparavant autorisés.

CHAPITRE XXI

DISPARITION DE LA CORPORATION
DES SAYETTEURS
*

Institution de la Communauté
des Sayetteurs-Bourgeteurs-Tisserands.

REQUÊTE DES SIEURS BRAME ET DES TISSERANDS DE LILLE DEMANDANT LA
RÉUNION DES TROIS CORPS. — POURQUOI LES SAYETTEURS FURENT
COMPRIS DANS CE PROJET.

PHASES SUCCESSIVES DE L'AFFAIRE. — A LILLE : DÉLIBÉRATIONS DE LA
CHAMBRE DE COMMERCE ; OBSERVATIONS PRÉSENTÉES PAR LES CORPS
DE MÉTIERS INTÉRESSÉS ; ORDONNANCE DU MAGISTRAT DU 13 OCTOBRE
1779.

A DOUAI : REQUÊTE DES MAÎTRES EN CHARGE ET DES SUPPÔTS DE LA
CORPORATION DES SAYETTEURS ; ARRÊTS DES 27 OCTOBRE ET 10
NOVEMBRE 1780 ; POINTS LITIGIEUX DU PROCÈS.

A VERSAILLES : PROJET DE RÉUNION PRÉSENTÉ A LA COUR PAR LE MAGIS-
TRAT ; ÉCHEC DE CE PROJET ; LETTRES PATENTES DU 17 AVRIL 1783
ENREGISTRÉES LE 8 AOÛT ; RÈGLEMENT DU MAGISTRAT POUR LES TROIS
CORPS RÉUNIS, 13 SEPTEMBRE 1783.

SOMMAIRE DES DISCUSSIONS.

MISE EN ACTIVITÉ DE LA NOUVELLE COMMUNAUTÉ.

Le 10 janvier 1778, le Magistrat ordonnait de communiquer à la Chambre de commerce une requête des sieurs
Philippe-Joseph et Charles-Joseph Brame, maîtres tisserands de Lille, demandant « un règlement pour la réunion
en une seule communauté des trois corps connus à Lille
sous la dénomination de sayetteurs, bourgeteurs et tisserands ».

Quelque temps après, une autre supplique, signée de 35 maîtres tisserands, appuyait la première et, comme elle, était communiquée, le 15 octobre 1778, à la Chambre de commerce.

Cette double initiative des tisserands avait quelque chose d'extraordinaire, car sayetteurs et tisserands travaillaient des matières totalement différentes et n'avaient eu jusqu'alors aucune relation directe. Une seule fois les sayetteurs étaient intervenus dans les affaires des tisserands, lorque ceux-ci étaient en discussion avec les bourgeteurs au sujet des étoffes de laine et coton, mais ils n'avaient, dans la question, qu'un intérêt assez restreint et n'avaient d'ailleurs présenté que ces observations :

Si l'on diminue, disaient-ils, le droit de fabrication aux bourgeteurs, comme il y a plusieurs ouvrages communs entre eux, les maîtres bourgeteurs privés de pouvoir travailler à ce qui est particulièrement de leur attribution, se trouveront obligés de le faire à ce qui est commun, au préjudice des rescribens et à la ruine des deux métiers de leurs manufactures et du commerce qui de tout tems a fait l'objet des soucis de tous les législateurs et des négociants. Ils ajoutaient qu'ils avaient encore un autre intérêt dans l'affaire. La pluspart d'entre eux sont bourgeteurs par eux-mêmes ou par leur femme ou leurs enfants ; de même ils peuvent, suivant les ordonnances, après trois ans d'exercice, quitter la sayetterie pour se mettre à la bourgeterie.... ainsi ils ont intérêt à la conservation de la même bourgeterie. Le juge, qui se trouve quelquefois embarrassé dans ces sortes de discussion entre des corps, croit avoir trouvé un bon tempérament en rendant les étoffes communes aux deux corps. L'expérience va là, et les corps de la sayeterie et bourgeterie ne l'ont malheureusement que trop éprouvé, que l'étoffe ainsi rendue commune est perdue pour les deux corps ; plus d'animosité, plus d'émulation à inventer ou à introduire de nouvelles étoffes dans les manufactures lorsque pour tout salaire de l'avoir fait, on en est privé par l'attribution à un corps qui n'en avait pas le droit [1].

En l'occurrence, les sayetteurs devaient donc s'opposer avec vigueur à la requête des tisserands qui voulaient non

1. Carton 1190, dossier 1.

seulement rendre leurs étoffes communes, mais de plus
unir les trois corps de métiers.

De leur côté, les tisserands avaient eu plusieurs procès
avec les bourgeteurs [1] et, plus récemment, ils avaient suc-
combé dans leur lutte au sujet de la fabrication d'étoffes
contestée par les bourgeteurs ; ceux-ci, d'abord condamnés par l'ordonnance du 4 octobre 1770 [2] avaient fini par
triompher au Conseil supérieur le 18 janvier 1774 [3].

Ce qui s'était passé maintes fois à l'issue des luttes entre
sayetteurs et bourgeteurs, se renouvela en cette dernière
occasion. La partie vaincue, pour acquérir indirectement
les droits qu'on lui refusait, demanda, sous divers prétextes, de ne plus former qu'un corps avec la partie victo-
rieuse, et, nous l'avons vu, joignit comme troisième élément de cet amalgame, la corporation des sayetteurs.

En somme les tisserands reprenaient, dans leur intérêt,
l'éternel procès « à fin d'union » des bourgeteurs et des
sayetteurs. Les étoffes dont ces derniers possédaient le
monopole étaient toujours estimées par le public ; quelques années plus tôt, les négociants ne s'étaient-ils pas
plaints que la fabrique ne pouvait toujours suffire aux
demandes de la clientèle ? C'était là, pour les tisserands,
une aubaine convoitée, comme elle l'avait été par les
bourgeteurs.

Enfin, d'une façon générale, la faveur était au développement de l'industrie. C'était l'époque où le Magistrat
encourageait l'établissement de nouvelles manufactures de
soie et de gaze. Le corps des sayetteurs, qui s'était opposé
avec tant de vigueur à l'abolition de la règle des six
métiers et qui conservait si bien l'esprit des traditions
anciennes, devait être regardé avec défaveur par les
esprits entreprenants.

---

1. Carton 1190, dossier 1.
2. Carton 1201, dossier 6.
3. Carton 1202, dossier 1.

L'occasion fut donc saisie de convertir, par une mesure radicale, à de nouvelles idées et à des pratiques nouvelles, ces artisans qui travaillaient bien, on le reconnaissait volontiers, mais qui persistaient dans des méthodes surannées.

Appelée, par l'apostille du 10 janvier 1778, à donner son avis sur la requête des sieurs Brame, la Chambre de commerce, dans une réunion plénière du 16 janvier, approuva unanimement cette requête [1].

Le 15 octobre 1778, la requête des tisserands fut examinée par la même Chambre qui demanda aux sayetteurs et aux bourgeteurs de lui présenter leurs observations. Les uns et les autres rédigèrent leurs mémoires, auxquels répondirent les tisserands et, le 21 janvier 1779, une nouvelle réunion plénière de la Chambre de commerce déclara que « la réunion des trois corps n'était plus depuis longtemps un problème » [2]. Le 4 février, la Chambre de commerce priait M. de Madre des Oursins, conseiller pensionnaire de la ville, de prendre ses délibérations en mains et de « demander sans délai cette réunion à Messieurs les officiers municipaux dont la sollicitude paternelle était un sûr garant de l'exécution du projet » [3].

Par une délibération du 18 février 1779, le Magistrat demanda aux commissaires aux sièges de la sayetterie et de la bourgeterie « d'apercevoir les moyens d'effectuer le plus tôt possible la réunion ». Mais la mesure tardant à se réaliser, la Chambre de commerce adressa au Magistrat un nouveau mémoire, dans lequel elle lui rappelait ses observations antérieures et le menaçait à mots couverts « de recourir à l'autorité du Roi » [4].

1. Carton 1205, dossier 6.
2. Pièces justificatives, n° 175.
3. Pièces justificatives, n° 176.
4. Pièces justificatives, n° 177.

Ainsi mis en demeure d'agir sans délai, le Magistrat rendit, le 13 octobre 1779, une ordonnance qui réunit « par provision » « les trois corps et communautés des maîtres sayetteurs, bourgeteurs et tisserands en une seule communauté de fabricants, sous le nom de maîtres sayetteurs, bourgeteurs et tisserands », et institua toute une organisation dont le fonctionnement devait commencer le 1er novembre suivant [1].

La corporation des sayetteurs conserva cependant encore pendant quatre années son existence propre. Elle le dut à l'énergie de ses membres qui n'hésitèrent pas à attaquer devant le Parlement la décision du Magistrat. Le 27 octobre 1779, cette haute cour ordonna la communication de la requête des sayetteurs « aux prévôt, mayeur et échevins de la ville de Lille, pour, leur rescription vue dans la quinzaine, être ordonné ce qu'il appartiendra, toutes choses tenant en état jusqu'à ce que, parties ouïes, en soit autrement ordonné ».

Le Magistrat soutint vigoureusement le procès. Il objecta que les sayetteurs ne pouvaient être admis à plaider « parce qu'aux termes de la déclaration du Roi du 4 juillet 1775, aucune communauté d'arts et métiers ne peut commencer aucun procès, tant en cause principale que d'appel, sans être autorisée par écrit du commissaire départi ». Il affirmait son droit de réglementer par voie de police les statuts et ordonnances et même l'existence des corps spéciaux de leur ville. Enfin il ajoutait que la mesure prise par lui était conforme au bien du commerce et à l'intérêt général.

Quant aux sayetteurs, ils ne parvenaient pas à obtenir l'autorisation de plaider. A son défaut, ils répondaient au Magistrat soit qu'ils plaidaient comme simples particuliers, chaque suppôt agissant à son corps défendant, soit que le Parlement avait à juger non point une cause particulière,

---

1. Carton 1205, dossier 7.

mais bien une affaire publique dont il pouvait se saisir lui-même. Ils prétendaient que leur corps de métier, établi par le souverain en 1480 et 1481, ne pouvait être supprimé que par le souverain et enfin qu'ils ne méritaient point la mesure prise à leur égard.

Le 10 novembre 1780, la cour jugeant le procès « entre Antoine Herbaux et consorts, maîtres sayetteurs, demeurans en la ville de Lille » et le Magistrat, donna gain de cause aux sayetteurs.

Une lettre adressée au Magistrat par l'avocat Despretz, son défenseur, indique nettement quel fut le fondement de cette sentence.

La cour a jugé que vous n'étiez point compétents pour communiquer à un corps étranger des privilèges constitutifs d'un autre corps établi dans votre ville par l'autorité des anciens princes souverains des Pays-Bas et qu'il falloit à cet effet obtenir des lettres patentes du Roi ou du moins un arrêt de son Conseil, ainsi qu'il s'est pratiqué à Douai pour la réunion de quelques corps de métier. Les actes de juridiction que vous citez depuis l'établissement des sayetteurs n'ont été regardés que comme des actes de police qu'on ne vous conteste point, mais comme bien éloignés d'une puissance destructive de ce corps et communicative de son être à un autre corps dont il a toujours été séparé, auquel effet on trouve nécessaire que la puissance souveraine parle [1].

C'était, en même temps que la mise à néant de l'ordonnance de 1779, une atteinte très grave portée aux prétentions et aux prérogatives du Magistrat lillois. Celui-ci pensa d'abord suivre l'affaire sur le terrain judiciaire et demander la cassation de l'arrêt du Parlement comme contraire à ses privilèges, mais une lettre de M. de Calonne, intendant de Flandre, l'en dissuada. Il se contenta donc de faire agir à la cour pour en obtenir des lettres patentes réunissant d'office les trois corps.

Au début de l'année 1783 la réunion était décidée, mais un dernier incident remit tout en question.

---

1. Carton 1205, dossier 7.

Chargé par les Bureaux de rédiger un projet de lettres patentes, le Magistrat crut habile de profiter de l'occasion pour se faire confirmer ses privilèges dans les termes les plus exprès, et inséra la formule suivante dans son projet :

Maintient et conserve Sa Majesté de nouveau, en tant que besoin sera, lesdits du Magistrat de Lille dans l'exercice des droits confirmés par la capitulation de la ville, et nommément en ce qui concerne les corps d'arts et métiers sur lesquels il continuera d'exercer toute justice, police et juridiction, et portera en conséquence les règlements qui lui paraîtront mieux remplir l'objet de la présente mission [1].

Mais les lettres patentes données à Versailles le 17 avril 1783 furent bien différentes[2]. Le Roi y déclarait, selon la formule usitée, «agir de sa certaine science, pleine puissance et autorité royale», mais sans mentionner aucunement le droit du Magistrat d'élaborer les statuts.

Cependant le Magistrat était chargé du soin d'organiser la nouvelle communauté et de liquider les procès et différends qui existaient entre les trois corps ; quant aux difficultés à venir, elles devaient être réglées en Conseil.

Le Parlement de Douai jugea cette dernière disposition contraire à ses privilèges et à son droit de juger toutes les contestations qui s'élevaient dans la province. Les lettres patentes furent renvoyées au garde des sceaux sans enregistrement. De son côté, le Magistrat fit entendre ses réclamations.

Après de longues contestations, dans lesquelles l'intendant de Flandre employa ses services, le garde des sceaux écrivit au Parlement une lettre affirmant que le Conseil n'avait pas entendu s'attribuer autre chose que la connaissance des oppositions qui pourraient être faites à la réunion ordonnée. Cette assurance apaisa le Parlement qui finit par enregistrer les lettres patentes le 8 août 1783.

---

1. Carton 1206, dossier 6.
2. Pièces justificatives, n° 180.

Le sieur Desjobert, homme d'affaires du Magistrat de Lille à Paris, lui écrivit à cette occasion :

Le Parlement en enregistrant les lettres patentes fera en même temps registre de la lettre de M. le Garde des sceaux, et tout sera fini. Je dois vous observer, Messieurs, qu'il est intéressant qu'il n'y ait plus de réclamation sur cet objet, parce que M. Blondel m'a assuré qu'on la regarderait comme une envie de tracasser, et qu'en conséquence on abandonnerait la réunion des trois corps plutôt que de faire le moindre changement aux lettres patentes.

Le Magistrat répondit à Desjobert et se plaignit avec amertume, tout en déclarant accepter ce qui avait été réglé :

C'est le Parlement qui a motivé la difficulté sur le troisième article des lettres patentes, concernant la réunion des trois corps des sayeteurs, bourgeteurs et tisserands, et si cette cour est appaisée par la lettre de M. le Garde des sceaux, cette affaire n'aura aucune autre suite de notre part. Il est fâcheux pour cette province que la réclamation de ses constitutions les plus essentielles, et dont la conservation lui a été le plus expressément assurée par les actes les plus solennels, puisse être considérée comme une envie de tracasser et il est bien à désirer pour cette ville qui a un intérêt pressant à ce que cette réunion soit enfin consommée que la lettre du chef de la justice concilie les choses de manière à ne laisser aucune inquiétude au tribunal dépositaire et conservateur de ces constitutions.

Le 13 septembre, le Magistrat formula le règlement concernant les trois corps réunis, et le déclara applicable immédiatement [1].

Dans ces derniers événements nous ne voyons plus les sayeteurs intervenir. Ils ne firent aucune tentative auprès de la Cour pour défendre l'arrêt du Parlement. D'ailleurs l'affaire avait été portée du terrain judiciaire sur le terrain politique. Ils avaient plaidé à Douai, mais les pièces de procédure échangées à cette occasion, si elles renferment quelques intéressantes discussions au point de vue juri-

---

1. Pièces justificatives, n° 181.

dique, ne présentent point grand intérêt au point de vue économique.

Mais les requêtes et les mémoires qui précédèrent l'ordonnance du Magistrat de 1779, renferment souvent des aperçus intéressants. Ici encore, l'abondance de ces documents nous oblige à n'en donner qu'une rapide analyse, rendue cependant assez ardue par le caractère plus abstrait de la discussion[1].

C'est par une sorte de déclaration de principe que s'ouvre la requête des sieurs Brame :

Il n'y a que l'émulation qui puisse engager les artistes et les ouvriers à enchérir les uns sur les autres et à faire tous les jours de nouveaux efforts pour se surpasser, ce qui tend visiblement à la perfection des manufactures ; mais comment cette émulation peut-elle subsister, tandis qu'il existe des corps analogues qui n'ont de différence entre les attributions privatives qui leur appartiennent respectivement, que celle d'un fil de plus ou de moins, que celle de la couleur, du mélange et de la combinaison du fil, de la lame, de la soie, du coton, etc.

Il y a un moyen dont le double effet sera d'exciter une émulation louable entre tous les artisans et d'apaiser les rivalités contentieuses entre les corps. Ce moyen est de réunir les corps analogues, afin que n'ayant plus rien à se disputer, ils ne songent qu'à se perfectionner.

Cette réunion est d'autant plus à souhaiter dans l'instant présent où toutes les villes et bourgades de la châtellenie sont autorisées à établir des manufactures comme à Lille, qu'elle est le seul moyen de soutenir la concurrence.

Les « observations » que les sayetteurs rédigèrent, à la demande de la Chambre de commerce, sont relativement courtes ; ils semblent négliger de développer les idées qu'ils expriment et se contenter de faire appel aux souvenirs de l'expérience, voire même de la reconnaissance de leurs concitoyens. Leur mémoire est cependant une défense vigoureuse et habile de leur constitution.

---

1. Tous les éléments de cette affaire se trouvent réunis dans les Pièces justificatives, nos 171 à 178.

Une fois encore, ils ne peuvent dissimuler leur dédain pour les réformes proposées par les « novateurs » :

« Il y a longtemps que l'on a pesé les avantages et les désavantages de l'établissement de corps de jurandes dans les villes. Si des spéculateurs en ont contesté l'utilité, leurs raisonnements ont fait peu de sensation, puisqu'ils subsistent depuis des siècles dans les principales villes du royaume.» Aussi font-ils état de l'échec de l'édit inspiré par Turgot qui « donnait permission à tout le monde d'exercer tel art, tel métier, telle profession qu'il jugerait à propos. Cet édit a été enregistré au Parlement de Paris, mais sur les représentations des corps municipaux, son exécution a été suspendu ».

Quant à la réforme actuellement proposée, les sayetteurs établissent qu'elle ne procurerait aucun bien.

A quel propos unirait-on les sayetteurs et les tisserands ? Serait-ce pour assoupir ou prévenir des procès ? Il n'y en a pas, il n'y en a jamais eu, et il est moralement impossible qu'il y en ait. Serait-ce pour procurer plus de bras à la sayetterie ? Elle n'en manque pas ; ceux qu'elle a suffisent à toutes les demandes.

Au contraire, elle occasionnerait beaucoup de mal. « Les sayetteurs tiennent leurs privilèges du Souverain et leur établissement à Lille date de 1480. Depuis lors, la ville a singulièrement prospéré et elle n'en est pas peu redevable à la manufacture qu'ils y ont amenée ». Avec quel sentiment de fierté ne font-ils pas observer qu'ils ont triomphé de la concurrence si redoutée de l'industrie de la Châtellenie :

Il a été décidé, il y a plus de douze ans, que les fabriquants de Lannoy pourroient faire les mêmes étoffes que les sayetteurs, et ils n'en font pas parce qu'ils n'ont pu atteindre à la perfection de celles de Lille ; il en est de même des fabriquants de Roubaix qui, depuis deux ans ou environ, ont la liberté d'en fabriquer.

Or, si l'on ouvroit le corps des sayetteurs aux tisserands, qu'arriveroit-il? Ceux-ci, peu instruits des préparations nécessaires, feroient de mauvaises étoffes ; la manufacture se discréditeroit et seroit perdue pour Lille à jamais.

Bien que basées sur les mêmes arguments, les obser-

vations des bourgeteurs présentent un tout autre caractère. En rapports plus directs avec les tisserands, ne
serait-ce que par les procès qu'ils avaient entamés avec
eux, les bourgeteurs les connaissaient sans doute mieux.
Aussi rencontre-t-on dans leur mémoire une succession
d'attaques en quelque sorte personnelles contre leurs
adversaires et sous lesquelles se dissimulent les raisons
théoriques :

> Les tisserands se plaignent que leur profession tombe en déca-
> dence, et la plupart conviennent assez hautement que ce n'est que
> pour se procurer un peu plus d'occupation qu'ils cherchent à s'incor-
> porer dans les communautés voisines analogues à la leur. Ils n'ont
> aucune charge à leur disposition ; il y en a au contraire un assez
> grand nombre attachées aux corps de la sayetterie et de la bourge-
> terie, et qui donnent à vivre à beaucoup de gens. Ils ne veulent se
> faire accepter par les sayetteurs et les bourgeteurs que pour jouir de
> leur bien.
> L'émulation, la concurrence, que les tisserands invoquent comme
> favorables au commerce, ont existé de tout temps entre eux et les
> bourgeteurs. La preuve en est qu'à l'exception de la toile proprement
> dite, dont ils ne se soucient guère, tous les autres ouvrages sont
> communs entre eux. Et si les tisserands se plaignent de leur désœu-
> vrement dans cette partie, c'est apparemment de leur faute et qu'ils
> ne travaillent pas aussi bien que les bourgeteurs.

Comme les sayetteurs, les bourgeteurs font remarquer
que le concours des tisserands discréditera la manufacture
car « il est aussi difficile de suppléer à l'expérience et de
conférer la sienne à ceux qui en manquent, qu'il est facile
d'accorder des droits et des prérogatives à ceux qui n'en
avaient point. Il est aisé de sentir qu'en supprimant la
qualité de tisserands pour leur donner celle de bourgeteurs,
on n'en fera en effet que des bourgeteurs de nom.... »

Un autre inconvénient est à craindre. « Le corps des
tisserands de Lille n'est pas, comme les autres corps en
jurande, renfermé dans l'enceinte de cette ville ; leurs
suppôts s'étendent également dans la châtellenie. A peine
les aura-t-on agrégés à la sayetterie et à la bourgeterie que

tous les tisserands du dehors, attirés par cet appas, viendront fondre en cette ville et voudront aussi se mêler du
métier de sayetterie et de bourgeterie, avec encore moins
d'expérience et de capacité que les autres et avec plus
d'indiscipline ».

Les bourgeteurs terminent leurs observations par cette
remarque : « Il y a déjà des siècles que l'union a été
demandée et vivement sollicitée, tantôt par l'un tantôt par
l'autre, et toujours pour les mêmes motifs qu'allèguent
aujourd'hui les tisserands. Il faut bien qu'on ait reconnu
tous ses inconvénients, puisqu'elle a toujours été rejettée ».

Dans leur réponse aux observations des sayetteurs et à
celles des bourgeteurs, les tisserands se placent à un point
de vue supérieur qui leur permet de dominer tout à la
fois la réponse de l'un et de l'autre corps.

Leur raisonnement sur l'expérience des siècles passés qui ont
maintenu les corps de métiers distincts, seroit conséquent peut-être,
si tous les jours on ne faisait des découvertes en politique comme on
en fait en physique, si tous les jours on ne découvroit que d'anciens
abus ne sont que des abus, tout anciens qu'ils sont, si enfin la marche
vers la vérité n'avoit pas été en tout temps lente, incertaine et
exposée aux surprises de l'avenir.

Quant à l'échec de la réforme tentée par Turgot, ils
regrettent que « les vues d'un ministre citoyen et philo-
sophe aient été croisées par des considérations particulières qui ne servent que trop souvent d'obstacles au
bien public » et ils renvoient à ce sujet à « l'Encyclopédie
au mot : privilège exclusif ». « Cet article peut aisément
tirer d'erreur quiconque croiroit que les corps en jurande
sont utiles au bien de l'État, soit pour les progrès du
commerce et des manufactures, soit pour ceux des arts et
métiers ».

D'ailleurs on pourrait même regarder les jurandes
comme une chose fort utile et cependant croire qu'il
serait bon de réunir les trois corps.

Il ne faut pour cela que rappeler les privilèges exclusifs à leur idée originaire et en resserrer l'énergie dans les bornes qui leur furent primitivement données. Dans le principe on ne les établit pas pour les opposer les uns aux autres, mais pour que ceux qui les avoient obtenus fussent distingués de ceux qui n'en avoient aucun. Alors les privilèges exclusifs avoient une espèce de justice ; il y en avoit en effet à récompenser par leur concession ou les inventeurs, ou ceux qui, sans l'être, sacrifioient à une branche de commerce ou de fabrique leur temps, leur fortune et leur industrie. Plus tard ce fut l'abus de la chose.

Leur réponse aux arguments spéciaux des sayetteurs est quelque peu déconcertante.

La manufacture des sayetteurs n'a rien de commun avec celle des tisserands, soit ; mais c'est précisément pour cela qu'il faut les réunir, afin qu'ils aient quelque chose de commun et que l'émulation entre un plus grand nombre de maîtres procure une plus grande perfection. Il n'y a pas de procès entre les sayetteurs et les tisserands, on veut le croire ; mais les sayetteurs en ont eu beaucoup avec les bourgeteurs. Les sayetteurs répondent que cela ne regarde pas les tisserands ; mais c'est précisément ce qui prouve que les tisserands ne sont pas mus par leur seul intérêt, puisque, pour obtenir un changement avantageux, ils allèguent un mal qui leur est indifférent... Les tisserands n'ont puisé que dans la source du bien public leurs moyens pour la réunion.

Discuter les arguments des bourgeteurs était moins aisé, à cause de la violence et de la précision de leurs attaques. Les bourgeteurs prétendent que « la tissanderie tombe en décadence » ; au contraire, « les tisserands sont toujours occupés » et ce n'est pas un sentiment de convoitise pour les « emplois lucratifs » des bourgeteurs qui les inspire dans leur démarche ; d'ailleurs il y aura compensation, car le corps des bourgeteurs est grevé de charges plus fortes que la réunion rendra plus légères en les partageant.

Les tisserands, dit-on, fabriquent déjà à peu près les mêmes étoffes que les bourgeteurs. « Il faut cependant en excepter les coutils en fil et en saye, dont les bourgeteurs ont obtenu l'attribution exclusive par arrêt du Conseil supérieur de Douai du 18 janvier 1774, et qu'il ne font plus eux-mêmes depuis qu'ils ont empêché les tisserands de les faire ».

Quant à la crainte de voir des fabricants improvisés et inhabiles discréditer les manufactures de la ville, elle est sans fondement : « Si quelque tisserand s'ingère de faire un ouvrage auquel il ne connoît rien, la perte et la honte en seront pour lui seul, mais cela n'influera pas plus sur le commerce de Lille, qu'un verre d'eau dans un océan ».

On dit encore que les suppôts du corps des tisserands viendront fondre sur la ville de Lille. « En tous cas, la ville y gagneroit, la population, le commerce et la circulation y augmentant ». Mais ils n'y viendront point ; qu'y gagneroient-ils ? « Ils ont des privilèges que ceux de la ville n'ont point ; ils ne sont gênés par aucune jurande ; l'émulation seule les anime et de là vient sans doute qu'ils l'emportent sur la ville pour beaucoup d'objets ».

L'accaparement des matières premières au détriment des petits artisans ne sera point favorisé par l'union, comme on le prétend. Il ne dépend nullement de cette union, mais « de ce que tel négociant ou fabriquant aura la faculté de faire des magasins assez considérables pour faire la loi à ses confrères ».

Répondant enfin à l'objection des échecs subis jusqu'ici par le projet d'union, les tisserands concluent ainsi :

C'est aux siècles éclairés que les changements utiles sont réservés, et il faut espérer que c'est par là que se signalera le règne d'un monarque dont l'aurore annonce les plus heureux jours. Au reste, ce n'est pas comme tisserands que les auteurs du système de la réunion l'ont proposée ; c'est comme citoyens qu'ils l'ont indiquée à une compagnie de citoyens éclairés à qui seule il appartient de décider ce qui intéresse le bien du commerce en général.

Dans le mémoire qu'elle remit à M. de Madre, la Chambre de commerce se déclare ouvertement en faveur de la réunion. Ses arguments théoriques sont les suivants :

« Cette réunion est fondée sur le principe de la concurrence, principe qui est, pour ainsi dire, une des principales roues motrices du commerce ». De plus, « toutes
scissions, tous procès seroient désormais bannis d'entre
eux ; la concorde et la paix succéderoient aux petites
jalousies et aux petits intérêts de ces agents de nos manufactures ; la concurrence à l'ombre d'une liberté sagement
tempérée reprendroit ses droits ; en un mot, les vœux de
tout commerçant citoyen seroient comblés ».

Au point de vue pratique « il est certain qu'en réunissant les corps, les ordres des commerçants de cette ville
seroient exécutés plus promptement, puisqu'il seroit
permis aux fabricants de faire sans exclusion et avec
liberté toutes espèces d'étoffes ; de là il résulteroit beaucoup de facilité pour expédier les marchandises à jour
préfixe, tel qu'en temps de foire de Beaucaire, de Bordeaux
et autres ».

De plus « quelques sayetteurs qui gémissent dans l'indigence, soit parce qu'ils manquent de dextérité pour la
fabrication des étoffes de leur stil, soit par l'impossibilité
d'acheter comptant les matières premières, trouveroient
des ressources en se destinant à la tisseranderie ; on sait,
en effet, que ces suppôts obtiennent ordinairement des
marchands un crédit qui leur fournit les moyens d'alimenter
leurs métiers ».

Il faut observer aussi que les tisserands avaient autrefois
manufacturé avec succès des coutils en fil et soie, mais il
leur fut défendu d'en faire par suite du monopole des
bourgeteurs. « Quel a été le fruit de cette défense ? C'est
que nous avons perdu la fabrication de cette étoffe que
Rouen et d'autres villes nous ont fournie depuis ce
temps ».

Plus prudents que les tisserands, les membres de la
Chambre de commerce estimaient que « comme il n'est
pas de la nature humaine de tout prévoir et de ne jamais
errer, il seroit à souhaiter que ces corps ne se trouvassent

réunis en une seule communauté que pour cinq ans ;
pendant ce temps, on apprécieroit les avantages et les
désavantages ».

Il serait désirable aussi que le Magistrat proposât au
Conseil un règlement pour la tisseranderie et ce avec
d'autant plus de raison que « les largeurs de ses toiles
diminuent d'année en année et que cette diminution feroit
perdre à ces manufactures les avantages de la concurrence. » Il faudrait aussi un règlement pour les divers
degrés de teinture au sujet de la tisseranderie, car « il
arrive souvent qu'il est difficile de discerner le bon teint
d'avec un autre qui n'est ni vrai ni faux ».

On ne peut donc supposer que la Chambre de
commerce désirât l'absence de toute réglementation
technique. Ses observations semblent inspirées par une
connaissance réelle des besoins du commerce ; mais elle
néglige à peu près complètement de considérer l'intérêt
particulier des fabricants, et ne s'occupe que de « combler
les vœux de tout commerçant citoyen. » Ces deux termes
semblent s'identifier et suffire pour elle.

En réponse sans doute aux observations de la Chambre de commerce, les sayetteurs remirent à M. de Madre
une courte note :

Le commerce de la ville, disent-ils, ne doit pas seulement avoir
pour but de satisfaire aux demandes, mais il doit aussi s'appuyer
sur de bons fabriquants, même si ceux-ci exigent de leurs étoffes un
prix convenable.

Les sayetteurs se sont toujours piqués d'être de bons fabricants et
de faire de bons ouvriers ; ils y ont réussi jusqu'ici. Ils n'ont jamais
empêché aucuns négociants de satisfaire aux demandes dont les
étrangers les chargent, mais il s'en trouve parmi eux qui veulent
avoir tout à trop bon marché, et ceux-là, comme il est juste, ne sont
servis qu'après ceux qui paient les étoffes pour que les fabriquants
puissent gagner leur vie.

Les négociants et marchands de cette ville perdroient si cette
réunion avoit lieu, parce que les fabricants de Lille pourroient faire
comme ceux de Roubaix, qui font par eux-mêmes les envois chez
l'étranger, sans recourir aux négociants.

Ces dernières représentations furent inutiles ; la réunion des trois corps fut décrétée et organisée définitivement le 13 septembre 1783[1], nous l'avons dit.

La transition du régime ancien au régime nouveau, préparée par un état d'incertitude qui avait duré quatre années, s'opéra sans grandes difficultés.

L'ordonnance de 1783 subit cependant quelques retouches. Un règlement du 16 avril 1784 détermina les nouvelles conditions d'apprentissage et de chef-d'œuvre et la répartition des frais annuels des sayetteurs, bourgeteurs et tisserands[2]. Le 16 juin 1786, une ordonnance de police décida que la taxe par outil serait, à dater de 1787, fixée uniformément à 20 patars[3].

Les discussions qui eurent lieu à ces différentes occasions indiquent bien qu'il existait encore certaines divergences entre les artisans des trois métiers. Les ordonnances de 1779 et de 1783 avaient même laissé certains intérêts nettement distincts : « Les prébendes et autres secours attachés à l'un ou à l'autre des trois corps réunis continueront d'être conférées aux fabriquants qui travailleront aux espèces d'étoffes désignées par les actes de fondation ». C'est ainsi que les prébendes Déliot furent l'objet d'une difficulté réglée par un arrêt du Conseil du 31 octobre 1787[4].

Nous n'avons pas à étudier en détail la vie de la nouvelle corporation des sayetteurs-bourgeteurs-tisserands. Il faudrait pour ce travail retracer d'abord toute l'histoire antérieure des deux derniers de ces corps de métier. Notons seulement que dans le temps qui s'écoula jusqu'à la fin de toutes les corporations (loi des 2 et 17 mars 1791), l'événement économique le plus important fut le

---

1. Pièces justificatives, n° 181.
2. Carton 1207, dossier 3.
3. Carton 1208, dossier 17.
4. Carton 1208, dossier 32.

traité de commerce conclu en 1786 par Louis XVI avec l'Angleterre, et dont les effets ne paraissent pas avoir été moins désastreux pour les manufactures de Lille que pour les fabriques de Roubaix[1].

Nous n'avons pas non plus à formuler un jugement sur l'opportunité de la mesure qui institua cette communauté des sayetteurs-bourgeteurs-tisserands. Les débats qui eurent lieu à ce sujet contiennent en eux-mêmes les éléments suffisants d'appréciation pour le lecteur. Ces discussions, et ce sera notre seule remarque, présentent évidemment avec celles de 1775 et 1776 de grandes analogies et annoncent des « temps nouveaux ». Elles s'en distinguent cependant en ce sens que le mouvement des idées y est en quelque sorte plus avancé et que le recours à l'autorité du Souverain y prend notamment un caractère plus accentué et une signification quelque peu différente.

Les sayetteurs, pour défendre et conserver leur état présent, le *statu quo*, avaient en vain rappelé leurs services passés. Cette évocation fut dédaignée par leurs adversaires. Elle semble cependant bien digne d'être reprise avec attention.

Dans le cours de nos recherches, nous avons çà et là rencontré des allusions faites par les sayetteurs à la prospérité de leur industrie, à leur état de vie, au fonctionnement de leur corporation.

Le moment nous semble venu de coordonner les divers documents que nous avons recueillis sur ce sujet. Ce sera à la fois le complément et la conclusion de notre monographie.

---

1. Sur le « dépérissement » des manufactures à Lille, voir notamment : Carton 1208, dossier 40.

CHAPITRE XXII

LES SAYETTEURS A LILLE

Vue d'ensemble.
Prospérité de leur industrie.
Leur condition économique. — Conclusion.

DIFFICULTÉS DE CETTE ÉTUDE : DOCUMENTS RARES ET PEU PRÉCIS ; STATIS-
TIQUES INCOMPLÈTES.
NOMBRE DES MAÎTRES, DES MÉTIERS, DES PIÈCES FABRIQUÉES.
SITUATION ÉCONOMIQUE DES APPRENTIS, DES OUVRIERS, DES MAÎTRES.
CONCLUSION.

Sans vouloir établir un parallèle entre la vie sociale ou
professionnelle d'autrefois et celle d'aujourd'hui, nous
allons essayer de donner une idée d'ensemble sur la condition des sayetteurs lillois et sur le degré de prospérité de
leur industrie aux différentes époques de leur histoire. La
tâche est ardue, nous ne nous le dissimulons point et nous
n'avons point la prétention de terminer cette étude d'un
premier coup [1]. Nous voulons cependant signaler les

---

1. Cette difficulté n'a pas échappé à M. Maugis, dans son étude sur la
Sayetterie à Amiens : « L'aisance et un office, tel était l'horizon très borné
et d'ailleurs très français que ne dépassaient pas les ambitions individuelles.
Dans quelle mesure ces ambitions modestes étaient-elles permises elles-
mêmes à l'homme du peuple, artisan ou fils d'artisan ? C'est là une
question qu'il serait encore plus intéressant de résoudre, mais qui, faute de
renseignements, reste pour nous une énigme. Nous n'avons même pas
trouvé un seul prix de vente qui permît de calculer, par à peu près, la
rémunération du travail personnel ou du travail familial qui constituait,
nous le savons par le registre aux maîtrises, la généralité des cas ; pas
davantage les chiffres des salaires. La condition d'existence de ces classes
laborieuses est encore un mystère. »

diverses sources qu'il sera peut-être plus tard possible d'utiliser.

Ces sources sont de deux sortes : les statistiques d'abord, puis les documents de toute espèce et d'importance très variable dans lesquels se trouvent disséminées les observations et les allusions relatives à la situation économique de la sayetterie lilloise et de ses suppôts.

Voyons donc ce qu'il est possible de tirer des statistiques. Elles nous fournissent d'abord, à propos de la redevance due à la ville, le chiffre des plombs livrés à la corporation, notamment des plombs d'outil, dont le nombre correspond à celui des pièces mises sur le métier par les sayetteurs. Mais les indications extraites des comptes de la sayetterie, bien que fort précieuses en elles-mêmes, portent sur des années trop distantes les unes des autres et sur des points de comparaison trop différents, tantôt le nombre des maîtres, tantôt le chiffre des outils, tantôt la quantité de pièces produites, pour que l'on en puisse tirer des conclusions précises et certaines. Aucune d'entre elles n'est d'ailleurs antérieure à l'année 1630, date à laquelle la sayetterie était déjà pratiquée à Lille depuis 150 ans.

Nous avons donné déjà au chapitre XVII les chiffres des plombs de 1726, 1728 et 1741 à 1783. Voici quelques autres chiffres :

Nombre des plombs d'outils : 1673 (20 avril au 31 octobre) 30.000.

1714 : 29.000.	1724 : 45.500.
1721 : 51.000.	1735 : 33.000.
1722 : 61.000.	

Nombre d'outils :

1638 : 1.102.	1704 : 592.
1650 : 937.	1705 : 624.
1681 : 1.192.	1706 : 692.
1682 : 1.149.	1713 : 474.
1683 : 1.178.	1716 : 571.
1684 : 1.161.	1764 : 866.
1697 : 568.	1766 : 716.

Nombre de maîtres:

1638 : 357 tenant ouvroir ;
1650 : 336   »
1652 : 395   »   252 non tenants ; 132 maîtres ouvriers.
1658 : 372   »   251   »   135   »
1661 : 393   »   209   »   113   »
1675 : 387   »   138   »
1764 : 225   »   18   »
1766 : 235   »   16   »
1769 : 235   »   12   »
1777 : 207   »   7   »
1778 : 195   »   5   »
1780 : 200   »   5   »
1782 : 161   »   7   »

On trouve aussi des indications des sommes perçues par la ville, dans les comptes municipaux ; mais elles ont trait à des époques où les taxes n'étaient point encore définitivement fixées et d'autre part la base sur laquelle se percevaient ces taxes et d'autres cotisations n'est pas précisée [1].

L'on désirerait donc, ne fût-ce que sur un point particulier, par exemple la quantité de pièces produites, une statistique non interrompue remontant aux premiers temps de la corporation. Nous avions pensé pouvoir établir cet élément de calcul grâce aux mentions des divers droits perçus par la ville sur les étoffes de sayetterie. La recette en est bien inscrite chaque année aux comptes de la ville ; mais ceux-ci ne mentionnent pas la quotité de la taxe perçue et il est hors de doute qu'elle subit plusieurs variations.

Seuls, les premiers comptes mentionnent le nombre de pièces apportées au scel : 655 saies en 1481 ; 1.343 en 1482 ; 3.283 en 1495 ; et indiquent 20 deniers pour le droit d'assis et 12 deniers pour le droit de hallage. A partir de 1496, le droit affermé procure

---

1. Voir, entre autres : carton 1170, dossier 7 ; carton 1173, dossier 4 ; carton 1180, dossier 10 ; carton 1204, dossier 8.

à la ville une recette d'adjudication qui, jusqu'en 1575, suit une progression presque continue : en 1496, 302 livres,

1497 : 348 livres.

1498 : 341 — 12 sous.

1499 : 344 — 10 —

1500 : manque.

1501 : 432 livres 1 sol.

1502 : 506 —

1503 : 615 —

1504 : 651 —

1505 : 631 —

1506 : 713 — 12 sous.

1507 : 740 —

1508 : 700 —

1509 : 870 —

1510 : 1.011 —

1511 : 939 —

1512 : 1.152 —

1513 : 1.054 —

1514 : 780 —

1515 : 1.280 —

1516 : 1.271 —

1517 : 1.261 —

1518 : manque.

1519 : 1.218 livres 6 sous.

1520 : 1.226 —

1521 : 1.370 — 6 sous.

1522 : manque.

1523 : 1.060 livres 1 sol 6 den.

1524 : 1.100 —

1525 : 1.153 —

1526 : 1.315 —

1527 : 1.323 —

1528 : 1.151 —

1529 : 1.081 —

1530 : manque.

1531 : 1.417 —

1532 : 1.403 —

1533 : 1.632 —

1534 : 1.955 —

1535 : 2.010 — 6 den.

1536 : 1.800 —

1537 : 1.922 livres

1538 : 2.025 — 6 den.

1539 : manque.

1540 : 2.321 — 10 sous.

1541 : 2.166 — 3 — 6 den.

1542 : 2.255 —

1543 : 1.966 — 3 — 6 —

1544 : 2.068 — 6 —

1545 : 2.300 —

1546 : 2.564 —

1547 : 2.111 —

1548 : 2.100 —

1549 : 2.200 —

1550 : 3.014 —

1551 : 2.800 —

1552 : 3.202 —

1553 : 3.050 —

1554 : 2.400 —

1555 : 2.101 —

1556 : 2.997 —

1557 : 2.500 —

1558 : 2.027 —

1559 : 1.700 —

1560 : 2.620 —

1561 : 2.670 —

1562 : 2.400 — 6 den.

1563 : 2.744 —

1564 : 2.400 —

1565 : 2.439 —

1566 : 2.800 —

1567 : 2.838 — 3 sous.

1568 : 2.958 —

1569 : 3.602 — 1 —

1570 : 3.500 — 1 —

1571 : 2.900 —

1572 : 2.250 —

1573 : 3.488 — 10 — 6 —

1574 : 3.465 —

1575 : 4.863 —

1580 : 5.018 —

Les éléments d'une telle statistique ne seraient vraiment ni complets ni concluants.

Une semblable remarque doit être faite au sujet du prix de vente des étoffes et de la quotité des salaires soit à la tâche, soit à la journée ; on ne trouve aucune indication de statistique certaine dans le « registre aux causes ». Nous devons cependant signaler un intéressant document : c'est un cahier manuscrit intitulé « Livre concernant les camelots et callemandes et bourats de la fabrique de Lille et de sa châtellenie, 1763 ». Il donne sur chacune de étoffes les renseignements techniques : qualité, longueur, largeur du tissu, poids du fil employé, prix de vente, etc., mais il n'indique pas le temps nécessaire à la confection d'une pièce, élément d'ailleurs fort variable.

Nous croyons intéressant de citer un exemple.

L'étoffe appelée lampareil se subdivise en superfin, fin, petit fin et commun.

Elle est exportée en Espagne. La manufacture de Lille est concurrencée par celle des Anglais.

La pièce doit avoir 60 aulnes de longueur et 13/16 aulnes de largeur. Elle absorbe 8 livres de chaîne et 6 livres de trame. Pour les petits fins, il ne faut que 7 livres de chaîne et 4 livres et demie de trame ; pour les communs 7 livres et demie de chaîne et 4 livres et demie de trame.

Pour les superfins, la livre de chaîne vaut 2 florins 10 patars, celle de trame vaut 2 florins 15 patars ; pour les fins les chiffres sont 2 florins 8 patars et 2 florins 10 patars ; pour les petits fins, la livre de chaîne et de trame coûte le même prix, 2 florins, 5 patars ; pour les communs le prix unique est de 2 florins la livre.

On paie à l'ouvrier pour la confection de la pièce : pour un superfin, 5 florins ; pour un fin, 4 florins ; pour un petit fin, 3 florins ; pour un commun, 2 florins 10 patars.

Le prix de la pièce achevée est de : superfin, 44 florins ; fin, 36 florins ; petit fin, 31 florins ; commun, 29 florins.

D'après ces chiffres, le prix de revient, y compris le salaire de l'ouvrier, est de 41 fl. 10 p. pour le superfin ; 32 fl. 10 p. pour le fin ; 28 fl. 17 p. 6 d. pour le petit fin ; 26 fl. 10 p. pour le commun. Ces prix donnent donc pour le bénéfice du maître 2 fl. 10 p.

pour le superfin ; 3 fl. 14 p. pour le fin ; 2 fl. 2 p. 6 d. pour le petit fin ; 2 fl. 10 p. pour le commun. [1]

Citons enfin un document intitulé « Corps de la sayet-terie à Lille » rédigé, selon toute vraisemblance, vers 1695 pour être remis à l'intendant. Il contient des indications générales sur le métier à cette époque, et notamment les suivantes :

« Chaque métier peut fabriquer, l'un portant l'autre, une pièce et demie par semaine, ce qui fait 1.200 pièces par semaine, et par année entre 60 et 70 mille pièces. Chaque pièce peut valoir 20 livres de France, ce qui fait 1.400.000 livres. Il en reste pour la main-d'œuvre les trois cinquièmes parties. »

« Les bons ouvriers peuvent gagner 5 livres de France par semaine, les médiocres, 3 l. 15 s., et les moins bons à proportion [2] ».

Passons à la situation économique des divers suppôts de la sayetterie et donnons-en une vue d'ensemble d'après les innombrables documents qui nous ont servi pour notre travail.

La condition des apprentis a été suffisamment déter-minée dans le chapitre que nous leur avons consacré.

Fils de maîtres pour la plupart, parfois maîtres eux-mêmes, mais forcés par les circonstances à travailler sous autrui, les ouvriers [3] ne se font connaître à nous qu'à l'occasion des luttes qu'ils soutinrent pendant un siècle au sujet de leur franchise et dans laquelle ils finirent par succomber presque complètement.

---

1. Archives communales de Lille, n° 4469.
2. Pièces justificatives, n° 101.
3. Observons en passant que la dénomination de « compagnons » n'est employée nulle part.

Nous les voyons accusés, d'abord par les novateurs, puis par les maîtres eux-mêmes, d'être indisciplinés, de chagriner leurs maîtres, passant plusieurs jours sans venir à leur travail, l'abandonnant sans l'avoir achevé et incapables de faire de belle et bonne étoffe. Nous n'avons trouvé aucun exemple d'entente collective dans le but de cesser le travail, aucun exemple de grève, si l'on veut, mais, en 1665 et 1666, les ouvriers tinrent de « nombreuses assemblées et conventicules » et commirent « diverses insolences et dommages chez aucuns maistres sayeteurs ». Mais on connaît l'occasion de ces faits et l'origine de ces accusations [1].

Sur leur condition même, les renseignements sont peu nombreux. Ils travaillaient chez leur maître, mais n'y logeaient pas et n'y mangeaient pas non plus [2].

La durée de leur travail fut d'abord réglementée, nous l'avons dit, puis elle cessa de l'être, semble-t-il. Le maître, qui était aussi un « travailleur manuel », se mettait à l'outil avec eux ; sans doute, ils quittaient ensemble le travail.

Ils étaient soumis à une discipline assez stricte : obligés, dès 1575, de « contenter leur maître avant de le quitter », ils étaient, en cas de départ brusque, condamnés par la Vingtaine à de sérieuses indemnités que leur nouveau maître prélevait sur leur salaire. Ils étaient également responsables si, par une faute lourde dans l'exécution de leur travail, ils causaient quelque amende à leur maître.

Ils étaient ordinairement payés à la pièce, et recevaient leur salaire en argent et jamais en nature, comme cela eut lieu parfois chez les peigneurs.

Ont-ils désiré, comme un régime plus favorable, d'être payés à la semaine ou à la journée ? Les maîtres semblent

---

1. Voir le chapitre III.

2. On désigne, par le nom d'ouvriers ou ouvrières, dit une pièce de procédure, « ceux travaillants par journée, semaine, ou à leurs pièces et qui ne sont pas nourris au pain ni demeurants chez leur maître. »

leur avoir reproché une fois ce dessein : « Leur but, disaient-ils, est d'obliger les maîtres de se servir d'eux pour toutes sortes d'ouvrages, qu'ils le fassent bien ou mal, et de les obliger de leur donner à titre de journée telles sommes qu'ils trouveront à propos » [1].

Quant au taux de ce salaire, il serait impossible de le déterminer d'une façon même approximative ; les statistiques sont trop incomplètes et trop peu certaines.

Moins attachés que leurs maîtres à la ville qu'ils habitaient, les ouvriers la quittaient parfois pour aller s'établir dans les bourgs de la châtellenie, à Roubaix, à Tourcoing, à Lannoy, et plus tard dans les terres des Pays-Bas autrichiens.

Aussi longtemps qu'ils purent faire valoir leur franchise, leur condition fut certainement supérieure à celle des autres ouvriers de la ville. Le désir de se procurer une main-d'œuvre moins élevée, et peut-être aussi plus docile, est évident chez tous ceux qui attaquent leur franchise.

A notre estimation, la masse des ouvriers sayetteurs, du moins dans les temps de prospérité, était d'une condition à peu près égale à celle des maîtres de situation modeste, et c'était la majorité. Par l'origine de leur franchise, beaucoup d'entre eux étaient fils de maîtres et cette qualité leur valait quelque considération et leur permettait de s'établir quand l'occasion propice survenait ; la fondation Deliot leur fournissait des fonds pour l'achat d'un métier. D'autre part, bon nombre de maîtres travaillaient sous autrui, donc étaient ouvriers eux-mêmes.

La distinction des classes n'était donc pas accentuée bien fortement, et la main-d'œuvre de l'ouvrier sayetteur ne devait pas être considérée par le maître comme inférieure à la sienne. Quand le travail abondait, quand le négociant harcelait le fabricant, l'ouvrier sayetteur qui aurait pu profiter de la prospérité du commerce pour

---

1. Voir le chapitre III.

ouvrir un atelier à son compte personnel, était retenu par le maître à l'aide d'un salaire plus important. Si ce salaire, comme semble l'indiquer le document cité plus haut, était égal et parfois supérieur au profit net que le maître retirait du travail qu'il lui avait fourni, nous devons conclure que la situation de l'ouvrier sayetteur était loin d'être défavorable.

Ce qui caractérisait l'ouvrier, c'était en somme le défaut de capitaux ou d'initiative pour « s'établir ». Quand, par suite de crise, la demande diminuait, le maître, qui toujours exerçait ou était capable d'exercer la profession dans tous ses détails, continuait à travailler sans ouvrier, ce qui n'avait guère d'autre inconvénient que de constituer un stock peu important et facile à écouler dès la reprise des affaires.

Dans ce cas, l'ouvrier ne voyait pas diminuer le taux de son salaire ; tous les documents indiquent que la rémunération de la main-d'œuvre était constante pour le même travail. Mais, comme il travaillait à la pièce et qu'on ne lui donnait pas d'ouvrage, il en résultait qu'il ne recevait rien [1].

Il faut donc conclure, en un mot, que la situation de l'ouvrier sayetteur, en temps ordinaire, était loin d'être mauvaise, mais qu'elle devait être fort pénible dans les temps de crise.

En ce qui concerne les maîtres sayetteurs, les renseignements abondent, mais vagues et imprécis.

Les maîtres paraissent avoir été toujours fort nombreux. La plupart étaient non seulement fabricants, en ce sens qu'ils assuraient la marche du métier, choisissaient et ache-

---

1. Cet égoïsme des maîtres sayetteurs qui ne se plaignent pas, parce qu'eux-mêmes sont occupés, mais qui ne se soucient guère « de donner de l'ouvrage aux ouvriers qui meurent de faim », est le principal reproche que leur adresse la Chambre de commerce dans les discussions de 1776.

taient les filets de sayette et décidaient quelle espèce d'étoffe serait mise en œuvre, mais ils étaient en même temps ouvriers, en ce sens qu'ils travaillaient à leurs outils, même s'ils avaient à leur service un ou plusieurs ouvriers proprement dits. Dans ce dernier cas, ils se réservaient le soin d'ourdir la chaîne et laissaient à leurs ouvriers la besogne du tissage.

Bien qu'ils fussent en état de le faire, les maîtres sayetteurs ne joignaient que rarement à leur manufacture la profession accessoire de marchands, et pour ainsi dire jamais celles de filateurs, de peigneurs, de teinturiers ou de corroyeurs, ayant ainsi toujours « fait le moyen de maintenir tout le monde ». Ils restaient confinés dans leur profession de sayetteurs, mais la quittaient assez facilement pour entrer dans le corps des bourgeteurs et revenir, après trois ans, dans celui des sayetteurs. Quant à ceux qui étaient « marchands », ils ne furent point, nous l'avons vu, sans troubler quelque peu la vie du métier par les « nouveautés » qu'ils proposaient.

De tout temps, les sayetteurs exercèrent leur profession de père en fils. Aussi connaissaient-ils parfaitement tout ce qui pouvait avoir quelque influence sur sa vitalité. De là, l'émotion qui s'emparait d'eux dès que l'on semblait vouloir toucher à leurs privilèges. Cette « susceptibilité » les entraîna dans de nombreux procès, dont nous avons esquissé les multiples péripéties.

De cette profession, si jalousement conservée, quelles ressources les maîtres tiraient-ils ?

Sur ce point, les affirmations sont constamment les mêmes et deviennent monotones à force de se répéter. Les sayetteurs sont « povres mais honnestes » c'est-à-dire qu'ils vivent d'une vie modeste, mais qui leur procure l'estime de ceux qui les entourent, et comporte même une certaine sécurité. Ils se donnent déjà ce témoignage en 1603 dans leur procès contre leurs confrères de Douai, et ils le reproduisent chaque fois que l'un des intérêts de leur corporation est mis en jeu. Vivre « povres et honnestes » c'est leur seul souci, leur seule revendication.

Mais si l'on désire savoir, à l'aide de renseignements plus précis, en quoi consistait cette vie « povre mais honnête », on s'aperçoit aussitôt que, de parti pris, les sayetteurs se refusent à fournir aucun détail sur ce point. « Quelle nécessité y a-t-il aux maîtres de faire connaître au public le nombre de pièces qu'un ouvrier peut faire, le gain qu'un maître se peut procurer, et entrer à cet égard dans tout le détail ? Ne doit-il pas suffire que tous les fabricants soient contents et qu'il y a des temps, comme de 1720 à 1725, qu'ils pouvaient bien vivre, élever et établir leurs familles, mais encore amasser de l'argent et acheter du bien avec leurs métiers ?»

Il est donc inutile de rechercher, décrit par eux-mêmes, le tableau du genre de vie des maîtres sayetteurs ; ils se refusent à le donner. Mais d'autres sources nous permettent d'en prendre une légère esquisse.

La « pauvreté » qu'ils avouent, a évidemment pour corollaire l'absence de capitaux disponibles ; c'est, chez eux, un mal que l'on peut, sans exagération, qualifier de chronique. Il entraîne, pour les maîtres sayetteurs, l'obligation de vendre leurs pièces aussitôt qu'elles sont achevées, afin de pouvoir se procurer les matières premières pour la fabrication de nouvelles pièces.

Désavantagés au surplus par leur grand nombre, qui les rendaient concurrents les uns des autres, ayant à côté d'eux, pour une portion importante de leurs produits, les bourgeteurs qui pouvaient fabriquer les mêmes étoffes, les maîtres sayetteurs ne pouvaient guère, semblerait-il, prétendre tirer de leur profession une large rémunération. Quand, au lieu de vanter leur état, ils s'en plaignent, comme dans le document de 1718 cité plus haut, ils disent, en rejetant la faute sur les marchands : « C'est de là que provient que tant de manufactures sont de petite faculté et qu'ils se trouvent obligés le plus souvent de vendre leurs pièces au prix coûtant, la façon perdue, à cause de la courtresse qui se rencontre par l'aunage du marchand ».

Dans son mémoire du 25 janvier 1776, la Chambre de commerce s'exprime ainsi au sujet de la condition de la plupart des sayetteurs :

Si la fabrique, comme on le dit, a conservé quelque crédit, on peut ajouter que les fabricants n'en ont aucun ; la moitié de ce corps ne peut être considéré que comme autant d'ouvriers, puisque cette moitié ne fait travailler qu'un ou deux métiers ; le reste, ou peu s'en faut, n'en a que trois ou quatre. C'est le chef qui travaille avec ses enfants. On ne doit pas croire que l'agrandissement de quelques-uns empêchera la subsistance des petits fabricants à un ou deux métiers ; leur bénéfice ne consistant que dans la main-d'œuvre et la fabrication restera toujours le même.

Il semble donc que le maître sayetteur, dans les temps ordinaires, à moins qu'il n'employât un nombre relativement important de métiers, cinq ou six, ce qui était l'exception, se contentait de tirer de son travail et de celui de ses ouvriers, s'il en avait, un profit qui, semaine par semaine, lui permettait de subsister, lui, sa femme et ses enfants, d'une façon convenable, sans cependant pouvoir faire de grandes économies ; et cette existence devait comporter une certaine sécurité, puisque le travail, s'il n'était point prévu longtemps à l'avance, ne cessait jamais du moins pour le maître.

Il n'en faudrait cependant pas conclure qu'il fût impossible au maître sayetteur d'obtenir une situation meilleure par l'exercice de son métier et même de parvenir à « s'élever ». Les années prospères lui permettaient non seulement « de bien vivre, établir et élever la famille », mais encore « d'amasser de l'argent et acheter du bien avec son métier ». Bien des familles notables de Lille ne doivent leur « élévation » qu'au métier de sayetteur pratiqué par les ancêtres.

« Le commerce de la sayetterie, durant les XVIe, XVIIe et XVIIIe siècles, procura la fortune d'un grand nombre de familles lilloises, parmi lesquelles nous citerons les Desbuissons, Smerpont, Déliot, Castellain, de Thieffries, Denis, Levasseur, Poulle, de Courouble, de le Porte, Bridoul, Imbert, Tesson, Fasse, du Forest, Cardon, Wacrenier, du Hot, Cambier, Fruict, Le Pippre, Diedeman, Locart, Grenu, de Surmont, Ingilliart, Ricourt, Cuvelier, Verghelle, Wantier, Bevier, Mertens, Lenglart, etc. [1] »

Il est vrai que cette énumération comprend non seulement les « fabricants sayetteurs » mais aussi les « marchands sayetteurs ou négociants sayetteurs ». De plus on peut dire que ces familles, ainsi parvenues à une haute situation et parfois même à la noblesse, ne constituaient qu'une élite, sinon une exception, étant donné le grand nombre des suppôts du métier.

Pour la plupart d'entre les maîtres sayetteurs, il était difficile d'acquérir une fortune considérable ; n'y avait-il pas d'ailleurs à cela un obstacle voulu : la limitation du nombre des outils et conséquemment la limitation du gain des fabricants ? Le but de cette règle était bien évidemment que « le pauvre pourroit vivre aussy bien que le riche ».

Cette règle, nous l'avons vu, fut considérée de tout temps par les sayetteurs comme un des statuts fondamentaux de leur corporation. Elle suscita bien des critiques et des discussions ; peut-être même amenat-elle plusieurs suppôts, doués d'une plus grande « émulation » et de plus abondantes ressources, à « pousser plus loin leur fortune » et à délaisser le métier. Mais

---

1. H. FREMAUX, *Histoire généalogique de la famille de Fourmestraux*, dans les *Bulletins de la Société d'études de la province de Cambrai*, t. X, p. 271. — On trouvera d'intéressants détails et des généalogies complètes de la plupart de ces familles dans le *Recueil de généalogies lilloises*, publié par M. P. DENIS DU PÉAGE, dans les *Mémoires de la Société d'études de la province de Cambrai*, tomes XII, XIII, XIV et XV.

le départ de ces esprits novateurs et brouillons ne suscitait guère beaucoup de regrets chez les sayetteurs, et de cette même règle résultait pour tous, même les moins favorisés, une « heureuse médiocrité » dont ils se déclaraient satisfaits et qui leur permettait de traverser sans trop de dommage les années plus difficiles.

Lorsqu'ils devenaient vieux ou infirmes, les maîtres sayetteurs, incapables de travailler, continuaient-ils de vivre de leur « heureuse médiocrité ? »

La Chambre de commerce, en 1775, traçait de leur situation cet effrayant tableau :

Qu'est-ce qui occupe la tendre sollicitude des Magistrats et des négociants dans ce moment ? N'est-ce pas cette classe considérable et infortunée d'ouvriers et de fabricants qui, de père en fils, depuis cent ans, passent leur jeunesse jusqu'à cinquante ans à travailler pour obtenir à peine les choses les plus nécessaires à la vie, et qui finissent par aller mourir à l'hôpital en abandonnant des enfants qu'ils auroient formés pour le même état, s'il leur avait présenté des moyens de subsistance.

Il faut évidemment ici faire la part de l'exagération qui se dégage de ce tableau et estimer que la situation des sayetteurs âgés devait être moins amère. Sans doute, les uns profitaient de l'expérience et de l'habileté qu'ils avaient acquises, pour remplacer leur travail par celui des ouvriers qu'alors seulement ils embauchaient. Certains subsistaient honorablement grâce à l'aide de leur fils auquel ils avaient délaissé l'exercice de leur profession. D'autres enfin, privés de ces divers secours, avaient encore la ressource de profiter des généreuses fondations faites par leurs confrères plus fortunés, dans l'hospice des Vieux-Hommes.

Peut-être aussi réservait-on particulièrement aux « vétérans » les charges lucratives de hauts-bans et d'égards ?

De tout ce qui précède, il faut conclure que les sayetteurs, s'ils souffraient, souffraient fièrement et sans se plaindre. Ayant comme premier objectif la prospérité et le bon renom de leur manufacture, ils vécurent, pendant trois siècles, humbles mais conscients de la prospérité que leur travail apportait au commerce de la ville.

C'était le fier témoignage qu'ils aimaient à se rendre et qu'ils répétaient une dernière fois, le 12 novembre 1778, à la veille de la suppression de leur corps de métier.

« Les sayetteurs tiennent leurs privilèges du Souverain et leur établissement à Lille date de 1480. Depuis lors, la ville a singulièrement prospéré et elle n'en est pas peu redevable à la manufacture qu'ils y ont amenée. C'est par les soins et l'attention des sayetteurs à bien travailler, à n'employer que de bonnes matières, que cette manufacture s'est agrandie et perfectionnée. Uniquement occupés de leurs métiers, les pères ont instruit leurs enfants de génération en génération, de manière que leur fabrique n'a point dégénéré. »

TABLE DES MATIÈRES

INTRODUCTION ET BIBLIOGRAPHIE   1

CHAPITRE I (préliminaire). — La Sayetterie. — Ce qu'elle était.
— Quand et comment elle s'implanta à Lille et s'y développa.   11

PREMIÈRE PARTIE

La Corporation des Sayetteurs.

CHAPITRE II. — Les apprentis   23

Inscription ; serment ; droit d'entrée. — Durée de l'apprentissage. — Changement de maître. — Un seul apprenti par maître.—
Le travail de l'apprenti. — Le contrat d'apprentissage. — Fin de
l'apprentissage. — Nombre des apprentis de 1486 à 1783. — But
réel de l'apprentissage : l'accession de nouveaux maîtres ; les fils
des maîtres lillois n'y sont pas astreints. — Les « époulmans. »

CHAPITRE III. — Les ouvriers   42

Distinction établie entre les maîtres et les ouvriers.—Le recrutement des ouvriers : fils de maîtres lillois ; étrangers venant de
villes privilégiées. — Rares exceptions. — Les sayetteurs d'Hondschoote. — Privilèges des ouvriers francs ; menacés dès 1665 ; vivement défendus dans de longs procès ; ne subsistant plus que de
nom après 1741.

CHAPITRE IV. — Les maîtres   65

Conditions de l'accession à la maîtrise : âge requis ; chef-d'œuvre ;
droits de réception. — Les veuves de sayetteurs. — Les maîtres
étrangers. — Les « maîtres ouvriers » ou « non tenants ». — La
question du « cumul ». — Les brevets royaux de maîtrise. — Les
miliciens. — Conditions de l'exercice même du « stil ». — Indépendance des sayetteurs ; leurs enseignes ; le nombre de leurs « outils ».

CHAPITRE V. — Les maîtres. Leurs rapports avec les marchands et les courtiers 79

Les marchands: leur nécessité à côté des maîtres sayetteurs. — L'exportation de la sayetterie lilloise. — Situation difficile des sayetteurs vis-à-vis des marchands. — Réglementation sauvegardant les intérêts des maîtres.

Les courtiers ; lutte persistante des sayetteurs contre leur trafic ; ordonnances et prohibitions. — Institution d'un égard pour la surveillance des courtiers.

CHAPITRE VI. — La limitation du nombre des métiers . . 90

Origine du règlement des « six métiers ».— Attaques multipliées contre cette limitation ; les arguments des novateurs ; la réponse des maîtres de la corporation. — La lettre du greffier de la corporation, H.-F. Hasbroucq.

CHAPITRE VII. — La direction du métier. 116

La Vingtaine. — L'Office. — Le Petit Office. — Autres fonctions. — Modifications introduites aux XVIe et XVIIe siècles.— Les offices rendus héréditaires et mis en adjudication. — Leur rachat définitif par la ville. — La réforme des égards aux filets de Sayette. — Charges imposées à la ville et à la corporation par la nouvelle organisation.

CHAPITRE VIII. — La Vingtaine et la législation du travail . 131

Étendue et limitation du pouvoir de la Vingtaine. — Sa compétence en matière civile. — Ses fonctions judiciaires. — Le scel et les plombs de la Vingtaine. — La visite des ouvroirs.

CHAPITRE IX. — Les industries annexes de la Sayetterie. 148

Industries préparatoires. — Les peigneurs et les fileurs de sayette. — Le marché et l'inspection des fils de sayette ; défense de les exporter. — Discussions entre peigneurs et sayetteurs. — Compétence de la Vingtaine. pour la surveillance des fils de sayette. — Droit des sayetteurs de faire peigner et filer eux-mêmes pour leurs besoins.

Industries complémentaires. — Les foulons ; les corroyeurs ; les teinturiers. — Incompétence du tribunal de la Vingtaine. — Droit des sayetteurs d'apprêter eux-mêmes leurs produits.

CHAPITRE X. — La corporation des sayetteurs. — Son institution. — Son fonctionnement. 166

Institution de la corporation. — Son but. — Sa date précise, 21 novembre 1486. — Fonctionnement de la corporation. — Les maîtres sermentés ; leur élection ; leurs attributions. — Les assemblées corporatives ; point de trace d'assemblées ordinaires ; rareté des assemblées extraordinaires ; leur rôle uniquement consultatif.

CHAPITRE XI. — La corporation des sayetteurs. — Ses institutions religieuses et charitables 181

Institutions religieuses. — Participation aux processions. — Patron : saint Jean décolassé. — Fêtes corporatives ; indulgences. — Chapelle en l'église Saint-Maurice ; sa suppression. — Offices religieux en l'église Saint-Sauveur.

Institutions charitables. — Fondations de lits aux Vieux-Hommes et à l'Hôpital de la Charité. — La fondation Hubert Déliot. — Projet d'une société de secours mutuels présenté par les ouvriers francs et refusé par le Magistrat.

CHAPITRE XII. — Les comptes de la Sayetterie et des sayetteurs. — Charges et impôts. 193

Les comptes de la Sayetterie. — Résolution du 27 octobre 1673. — Analyse du compte de 1706. — Modifications dans les comptes suivants 195

Les comptes des sayetteurs. — Premier groupe (XVIIᵉ siècle) — Deuxième groupe (XVIIIᵉ siècle) comprenant les comptes de la chapelle et les comptes du corps. — Louables efforts du corps dans le but d'améliorer sa situation financière. 198

Charges et impôts des sayetteurs. — L'assis et le hallage ; l'impôt sur les changeants. — Droits sur les grands changeants en 1660. — Suppression de ces droits en 1731. — Impôt sur les fils de sayette. — Centième denier. — Taxe d'industrie. 205

DEUXIÈME PARTIE

La Corporation des Sayetteurs dans ses rapports avec les pouvoirs publics et les institutions industrielles voisines.

CHAPITRE XIII. — Rapports des sayetteurs avec les pouvoirs publics 211

Le Magistrat. — Son pouvoir immédiat. — Il s'intéresse à la prospérité du corps de métier, mais ne lui accorde guère d'encouragements pécuniaires. 212

Le procureur syndic. — Il surveille le fonctionnement et les finances du corps de métier 214

Le conseiller pensionnaire de la ville. — Rôle du sieur Ringuier. 216

La Chambre de commerce. — Appelée souvent à donner son avis dans les affaires des sayetteurs. — Ses discussions à ce sujet avec le Magistrat. 217

La Chambre des comptes. — Son pouvoir établi dès l'origine. — Son intervention reste obscure. 218

L'intendant. — Sa mission et son rôle important dans les affaires de la corporation. — Mémoires des intendants ; leur opinion sur les sayetteurs 220

Le Roi. — Arrêts de son Conseil relatifs aux sayetteurs. . . 224

CHAPITRE XIV. — Rapports des sayetteurs avec les autres corporations lilloises. — Les drapiers   226

Situation respective des sayetteurs et des drapiers au sujet des étoffes qu'ils travaillaient. — Les difficultés sont presque toujours soulevées par les sayetteurs qui veulent faire respecter les règlements concernant la sayetterie foraine ; questions d'espèce ordinairement réglées par sentences du Magistrat. — L'objet principal des discussions est l'apprêt par chardon et grandes « forches ». — L'ordonnance du 24 avril 1700 sur les « saies drapées ».

CHAPITRE XV. — Rapports des sayetteurs avec les bourgegeteurs. — Procès entre les deux corps de métier. . . .   235

Établissement des bourgeteurs à Lille. — Leurs premiers démêlés avec les sayetteurs. — Accord du 14 octobre 1544. — Nouvelles difficultés, au XVII⁰ siècle, au sujet du «'pas de saye », des « étamines », etc. — Surexcitation causée, de 1688 à 1696, par l'affaire des « crépons rayés ». — Calme relatif au début du XVIII⁰ siècle. — Dernière discussion importante, de 1741 à 1755, au sujet d'étoffes prétendues « figurées ». — Situation faite aux bourgeteurs par l'échec de leurs procès.

CHAPITRE XVI. — Rapports des sayetteurs avec les bourgeteurs. — Débats au sujet de l'union des deux corps de métier   251

Origine des débats. — Méthode suivie pour les exposer. — Le mémoire des bourgeteurs ; leurs arguments en faveur du projet d'union. — La réponse des sayetteurs ; leurs arguments contre l'union. — Discussion entre les sayetteurs et l'auteur du mémoire sur les abus de la manufacture. — Opposition contre le projet d'union par le Parlement et par la Chambre de commerce de Lille. — L'union n'est pas réalisée.

CHAPITRE XVII. — Rapports de la Sayetterie lilloise avec l'industrie de la Châtellenie. Événements généraux . . .   270

La Sayetterie lilloise préservée de la concurrence du plat pays jusqu'en 1696. — Quelques exceptions : les damassés de Tourcoing et de Roubaix, vers 1620-1630   270
La sentence du Magistrat du 17 juillet 1696. — Les circonstances antérieures : avances des Roubaisiens ; attaques contre les sayetteurs et les bourgeteurs. — Les événements postérieurs : ordonnance de l'intendant du 15 août 1719; affaire du double droit de plomb ; arrêts du Conseil du commerce du 9 mars 1728 et du 7 octobre 1732 ; avis de l'intendant sur les divers points du litige.   276
Les discussions au sujet de la publication en Flandre de l'arrêt du Conseil du 7 septembre 1762. — Prospérité ou décadence de la Sayetterie : chiffre des plombs d'outils ; évaluation de la production en 1765. — Importance attachée par le Magistrat à la conservation des privilèges de la Sayetterie ; mémoire des sayetteurs et avis du procureur syndic. — La question de la concurrence des Pays-Bas autrichiens   282

CHAPITRE XVIII. — Rapports de la Sayetterie lilloise avec l'industrie de la Châtellenie. — Les villes et bourgs privilégiés   291

MENIN et ARMENTIÈRES. — Procès divers.   292

COMINES. — Requêtes de 1718 et de 1743 ; controverses sur les privilèges de cette ville   294

ORCHIES. — Sa demande de 1738. — Ses anciens titres . . .   297

LANNOY. — Premières difficultés en 1643 et 1664 ; nombreux procès ; arrêts du Parlement de 1690, 1693, 1700 et 1715 ; arrêt du Conseil de 1721 ; décisions des intendants de 1737 et 1760 ; titres et faits exposés par Lannoy.   298

CHAPITRE XIX. — Rapports de la Sayetterie lilloise avec l'industrie de la Châtellenie. — Les mesures intérieures de police   308

L'interdiction, dès 1500, de teindre, de corroyer et de calandrer les saies fabriquées hors de la ville ; renouvelée et étendue aux satins, ostades et changeants, le 26 mai 1568. — Les mesures de police prescrites à ce sujet. — Les pénalités. — La prohibition frappe toutes les étoffes de sayetterie fabriquées ou non dans le plat pays ; difficultés avec le Magistrat et les sayetteurs de Douai.   309

L'interdiction d'exporter les outils hors de Lille, promulguée en 1602 et en 1620. — Applications nombreuses de cette prohibition à partir de 1746. — Véritable motif de cette mesure. — Achat des outils d'un manufacturier douaisien.   315

TROISIÈME PARTIE

Dernières années et disparition de la Corporation.

CHAPITRE XX. — Les réformes proposées et adoptées, 1775-1777   321

Les diverses requêtes présentées au Magistrat. — Assemblées de la Chambre de commerce (27 novembre 1775) et du corps des sayetteurs (21 décembre 1775). — Ordonnances du Magistrat (18 janvier et 20 décembre 1777)   322

La discussion : requête de 31 suppôts sayetteurs ; premier mémoire de la Chambre de commerce ; lettres des maîtres en exercice ; convocation du corps de métier ; procès-verbal de l'assemblée ; observations des commissaires au siège de la Sayetterie ; second mémoire de la Chambre de commerce.   326

CHAPITRE XXI. — Disparition de la corporation des sayetteurs. — Institution de la Communauté des Sayetteurs-Bourgeteurs-Tisserands   333

Requête des sieurs Brame et des tisserands de Lille demandant
la réunion des trois corps. — Pourquoi les sayetteurs furent
compris dans ce projet   333

Phases successives de l'affaire. — A Lille : délibérations de la
Chambre de commerce ; observations présentées par les corps de
métiers intéressés ; ordonnance du Magistrat du 13 octobre 1779 .   336

A Douai : requête des maîtres en charge et des suppôts de la
corporation des sayetteurs ; arrêts des 27 octobre et 10 novembre
1780 ; points litigieux du procès   337

A Versailles : projet de réunion présenté à la Cour par le
Magistrat ; échec de ce projet ; lettres patentes du 17 avril 1783
enregistrées le 8 août ; règlement du Magistrat pour les trois
corps réunis, 13 septembre 1783   338

Sommaire des discussions   340

Mise en activité de la nouvelle Communauté   349

CHAPITRE XXII. — Les sayetteurs à Lille. — Vue d'ensemble. — Prospérité de leur industrie. — Leur condition
économique. — Conclusion.   351

Difficultés de cette étude ; documents rares et peu précis ;
statistiques incomplètes   351

Nombre des maîtres, des métiers, des pièces de tissu fabriquées.   352

Situation économique des apprentis, des ouvriers, des maîtres.   356

Conclusion.   364

TABLE DES MATIÈRES   366

L'impression de ce premier volume de « l'Histoire de la Sayetterie à Lille » a été commencée le 15 janvier et achevée le 26 mai 1910, par la maison Lefebvre-Ducrocq de Lille.

Cet ouvrage ne sera point mis dans le commerce ; il est réservé aux membres titulaires de la Société d'études et aux hommages de l'Auteur.

TIRÉ A TROIS CENT CINQUANTE EXEMPLAIRES NUMÉROTÉS
DONT CINQUANTE POUR L'AUTEUR.

N° ....

Exemplaire de M ....

Le Président
de la *Société d'études,*

Th. Leuridan

HOMMAGE DE L'AUTEUR.

www.ingramcontent.com/pod-product-compliance
Lightning Source LLC
Chambersburg PA
CBHW071623270326
41928CB00010B/1751